各國の政黨〔第二分冊〕（昭和二年）
各國の政黨　追錄（昭和三年）

外務省歐米局 編纂

昭和二年發行
昭和三年發行

各國の政黨〔第二分冊〕
各國の政黨 追録

日本立法資料全集 別巻 1148

信山社

〔第一分冊〕の続き

第三類　羅典系諸國の政黨

緒言

亞爾然丁國、伊太利國、西班牙國、佛蘭西國、白耳義國、暮利比亞國、智利國、秘露國、墨西哥國及羅馬尼亞國を一團とし便宜羅典系諸國となす。是れ其の國民的構成分子が大體羅典人種に屬し、從て此等諸國の政黨が極めて相共通する所あるを以てなり。其の特徴の最も顯著なるものは、此等諸國の政黨が主義又は政策に基き集合せる團體と云はんより寧ろ人を中心とし集合せる團體たることなり。「アングロ・サクソン」系諸國に於ては關稅政策又は英本國との關係に關する具體的政見の相違に依り政黨の分立を來し、「ゲルマン」系諸國に於ては抽象的主義又は理想を根據とし政黨が分岐するに至りたるは既に第一類及び第二類に於て述べたる所なるが、第三類羅典系諸國に於ては、大小無數の政治家が少數の傑出せる大人物の傘下に集合團結し玆に所謂政黨を生ぜり。從て各政黨は夫々其の名稱を異にするに拘らず、其の政綱、主張は概ね大同小異にして何れも漫然國民全般の利益擁護を標榜する場合多し。之を「ゲルマン」系諸國の政黨が一宗教又は一地方乃至一民族の利益擁護を主張し、其の旗幟の極めて鮮明なるに比せば、大いに其の趣を異にす。斯くの如く、政黨の由來に人的分子濃厚なるを以て、政黨が其の成立の楔子たる中心人物と其の運命を共にすること稀ならず、是れ羅典系諸國政黨の又顯著なる一特徴なり。南米諸國等に於ては一大統領擁立を目的とする「某々大統領派」なるものすら屢々存在するは人の知る所なり。又卓越せる一政治家の組織する政黨が一時極めて優勢なるも右政治家の沒落と共に直ちに瓦解するに至るが如きは南米諸國に於て屢々目擊する事象たり。

斯くの如く、本類の政黨は元來主義政綱に依り成立するに非ずして人物を中心とするものなるを以て、假令「アングロ・サクソン」系諸國に比し小黨分立の觀を呈するも、之を「ゲルマン」系諸國に比せば政黨數大體に於て少きを常とす。是れ一面主義又は理想なるもの極めて多岐に亘り、從て之を政黨分立の骨子とするときは勢ひ政黨數甚だ多數となるに反し他面政黨創立に參與する程度の傑出せる人物多からず、從て政黨が人に依り組織せらるゝ時は其の數自然多からざるに至るを以てなり。

又政黨成立の由來が一中心人物に對する好惡なる關係上、政黨員の集合離散は勢ひ感情的なること亦羅典系諸國政黨の一特徴なり。

「アングロ・サクソン」系諸國及「ゲルマン」系諸國の政黨成立を以て若し客觀的とせば、羅典系諸國政黨は主觀的に成立すと謂ひ得べし。又若し前者を理論的とせば後者は感情的なるに似たり。

今前述せる所を要約せば大體左の如し。

羅典系諸國政黨の特異性

(一)政黨は主義政策に基く集團と云はんより、寧ろ人を中心とし集れる團體なり。

(二)從て政綱は普遍的にして各政黨間大なる差なく、又政黨は中心人物と其の盛衰を共にするの傾向あり。

(三)「アングロ・サクソン」系諸國に比せば小黨分立の觀あるも「ゲルマン」系諸國に比せば政黨の數少し。

(四)「アングロ・サクソン」系諸國及「ゲルマン」系諸國政黨の成立を客觀的、理論的とせば羅典系諸國政黨の成立は主觀的、感情的なり。

第一編　亞爾然丁國の政黨（一九二七年二月調）

第一章　亞國過去の政黨

現在の政治は過去の政治の連續なり。從て亞國現時の政界を知らんと欲せば先づ過去の歴史を繙くを要す。

抑々一八一〇年亞國が獨立を宣言し西班牙の羈絆を脱して以來國內に二派の勢力對立せり。其の一は中央集權を可とし他は聯邦を唱へたり。前者は Unitarios と稱せられ、西國統治時代の有識階級否寧ろ貴族階級なり。後者は Federales と呼ばれ新大陸渡來後に勢力を築ける新進且地方的の有力階級にして地方定着の白土混血種等の間に勢力を張り從て彼等は他の支配を脫して地方に於て自己の勢力を自由に振はんことを欲せるなり。此の二派の勢力の間に大統領選擧の鬪爭常に絕えざりき。而して當時は所謂中產階級と稱す可きものなく、且つ移民も亦殆んど絕無なりしを以て被治者としては、土人或は白土混血の土着民が其の大部分を占めたりき。然るに一八五一年遂に聯邦派の代表「ウルキサ」將軍（General Justo J. de Urguisa）が時の大統領「ロサス」(Juan Manuel de Rozas）を擊破し直に憲法制定會議を開催し、一八五三年聯邦制を規定する現行憲法成立し其の最初の大統領に擧げられ玆に聯邦主義と中央集權主義の爭は終熄するに至れり。

然るに前揭憲法に加盟したるものは唯十三州のみにして當時主要の地位を占めたる「ブエノス・アイレス」州は之に參加せざりしを以て、爾後の政治問題は專ら聯邦と「ブエノス・アイレス」州との紛爭に變せり。聯邦側に於ては當時「ブ」州の首府なりし「ブエノス・アイレス」市を聯邦首府とせんとし「ブ」州側に於ては之を好まず。且つ聯邦加盟後各種の制限を受くることを欲せざりき。尤も「ウルキサ」の努力に依り一八五九年「ブ」州は聯邦に加盟するに至れるも兩者の融和は容易ならず、一八六一年に曝發して兩派の間に戰爭を見るに至れり。但し「ウルキサ」及び「ブ」州派の首領「ミトレ」

將軍（General Bartolomé Mitré）共に大人物にして兩者の間に協調成り憲法の一部改正を爲すと共に「ウルキサ」は引退し「ミトレ」が大統領に擧げられたり。但し聯邦首府の問題は當時の情勢上之を成行に委することゝなしたるを以て之が禍根と爲り「ブ」州派（當時 Portenos と呼ばれたり）と他の各州派（Provincianos と稱せらる）との嫉視反目は止まざりき。蓋し新憲法制定以來歐洲の資本及移民が漸く亞國に來着するに至り、從て「ブ」州及其の首府「ブ」市の繁榮は一に聯邦の賜なるを以て其の地位及び各般の點よりして聯邦首府に好適の「ブ」市を聯邦に割愛すべしとは「プロヴインシアノス」の主張なりき。「ミトレ」の後を襲へる「サルミエント」(Domingo Faustino Sarmiento) は「プロヴインシアノ」なりしも、「ブ」州派の爲に盡力し同派との調和を計れるも「ブ」州派の政權回收熱頗る強く、一八七四年に小內亂を企て敗れ更に一八八〇年政權回復の革命を起せり。然れども「ブ」市近郊にて大敗し其の結果「ブ」市は聯邦首府と爲り、斯くて亞國政界の禍根遂に除かれたり。

爾來兩派は政爭の目的物を失ひ兩派の區別は漸次明瞭を缺き賢明なる大統領續出し、從て政情安定し外資の到來大に增加せり。尤も元來「ブ」州派たると各州派たるとを問はず從來の政權者は何れも地方の名家の出にして敎育あり、且土地及財產ある勢力階級に屬し、從て外資の輸入に依る利益も彼等に厚く勢ひ彼等は外資の輸入就中鐵道の敷設を奬勵し其の政策は寧ろ上流階級に偏し引て漸く各方面に腐敗多くなりぬ。然るに他面政情の安定及び外資輸入は事業の勃興を促し事業の勃興は移民入國の激增を招致したり。而して移民の增加は軈て中產及び勞働階級の增加を來し經濟開發の進捗と共に漸次歐洲との交通繁く玆に一般階級の覺醒及び民權の要求を促したり。一八九〇年及び一八九三年の革命は正に此の氣運の現はれなり。即ち「プロヴインシアノ」なりし「セルマン」大統領（Miguel Juárez Celman）の時に至り其の秕政甚しく民論は政府の廓淸を叫び就中其の急先鋒と爲れる「アレム」（Leandro N. Alem）は靑年學生及び中產階級を糾合し「セルマン」の秕政を攻擊せる他面「セルマン」周圍の政客は何れも離反し「セルマン」は一八九〇年辭職を強要せらるゝに至れり。現在の急進黨は此の革命の誘發者とも云ふ可く、此の時代に「アレム」に依り創設せられたるものなり。右革命の結果「ブ」州派の出身にして時の副大統領たる名望家「ペレグリニイ」(Carlos Pelegrini) 推されて大統領と爲りしも未だ充分改革を行はざりしを以て、急進黨の創設者たる前記「アレム」は前大統領時代の腐敗紀彈竇國奴掃蕩を高調し一八九三年再び革命を見るに至れり。次で時の大審院長「サエンス・ペニヤ」(Luis Saenz Peña) 推されて大統領と爲り爾來名望ある大統領相繼げり。斯て亞國の政界は一八九〇年及び一八九三年の革命時代を劃紀とし從來とは別箇の情勢を呈するに至れり。即ち新しき階級の利益擁護乃至新時代に適合せんとする進歩的傾向を有する分子と舊階級利益代表乃至保守的又は貴族的傾向を有する分子との對立を見るに至れり。前者は急進黨(Union Civica Radical) 之を代表し、後者は舊「ブ」州派(ボルテニヨ)及び各州派(プロヴインシアノ)に依り代表せられたり。尤も後二者は現在如上の名目を以て呼稱せられず「ブ」州に於ては最近「保守黨」と呼ばれ其の他各地に於て各異りたる名稱を有す。要之如上二傾向の黨派相對立せるが、一九一〇年襲職せる「ロツケ・サエンス・ペニヤ」(Roque Aaenz Peña) の時代に至り急進黨は其の永年の要求たる普通選擧法を成立せしめ(一九一二年)爲に其の勢力は著しく擴張せられ、普通選擧施行後最初の大統領選擧に於て同黨は大勝を博したり。反之保守的傾向の黨派は著しく勢力を失墜し、茲に亞國の政界は更に一段の展開を來したり。

第二章　亞國現時の政黨

第一節　概　　説

亞國現時の政黨を通觀するに政黨は特に重大なる主義政策の爲に存在すと云はんより寧ろ個人的勢力を中心とするの觀

あり。而して地方に依り有力者を異にする爲全國に亘りて地盤を有する急進黨を除きては各地に各種の黨派多數に存在す唯此等多數の黨派を通じ保守的と進步的との二つの傾向を認め得るに過ぎず。

保守的傾向の黨派は從來永年亞國の政權を掌中に收めたる勢力階級なるも、前章に述べたるが如く從來中央に於て「ボルテニマ」と「プロヴィンシアノ」と爭ひたるが如く現在に於ても各地に各派存在し、且地方に依り其の利害を一にせざる爲未だ全國的の黨派として統一存立するに至らず。唯中央聯邦議會に於て急進黨に對する關係上相一致し保守的政策を支持せんとするなり。此等の黨派名を擧ぐれば左の如し。

黨派名	黨派所在地域
保守黨（Partido Conservador）	「ブ」州
民主黨（Partido Democrata）	「コルドバ」州
自由黨（Partido Liberal）	「ソクマン」州
「コンセントラシオン」（Concentración Popuplar）	「エントレ・リオス」州
「ウニオン・プロヴィンシアル」（Unión Provincial）	「サルタ」州
自由自治黨（Partido Liberal y Autonomista）	「コリエンテス」州
民主進步黨（Democrata Progresista）	「サン・フアン」州

勿論、如上の黨派は何れも地方の舊家又は保守的階級を代表する其の地方勢力家を以て成立す。然るに前章に於て述べたるが如く急進黨は其の發端に於て舊勢力に反抗し時の政府の腐敗を攻擊し勇往邁進の勢を示したるが爲、地方に於ても其の地方舊勢力に反感を有せる分子は急進黨の運動に加擔し特に普通選擧法實施に依り新に選擧權を得たる者は全國を通じ殆んど各地方に於て急進黨に投票し茲に急進黨の存在は全國的と爲りぬ。但し現在同黨は大體前大統領派と現大統領派

の二派に分れて爭ひ、且地方に依りては議員候補者の問題等よりして更に數派に分かるゝことあり。今急進黨の分派を擧ぐれば左の如し。

一、本來の急進黨（Unión Civica Radical）は舊來の名稱を以て首郷「サンルイス」、「カタマルカ」、「サン・フアン」、「メンドサ」州を除く他の十州に於て大なる勢力を有す。

二、首都「ブ」市に於ては Unión Civica Radical Avenida de Mayo と Unión Civica Radical Tacuari 16 の二派に分かる。前者は前大統領派にて後者は現大統領派なり。

三、Unión Civica Radical Unificada は現大統領派と目すべく、專ら「サンタ・フエ」「サンチアゴ・デル・エステロ」、「サン・フアン」諸州に於て勢力を得、前二州に於ては本來の急進黨と對抗す。

四、U. C. Radical 本來の急進黨と同一名稱なるも現大統領派は選擧に際し、右名稱の下に自派の候補者を立てたる地方あり。又 U. C. R. の略稱を用ふる地方もあり。元來 Unión Civica Radical の名稱は、前大統領派たると現大統領派たるとを問はず、之を用ふる爲、同一地方に於て、二派對立する場合は、多く語尾に括孤を附して前大統領派（Personalista）又は現大統領派（Antipersonalista）の字句を加ふるを常とす。一九二六年の下院議員選擧に際し、「エントレ・リオス」「サルタ」「ラ・リオハ」州に於て其の例を見たり。

五、故に現大統領派なることを表明する Unión Civica Radical Antipersonalista の語は「カタマルカ」州に於て用ひられ、「サン・フアン」州に於ては Unión Civica Radical Bloquista と呼ばる。

六、「メンドサ」州に於ては前大統領派とも、又は現大統領派とも稱し難き別箇の黨派あり。「レンシニスタ」（Unión Civica Radical Lencinista）即ち是なり。蓋し同州內急進黨有力者「レンシーナス」（Carlos Washington Lencinas）が率ふるを以て此の名あり。尙同派は寧ろ前大統領派に近きものと觀察する向多し。

七、以上の外同じく急進黨内に於ても同一選擧區より數人の候補者立つときは各々其の候補者の姓を掲ぐること多し。

一九二六年の下院議員選擧の例に就て觀れば左の諸州より數派の急進黨候補者出でたり。

「コリエンテス州」

Unión Civica Radical

Unión Civica Radical Dr. Diaz de Vivar

Unión Civica Radical Dr. Lomónaco

「サンチアゴ・デル・エステロ」州

Unióu Civica Radical

Unión Civica Radical Unificada

Unión Civica Radical Blanca

Unión Civica Radical Dr. Cáceres

「ツクマン」州

Unión Civica Radical

Unión Civica Radical Roja

Unión Civica Radical Unificada Dr, Carranza

「ラ・リオハ」州

Unión Civica Radical

U. C. Radical

Unión Cívica Radical Principista（註一）

上述急進黨の外新傾向の黨派として且つ全國的の形體を有するものあり。是れ即ち社會黨(Partido Socialista)なり。同黨は其の基礎を專ら無產又は勞働階級に置く爲亞國勞働の需給中心地たる首都に於て侮り難き勢力を有し中央議會（上下兩院）の外首都「ブエノス・アイレス」市參事會にも多數の代表者を送れり。尙ほ最近「ブ」市の外地方工業都市に於ても其の勢力を增加しつゝあるが現在中央聯邦議會に於ては「ブ」市選出議員の外「ユルドバ」選出議員三名を有す。

今亞國中央議會に於ける各議員の各種問題に對する向背より亞國の政黨を區別すれば左の四大別と爲すことを得。尤も急進黨內二派の議員數を正確に區別すること困難なり。是れ議員に依りては必しも其の色彩明白ならざるものあるを以てなり。

黨派名	上院議員數	下院議員數
急進黨前大統領派	八	六六
保守黨(含各州保守的傾向の黨派)	八	四六
急進黨內現大統領派	一〇	二六
社會黨	二	一九

【註一】以上の各派は其の選擧區に於て合法に認められたる黨派なり。

第二節　亞國現政黨の沿革

第一款　急進黨

急進黨とは Unión Cívica Radical と呼ばるゝも言葉本來の意味が示す如く元來黨派として成立せるものに非ずして唯集合的の運動として存在したるものなり。而して黨の宣傳に依れば本運動は亞國の政治道德及び經濟が著しく頽廢せる時に成立せるものにして一時的現象には非ず、永年國民の間に鬱積せる民權の要求即ち換言せば國民の覺醒に基礎を置くものなるを以て特に有力なる指揮者又は中心人物を待たず自然に四圍の環境より發達し來れるものなりと云ふ。抑々本黨は一八八九年九月一日俗稱燎花園（el Jardín Florida）と呼ぶ一茶園に於ける青年學生の會合に端を發したるものなり。當時亞國青年團（la Juventud Argentina）なるものありしが、一部の青年學生は晩餐會を催し大亞國青年團の名にて於大統領「セルマン」に對し無條件信任を表白し其の政治を稱讚したる結果、他の進歩的青年學生は大に激昂し右青年よ團り分離し別に青年聯合（Unión Cívica de la Juventud）を組織し且之に對抗し如上の會合を催し「セルマン」の秕政を摘抉したり。右聯合の首魁は「バロエタヴエーニヤ」（Fracisco Barroetaveña）なりしが、當時諸新聞及一般輿論は右青年聯合に共鳴し「セルマン」政府の秕政として次の事項を擧げたり。

自由なる選擧の抑壓

行政の腐敗

大統領の獨裁專行

市政の抑壓

州自治に對する中央の壓迫及蹂躪

私權の無保證

選擧の不正執行

有史以來の經濟危機其の結果

商業の不振

歳入の缺陷及不足

政府及官公吏の選擧干渉並一切の暴行腐敗及不正事件に政府及官公吏の干與又は加擔。

斯くて政府の秕政に激昂せる民衆は愛國家の評高かりし「フリアス」將軍（General Friás）に愛國的示威運動をなせり。又前述の學生聯合も屢々大會を開きて民衆の反抗氣分益々盛となりぬ。然るに「セルマン」大統領は右に拘はらず自己の後繼者として「カルカノ」博士（Dr. Cárcano）を立候補せしめんとし、其の計劃世上に洩るゝや青年聯合を先鋒とする民衆運動は愈々硬化し遂に警察及「セルマン」派の徒黨（Comités Parroquiales）との間に衝突を起し玆に流血の慘を見、右運動の首謀者は何れも處刑せらるゝに至れり。是に於て民權要求の達成には革命に依る外他に方法無きこと一般に唱道せられ、當時社會上名望高かりし「ミトレ」（Mitre）「デルヴアジエ」（Del Valle）「ロペス」（López）「ベルナルド・デ・イリゴジエン」（Bernardo de Irigoyen）「カステジヤース」(Jeaquin Castellanos)「アレム」（Além）等の有識者を始め有力商人等も等しく立ち此の運動を援けたり、之を要するに本運動の中心勢力は青年學生に在り、且つ覺醒的新進の精神は全國の學生及び青年の間に鬱勃たりし結果彼等は中央の學生に呼應して一齊に立てり。而かも諸新聞及び「インデペンデント」の輿論亦熱心に之に賛同し、遂に政治的運動を目的とする意味に於て青年團を中心とする「ウニオン・シヴィカ・ナショナル」なるもの組織せられ其の總裁に「アレム」推されたり。斯くて一八九〇年九月七日革命の烽火擧げらる。當時「セルマン」の友人として協調し來れる有力家「ロカ」將軍（General Roca）及副大統領「カーロス・ペレグリニ」(Carlos Pellegrini) 等は「セルマン」を捨て、且「セルマン」の閣僚も右革命の烽火と共に離散し「セルマン」は「コルドバ」州選出の有力議員「ピサロ」（Manuel D. Pizarro）に迫られ遂に轉職するに至れり。次で「ペレグリニ」大統領に就任し「セルマン」の秕政は一應終熄し「ウニオン・シヴイカ・ラデイカル」は全國に亘り大に勢力を張るに至れり。斯くの如く急進黨は全國に亘り勢力を得るに至れるが、右目的達成の手段方法に就き同黨は二派に分立せり。一派は單に「ウニオン・シヴイカ」(Unión Cívica) と稱し他は「ウニオン・シヴイカ・ラデイカル」(Unión Cívica Radical) と稱せり。前者は保守黨勢力の出なるも進歩的の「ミトレ」に率ひられ從て「ミトレ」派 (Mitrista) とも稱せられたり。而して同派は一九一六年の選擧に際し本黨たる急進黨との合同問題に就き紛議を釀し「プエレドン」(Honorio Pueyrredón) の率ひる一派成功し本黨と合同したる爲他の分子は遂に解散するに至れり。

黨の構成は大體北米の政黨の例に倣へり。即ち各地方、州及中央に亘り倶樂部、委員會(常設)及び大會を有し、黨の全國大會に於て大統領及び副大統領候補者を選ぶ。尤も黨關係者をして云はしむれば亞國憲法の精神、就中「デモクラシイ」及び代表制を基礎とし之に亞國政治の慣習を加味し、且つ北米の例を參酌したる制なり。尙黨の綱領起草に當り「ゴウチマン」(Emilio Gouchón) は全國的の政治團體 (Una Asociación Politica Nacional) なる字句を用ひたりしが次で從來の亞國政治に見る個人的勢力の弊を避くる意味に於て「イムペルソナル」の文字を附加せり。黨の主義政策は今尙往時青年聯合の會合に於ける決議及宣言を基礎とす。因に一八八九年の青年團の宣言は左の如し。

政治上自由の完全なる實行
無制限選擧(普通選擧)
憲法の嚴正準據
綱紀紊亂者の處罰
强制投票制度
國防の充實

州自治の尊重及び市制の自由なる實行

急進黨の沿革主義政綱及び黨の組織は大體叙上の如きも、玆に最も注意を要するは同黨努力の結晶たる普通、秘密及强制的選擧法の成立が同黨の勢力擴充に大なる影響を與へ亞國政界に一新紀元を劃せること是なり。一八九〇年の革命に依り「セルマン」の秕政熄み「ペレグリニ」大統領に就任せるは前述の如きも、同大統領は温厚の士にして政府要路の者は敗の掃蕩未だ十分ならずして改革亦容易に行はれず、且つ選擧の自由與へられざりしかば、「アレム」は政府攻擊の火の手を緩めず遂に再び一八九三年の革命と爲り、「ペレグリニ」は引退し時の大審院長「サエンス・ペニヤ」(Luis Sáenz Peña)推されて大統領と爲り、間も無く「ウリブル」(José Evaristo Uriburu)を經一八九八年「ロカ」將軍再度大統領と爲りぬ。「ロカ」(General Julio A. Roca)は曩に一八八〇年より一八八六年迄大統領として新舊兩方面の好評を得たる人物なり。蓋し性格剛毅にして憲法を嚴守し各般の刷新を斷行し産業を助長奬勵し州自治を重んじたり。然れども再度大統領となれるも普通選擧法を成立せしむるに至らずして「キンタナ」(Manuel Quintana)に讓り同大統領も二年ならずして死去し「アルコルタ」大統領(José Figueroa Alcorta)の後一九一〇年「ロツケ・サエンス・ペニヤ」(Roque Saenz Peña)(前大統領 Luis の子)大統領に選擧せられたり。而して同大統領は時の內務大臣「ゴメス」(Indalecio Gomez)の助力を得普通選擧法を議會に提案し一九一二年之を公布するに至れり。「サエンス・ペニヤ」は進歩的人物なりしも、元來保守的勢力の出にして從て假令時勢の推移上已むを得ずとするも、同法の公布は新勢力を承認したるものといふ可し。同法施行後第一回目の一九一六年大統領選擧に於て、急進黨は非常の大多數を以て勝利を博し、其の首領たる「イリゴジエン」(Hiporito Irigoyen)大統領に就任せり。

抑々急進黨の主要なる主義政綱は前述の如く、各州自治の擁護、政治の廓清、政治組織の刷新、國民生活の改善、普通選擧の斷行、國務勵行等なり。然れども「イリゴジエン」が大統領に當選し、又普通選擧の結果自黨が議會に於て多數を擁するに至るや、「イリゴジエン」は漸く其の野望を逞うし、一般民衆に大聲望を有するを利用し遂に議會を威壓し玆に全く獨裁政治を行ふに至れり。尤も「イリゴジエン」は國民の保護者たるを以て自任し一般民衆の利益保護の態度に出で勞働立法を始め社會政策的立法の多少見るべきものあり。又保護關税制度に反對し灌漑及移民を奬勵し、地方の開發を圖れり。然し各州々政に就ては獨裁的にして全然州の實權を自己の掌中に收めんとし、各州に對し殆ど先例無き迄に干渉を行ひ自己に反對する舊勢力系の州知事を悉く驅逐せり。

是に於て心ある保守的分子は「イリゴジエン」の施政に眉を顰め或者は「イリゴジエン」は亞國の過去の傳統に對し何等の尊敬を拂はず、徒に階級鬪爭を釀成せんとするものなりと難ぜり。尤も「イリゴジエン」は自己の利用し得べき保守的分子は何れも之を自己の周圍に引着けたり。然れども「イリゴジエン」の在職日を經ると共に當初の態度に似ず勞働者壓迫の策に出でたり。一九二〇年「ブ」港大罷工の場合の措置の如き勞働者の反感を買へること夥しかりき。又勞働立法に藉口し黨勢擴張の策に出でたる傾きありしため或一部の勞働者は急進黨を去り社會黨に入るに至れり。社會黨が「イリゴジエン」任期の晩年著しく勢力を增大せる亦此等の因由に依ることなしとせず。一方「イリゴジエン」の就任以來年を逐て政府の財政は膨張し之が黨勢擴張に利用せらるゝとの非難あり。又政府の收支缺損は年々一千萬弗を超え公債は莫大の額に達し就中州財政は甚しく紊亂したり。彼の世界的大新聞を以て誇る「ラ・ナシオン」(La Nación) 紙の如きは遂に『急進黨に依り成立せる政府は州の金庫を空虛にしつゝあり』とて州政に於ける急進黨の橫暴を痛擊したり。急進黨が現大統領時代に入り二つの傾向に分裂するに至れるも亦如上「イリゴジエン」の放漫政治に反感を有する黨內進步的分子擡頭の結果に外ならず。

急進黨內「アンテイペルソナリスタ」成立經過概要

一九二二年の大統領選擧に際し「イリゴジエン」は時の駐佛公使「アルベアール」(Marcelo T. D. Alvear) を黨の大

統領候補者に指名し、黨大會は之を認め選擧の結果當選せり。元來「アルベアール」は「イリゴジエン」が勢力を得る迄は犬馬の勞を執れる黨內の有力者なり。而して「イリゴジエン」が「アルベアール」を黨の大統領候補者に推すに至りたるに就ては當時各種の風評行はれたり。(一)急進黨內にては他に適當の有力候補者を物色すること困難なりしと(二)他面「アルベアール」は永く駐佛公使として亞國政界を遠ざかれる關係上大統領當選後に於てさしたる勢力を政界に振ふことを得ざるべく、從て「イリゴジエン」は之を自家の傀儡とすることは難かるざるべし。若し然らずとするも早晚困難なる政治問題にて辭職を餘儀無くせられ、引いて自己の腹心として副大統領候補者に擧げたる「ゴンサレス」(Elpidio González)をして襲任せしめ、之を指揮し得べしとの魂膽に出でたるものとの憶測多數なりき。當時急進黨部內の有力者中には「イリゴジエン」の個人的勢力を喜ばず。就中修養ある進步的人物は「イリゴジエン」の豪放なる態度を目して專制的且つ非「デモクラテイツク」と爲し、之に反感を持したるため期せずして新大統領「アルベアール」の就任と共に其の傘下に集り個人的勢力を排し主義政綱を以て行動を共にせんとせり。當時上院議員なりし「ガシヨ」(Vicente Gallo)「メロ」(Leopoldo Melo)を始め時の駐米大使「レ・ブレトン」(Tomós Le Breton)現陸軍大臣「フスト」(Coronel Agustin Justo)及現海軍大臣「ドメツク・ガルシア」(Manuel Domeq Garcia)等は其の一人なるが大統領「アルベアール」亦其の閣僚に「イリゴジエン」意中の人を用ひず、如上の反「イリゴジエン」派の人物を起用し「イリゴジエン」の豫期を裏切れり。斯て「イリゴジエン」の個人的勢力に心服し其の羈下に在るものを急進黨「ペルソナリスタ」(Personalista)と謂ひ「アルベアール」と意見を同うする傾向のものを急進黨「アンテイペルソナリスタ」(Antipersonalista)と呼ぶ慣例を生ぜり。尙ほ前者を「イリゴジエニスタ」即ち前大統領派(Irigoyenista)後者を「アルベアリスタ」即ち現大統領派(Alvearista)とも稱す。

斯くの如く「アルベアール」は前大統領「イリゴジエン」とは異りたる進路に依り「デモクラシイ」を行はんとせるが、

當時駐伊公使たりし「ガヂャルド」(Angel Gallardo)を外務大臣に擧げたりしが、其の現想と消息通の見る所によれば氏が溫厚の士なる上、氏が「イリゴジエン」旗下の最有力者にして當時「ブエノス・アイレス」の州知事たりし「カンテイロ」(Dr. José M. Cantilo)の實妹を妻とせるを利用し、外務大臣を其の傀儡とし私に「カンテイロ」に歡を通じ以て「イリゴジエン」に對し不即不離の態度を持せしめんとするに出づるものとなりと云ふ。然れども一九二三年十一月急進黨內の有力者にして且つ反「イリゴジエン」派の頭目なる前記上院議員「ガジョ」を擧げ內閣の首班たる內務大臣と爲したる爲、「イリゴジエン」は愈々不快を感じ事每に「アルベアール」の政策に反對し、其の部下の議員をして議會に出席せしめず、以て議會を流會せしめ極力「アルベアール」の政策遂行を妨害せり。

大統領「アルベアール」は所謂金權階級には屬せずとするも名家の出にして所謂亞國の貴族階級に屬す。且つ又「アルベアール」內閣の「アンテイペルソナリスタ」の有力者は何れも敎養あり且つ家柄も相當なるを以て急進黨就中「イリゴジエン」派とは年來の政敵なり。保守黨は現大統領に對し一種の同情を有し、社會黨も亦前大統領の專制政治に反感を有する關係上現大統領の進步的傾向に贊意を表す。從て「イリゴジエン」の現政府妨害策も時に或は不成功に終り現政府は保守黨及社會黨の援助を受け各種の政策を漸々實行しつゝあり。上院に於ては前大統領派議員數は比較的少數にして折角「アルベアール」牽制の意味に於て副大統領に推したる「ゴンサレス」は上院の議長として上院を統制する能はず。下院に於ては前大統領派議員は最大多數を占むるも前述の如く保守黨及び社會黨の援助ある爲現大統領派は侮るべからざる勢力を示しつゝあり。爲に前大統領「イリゴジエン」は甚しく心平ならず、常に反間苦肉の策を廻しつゝありと稱せらる。尤も急進黨が明白に前大統領派と現大統領派との二派に分裂せるに非ず、現に現大統領派は各種の選擧に於ても明に「急進黨」なる名稱を用ふる上に現大統領派有力者中にも前大統領派と爭ふの不可を說き合同を主張するもの少からず。必しも現大統領派內に於ける右二種の意見が動因と爲り急進黨內融合問題が常に巷間の噂に上りつゝあり。而して來る一九二八年の大統領選擧に際し急進黨內此の二派の去就及び融合問題の成行は頗る興味ある問題にして今簡單に此の合同問題の經緯を述ぶれば大要左の如し。

（一）「ブ」州干涉中止問題。「ブエノス・アイレス」州は亞國中最も人口稠密にして經濟も亦殷賑し從て中央聯邦議會には最多數の代表者を送り亞國政界に於て最も重きをなし、其の知事たるものは常に大統領候補者を以て目せらる。然るに「イリゴジェン」は其の配下の最有力者「ブ」州知事「カンテイロ」の背後に在りて、政治資金の調達を始め各種の操縱を爲しつゝある爲「ブ」州財政の紊亂甚しとの非難攻擊絕えず。時の內務大臣「ガジョ」は右攻擊の急先鋒と爲り、一九二五年三月「アルベアール」をして其の閣議に於て政府の干涉を決心せしむるに至りたり。然るに「アルベアール」は五月より開會の議會に對し毫も干涉案を提出するの意嚮を示さず。內務大臣は之を迫りたるも聽かれず、遂に辭職するに至れり。而して內務大臣の後任者として「アルベアール」が「ブ」市選出の下院議員にして當時下院「アンテイペルソナリスタ」の有力者「タムボリニ」（José P. Tamborini）を起用するに至り、再び內閣動搖し、現大統領派の領袖たる農務大臣「レ・ブレトン」は內閣を去りたり。蓋し「タムボリニ」は諸閣僚の後輩にして假令下院「アンテイペルソナリスタ」の領袖とするも其の閱歷及人物の點よりして內閣の首班としては他の閣僚の滿足を得難かるべしとは當時の世評なり。「タムボリニ」は「ガジョ」の如く反「イリゴジェン」の色彩濃厚ならず寧ろ合同論者なり。

（二）「ブ」州知事及び「ブ」州選出下院議員改選問題。「ブ」州知事「カンテイロ」は一九二六年五月を以て任期滿了の爲一九二五年十二月同州知事の選擧行はれたり。然るに是に先だち「イリゴジェン」は其の配下の有力者をして本問題に就き「アルベアール」と各種の交涉を爲さしめ種々の策を廻らしたるが、結局前大統領派の領袖にして現政府派にも評判良き下院議員「ヴェルガラ」（Valentin Vergara）を前大統領派に於て推すことゝ爲したる爲、「ブ」州現大統領派は大統領と協議の結果、其の大會に於ては州知事選擧に何等關與せざることを決議せり。次で一九二六年三月の下院議員選擧に際しても「ブ」州現大統領派は前大統領派に讓步し其の候補者を出さざりき。

(三)大統領「アルベアール」最近の態度。現大統領が前述の如く妥協讓步の態度に出でつゝあるにも拘はらず、前大統領派は或は妥協的態度に或は挑戰的態度に出で、其の眞意奈邊にあるやを疑はしむること一再にして止まず。蓋し右は「イリゴジエン」が現大統領の反撥力を確めんとの底意に依るものなるべく、且つ其の裏切者と爲す現大統領を一方に於て苦しめ他方部下の領袖をして妥協を申込ましめ、依て巧に現大統領を操縱せんとの魂膽に出づるものなるべしと觀側する向あり。右觀測の當れるや否やは別として、現に豫算討議の目的を以て召集せられたる一九二五年十二月臨時議會に於て、前大統領派は議會流會(議場不出席)に依る消極的議事妨害を試みる一方「イリゴジエン」部下の領袖は「アルベアール」に種々の交渉を持掛けたり。尤も「アルベアール」は遂に一九二六年三月末右臨時議會に提出せる各種法案を撤回し臨時議會を閉會せしむると共に大統領令を以て豫算を公布し玆に毅然たる態度を採りたり。次で同年五月開會の通常議會に於て其の教書の劈頭、前大統領派議員の態度を痛擊し「イリゴジエン」に對し挑戰的態度を示したり。而して同議會に於ては保守黨及び社會黨が現政府派の政策を支持したる爲前大統領派の妨害運動は失敗に歸したり。尙ほ同年末「ブ」市々會議員の選擧に於ては前大統領派は大勝を博し現大統領派は代表者を出すことを得ざりしが、同年三月下院議員選擧に表はれたる情勢より察すれば、現大統領派は「ブ」市及「ブ」州を除く他の地方に於て勢力を有するものと云ふを得べし。

第二款　保守黨

保守黨の語は二義を有す。(イ)前述の如く全國に亘り保守黨なるものは存在せず。從て全國的意味に用ふるとせば「ブ」州保守黨の外保守的傾向の各地方の黨派を總括的に俗稱するのみなり。議會內に於て此等の諸黨派議員は何れも右方に座席を有す。(ロ)然るに「ブ」州保守黨は中央議會に下院議員十五名を送り急進黨に次ぐ歷史ある大政黨なり。從て保守黨なる語は事實「ブ」州保守黨を指すこと多し。左に「ブ」州保守黨の來歷を述ぶ可し。

保守黨は「ブ」州に於ける往時の勢力階級を代表するものにして、昔時の有力政黨たる「ブ」州派(Porteño)即ち後の國民黨 (Partido Nacional) より展開し來りたるものなり。抑々從來「ブ」州に於て政權を掌握したるものは國民黨なりしが一八九三年同派の「カーロス・ペレグリニ」が大統領の地位を退くや、州政は中央の政府の干涉を受けたり。(憲法規定に依れば中央政府は各州の政治に干涉することを得。之に依り政府は干涉官を送り州知事其の他を罷免し新に選擧を行ふことを得。) 當時國民黨に反對なる有力の黨派として既に「ブ」州に於て勢力を築きつゝありしものは前掲の急進黨なり。尤も同黨は一八九四年の州選擧に當り既述の如く二派に分かれたり。一は「アレム」の率ふる Unión Civica Radical にして他は「ミトン」將軍の率ふる Unión Civica Nacional なりき。一方「ペレグリニ」は大統領辭職後中央の干涉に基く選擧の爲に Partido Nacional の黨員を以て州聯合黨 (Unión Provincial) を組織せり。尙ほ同黨は專ら大牧場所有者を以て成立せる爲め Vacuno (牛屋の意) と稱せらる。斯くて一八九四年の州選擧に當り如上の三派の鼎立を見、三派共に絕對多數を得ること困難なりし結果、「ペレグリニ」は妥協を申込み「ミトリスタ」即ち「ウニオン・シヴイカ・ナシヨナル」の「ウダオンダ」(Guillermo Udaonda) を知事に、自派(Vacuno)の「アリアス」大佐(Colonel José J. Arias) を副知事(後に知事と爲る)に擧ぐることゝせり。次で一八九八年の知事改選に際し再び多數を得る者無く州聯合黨即ち「ヴアクノ」は急進黨 (Unión Civica Radical) との聯合內閣組織を條件として急進黨の「イリゴジエン」(Bernardo de Irigoyen) に讓步し結局同人の選擧を見たり。

一九〇二年の知事選擧に際し、現在の保守黨先驅たる前記州聯合黨(俗に州黨 Provincialista 又は依然として Vacuno とも謂ふ。) は內爭を生ぜり。即ち當時既に「ペレグリニ」は死去せる一方黨の總裁なりし「リヴアス」(Felix Rivas) は種々の理由の爲に立候補するを得ず、黨としては「ウガルテ」(Marcelino Ugarte) を候補者に推したるが愈々大統領に當選するや「リヴァス」と紛爭を構へたり。而して急進黨及び急進黨の一分派たる「ミトリスタ」も此の紛爭の渦中に投じたるが結局「ウガルテ」の勝利に歸し「ウガルテ」は州黨（Unión Provincial）の全黨員、急進黨の一部及び「ミトリスタ」を打て一丸とし統一黨（Partido Unidos）を組織し之を政府黨と爲したり。右結黨は一九〇三年のことなりしが同黨は一九〇八年迄政權を握れり。然るに同年州の政權は「ウガルテ」が豫て反對なりし當時の大統領「アルコルタ」（Figueroa Alcorta）と諒解の厚かりし「イグナシス・イリゴジェン」（Ignacis D. Irigoyen）の手に歸し、從來政權を有せる統一黨は勢力を失ふに至れり。是に於て曩に州知事たりしことある「マキシモ・パス」（Maximo Paz）主唱の下に統一黨の全員及大農場主を網羅する保守黨（Partido Conservador）始めて生まれたり。

「パス」は黨の總裁を直に「ルロ」（Santiago Luro）に譲り、同黨は一九一〇年政權に就くことを得たり。即ち同黨の「アリアス」（José Inocencio Arias）知事と爲れり。然れども同人は一九一三年に死去し、從來保守黨に同情を有するも黨外に在りし前知事「ウガルテ」入黨し保守黨の總裁に擧げられ、一九一四年の選擧に於て知事と爲り、黨の實權を握り。尤も一九一七年四月急進黨最初の大統領「イリゴジェン」の干渉を受け「ウガルテ」は知事の職を去り、爾來同黨は政權外に在り。尙ほ同黨は次で改造を行ひ其の總裁に「モレノ」（Rodolfo Moreno）を擧げたるが一九二三年に至り「グネコ」（Manuel F. Gnecco）總裁に選ばれたり。尙ほ一九二五年末の選擧には知事候補者を出さざりき。蓋し其の翌一九二六年春下院議員選擧行はるゝ爲寧ろ後者に力を注ぎ、他の各州の保守的傾向の黨派と提携し中央に於て勢力を擴張するを得策と思惟せるためなるべし。

第三款　社會黨

社會黨（Partido Socialista）が黨として成立したるは一八九四年なり。但し之より先「ビスマーク」の追放に因り亞國に渡來せる獨逸人の一團「フォールヴルツ」（Vorwärts）なるものを組織したり。且當時社會主義的傾向を有する團體として、在亞佛人の組織する Les Egaux 及び伊國人の組織する Fachio dei Laboratori あり。一八九三年に「フスト」（Juan B. Justo）及「ヒメネス」（Esteban Jimenes）の參加せる西班牙人及亞國人より成る一團體組織せられたるが、次で翌一八九四年右兩人は「キウーン」（Augusto Khün）と共に新聞紙「ヴアングアルデイア」（La Vanguardia）を創刊し之を社會黨の機關紙と爲すや前述の獨伊佛の三團體も之に加盟し、玆に社會黨なるもの生れたり。然るに後年此の團體は單なる社會上の團體より進んで選擧上の團體として政治的に活動せんとするに至り、各種の人々之に參加せり。尤も當時の選擧法完全ならず、政府の反對派に對する壓迫其の他選擧に不正及び腐敗多かりしため容易に其の代表者を議會に送ることを得ざりき。

抑々社會黨は其の成立の由來當初より勞働者との間に理解あり、勞働階級の利益擁護就中其の生活向上を標榜し同盟罷業を援けたるが遂に一九〇四年の選擧に於て「ブエノス・アイレス」市中勞働者の多數住居する地區を地盤として「パラシオス」（Alfredo L. Palacios）を下院議員に擧ぐることを得たり。次で一九一二年に普通選擧法實施せらるゝや、社會黨は遽に黨勢を擴張し、同年同法に基く下院議員選擧に際し前掲「パラシオス」及「フスト」（Juan B. Justo）を選出し、翌年の選擧に於ては其の得票數從來に倍加し、上院に一名（Enrique del Valle Iberlucea）下院には從來の議員二名の外更に二名（Mario Bravo 及 Nicolás Repetto）を送り、次で純然たる勞働者出身の「クネオ」（Francisco Cúneo）及「サカグニイニ」（Antonis Zacagnini）亦下院議員と爲りぬ。而して右議員の中には最多數の得票（Mayoria）を得たるものありたるも、一九一六年急進黨が政權を獲得して以來最多數を得ること困難にして少數得票（後述亞國の選擧制度參照）多し。現在は既述の如く上院に二名下院に十九名の代表者を有す。尙ほ地方團體中最も其の勢力を有するは、首都「ブエノス・アイレス」にして其の市會議員に多數の代表者を有し、急進黨に對抗せんと欲す。「ブ」州議會に於ては六人の下院議員、「ツクマン」州に於ては市會議員の外一名の州下院議員を有し、更に亞國唯一の避暑地にて夏期に於ける亞國社交の中心地たる「ブ」州「マル・デル・プラタ」(Mar del Plata) 市々長が社會黨たるは興味ある現象なり。而して此の外地方都市にも多少の市會議員を有す。

社會黨の沿革は大體上述の如くなるが、其の構成分子（黨員）の關係よりして黨の沿革は大體之を四段楷に分つことを得。(一)一九〇五年「サンデイカリズム」の傾向を有する一派は其の政策及政治的行動の方法等に就き意見を異にし分離せり。(二)黨の最も有力なる領袖として敏腕の聞え高かりし前掲「パラシオス」は決闘問題にて黨を去りぬ。蓋し黨は決闘を認めざりしなり。(現在に於ても亞國議員は議場に於ける論爭又は政治問題よりして、決闘を爲すこと一再に止まらず) (三)一九一七年黨としては亞國の歐洲大戰參加を辭せずとの態度を持し、聯合側に同情を表したる爲大戰不參加論者は分離せり。(四)此の結果現在の黨は純勞働者階級の色彩濃厚なるが其の中心は「モスコウ」の第三「インターナショ ナル」に加盟するを拒否せる分子なり。總裁「フスト」(Juan B. Justo) は黨の發達に最も貢献多く且つ財力をも有す。

黨の政綱中最も重要のものは勿論勞働者の生活向上なるが其の他各般の自由政策を採用し、政敎の分離及離婚の自由等をも含む結果、他黨派とは此の目的の爲一致協同の態度に出づるを得。現に前述の如く急進黨內現大統領派の進歩的且自由主義的立法に對しては之を支持しつゝあり。

第三節　各黨派の主義綱領其の他

前三款に於て各黨派の沿革主義政綱並領袖の人物等の概説を試みたるが、今之を摘出列記すれば左の如し。

一、急　進　黨

名稱・Unión Civica Radical

主義、國家に平和及び進歩を保障する制度の維持、即ち法律の嚴守、行政道德の樹立、民本政治の確立、國家存在の根幹を爲す州及び市の自治確認。

右主義は急進黨結黨當時（一八九二年）のものなるが、今日に於ても何等變化無し。

政綱、最近の選擧等に於ては何等政綱を掲げず。唯憲法の精神を尊重し之を嚴守することを以て政綱となす。尙ほ從前普通選擧の即行を主張せるは前述の如し。勞資問題に關しては明に勞働階級に味方し而かも資本家側の正當なる權利は敢て之を無視せず、無産階級の擁護を其の趣旨とす。

組織、決議機關として全國大會及州並に市大會を設け常設の執行機關として全國、州及市並に地區委員會あり。大統領候補者及黨の政策等は勿論大會を以て決す。

領袖、急進本黨の首領は勿論大統領「イリゴジエン」なり。其の配下の有力者中には副大統領「ゴンサレス」、前「ブエノス・アイレス」州知事「カンテイロ」、現知事「ヴエルガラ」、前下院議員「デル・バーゼ」等あり。下院に於ては「フエレイラ」（Andrés Ferreyra）を以て其の首領とし、「バード」（Leopoldo Pard）、「ロドリゲス」（Jorge Raul Rodriguez）も有力者なり。靑年の闘將としては前大藏次官「モリナリイ」（Diego Luis Molinari）あり。

急進黨現大統領派の首領は勿論、現大統領にして前農務大臣「レ・ブレトン」、前內務大臣「ガジヨ」は其の最有力者なりしが現在は內務大臣「タムボリニイ」惟握の計を廻す。上院に於ては「メロ」（Leopoldo Melo）下院に於ては「スシニ」（Miguel Sussini）領袖たり。

二、保守黨

名稱、Partido Conservador de Buenos Aires

主義、最も進歩したる民本主義及一般投票の原則に準據し、州勢の進展を妨げんとする州政干渉を切排し個人的政治に反對す。州の光輝ある傳統及び州自治を蹂躙せんとする政治に反對し左の事項の嚴守を主張す。

各種制度の維持。

一般文化の向上。

教育の助長達成。

經濟及行政の秩序樹立。

勞資協調。

綱紀粛正。

地方市町村役場の政黨より解放獨立。

憲法の精神たる平等及び自由の保障。

政綱、州自治確認及中央政府の州干渉に關する詳細法規定の樹立。

地方市町村の自治確認。

聯邦議會，州議會議員等の選擧權者に對する報告制度の設定。

聯邦及州議會並市會に於て其の三分の二以上の多數を以てするに非ざれば歳出入の增加を決議し得ざる趣旨の法規制定及其の他財政の整理緊縮公債の償却整理等。

州立銀行に依る長期農業信用の創設，其の他農業助長策。

小中大學校の增設及び農業教育の擴張。

道路の增築。

勞働者生活標準の向上――最低賃銀制の設置、八時間勞働の強行、農業勞働者の衛生改善、之が爲に勞働者の相互救濟及職業紹介所、少年保護所、公衆食堂（就中學校食堂）、職業學校及病院等の設置。

「トラスト」の排斥。

官公吏の俸給令制定等。

組織、執行機關として中央委員會、地方委員會及び地方を小分したる各地區委員會あり。各々 Junta de Gobierno, Comité Seccional, Comité de Distrito と呼ぶ。決議機關としては中央總會と地方的總會あり。即ち Asamblea General と Asamblea Seccionale 是なり。而して臨時會と通常會との別を設け大統領候補者は中央通常總會に於て決す。

領袖、保守黨現在の總裁は前述「モレノ」なるが、同人は聯邦議會の下院に於ても黨を率ゆ。

三、社會黨

名稱、Partido Socialista

主義、亞國の政治及び社會組織は資本家階級を主とし彼等の利益のみを考量する有樣なり。未開拓地は多大なるも、亞國の土地全部は私有され、資本家階級は益々貪慾を逞うし、勞働者階級は其の奴隷たらんとす。從て勞働者の利益を擁護し、資本家階級より之を解放し、彼等の生活を向上せしめ、彼等の權利を確認し、更に經濟的自由の原則樹立するを要す。

是が爲生産組織を變更し、資本制度に代ふるに生産手段の所有を集合的又は社會的とする制度を以てし、勞働者をして其の勞働の結果を全部所有せしめ、經濟上の無政府又は低級なる我利主義を排し、生産を科學的に組織し社會道德を涵養するを要す。

然れども如上の政策を實行せんとせば特權階級の妨碍を受け又彼等は政權獲得のみを事とし、且つ普通選擧を以て自己の勢力擴張に利用しつゝあるを以て、吾人は如上目的達成のため各般の運動、宣傳及び勞働階級の組織に着手するを要す。

政綱、消費税の廢止。

關税の漸減。

農牧業發展を阻碍する租税の廢止。

累進直接税の設定。

累進相續税及び大土地に對する重税の賦課。

國税及び州税の統一。

煙草酒精類の生産及販賣の制限。

地方入植及び市住宅等に關する官立銀行の共同組合に對する貸出。

土地收用。

一切の鑛山及び油田の國有。

勞働時間（晝間八時間夜間七時間）及び賃銀支拂方法（通貨に依る支拂）並最低生活費を標準とする最低賃銀制の確立。

家庭使用人に關する法制。

工場及農業勞働者に關する衛生設備、勞働者の安全及衛生に關する制度、失業及疾病保險設立、及び母性の保護。

勞働爭議仲裁機關の設置。
勞働組合の承認。
勞働者より成る委員の勞働檢閲。
勞資爭議に對する兵力干涉の禁止。
富籤及競馬の禁止。
移民奬勵の停止、契約移民の禁止並に文盲移民の制限。
敎育の作興（學校の增築、義務敎育延長（十四歲迄）、實業敎育の擴張等。）
私法上の男女平等及婚姻の自由。
兵役年限の短縮。
僧侶の特權廢止及政敎の分離。
聯邦議會に依る大統領の選擧及大統領拒否權（ヴイトー）の廢止。
上院の廢止。
州政府及議會の廢止、地方行政及司法制度の改造。
聯邦議會の全國的代表。
議會に依る大審院判事の選任。
一般國民投票及「イニシアテイヴ」。
仲裁々判に依る國際紛爭の解決。
國際聯盟加入。

男女の普通、平等及び秘密選擧。

少數代表制度の樹立。

二年以上住所を有する外國人に對し單に登錄を爲すことに依る市民權の附與。

公共企業の市營。

領袖、黨の總裁は前述の如く「フスト」なるが、下院に於ても自黨の「リーダー」として黨員を率ゆ。尙ほ同黨の「ディツクマン」(Enrique Dickmann) 及び「トマソ」(Antonio de Tomaso) は鬪將として最も有名なり。(註一)

【註一】　前掲黨派の主義政綱は最近に於ける各派出版「パンフレット」を基礎とし之を摘出したるものなり。

以上何れの黨派たるを問はず、黨員となる條件は極めて簡單にして何人と雖單に選擧權を有すれば容易に黨に加入し得。急進黨に於ては黨の地方小委員會 (Comité de Sección) 書記の許に於て署名すれば足る。但し選擧人名簿に登錄され居ることを要す。「ブ」州保守黨に於ては徵兵適齡證及び當該官憲發信の身分證明書を所持し各區委員會に自ら出頭すれば可なり。社會黨に至りては選擧權行使の條件を具ふる時は、十八歲以上の者は何人と雖も三月間以上黨員たる者二名の紹介を以て自己の署名したる文書に依り加入を申込むことを得。尙ほ同黨は女子及び外國人に對しても一定の條件を以て加入を認む。

第四節　各黨派の外交に關する政見

各黨派の外交に關する政見は、社會黨が其の政綱中に國際聯盟加入及び國際紛爭の仲裁々判に依る解決を掲げ居る以外、他の黨派に於ては其の政綱中に何等特記する所無く、爲に之を知るに由無し。唯急進黨政府の外交問題に就き執りたる態度概要を左に述ぶ可し。尙ほ保守黨に就ては黨の性質及び由來上對外問題に關する態度の協調親善的なるは之を想像し得。

元來同黨は亞國の教育ある階級の代表者にして外遊の經驗ある者乃至外國に於て教育を受けたる者多く、殊に資本家階級の代表者なる點に於て、財政的對外問題に就ては常に好意的態度を示しつゝあり。國際聯盟加入にも贊成なり。但し對南米問題就中隣邦を主眼とする軍備問題に就ては積極的にして其の充實を主張す。

急進黨は一九一六年始めて政權を得たるが、其の內閣には外遊の經驗乃至外交方面に知識を有する者尠く、大統領「イリゴジエン」亦非社交的にして且つ儀禮を用ふること好まざりし爲同大統領時代列强より來れる各種の使節、例へば一九一八年英國 De Bunsen の來亞、一九一九年米國々務卿「コルビー」の來訪等に際し十分に歡迎せざりしため伊國の使節の如きは亞國を訪問せず、中途烏國より引返へしたりし程なり。

抑々「イリゴジエン」は國內に於て自家の政權を確立するを主眼とし從て國內問題の解決を第一に重んじ、對外的には成る可く面倒なる事件に卷き込まれざらんと「モラル・インデペンデンス」を第一とせり。一九一七年議會が對獨外交關係の斷絕を殆ど滿場一致を以て決議したるに拘はらず、之を拒否して顧みざりしも亦右動因に出でたるなり。然れども是が爲聯合側より親獨傾向の人と目されたるも、其の外務大臣「プエレドン」(Honorio Pueyrredon)(本章第二節第一款參照)は英米と親好的態度に出で以て此の疑を緩和せり。元來外交問題に就ては「イリゴジエン」は一切を「プエレドン」に委し「プエレドン」之を獨裁專決したりと稱せらる。同氏は理論家且つ主義の人にして亞國が一九一九年聯盟に加入するに至りしも、眞正なる世界平和の樹立てふ理想に基けるが如し。而して翌一九二〇年「ジユネーヴ」の聯盟總會より「プエレドン」席を立ち去り亞國の聯盟脫退を宣明したるも亦此の精神に出で、飽迄世界主權國の平等公平を主義とし世界の全主權國の加盟を許容するに非ざれば世界平和の確立は困難にして、聯盟は特定國間の同盟なる可らずとの意見を懷抱す。

急進黨內「アンテイペルソナリスタ」の頭領たる現大統領の政見も大體に於て前大統領時代の夫れと同樣なり。尤も國際聯盟に於ける事態は從前と異り加盟を必要と爲し議會の承認を求むること一再にして止まざりしが、前大統領派は議會に於て之が討議決定を爲さず其の成立を妨げつゝあり。尙ほ現大統領は就任前駐佛公使たりし關係上社交にたけ且つ儀禮に厚く殊に列國との外交關係は其の重大視する所にして親善協調を旨とし就中隣邦智、伯、烏國等とは特に親善關係の維持增進を念とし、隣邦暮國との國境問題を平和的に解決せり。又伊國及英國皇太子の來訪並に西國皇帝が飛行家「フラレコ」少佐をして太西洋橫斷訪亞を爲さしめたるも凡て現大統領の時代なり。軍備問題に就ては當初より熱心なる充實論者なるが、一九二三年の「サンチアゴ」に於ける汎米會議には平和的且つ協調的態度に出でたり。尤も同會議軍縮問題に關する亞、伯、智三國間豫備會の開催には反對せり。尙ほ同會議に於ては伯、智間に意見の阻隔を來し軍縮問題は決定を見るに至らざりき。

移民問題に就ても亦社會黨の外他の黨派は黨としては具體的政綱を掲げざるも急進黨政府は移民奬勵並に地方定着勸奬を國策となすも最近に於ては移民の選擇を力說す。

本邦及び本邦移民に對する各黨派の政見は未だ發表せられず、從て黨派として如何なる意見を持するものなるや玆に明確に記述するに由なきも、急進黨にまれ保守黨にまれ一見好感を有するものゝ如し。蓋し右黨派の如何を問はず亞國の一般識者は帝國が短日月の間に世界の最大强國と爲りたる事實に對し尊敬の念を有し、他面在亞本邦移民は忠實且勤勉なるものとして愛好の感を懷抱す。又一般亞國人も本邦及び本邦人に一種の親しみを有す。然れども之を仔細に考量せば其の對日感情は左の諸理由に基けるが如し。

(一)在亞本邦移民の數極めて少なく、日本人が人口的及經濟的にも勢力微弱にして未だ他の嫉視反感を受くる域に達せず。剩へ、西語が邦人に比較的容易の爲か其の多くは西語を操り亞國の習俗に慣る。且つ他の歐洲移民中には質劣の惡なるもの多きに比し現在迄の處本邦移民には比較的良質のもの多かりしこと。

(二)親日的感情は亞國民が本邦事情に精通せる結果に非ずして單に（イ）日露戰爭時代に醸成せられたる同情及び之に引續き日本人は眞面目にして根氣强く且つ進歩的にして大事業を遂行し得ると爲す感念、（ロ）日本の事物に對する憧憬、就中日本舊來の道德に對する共鳴、（ハ）或は日本を四時花鳥の國とする夢想的又は好奇的感情等原因と爲り對日好感を有すること。

曾て前掲「ロカ」大統領時代、時の大藏大臣及內務大臣は或企業家と協議の上我森岡移民會社をして亞國北部の官有地に我邦人を植民せしめん計劃を立て頗る順調に進捗せんとせしが、運惡く議會之に反對したる爲遂に水泡に歸するのやむなきに至れる事實あり。

元來亞國人の多數は西班牙人の後裔にして右西班牙人が歐洲中最も混血の民族にして且つ東洋人の血を混ずるものもある爲か、人種的偏見薄く「アングロ・サクソン」系統民族の如く排外的感情を有せず。尙ほ亞國人中には東洋人近似の面貌及び性格を有するものあり、土人（褐黑色印度人）との混血種も多數ある所、亞國從來の立法政策に就き觀るに內外人に對し何等差別的法制を設けず。且一般亞國人は從來國內に多數の外人居住するも不關焉の態度を示したり。更に其の社會生活に就て見るも、上流士女の如きは常に佛國其の他の歐洲諸國に遊び、一年の大半を外國に暮すもの多く自國の文化向上に冷淡なるの感を與ふるものあり。然れども(一)新時代の亞國人は愛國の念强く殊に靑年學生の間に於ける愛國的運動又は小學兒童に對する愛國敎育の傾向は最近特に著しく、他面大學敎育の設備等も近時充滿し玆に「ナショナリズム」の勃興を見つゝあり。(二)亞國の總人口約一千萬中伊國人は二百萬又は三百萬と稱せられ、西班牙人亦百萬を超ゆるが右の外多數の獨、墺其の他中歐並露國の移民あり。現在亞國人の多くは舊來の亞國人と是等外來人との混血なり。此の點に於て亞國は民族の溶解鍋とも稱せられ今後亞國人たるものは如上民族の混淆に因り生ずる新亞國人なり。而かも此等の新亞國人は却て舊來の亞國人子孫より進取の氣象に富み愛國の念力强しと稱せらる。況や新亞國人は白人にして現在既に亞國は白人國なり。或者は亞國は南米に於ける唯一の白人國と爲す。而かも各地に地盤を建設しつゝある西伊の移民及び新亞人中には亞國を以て其の子孫の天地と觧し白人亞國の理想を抱くもの多し。(三)亞國最近の出生に基く人口の增加率は驚く可き高率を示し遠からずして移民制限の必要を生ぜしめざるやを疑はしむ。而して此の際第一に制限を受くべきものは白人なるや東洋人なるやは想像に難からず。(尤も現在日本人以外の在亞東洋人は殆ど皆無なり)(四)尙ほ從來と雖も或る一部人士の間に又は有力新聞(例之ラ・ナシオン紙)中に排日論を唱へたるもの絕無には非ざりき。從て亞國の一部に排日感情潛在すとなすも亦必ずしも妄想となす可からず。

斯くの如く(一)新時代の亞國人間に於ける「ナショナリズム」の觀念(二)亞國が白人國たること(三)亞國人口の增加(四)排日感情の潛在等の事象に想到すれば亞國の政黨派が本邦人移民問題發生の場合、如何なる意見及態度に出づるかは玆に必ずしも樂觀を許さざるなり。且亞國憲法第二十五條に歐洲移民の渡來を歡迎すとの規定ある爲、親日的なる現政府の下に於ても數次の移民局長中には移民收容所の利用、鐵道の無賃輸送等の對移民便宜供與の問題に關し、此等の便宜は憲法規定の精神に基き歐洲移民を主眼としたるものなれば日本移民に對しては同樣取扱の義務無しとの見解を持したる者無きに非ず。急進黨の前大統領「イリゴジエン」は日本に好感を有する一人と目せらる。現大統領「アルベアール」に至りては熱誠なる親日家たること其の閣僚間に定評ある所なり。且つ又海軍大臣「ドメック・ガルシア」が親日家なることも衆知の事實なるが其の他陸軍、外務、文部、農務大臣等も一般に日本に對して好感を有す。

第五節　現在議會の黨派別

現在に於ける議會黨派別は大略左の如し。

一、下院　現議員中四十六名は右黨として議場の右側に席を有す。何れも保守的傾向にして左の黨派に屬す。而して之を率ふる者は前述の「ブ」州保守黨領袖「モレノ」なり。

右黨	總計 四六
「ブ」州保守黨	一五
「コルドバ」州民主黨	一〇
「ツクマン」州自由黨	五
「コリエンテス」州自由黨	五
「サンタ・フエ」州進歩民主黨	三
「メンドサ」州自由黨	二
「サン・ルイス」州自由黨	二
「サルタ」州統一黨	二
「エントレ・リオス」州統一黨	一
「サン・フアン」州進歩民主黨	一

尙ほ「サンタ・フエ」州を基礎とする進歩民主黨(Demócrata Progresista)は嚢に解散し目下存在せざるも、同黨の現議員三名は保守的傾向の他の黨派員と行動を共にしつゝあり。其の領袖は「リサンドロ・デ・ラ・トーレ」(Lisandro de la Torre)なりしが現在下院に議席を有せず。

急進黨の現議員數は九十一名なるが黨內に現大統領派（Antipersonalista）と前大統領派（Personalista）と相對立すること前述の如し。今之を地方別議員數を以て其の勢力を示せば左の如し。

前大統領派	六二
「ブエノス・アイレス」州	二七
聯邦首府（「ブエノス・アイレス市」）	一六
「サンタ・フエ」州	七
「エントレリオス」州	二
「コルドバ」州	二
「カタマルカ」州	二
「ラ・リオハ」州	二
其の他の各州各一名即ち「サン・ルイス」「サンチアゴ・デル・エステロ」「ツクマン」「サルタ」	四
「レンシニスタ」	
「メントサ」州	四
現大統領派	二六
「サンタ・フエ」州	八
「エントレリオス」州	六
「サンチアゴ・デル・エステロ」	五
「コリエンテス」州	二
「フフイ」州	二

「サン・フアン」州　二

「ツクマン」州　一

社會黨の現議員數は十九人なるが首府「ブエノス・アイレス」市より十六人及「コルドバ」州より三人を選出す。尚ほ缺員は目下一名なり。

二、上院　上院の右黨又下院同樣の黨派より成るが、其の首領は「コリエンテス」州選出の自治黨「ヴイダル」(Juan Ramón Vidal) なり。其の各州前議員數は左の如し。

右　黨	總計	八
「コリエンテス」州自治黨		二
「サン・ルイス」州自由黨		二
「サルタ」州統一黨		二
「コルドバ」州民主黨		一
「サンチアゴ・デル・エステロ」州保守黨		一

急進黨議員は之を大體左の如く分ち得。

前大統領派	總計	六
「ブエノス・アイレス」州		二
「サンタ・フエ」州		二
「ツクマン」州		一
「サンチアゴ・デル・エステロ」州		一

「レンシニスタ」

「メンドサ」州　二

現大統領派　總計　一〇

「エントレリオス」州　二

「カタマルカ」州　二

「ラリオハ」州　二

「コルドバ」州　一

「ツクマン」州　一

「サンフアン」州　一

「フフイ」　一

社會黨は首府の代表を獨占し二人を出す。尙ほ缺員目下二名。

第六節　黨費の調達方法

亞國に於ては黨費又は選擧費用若くは寄附者の氏名公表等の制度無く、黨費其の他は黨內の有力者に依るか又は或種有力資産家が其の背後にありて之を醵出するものゝ如し。尙ほ政權を有する黨派は各種の名目により又は巧なる方法を以て事實國庫金を政治資金に引出すものありと云ふ。今各黨派に就て關係員の語る所を略記すれば左の如し。

急進黨は中央又は地方委員會の委員長が黨內の相當資産家より醵金を求め議員よりは其の歲費の一割乃至二割見當を醵出せしむる由なり。尙ほ「イリゴジエン」大統領時代所謂「スポイル・システム」に依り急進黨關係者に有らゆる官職を設置附與したる關係上此等の者の中現に其の職に在る者より俸給の一部を醵出せしむ。

社會黨は議員の歳費半額を黨の費用として醵出せしめ、其の他は一般黨員より毎月六十仙乃至一弗宛を醵出せしむ。尙ほ宣傳又は選擧等の場合には之に要する貼紙及び印刷物等の物品を寄贈する者多し。

保守黨は議員の歳費中より一割乃至二割を醵出せしむるも、元來黨員の大多數が大農牧場主にして資産階級に屬するを以て彼等より醵金を受くること容易なるが如し。

第七節　各黨派の機關紙

亞國に於ける新聞の發達は旣に定評有り。而して亞國の他の文化の發達に比すれば新聞は一頭地を拔ける觀あり。特に二大新聞を以て稱せらるゝ「ラ・プレンサ」（La Prensa）及び「ラ・ナシオン」（La Nación）紙は其の體裁及紙面數等に於て紐育「タイムス」又は倫敦「タイムス」に遜色無き世界的大新聞なり。其の發行部數は二十數萬乃至三十萬に達し「プレンサ」紙の日々掲載する外國電報數に至りては世界一と稱するも蓋し過言に非ざるべし。然れども兩紙共政治問題に就ては嚴正なる中立の態度を持し政府の政策を自己獨自の立場より是非し何等政黨的色彩を有せず。但し「プレンサ」紙は稍々保守的傾向を帶び「ナシオン」紙は進步的傾向を有す。以上二紙に次で有力なるは夕刊「ラソン」紙なるが、是亦政黨的色彩を有せざることは前二紙に同じ。一般下層階級に賣行多き「クリテイカ」紙（Critica）の發行部數は二十萬と稱せらるゝが其の紙面の體裁及び經營法は北米「ハースト」系新聞に倣ひたるものゝ如く萬事誇張的にして不謹愼の嫌あり。一般有識階級は之を蔑視し顧みざるも勞働階級其の他に及ぼす影響は之を等閑視す可からず。尤も政黨的色彩は無きも政府の政策には多くの場合反對且つ嘲笑的態度に出づ。

以上のものを除く其の他の諸新聞は何れも第二流乃至第三流に屬するものにして從て政黨の機關紙は總て新聞としては

大なる勢力を有せず。各黨派の機關紙名左の如し。

急進黨前大統領派　「ラ・エポカ」(La Epoca)
「ラ・レプブリカ」(La Republica)
急進黨現大統領派　「ラ・アクシオン」(La Acción)
保守黨　「ラ・フロンダ」(La Fronda)
社會黨　「ラ・ヴアンガルデイア」(La Vanguardia)

「ラ・エポカ」は夕刊にして「レプブリカ」は朝刊なり。共に一九一六年の創刊に係る。前者は內國の政治、社交、其の他一般記事に富み發行部數四萬前後に達するが後者は大體に於て記事貧弱なり。急進黨の前有力下院議員「デル・ヴアジエ」(Delferdel Valle)「ラ・エポカ」を主幹す。「ラ・アクシオン」紙は一九二二年現大統領就任と共に表はれたる現政府の機關紙なり。其の報道材料潤澤にして且外國電報も相當多數に掲載せられ紙面の體裁、記事の按配、編輯方法等宜しき爲其の發行年限淺きに拘はらず賣行良好にして目下發行部數四萬內外に及ぶ。其の社長は「カルカノ」(Edmondo T. Calcano) なるが政府部內の有力者隱然之を指導すと謂はる。尙ほ現政府の宗教務次官たる「レイネス」(Manuel Loinez) は「エル・デイアリオ」(El Diario)を所有す。元來同紙は一八八一年發刊せられ目下主として社交機關紙たるの感あり。其の體裁及經營方法宜しきを得、一般社會に多數の讀者を有す、其の發行部數も前數紙より多く、四萬五千と稱せらるゝ。「ラ・フロンダ」紙は一九一九年の創刊にかゝり、純然たる政治紙の體裁及び內容を有する爲め前數紙程の賣行無く發行部數は二萬六千に過ぎず。朝刊紙たる「ヴアンガルデイア」は本章第二節に述べたるが如く一九〇七年勞働階級を其の主たる眼目とし創刊せられたるものにして賣價低廉なる爲一般階級にも讀者少からず。發行部數二萬二千前後にして現在の所有主は「ムルアル」(Eduardo T. Mulhal) なり。

第八節　各黨派の地方的勢力及地方政府との關係

政黨と地方政府又は地方團體との關係は、各地方に各種の黨派存在する爲、頗る複雜にして之を略述すること困難なり、動もすれば中央に於て政權を握る政黨は、憲法に掲げられたる中央政府の州干渉權を利用し州政府の改造を行ひ自派の政府と爲すを從來の例とす。殊に急進黨政權を得たる以來、前大統領「イリゴジエン」の州干渉は其の極に達し、從て現今各州に於ても殆ど急進黨が政權を握る有樣なり。但し急進黨が現在前大統領派と現大統領派とに分裂せる結果、地方に於ても同樣二派に分れ、互に鎬を削り爭ふ地方もあり。而して中央に於けると同樣、州政府は現大統領派に於て占むるも議會に於ては前大統領派多數を擁し、常に政府と議會との間に紛擾を釀しつゝあり。最近に於ける「エントレ・リオス」州知事選擧後同州の政界を見るも又此の間の事情を十分知るに足る。急進黨前大統領派の最も鞏固なる地盤は首府及「ブエノス・アイレス」州にして「ブ」州に於ては州政府及び議會は共に同黨の左右する所なり。「ブ」市長は大統領の任命に依る爲現市長は勿論現大統領派の人なるが市會に於ては前大統領派有力なり。「ブ」市及「ブ」州、次で最近經濟の最も發達し産業の進步しつゝある地方、例へば「サンタ・フエ」、「エントレ・リオス」、「コリエンテス」諸州に於ては、現大統領派の進步的産業助長策及經濟問題に對する啓明的態度に滿足を感ずる者多き爲か現政府は此の方面に勢力を開拓しつゝあり。

之を要するに各黨派の各州に於ける最近の勢力は、大體聯邦議會に於ける各派議員の地方別及最近の選擧たる一九二六年三月の下院議員選擧に表はれたる得票に就き知るを得べく、且之に依り州政に對する各黨派の關係も略ぼ察知し得るを以て之を左に表記す可し。

中央議會に於ける現議員數　　一九二六年三月の下院議員選擧得票數

一、聯邦首府「ブエノス・アイレス」市

下院議員（定員三二）

急進黨前大統領派	一六	七九、四七一
同　現大統領派	―	三七、四八七
社會黨	一六	六三、六〇一
共產黨	―	四、三九一
投票總數		一九五、六一九
選擧權者總數		三〇六、二八九

上院議員

社會黨	二	

二、「ブエノス・アイレス」州

下院議員（定員四二）

急進黨前大統領派	二七	九三、一三五
同　現大統領派	―	―
保守黨	一五	三八、五八四
社會黨	―	一七、八二〇
投票總數		一六三、五六九
選擧權者總數		四七六、三三〇

上院議員

急進黨前大統領派	二	

三、「サンタ・フェ」州

下院議員（定員一九）

急進黨前大統領派	七	四七、八二九
同　現大統領派	八	五七、八九〇
保守黨	三	―
社會黨	―	五、六五一
共産黨	―	二、二二六
（一名缺員）	投票總數	一二五、〇四六
	選舉權者總數	二〇七、五九五

上院議員

急進黨前大統領派	二	

四、「コルドバ」州

下院議員（定員一五）

急進黨前大統領派	二	四四、一一八
同　現大統領派	―	―
民主黨	一〇	四五、一四四

社會黨	三	七七八
投票總數		九四、一一八
選擧權者總數		二〇二、三六六

上院議員

急進黨現大統領派	一
民主黨	一

五、「エントレ・リオス」州

下院議員（定員九）

急進黨前大統領派	二	二一、二六六
同　現大統領派	六	二五、二〇八
州統一黨	一	一六、七四二
社會黨	—	一、三五五
投票總數		六六、八二四
選擧權者總數		一一九、二〇三

上院議員

急進黨現大統領派	二

六、「コリエンテス」州

下院議員（定員七）

急進黨前大統領派	―	七、二九五
同　現大統領派	二	七、三五二
自由及自治黨	五	二六、六一八
投票總數		四八、四九四
選擧權者總數		一〇〇、六三五

上院議員

自治黨	二

七、「ツクマン」州

下院議員（定員七）

急進黨前大統領派	一	一三、六七一
同　現大統領派	一	八、一九四
自由黨	五	一五、八一〇
社會黨	―	三、一三〇
投票總數		四二、八二七
選擧權者總數		一〇一、二七三

上院議員

急進黨前大統領派	一
同　現大統領派	一

八、「メンドサ」州

下院議員（定員六）

急進黨「レンシニスタ」	四	一八、三二七
自由黨	二	七、三九〇
社會黨	一	四、〇四一
投票總數		三一、〇八六
選擧權者總數		六四、九二二

上院議員

急進黨「レンシニスタ」	二

九、「サンチアゴ・デル・エステロ」州

下院議員（定員六）

急進黨前大統領派	一	八、一四四
同　現大統領派	五	一四、六七一
社會黨		五八二
投票總數		三三、二二一
選擧權者總數		七九、九三〇

上院議員

急進黨前大統領派	一

保守黨　一

一〇、「サンファン」州

下院議員（定員三）

急進黨前大統領派　|

同　現大統領派　二　一三、三三三

進歩民主黨　一　七九二

社會黨　|　九三六

投票總數　二〇、四九六

選擧權者總數　三二、八七六

上院議員

急進黨現大統領派　一

（一名缺員）

一一、「サンルイス」州

下院議員（定員三）

急進黨前大統領派　一　（一九二六年には選擧行はれざることとなれり。）

同　現大統領派　|

自由黨　二

選擧權者總數　三五、二五九

上院議員

自由黨　二

二、「サルタ」州

下院議員（定員三）

急進黨前大統領派　一　四、五七五

同　現大統領派　一　四、三一二

州統一黨「ウニオン・プロヴィンシアル」　二　九、五六一

投票總數　一八、六九九

選擧權者總數　三八、九五六

上院議員

州統一黨　二

三、「ラリオハ」州

下院議員（定員二）

急進黨前大統領派　二　四、四五八

同　現大統領派　一　四、〇四〇

「ウニタリオ」　九

投票總數　一二、五四八

選擧權者總數　二三、一七〇

上院議員
急進黨現大統領派　四
一四、「カタマルカ」州
下院議員（定員三）
急進黨前大統領派　二　八、九二六
同　現大統領派　―　六、五四四
投票總數　一六、〇七八
選擧權者總數　二八、五四六
上院議員
急進黨現大統領派　二
一五、「フフイ」州
下院議員（定員二）
急進黨前大統領派　―　三、五九一
同　現大統領派　二　五、一三八
投票總數　九、三〇九
選擧權者總數　一八、一五二
上院議員
急進黨現大統領派　一

(一名缺員)

第三章　亞國議會政治發達の現狀

英米の當方面視察者中往々にして亞國には議會政治無く「デモクラシイ」の意味は諒解せられ居らずと爲す者あり。右觀察の當れるや否やは暫く措き普通選擧施行以來日尙ほ淺く且議會政治の試練も亦短期にして、國民の政治に對する理解淺少なる亦已むを得ず。然れども現政府には進步的傾向を有する者多く、所謂「デモクラシイ」の理想遂行に努力しつゝあり。亞國の經濟界に實勢力を有する英米の實業家は現政府が民意就中實業關係者の意見に耳を傾け亞國の進步を念頭に置けるを稱讃しつゝあり。而して保守的なれども比較的公明正大、溫健の意見を持する保守黨(廣く保守的傾向のものを總稱す)は寧ろ現政府の政策を援助し、從て現政府は其の政策遂行に當り比較的困難を感ぜず。然れども亞國の政治は之を要略すれば普通選擧の施行に依り議會政治の形體は之を具備するも(一)國民は未だ政治に冷淡にして、(二)政治と經濟との關係は必しも密接ならず、(三)亞國の發達及文化が地方に依り偏破なる爲中央部たる首府及「ブ」州に勢力を有するもの亞國の政界を支配し得るの實狀にあり。

(一)國民の政治的知識の缺乏。

(イ)外國移民の過多、亞國最近の人口調査は普通選擧施行前、而かも歐洲大戰開始せる一九一四年に行はれたるを以て現在とは旣に十數年の懸絕あり。從て現在の亞國推定人口一千萬中外國人の數又、其の男女別或は未丁年者數等も一切不明なり。然れども在亞伊國人の如きは或は二百萬或は三百萬と稱せられ、西國人は最少の見積によるも百萬と謂はる。右の點より考察すれば假令此等の中に亞國出生の子を含むとするも尙ほ如何に亞國內に外國系統の住民多きかを知るに足る。尤も前章に於て此等外國人と亞國人混淆し新なる亞國人を構成しつゝある次第を述べたるが右現象は在亞外國人全部に亘

外國人全部に亘り行はれ居るものに非ず。現に移民入國者の三割乃至四割は出稼なり。亞國移民局の統計に依れば移民の定着數(假に移民出入國者數の差數を以て定着數と看做す。)は移民出國者の數よりは尠き年度あり。依て外國移民が亞國の政治に何等の影響を與へ居らざるを想像し得。而かも此等外國移民は知識低き勞働階級に屬す。一例を一九二四年の統計に取れば移民入國者總數十六萬中三萬五千即ち其の二割二分は全然文字を解せず、右文盲以外の移民と雖も、漸くにして自分の姓名を書き得る程度のものにして其の知識は驚く可き程低級のものなり。彼等が「アングロ・サクソン」系統の勞働階級の如く文化的生活に對する欲求乃至政治的欲求を缺き政治に無頓着なるは想像するに餘りあり。從て亞國の勞働階級生活向上等の問題に直接寄與する所無く極端に節約し低度の生活に甘んじつゝあり。(彼等の本國に於ける生活に比すれば農畜産國たる亞國に於ては易々として白色の麵麭及美味の肉類を食するを得るを以て其の生活程度少しく高し。)且亞國の經濟組織に於ては農繁期に勞働を要するが右季節は北米の農閑期に當り、西伊の船會社等移民の往復に多大の便宜を計るを以て出稼に好都合なり。尤も農家其の他所謂多少の資本を有し亞國に永住する者は如上の移民と傾向を異にす。急進黨出現し普通選擧施行せらるゝに至れる原因の一として此の種移民の勢力を等閑に附するを得ざるは既に第一章に於て述べたる所なり。

(ロ)國民生活の不安其の他社會問題の不存在、亞國は本來農産國にして其の土地は驚く可く豐饒なり。而かも其の面積に比し遙かに人口少き爲農産の利益巨大なり。況や生活の根本必需品たる食料品就中麵麭及肉類は廉價にして、下層階級の生活は極めて容易なる結果國民生活の根本に關係する大問題無く又二大政黨對立の原因と爲るが如き政策問題等も起らず。唯だ亞國の政界は前述の如く保守的傾向の黨派と進歩的傾向の黨派とに區分することを得。且つ現在の急進黨が其の成立及勢力擴張に就き民衆に基礎を置き、保守黨は單に地主階級に重きを置くの差異あるのみ。普通選擧法成立後の今日に於ては既に問題と爲るべきもの無く、急進黨は如上の目的達成の爲め永年努力を拂へる結果又前大統領「イリゴジエン」との强大なる英雄的人格及力倆に依り現在僅に勢力を有するに過ぎず。又他面保守黨と雖も本來頑迷固陋といふに非ず。且つ亞國の均分相續制度の結果、地主の地面は漸次分散せられつゝある上保守的派黨に屬する階級の多くは亞國人中最も教養ある人士なるも唯從來一般民衆の利益に冷淡なりしと又一般民衆が此等地主階級の專橫に嫌厭たるものありし結果、現在尙民望を得るに至らざるなり。國民一般の政治的知識進步し急進黨「イリゴジエン」の專斷政治に慊らざるに至り他面保守黨の組織改造せられ、急進黨內現政府が更に活躍するに至らば、軈て新なる政黨政派を生じ、亞國の政界は一般の進步及變改を呈するに至る可し。

（ハ）一般國民の政治的無興味、亞國の一般人は政治に無頓着なり。或者は亞國人は元來「アングロ・サクソン」系統國民の如く政治的國民に非ずと論じたるが、普通選擧後日なほ淺く國民は社會的に充分なる政治教育を受け居らざるなり。急進黨が勢力を得るに至れるは國民の覺醒的氣運を捉へ所謂時の政權階級に肉迫したるが爲にして、主義政綱としては單に憲法の嚴守「デモクラシイ」の實行を標榜するに過ぎず。詳細の政綱は之を發表せず。保守傾向を有する黨派に在りても單に時の反對政府を攻擊するに止まり、堂々たる政綱を揭げ反對黨と選擧を爭ふに非ず。社會黨に至りては黨內に社會學又は經濟學究を有する丈け其の政綱は詳細を究め近代的且つ社會的立法を網羅するも、要するに各黨派無政策を以て爭ふに至らず。保守黨と雖も或種勞働立法は之を政綱に揭ぐるも、一面より言へば實際上に於て大なる政策問題が亞國の社會及經濟上存在せざることも其の一因なる可し。從て各黨派が如何なる政綱を列擧するとも選擧人たる國民は之を顧慮すること無く自己の好む黨派に投票するを常とす。而して政談演說會の如きは喧騷又は鬪爭に終り未だ有效なる宣傳方法となるらず。印刷物配布「レデイオ」又は活動映畫の利用も充分ならず。新聞紙に至りても彼の「プレンサ」及「ナシオン」紙の如き世界的大新聞は、勿論政治問題を重要欄に揭ぐるもなほ伊國西國問題を主とし之に關する歐米電報を多く揭載する有樣なり。蓋し亞國の經濟は事實上英米の資本及西、伊の人力即ち移民に於て成立し他面亞國在住の外國人極めて多數なるによる可し。之を要するに一般國民は政黨に依り政策問題其の他の政治的事項に就き敎育を受くること無く一般國民も亦政綱に無頓着なり。

亞國に於ては選擧は權利たると共に義務にして投票は强制的なるに拘はらず、一九二六年三月の下院議員選擧に於て選擧權者總數一、八三五、四九八人中投票者數は其の半に達せず、僅に八七七、九三三人なりき。

（二）政治と經濟との無關係

元來政治と經濟とは密着不離の關係にあり。亞國に於ても同樣にして外資流入するに至れるは、政情安定したる結果にして、亞國の政治進步したるは經濟の發達に依る。且經濟上有力者が時の政權と密接なる關係を結ぶも止むを得ざることにして亞國に於ても同樣經濟界の有力者は政治家と常に連絡を執らずんば其の事業を十分行ひ得ず。然れども國民一般の經濟生活は直接政治とは關係を有せず。蓋し（イ）亞國全國を通じ各種企業投下資本の七割乃至八割は外國投資に依る。又鐵道電車電話電燈冷凍肉工場其の他各種の企業及外國商店に雇傭せられ衣食する亞國人は其の數極めて多し。（ロ）政府の最大收入は關稅收入なるが之を仔細に考察すれば、絹物類及中流品以上の商品の稅率は高きも綿製品等に至りては法外に低し。且つ前述の如く亞國が製產國にして食料品廉價なる爲中流以下の生活は容易なり。（ハ）如上の外國商社雇傭及就業者以外の亞國人は主として地方農家又は農夫にして其の他は政治家又は官公吏、軍人及一般官公署使用人なるか、大地主に屬せざる地方農家の多くは政黨政派の爭に關與するを好まず、專ら收穫物及畜產物の價格を顧慮するのみなり。尤も最近彼等の間にも大地主に對する地代の高價及中間介在者即ち鐵道會社又は大輸出取引商等の暴利に着目するもののなきに非ざるも、農家販賣組織の改善或は「グレーン・エレヴェーター」の共有、又は農民黨組織等の所謂農民運動は移民の介在、生活の容易、文化が地方的に偏破なるが爲に起る一般農家の知識不均一等の事由に依り、尙ほ前途遼遠の感あり。

（三）亞國開發の偏破

亞國の開發及經濟は首都並首都を中心とする地方に於て最も發達す。今「ブエノス・アイレス」市を中心とし七百八十基米の半徑を以て半圓を畫けば（一半は烏國及海洋に當る）其の面積は亞國總面積（二、七九七、一一三基米平方）の三分の一に過ぎざれども人口に於ては全國一千萬の約八割を占む。就中「ブ」市（二百萬）「ブ」州（二百七十萬）及「サンタ・フエ」州（百二十萬）のみにて約六百萬に近し。而して地方政府の歳出入を始め運輸交通（鐵道線、貨物移動數、自働車數、電話等）等の一般經濟現象を統計に依り百分比とせば前掲三者に於て全國の六割以上を占む。更に亞國の國本といふ可き農牧業に就き觀れば「ブエノス・アイレス」州は耕作面積に於て內國の四割內外を占む。之に次ぎ「サンタ・フエ」、「コルドバ」、「エントレ・リオス」の三州が三割乃至四割を占む。今假に一九二四年度の統計を揭ぐれば左の如し。

耕作種別	「ブ」州	「サンタ・フエ」州	「コルドバ」州	「エントレ・リオス」州
	千ヘクタール	千ヘクタール	千ヘクタール	千ヘクタール
小麥及亞麻	五、三九六	二、七七七	三、一三〇	一、〇一一
百分比	三八	二〇	二二	七
牧草	二、八〇〇	一、一〇〇	二、四五〇	一五〇
百分比	三五	一四	三〇	二
其の他	五〇一	八四	八四	五三
百分比	四〇	七	七	四

牧畜も亦同樣にして畜類の飼養數左記の如し。

	「ブ」州	「サンタ・フエ」州	「コルドバ」州	「エントレ・リオス」州
	千頭	千頭	千頭	千頭
牛の頭數	一五、五〇八	四、六九三	四、一〇三	二、八二一

全國百分比	四二	一三	一一	八
羊	一二、九〇二	五八一	七七五	二、五四七
全國百分比	四二	二	三	八

以上の事實に依り、如何に「ブ」市及「ブ」州が經濟的、社會的將又政治的に重きを爲すを知るに足るべし。右に次ぎ「サンタ・フエ」、「コルドバ」、「エントレ・リオス」の三州が重要なる亦明かなり。從て亞國政界に重きを爲さんとせば先づ「ブ」市及「ブ」州に勢力を張り、且つ「サンタ・フエ」、「コルドバ」、「エントレ・リオス」州等をも蔑視せざるを必要とす。現在急進黨保守黨及社會黨が亞國の三大政黨として存立するは此の間の消息を語るものなり。即ち急進黨が今日あるに至りしは「ブ」市及「ブ」州を中心とし此等地方の中産階級及勞働階級を基礎としたるが故なり。保守黨が單に「ブ」州保守黨として存在し他の保守的傾向の黨派を率ひ得る所以も下院に十五人を送れるを以てなり。而かも亞國の大地主就中最も富裕なる大地主は何れも「ブ」州内に廣大なる土地を所有す。蓋し農牧地としては「ブ」州内の土地が最も肥沃なり。而して保守黨とは大地主の黨派の意味に外ならず。又社會黨が勢力を樹立したるは「ブ」市の勞働者を基礎としたるを以てなり。現在「ブ」市は亞國勞働の需給中心地なり。同黨は最近發達しつゝある前顯諸地方の諸都市に於ても勢力の擴張を計りつゝあり。今後「サンタ・フエ」、「エントレ・リオス」地方の開發及工業の發展、延ては地方都市の發達等は軈て亞國政界將來の展開に至大の影響を齎す可しと思惟さる。現在急進黨現大統領派が相當勢力を有するは全く同黨が此の方面に地盤を有するを以てなり。尤も此等の地方は尙ほ「ブ」市及「ブ」州の發達に及ばざること甚だ遠く、要するに亞國の富、文化及人口は「ブ」市及「ブ」州に集中せるの感あり。從て此の地に於て勝利を博するものは亞國全體の政界を左右するものなり。

第四章　亞國議會の會期及議員の歲費並に選擧制度と議會の組織及權限

第一節　議會の會期

憲法第五十五條に依れば兩院は每年通常議會を開く。其の會期は五月一日より九月三十日迄とす。大統領は特別議會を召集し又は會期を延長することを得、尙も兩院は其の會期の開閉を同時に行ふ。會期中一の院は他の院の同意無くして三日以上の休會を爲すことを得ず。（憲法第五十七條）且立法機關としての議會は勿論兩院より成立す。（各院特殊の權能等は後述）

第二節　議員の歲費

憲法第六十六條に依れば上院及下院議員は法律の定むる所に遵い國庫より歲費の支給を受く。往時（一九〇七年前）は每月千「ペソ」なりしが同年以來增額せられ現在は其の任期中每月千五百弗を給せらる。但し恩給納金として五分を差引かるゝが故に實收入は千四百二十五弗なり。

第三節　選擧制度と議會の組織及權限

亞國の政黨を諒解する爲、選擧制度及議會の組織を知るは一應必要の事柄と思考せらるゝを以て玆に附記す。

一九一二年の選擧法改正以來、大統領、副大統領を始め議員の選擧に就ては財產上其の他の制限等選擧資格より撤去せられ所謂普通選擧と爲り、法律上の無能力者、或種の職業即ち僧侶、兵卒、警察官及刑餘一定の期間內に在る者、公の扶助を受くる者等特殊消極的條件を有する者を除き、

一、生來の亞國人たると歸化したるものとを問はず

二、滿十八歲以上の

三、男子

は何人も選擧權を有することゝ爲れり。勿論何れも選擧區に於て選擧權者名簿に登錄せらるゝことを要し、之が爲亞國人たることを證する徵兵適齡證を必要とす。尙亞國に於ては未だ女子は選擧權を有せず。

大統領選擧は憲法規定に依れば間接選擧にして、國民は大統領選擧人を選擧するも、實際は所謂「ポピュラー・ヴォート」なるを以て國民が直接大統領を選ぶ結果と爲る。蓋し大統領選擧人は特定の人を大統領に選ぶことを表示し以て立候補す。即ち或黨派の出す選擧人を投票する事は同時に其の黨派の大統領候補者を投票することを意味し、選擧人は自然右候補者を選ぶ德義上の義務を有するを以てなり。從て憲法規定に依る選擧手續は殆んど形式上の手續に過ぎざる感あり。

而して其の手續次の如し。

首府及各州に於て上院及下院議員數の倍數の選擧人を直接投票に依り指名す。此の場合に於ける條件及形式等は一切下院議員選擧の例に依る。但し上下兩院議員及中央政府の官吏は選擧人と爲ることを得ず。

大統領任期終了の四ケ月前、選擧人は聯邦首府及各州首府に集合し各自署名、投票紙二通を以て選擧す。其の一大統領、其の二に副大統領を選擧する旨を記載す。

大統領及副大統領として選ばれたる人の氏名及得票數の表を各二通宛作製し之に選擧人をして署名せしめ、各一通を密封し各州の上院議長及聯邦首府に在ては市長に送付し、他の各一通は之を聯邦上院議長に送達す。

聯邦上院議長は右表の集合したる上、上下兩院議員出席の下に之を開封す。右開封には議院書記官の外四名の議員立會ひ、直に得票數を朗讀し、大統領及副大統領は各其の過半數を得たるものを以て決定す。

若し過半數を得る者無き時は、議會が最多數の得票者二人の中より之を選ぶ。但し最高得票者二人以上の時は、其の全部の人の中より選び、若し最多數を得たる者一人にして、次點者二人又は二人以上の時は、此等の者の全部に就き投票す。右議會の選擧は過半數の得票を以て決するも、第一回選擧に於て過半數を得る者無きときは其の選擧に於て最高點を得たる二人に就き更に再度の選擧を行ひ、其の得票同數の場合再び之を繰返へし、尚ほ且同數のとき上院議長之を決す。

如上の選擧は勿論上下兩院議員の三分の二以上の出席を必要とす。

上院議員の選擧は國民の一般投票に依るに非ずして各州議會（聯邦首府に於ては特定の選擧人團體）に依り得票數の多き者より之を決す。

下院議員の選擧も得票數の順位に依り國民の一般直接選擧に依る。國民は候補者の黨派別如何に拘はらず各箇に投票するを得。此の意味に於て法規上政黨は認められず。即ち選擧場には各黨派の候補者を黨派別に連記したる別箇の用紙あり選擧人は右用紙中一候補者の姓名を存し他を抹消し、更に他の用紙に連記しある他の黨派候補者中自已の欲する候補者の名前を存し、此等數種の用紙を状袋に封入し投票函に投入するも可なり。然れども事實上は連記投票に綴り從て黨派別的に選擧せらるゝ結果となる。尚議員の立候補に就き見るも、法規は必しも政黨の存在を前提とせず。即ち特定の團體が公認するか又は特定の人々の署名請願等を要せず、候補者は各箇に選擧長に其の旨を聲明すれば足り、唯自已の姓名のみを單記する場合選擧立會人は一人に限らる。

亞國の選擧法は少數代表の制を採る。選擧權者は所定の議員數全部に投票するを得ず。選擧さるべき議員の數一人又は二人の場合は別とし右以上の員數の場合其の三分の二の員數のみを投票し得るのみ。從て例へば首都「ブ」市より十四人の下院議員を出す場合各黨派は十人以上の候補者を出すを得ず。選擧權者も十人以上を投票することを得ず。其の結果投票全數が十八萬票とし急進黨候補者十人が各八萬票前後を得て、最多數を占め次で社會黨の候補者十人が各六萬票前後を得たりとせば、當選者は前顯最多數を得たる十人の急進黨及社會黨候補者中之に次ぐ四人の最高得票者なり。(法規が連記を强要せず、箇々の投票を許すが故に、同一黨派內の候補者中に得票數に多少の差違を見ること多し。)此の場合急進黨は多數(Mayoria)を以て社會黨四人は少數(Minoria)を以て當選せりと稱せらる。此の少數代表の制度は、下院議員のみならず大統領及副大統領選擧人並上院議員選擧の爲「ブェノス・アイレス」市に於ける選擧人の選擧に就きても同樣なり。

亞國の憲法、就中議會に關する部分は北米憲法に其の範を採るも、其の顯著なる差異は聯邦首府より多數の代表者を送り居ることなり。即ち下院議員總數百五十八人の割宛左の如し。

「ブェノス・アイレス」市	三二	「ツクマン」州	七
「ブェノス・アイレス」州	四二	「メンドサ」州	六
「サンタ・フェ」州	一九	「サンチヤゴ・デル・エステロ」州	六
「コルドバ」	一五	「サン・フアン」州	三
「エントレ・リオス」州	九	「サン・ルイス」州	三
「コリエンテス」州	七	「サルタ」州	三

「ラ・リオハ」州	二	「フフイ」州	二
「カタマルカ」州	二		

下院議員數並各州より選出せらるべきもの丶比率は、各國勢調査の結果に基き議會之を決する處、現在の規定に依れば「ブ」市又は各州より人口三萬三千に就て一人を出し、一萬六千五百人を增す每に一人を增す。尙亞國憲法は小選擧區制に非ずして大選擧區制を採用す。此の點も米國の制度と異る。即ち選擧區は「ブ」市全體又は各州全體なり。從て當選は單に多數を得れば足る。

下院議員たる爲には滿二十五歲以上の男子たること、最近四年間引續き亞國人たること、及選擧區に於て出生したるか又は選擧に先ち選擧區に最近引續き二年間住所を有するを要す。

下院の特權としては次の二點を擧げ得べし、(一)下院議員の資格を審査し選擧の效力を裁決す。即ち新選出議員の當選證(之を「デイプロマ」(Diploma)と稱す。)の效力を決定し、若し多數決を以て之を承認したる場合新議員は宣誓を爲すを要し、之を否認したる場合新に選擧を行ふ。議員の任期は四年にして、每二年其の半數の改選を行ふ。(二)豫算及徵兵に關する法案は、下院に於てのみ提出するを得。上院に提案の權を有せず。院內常設委員會は十四あれど、最も有力なるは豫算及財政委員會にして委員數は十九名なり。陸海軍委員會の委員九名を除き、他は何れも七名の委員より成る。

法案は議員及政府共に之を提出することを得。何れも委員會に先づ廻付せらる。委員會の報告する法案を「デスパッチョ」(Despacho)と呼び、「デスパッチョ」は二つの讀會に付託せらる。第一讀會に於ては一般的審査をなし、第二讀會に於ては細目に亘りて討議す。即ち第一讀會に於ては委員會の多數委員たる一員より報告説明を爲す。同讀會にて法案否決せられたる時は委員會に返付す。而して同年中再び同一の提案をなすを得ず。第一讀會を通過したる場合第二讀會に入り逐條審議し、之を修正す。斯くの如くにして同讀會を通過し愈々下院を通過すれば、上院に廻付さる。

亞國議會の缺點は兩院協議會の制の無きことなり。其の結果法案の議會通過に時間を空費すること多し。例へば上院に於て下院通過の法案を修正したる場合下院の當該委員會に之を廻付し次で之を下院本會議に報告し一般討議に付す。而して右會議に於て下院之を承認すれば直に大統領に送り其の裁可を求むるも、若し出席議員三分の二以上の多數を以て否決したる場合再び之を上院に送り、上院は三分の二以上の多數決を以てするに非ざれば修正案を大統領に送ることを得ず。若し上院の意見一致せざる場合同一年中に同一法案を再提出するを得ず。

大統領は議會通過の法案に對し拒否權、即ち「ヴイトー」(Vito) を有するが各院共出席議員三分の二の多數を以て大統領の「ヴイトー」を覆すことを得。此の際法案は確定す。

議會を通過したる確定法案は大統領之に署名し必ず大統領命令を附し其の法律たることを公布す。尚右公布令の外別に施行細則を規定する大統領令を發することあれども、通常右細則は Reglamentación と稱し法律(廣義)の一部を爲す。

上院は首府及十四の各州より各二名宛選擧せらるゝ三十名の議員より成立す。其の被選擧資格は三十歳以上の男子にして六年以上亞國民たること、且一年二千弗(ペソ)以上の確實なる收入ある者にして選擧區内に於て生れたるか又は選擧前引續き二年以上居住することを條件と爲す。國務大臣は辭職後に非ざれば議員たることを得ず。僧侶も亦議員と爲ることを許されず。任期は九年なるが毎三年其の三分の一を改選す。死亡、辭職其の他の理由に依り缺員を生じたるとき補缺選擧を行ひ、米國に於けるが如く州知事指名の例を認めず。副大統領は當然上院の議長なり。

上院の特權としては、

(一)大統領の爲す大審院判事以下聯邦裁判所の判檢事任命、全權大公使、代理大公使の任命及轉任並に陸海軍將校の任命及昇級に對し同意を與ふるの權。

(二)外寇の場合大統領戒嚴令布告に對する同意。(內亂の場合は兩院の承認を要す。)

(三)僧正候補者を大統領に推薦するの權。(加持力敎は亞國の國敎にして國內の僧正任命に就ては上院先づ三人の候補者を投票に依り決定し、之を大統領に推薦し大統領は此の中より選任し羅馬法王の承任を求む。)

(四)大統領、副大統領、國務大臣並大審院其の他聯邦裁判所構成員の責任及犯罪に就き裁判を爲すの權。(右起訴は下院之を爲す。)

を揭ぐることを得。尙議員の資格審査及選擧訴訟に就き決定を爲す權限を有するは下院の場合と同樣なるが、米國憲法と特に異るは外交批准權上院に無く、議會として即ち兩院が外國との條約又は法王との「コンコルダ」を承認し又は否決するの權限を有することなり。

亞國の憲法は米國に例を採り嚴格なる三權分立主義を採用せるが憲法に揭げらるゝ議會の權限は左の如くにして、特に各州との關係に於て相當廣汎なり。

一、關稅に關する立法。

二、特定の期間、國防並安寧及福祉增進の爲全國に同一率を以てする直接國稅の賦課。

三、公債の募集。

四、官有地の處分。

五、國立銀行の設立及管理。

六、內外債の支拂に關する件。

七、豫算の査定及國家投資の承認又は拒否。

八、各州に對する國庫補助。

九、内河航行其の他内港等に關する事項の處理。
一〇、貨幣の鑄造其の他幣制に關する件。
一一、民、商及刑法、鑛業法、歸化及國籍法、破産法、陪審法其の他の制定。
一二、海商法、陸路交易及州際商業に關する規定の制定。
一三、郵便及郵便局に關する事項。
一四、領域の確定及州の設立に關する件並に直轄領に關する立法及行政事項に關する件。
一五、國境の安全に關する事項及印度人に關する事項。
一六、國家及州の繁榮、進歩及幸福に關する手段、文化教育、工業、移民、鐵道、運河、植民、外資輸入、内水の開發保護等に關する件。
一七、大審院以外の聯邦裁判所の構成其の他大赦等に關する件。
一八、大統領及副大統領の辭職許否及其の選擧施行の宣言及右選擧の開票審査。
一九、條約及法王廳との協定承認及拒否。
二〇、現存宗教制度以外の制度設置に關する件。
二一、大統領に對し宣戰又は講和の權を與ふること。
二二、私船に對する捕獲免許又は報復證の許與並俘虜に關する規定の設置。
二三、常備兵額の決定其の他軍制に關する件。
二四、法律強行の爲又は内亂の鎭壓若は入寇軍撃退の爲州兵の動員並に州兵の組織軍制等に關する件。
但し隊長及將校の任命又は州兵の維持は各州に於て之を爲す。

二五、外國軍隊の入國及內國軍隊の出國許可。
二六、內亂の場合に於ける戒嚴、並議會閉會中に於ける大統領の戒嚴令布告の追認又は中止。
二七、城塞、工廠、倉庫其の他、公共企業に關し國家の得たる地域に關する立法。
二八、以上の事項に關する必要なる一切の法律規則の制定。
二九、大統領の首府離任に對する同意。
三〇、大統領及副大統領空位の場合代理者の選定。

第二編　伊太利國の政黨（一九二七年六月調）

第一章　唯一の政黨

伊國政黨界事情は昨年末以來著しき變動を來たし從來存立せる十餘の小黨は悉く雲散霧消して現在に於ては唯一無二の政黨として「ファシスチ」黨存するのみなり。

如斯事態を誘致せる最大原因は畢竟するに昨年中頻發せし「ムッソリーニ」首相に對する狙擊事件にして其の主なるものを列擧すれば凡そ次の如し。

（一）「ギブソン」事件、一九二六年四月七日午前「ムッソリーニ」首相は羅馬市役所內に開催せられたる國際外科醫學大會の發會式に臨み、一場の祝辭演說を試みて滯りなく擧式を終了し將に市役所廣場に出でんとする刹那、觀衆の內に混じて待受け居たる一老婆の爲め拳銃を以て狙擊せられ、彈丸は正に首相の鼻頭に命中して其の尖頭を貫通したり。幸ひ當日は世界各國より集合せる外科の大家一堂に相會し居たる折柄なれば、突嗟の間に伊國外科醫の巨擘たる「バスチアネリー」國手馳せ付け應急の手當を施して事なきを得たり。右犯人は即時就縛群衆の私刑に遭はんとせるを辛じて拉致避難せしめたるが、調査の結果愛蘭人 Violette Gibson と呼ぶ老婆にして多少精神に異狀あるものと判明したり。

右の報一度喧傳せらるゝや全國一樣に首相の無事を祝福し、或は敎會に感謝祭を施行し、或は祝賀行列を催し、或は盛大なる祭典を擧ぐる等國民をして熱狂せしめたるが、是れと同時に排外的氣分漸く濃厚となり、苟も外國人と見れば頗る警戒の態度を以て注視するに至れり。

（因に本犯人は病檻に收容中なりしが、精神病者なること確定せるを以て一九二七年五月不起訴と決定本國に送還せり）

（二）　其の後九月十一日午前十時半頃、「ムツソリーニ」首相は外務省へ出勤の途上「ポルタピーア」の廣場へ差掛れる際、路傍に佇立せる一青年は首相の自動車に對し爆彈を投じたるも初彈は不發に終り、第二彈は僅かに附近の數人を傷けたるのみにて目的を達せず首相は全く無事なるを得たり。

右犯人は伊國人にして、犯行の數日以前佛國方面より伊國に入込み首相暗殺の機會を窺ひ居たる石工職 Lucetti と稱する青年なり。當時首相は其の儘外務省に出勤せるが、右の報市中に傳はるや市民は一齊に同省前に群集し、首相の無事安泰を祝福して熱狂的歡呼の聲を揚げたる際、同首相は露臺に顯はれ右に應酬したる演說中「余は玆に二三重大なる言句を述べんとす。該言句は夫々想ひ當るものに依り正確に解釋せらるべきを信ず。即ち今朝の兇行は今後根絕せざるべからず。若し某國にして眞に伊國と友好を欲せば其の「トレランス」の態度を改むべく、斯の如き態度は兩國の友情を阻害するや大なり」と述べたる一節あり。

尙ほ首相の伊國皇帝に發送せる電文中には犯人は佛國より來れるものなりと明言せり。而て當國諸新聞は可なり激越の論調を以て佛國當局の在佛伊國人取締不備に關し不滿の態度を表示したり。

如斯本件犯行は一面國內に於て、此際を期し反「フアシスチ」主義者の取締を一層峻嚴にし、首相の身邊を安全ならしむるは絕體的必要なりとの聲油然として高まり、當局又其の須要なるを知り萬般の取締法令の起草に着手したるが、他面國際的には伊佛兩國間に面白からざる感情の確執を來たせり。（因に本犯人は一九二七年六月十三日羅馬特別裁判所に於て懲役三十年に處せらる。）

（三）　Zamboni 事件。前記の如く當局は政敵撲滅の方針を以て反「フアシスム」主義者及團體の取締法令審議中、未だ其の實現に至らざる內矢繼早やに第三事件突發したり。昨年十月三十一日「ムツソリーニ」首相は「ボローニヤ」市に於ける「フアシスム」大祭に臨場し、午後五時半頃無蓋自動車にて停車場へ赴く途次一靑年の爲拳銃を以て狙擊せらる。彈丸は首相の上衣及「サンモーリス・エ・ラザール」勳章の表面を傷け、餘勢を以て同乘の同市長の右袖を貫通したるのみにて今回も亦首相は微傷だも負はず無事なるを得たり。

右犯人は憤激せる群衆の爲め直ちに私刑に處せられ刀傷十八ケ所及打撲傷を受けて慘死せるが右は Anteo Zamboni と呼ぶ同市の活版小僧と判明したり。

僅々六ケ月間に三度迄此種事件の續出に對し「フアシスチ」官民の憤激其の頂上に達し、伊太利全國に亘つて「フアシスチ」の公憤は軈て騷擾を惹起して秩序頓に紊れたるも、十一月三日迄には再び常態に復して人心安定したり。當時「ムツソリーニ」首相は遭難後直ちに故鄕の生家に赴き、一夕提琴を彈じて悠々風雅の境に沒頭せりと報ぜられたるが、十一月三日羅馬に歸來せる際は數萬の市民は祝賀行列を催して衷心首相の健康を祈念せり。右は單に首府のみにあらずして津々浦々にありても誠意を以て「ムツソリーニ」の安全を祝福したり。斯くして首相に對する國民敬慕の念は一事件毎に愈々益々加はり、數回の遭難に常に安全なりしは全く奇蹟と云ふの外なく、從つて今回の遭難後に於ては人に對すると云ふよりも神に對するの赤誠を披瀝せる有樣なり。

第二章　政府の反對黨人殲滅策

以上諸事件の頻發は要するに反對黨人の取締微溫的にして不徹底なるが爲なりとし、「フアシスチ」官民は急遽之れが對策を講じ、峻嚴なる法令を實施し、一擧にして反對派を殲滅すべしと決定し、遂に「フアシスチ」政府成立以來の懸案たりし唯一無二の政黨策實現せらるゝに至れり。「ボローニヤ」事件直後、即ち一九二六年十一月五日緊急閣議開催せられ、其の席上左の如き警察取締事項及國防法案決議せられたり。

一、外國行旅券取締を嚴重にし從來發給せるものを再審し、現に外國に在りて使用中のものを除き他は一切十一月九日以降無効とす。

二、不法に國外に脫出するものを嚴罰し之れが幇助者も亦嚴罰に處す。若し間道其の他より不法に國境外に脫出するものを發見する時は番兵は假藉なく直ちに發砲射殺すべし。

三、現制度に反對する新聞雜誌其の他一切の刊行物に無期休刊を命ず。

四、現制度に反對の諸政黨及諸團體組合に即時解散を命ず。

五、社會の秩序經濟上の利益或は國憲に對し直接行動に訴へて之れを紊り又は紊さんとする者、或は國家權力に反對し又は其の執行を妨碍せんとするものに對し、一定地域を劃りて之を留置監視する制度即ち Confino di Polizia を設く。

六、不法に「フアシスチ」制度の諸制服又は徽章を使用するものを處罰す。

七、各黑襯衣隊本部に秘密警察部を設く。

尙當日閣議に於て審議可決せられたる死刑法案（從來伊國刑法は死刑を認め居らざりしが今回國王、皇后、皇太子及首相に對する直接行動犯は既遂と未遂とを問はず死刑に處すべしとなすものなり。而て此種犯罪は今回新設せられたる特別裁判所――羅馬に設け裁判長は陸軍將官を以てし、陪席判事として黑襯衣隊聯隊長格のものにして法學を修めたる者五名を任命す。死刑執行方法は犯人の背部より銃殺す――之れを取扱ふべしと定む。）は十一月九日開會の下院に上程せられたるが何等の論議なく即決協贊せられたり。

右の外現制度に反對或は不滿を抱く官公吏軍人は用捨なく罷免することを得べしと規定せる法律は、一ケ年間を有効期限とせるが更に向ふ四ケ年間延期することに決したり。

以上の諸規定は既に反對黨人殲滅に充分の威力あるに不拘「フアシスチ」黨本部は之を以て未だ足れりとせず、極秘裡に反對黨派下院議員の失格を計劃したり。

「フアシスチ」政府は前記の如く所謂國防法案と稱する死刑法案を即決せしむる爲、十一月九日臨時召集の下院を開會せるが、當日參集せる議員數は三百五十三名にして少許の院内反對團を除けば他は悉く「フアシスチ」代議士のみなり。開會劈頭首相狙撃事件に關し下院は熱狂的に其の安泰を祝福せるが、日程に入るに先立ち「フアシスチ」黨幹事長「ツラーチ」は突如左の緊急動議を提出したり。

「本第二十六議會は一九二四年六月成立せる處、爾來反對黨議員は首相「ムツソリーニ」及本院に對し道徳的不信任問題を提唱し明かに反抗的態度を執りて分離行動に出でたり。彼等反對團は其の後引續き今日迄議員の特權と不可侵權とを利用して國家權力に反對し煽動破壞的の行爲を企及したり。要するに彼等は憲法第四十九條を無視し、國王陛下と祖國との不可分の幸福利益のみを圖るべき議員の職責を盡さゞるものなり。依て本院は左記（省略）議員の資格を失ひたることを宣告す。」

右動議は素より何等の異論なく殆んど全會一致を以て可決せられたるが、右の結果失格すべき議員數は百二十四名の多數に上り、其の所屬は所謂「アベンチーノ」反對團及共產黨なりとす。

第三章　院内反對團の韜晦

「アベンチーノ」反對團及共產黨と獨立し斷然「フアシスチ」政府に反對を聲明し、而かも可及的に下院の議事に參加し來れる所謂院内反對團は、伊國三元老の稱ある「ジオリツチ」「サランドラ」及「オルランド」の三氏の聯盟にして、其の總數僅かに十二名なりしと雖も團員悉く其の閲歴經驗に於て當國有數の政治家を以て許さるるもののみなれば、反對派として相當重きを爲せるに不拘、前項の如き政府の反對黨人殲滅策の餘波を蒙り昨冬以來全く韜晦影を潜め、「ジオリツチ」氏は遠く「カブール」村の郷里に隱遁して閑雲野鶴を友とし、「オルランド」氏は全然政治を斷念して辯護士業に專心し居り、「サランドラ」氏又以前の如く學者として著作に沒頭し居れりと聞く。

上述の如く今や反對黨派及是れに關聯する一切のものは悉く消滅するに至りたるが、右に關し過般「ムツソリーニ」首相は伊國下院に於て左の如く演述せり。

『「フアシスチ」政府近來の政策は峻嚴なるも決して恐怖を與ふるものにあらず。反對黨人撲滅策は着々奏功して今日伊國は反對者と稱すべきもの跡を絕てり。

然るに一國の政治運用上反對黨及反對者なきも可なりやとの質問あるべきも予は可なりと答ふるに躊躇せず。實に「フアシスチ」の如く頗る健全なる政治制度の運用に際しては反對黨人を要せざるなり。其の之れを必要とするは民主自由制度に於て團栗の丈競べ式政治を行ふ時にのみ存するものなり。』

と云へるが、以て首相の肚裡を窺ふに足るべし。

第四章　現在の下院

從來普通選擧を基礎として成立せる伊國議會は、常に政府に對し監督者の地位に在りて內閣の起倒を其の掌中に握り居たるが、「フアシスチ」政府漸次强大となるに及び「ムツソリーニ」首相は機會ある每に議會の權能を縮少し、立法府對行政府の對立關係を打破して獨り行政府の優越を確立せしむるに努力せる處、先づ其の第一着手として下院に要求して總理大臣に廣汎なる獨斷專行權を認めしめたるが、爾來議會の威力著しく低下し、事實上議會は政變を惹起して內閣を更迭せしむる能力を失墜するに至れり。又儀禮上より觀るも、從來下院議長の宮中席次は總理大臣の上席と定まり居たるに、先般伊國議會は「ムツソリーニ」首相に讓步して總理大臣を以て宮中席次の首位と爲すに至れり。

要之伊國下院は「フアシスチ」政府樹立以來

イ、政府を「コントロール」する能はず。

ロ、總理大臣は下院の多數黨總理又は多數派の推擧するものたるべしとの慣例を破り。

ハ、更に政府に或程度迄の獨斷權を認めたる結果議會の立法府としての權能甚だ低下したり。

而かも昨冬以來前記の如く全然反對黨派の存在せざる下院は事實上「フアシスチ」黨代議士會の如きものなり只僅かに現行憲法に從つて開休せらるゝに過ぎず。代議士定員五百三十五名の處前項失格者以前死亡除名者等を控除して現に三百五十餘名の與黨議員存在するのみなり。

(因に下院議員の歲費は一萬五千利なり。)

尙最近首相の言明に依れば、現行下院制度卽ち舊來の民主主義を基礎とし普通選擧より成る下院は今會期を以て之を葬り、來期以後は國家の諸「コルポレーション」機關を通じて選出せられたる代表者を以て組織するに至るべく、而て下院は國家の經濟的利害に基礎を置き之れに關聯する政策の審議協贊に當るを本務とし、之れに反し上院は現在より以上廣汎なる政治的「コントロール」の權限を認められ純然たる政治的議會たるべしと稱せらる。

第五章　「フアシスチ」政府及同黨有力者略歷（A、B、C順）

（1）Balbo Italo（一八九六年 Ferrara に生る）

社會學々士、歐洲大戰直後愛國の熱情を以て「ダンヌンチオ」の傘下に投じ「フイウメ」籠城を爲す。「ムツソリーニ」「フアシスチ」團組織以來常に「ムツソリーニ」の帷幕に參劃し「ローマ」進入當時の四天王の隨一なり。一時下院副議長たりしも現に空軍次官として盛に活躍す。

（2）Belluzzo Giuseppe（一八七〇年 Verona に生る）

電氣工學士、未蘭理工科大學敎授たりしが「フアシズム」に共鳴し「ムツソリーニ」の股肱となる。現に國民經濟大臣なり。

（3）Bianchi Michele（一八八四年 Calabria に生る）

「ローマ」進入は實に彼の献策に成れりと稱せらるゝ程の智者にして當時の四天王の一人なり。一時內務省總務長官として辣腕を振ひたるも智謀災ひして不遇の境に置かれたりしが昨年復活して現に土木次官たり。

（4）Bordreo Emilio（一八七八年「ローマ」に生る）

法、哲、文學士、出征中偉功あり四度有功章を受く。「フアシスチ」黨中學者として高評あり現に文部次官なり。

（5）Bottai Giuseppe（一八九六年「ローマ」に生る）

法學士、新聞記者として相當著名なり。「ローマ」進入の際は一方の指揮官として功あり、爾來「ムツソリーニ」に愛好せらる。一時下院の書記官たりしが現に同業組合省次官として活動し勞働憲章を作成す。年僅かに三十一才。

（6） Casertano Antonio（一八六七年 Capua に生る）

法學士、下院議長として好評あり。

（7） Ciano Costanzo（一八七六年 Livorno に生る）

海軍將校として出征し戰功あり。金有功章及銀有功章四個を賜はる。海軍少將に昇任。「フアシスチ」黨員中海軍及海事專門家として推され、先きに海軍次官を拜し現に交通大臣たり。

（8） Delcroix Carlo（一八九六年 Firenze に生る）

愛國の志士にして志願兵として出征し兩眼及兩手を失ふ。金有功章を受く。奇才縱橫常に「ムツソリーニ」に進言して採用せらる。不具者となりたるも博識强記議會の雄辯家中の白眉なり。

（9） Farinacci Roberto（一八九三年 Abruzzo に生る）

一九一九年「ムツソリーニ」始めて未蘭に「フアシスチ」を組織し社會主義者に宣戰せる折、伊全國の鐵道は主義者の掌中にありし爲め同盟罷業を企て「ムツソリーニ」に對抗したり。時彼は Cremona と呼ぶ小驛の驛長なりしが敢然右「ストライキ」に反對し「フアシスチ」に投じたり。爾來「ムツソリーニ」の秘藏黨員となり、昨年迄黨幹事長の重任を負ひたるも餘りに急進主義を高唱せる爲め一時遠ざけられ、目下閑地にありと雖も錚々たる黨幹部たるを失はず。

（10） Fedele Rietro（一八七三年「ナポリ」に生る）

文學士、羅馬大學近世史教授、現に文部大臣なり。

（11） Federzoni Luigi（一八七八年「ボローニヤ」に生る）

文學士、愛國國民主義を唱導し國民黨を組織し「フアシスチ」以前より猛烈なる赤化防止運動を起せり。「ローマ」進入當時彼の率ひたる青襯衣隊は「ムツソリーニ」の黑襯衣隊と併合す。爾來殖民大臣として「フアシスチ」

內閣に入り一時內相に轉じたるも、昨秋の「ボローニヤ」事件後再び殖民大臣として現在に及べり。黨中殆んど副總理の觀あり。

（12） Giuriati Giovanni（一八七六年「ヴェニス」に生る）

法學士「ダンヌンチオ」の參謀として「フイウメ」に籠城す。「ローマ」進入當時參加して功勞あり、現に土木大臣なり。

（13） Grandi Dino（一八九五年「ボローニヤ」に生る）

法學士、著述業者たりしも「ローマ」進入に參加して「ムツソリーニ」に知られ、漸次其の材幹を顯はして先に內務次官たりしが、其の後現職外務次官に轉じ首相の懷刀として外交に任ず。

（14） Olivetti Gino（一八八〇年 Urbino に生る）

法學士、伊國工業總同盟幹事長として活動す。

（15） Rocco Alberto（一八七五年「ナポリ」に生る）

法學士、二十四歲にして羅馬大學商法敎授に任ず。當初國民主義者なりしが「フアシスチ」に投じ下院議長を經て現に司法大臣なり。「フアシスチ」法制の重なるものは彼の起案する處なりと稱せらる。

（16） Rossoni Edmondo（一八八四年 Ferrara に生る）

苦學力行の人にして當初より「フアシスチ」に參加し、勞資協調の大任を引受け伊國勞働者組合の組合長に任ず。黨中の偉材なり。

（17） Turati Augusto（一八八八年 Parma に生る）

著述業、熱烈なる愛國者にして「フアシスチ」勃興の爲め献身的盡力を爲せり。「ムツソリーニ」に次ぐ手腕家として嘖々たる好評あり。現に黨幹事長の重職に在り。

第六章　「ファシスチ」黨實勢力

本年四月二十一日「ファシスチ」黨本部の公表する處に依れば現在同黨の勢力次の如し。

一、「ファシスチ」正黨員	八一一、九九六人
二、「ファシスチ」女子正黨員	五〇、一六一人
三、「ファシスチ」前衛隊（自十二才至十八才）	二八〇、九〇三人
四、「ファシスチ」幼年隊（Balilla と稱し十二才以下）	四〇五、九五四人
五、「ファシスチ」少女隊	一四、二一五人
六、「ファシスチ」幼女隊	八〇、〇三四人
七、「ファシスチ」大學々生團	一二、五六〇人
八、「ファシスチ」官公吏組合	二五一、〇〇〇人
九、「ファシスチ」學校教職員組合	七九、〇〇〇人
十、「ファシスチ」鐵道從業員組合	六五、〇〇〇人
十一、國營諸工場從業員組合	七七、〇〇〇人
十二、「ファシスチ」郵便電信從業員組合	四一、〇〇〇人
十三、黑襯衣隊	二五〇、〇〇〇人

通俗に黑襯衣隊と稱するは其の實名を國防義勇軍即ち Milizia Volontaria Sicurezza Nazionale と呼び、十七才以上五十才迄の志願兵を以て組織せられ現在勢力約二十五萬と稱せらる。

而て其の編成凡そ次の次し。

Squadra	（分隊）三箇	Manipoli	（小隊）
Manipoli	三箇	Centurie	（中隊）
Centurie	三箇	Coorte	（大隊）
Coorte	三箇乃至六箇	Legione	（聯隊）

又本軍少將格を Console Generale 大佐（聯隊長）格を Console 少佐（大隊長）格を Seniore と特稱し以下總べて羅馬時代の稱呼を用ふ。

本軍は常備と在鄉とに二分し、常備は約一萬五千乃至二萬人にして全國各兵營に分屬し、在鄉は其の地部隊長の動員令に依り出動するものとす。

本軍の事業。「ムツソリーニ」首相自ら本軍の總司令官に任じ、軍參謀長として Bazan 將軍ありて本軍々務の一切を處理す。而て其の事業の主なるもの次の如し。

（一）　國民士氣作興、愛國心の鼓吹に努め、國民主義の振興を圖り、本軍々人たるの名譽を宣傳し、旁々不法に本軍制服又は徽章を濫用するものを嚴罰すべし。

（二）　軍事訓練、在營兵は勿論時々在鄉兵を召集し、緊急動員、海上よりの敵地上陸、攻城、野戰、山岳地作戰等を始め、正規軍と共同動作及本軍將校の正規軍參加、見學等各種の訓練演習を爲す。

（三）　植民地勤務、「チレナイカ」及「トリポリ」に本軍數ケ聯隊を設置し、常備約三千人將校約百人を以て同地方土匪討伐に任じ居れり。
（四） 軍事豫備敎育擔當　從來伊國に存在せし各種の軍事豫備敎育制度は過般悉く本軍之れを擔當すべしと決定し、昨年度中約十萬人の豫備敎育を完了し、其の內七萬五千人に對し兵役勤務合格證を發給したり。
本事業は本軍事業中最も重要なるものとして一般に認識せられ、當局又之れが改善發達に腐心し居れり。
（五） 國境警戒、伊國々境山岳地一帶に約二千五百人を派遣し國境警戒に任ず。
（六） 本軍聯隊各本部に特殊警察部を置き政治的犯罪の豫防、探査、檢擧に任ず。
（七） 國防法（死刑法）實施に伴ひ新設せられたる特別裁判所の判事は本軍將校之れに當り、又同裁判所の警衞は一切本軍之れを擔任す。
尙本軍經費に關しては每年豫算の中に四千萬利を計上せられ居る外他は一切機密に屬し判明せず。

要するに「フアシスチ」黨の基礎益々堅固にして其の黨勢愈々擴張し、老弱男女を合算せる伊國總人口四千萬中一千萬人は本黨謳歌者なりと稱せられ、從て不當の突發事件なき限り本黨天下の前途洋々たるべしと觀測せらる。

第七章　「フアシスチ」黨機關紙

現在「フアシスチ」政府及同黨は機關新聞を有せず。
未蘭に本社を有する Popolo d'Italia 紙は「ムツソリーニ」首相個人の機關紙にして、現に同首相弟「アルナルド・ムツソリーニ」之を主管すと雖も、同紙の社說或は批評にして特に署名なき記事は概ね首相自ら口授し或は電話にて通報するものなりと云はる。

（尚「ムツソリーニ」首相は首相の外六箇の大臣を兼攝し居るも、其の收入は首相としての俸給及諸給ある是に過ぎず。これを合算するも年收十萬利に垂んとする少額にして、到底首相今日の生活費を充たす能はざるを以て前記新聞社より時々補助金を支出せしめ居る次第なりと。）

乍然「ファシスチ」黨は黨報として不定期刊行の Foglio d'Ordine を有し、機關雜誌として月二回發行の Critica Fascista（主筆 Bottai 氏）を有す。

而て伊國大小諸新聞は現に悉く「ファシスチ」系統にして急進と穩健との區別あるのみ。

第三編　西班牙國の政黨　（一九二六年五月調）

西國政界は從來久しく自由保守二大政黨に分れ、兩黨は相互に八百長的政權の授受を繼續し只管私利私慾を計るに汲々たりしを以て、諸政の紊亂其の極に達し殆んど收拾し得ざるの狀態に陷りしかば、一九二三年九月「プリモ・デ・リベラ」將軍は「バルセロナ」に於て政黨を全然政權より隔離せんとするの運動を開始し、遂に軍閥を背景として軍事執政府を樹立し、議會を解散し、言論集會の自由を停止し、以て武斷的獨裁政治を布くに至れり。

其の後一九二五年十二月、執政々府を解散し內閣組織せられたるが、該內閣は事實上純然たる前政府の延長にして「プリモ・デ・リベラ」總理の下に獨裁專制の舊態を脫せざるが故に政黨は毫も策動の餘地を有せず、一齊に冬眠狀態を持續しつゝあるを以て西國政黨に關しては目下の處何等記述するに足るものなし。尤も「プリモ・デ・リベラ」は憲政復活の曉政權を讓渡すべき政黨として新に愛國統一黨を組織し自ら之が黨首となり居るも、現在に於ては單に同氏の後援同志會たるの性質を有するに止り立憲治下に於ける所謂政黨とは全く其の趣を異にす。

「プリモ・デ・リベラ」將軍は其の後國民議會設置を決し、一九二七年五月三十一日同議會の組織權限に關し左の如き政府聲明書を發表したり。

一、國民議會は純然たる政府の諮問機關にして特定の事項に關する外發案權を有せず。
二、國民議會は勅選議員約三百名を以て組織し之を各種委員會に分屬せしむ。
三、國民議會は一週一回開會し秘密會の外原則として之を公開す。
四、國民議會の主なる權能左の如し。

（イ）　法律案に關する準備及報告
（ロ）　豫算案の審査及報告
（ハ）　行政機關の組織改革の準備として最近十年に亘る行政狀態の審査
（ニ）　憲法案及附屬選擧法案の提出

【註一】　新選擧法に於ては法定の資格を有する一切の國民に對し男女を問はず選擧權を附與すべし。
【註二】　憲法案は新選擧法に依り總選擧執行後の國會に之を附議す。

一九二七年九月十三日は「プリモ・デ・リベラ」が「クー・デター」の手段を以て政權を握りてより滿四年に當る日なるが「プリモ・デ・リベラ」政府は此の日をトして豫て其の豫告し來れる國民議會の召集令を發表し十月第二月曜日即ち十日を期し之を發會することに決せり。今參考迄に本召集令を左に譯出すべし。

國民議會發會及解散期

第一條　來ル十月第二月曜日（十日）馬德里國會議事堂ニ於テ討論會議ヲ發會ス該會ハ其議員カ社會ノ各般ヲ代表スルコト及其任務カ多種ニ亘ルノ故ヲ以テ之ヲ國民議會ト稱ス國民議會ハ政府ノ指揮監督ノ下ニアルモ自動的特權及權能ヲ有シ今後三年ノ期間ニ於テ法制ノ全部ニ亘ル一般案ヲ作リ隨次之ヲ政府ニ提出スルモノトス政府ハ適當ノ機會ニ於テ之ヲ國民ノ輿論ニ訴ヘ且ツ必要ナル部分ハ皇帝ノ御裁可ヲ仰クコトトスヘシ本條ノ三年間トハ一九三〇年七月最終ノ土曜日迄ノ期間ヲ稱ス但シ萬止ムヲ得サル場合ニハ政府ハ是レカ延期又ハ短縮ヲ上奏スルコトヲ得

國民議會ノ任務及提案

第二條　國民議會ハ前條ノ主ナル任務ノ外第四條ノ定ムル標準及範圍內ニ於テ政府ノ行動ヲ檢察スルコトヲ得、尙議會ハ政府ノ委囑又ハ其ノ合法的發意ニヨリ一九〇九年七月一日以降ノ一般的政務ノ審査ヲナシ且ツ緊急解決ヲ要スル建議案又ハ提議案ノ調査ヲナスヘシ

第三條　議員ハ其取扱ヘキ事項中官務ニ障害ヲ及ホササル範圍ニ於テ官費ノ節減ヲ計ラントスル發案ヲ建ツルコトヲ得而シテ該發案ノ實行ヲ爲サントスル議員ハ書面ヲ以テ當該關係課ニ之ヲ通知スヘシ、關係課ハ之ヲ調査シ適當ト認メタル時ハ議長ヲ經由シテ之ヲ政府ニ建議スヘシ、政府ハ直接又ハ官史タル議員ノ一人ヲシテ當該關係課ニツキ事件ノ解決ヲ計ルヘシ

行政事務上ノ缺陷、過失、又ハ瀆職ニ就テモ議員ハ亦議長ヲ經由シテ同一手續ヲナスノ義務アルモノトス

國民議會ノ質問及檢査

第四條　議員ニシテ公ノ利益ノ爲メニ政府カ委員會又ハ總會ニ向ツテ聲明又ハ釋明ヲナスノ必要アリト認ムル時ハ事件ノ要點ヲ簡記シ書面ヲ以テ之ヲ總理大臣ニ申告スヘシ、政府ハ是レニ對シ八日以内ニ受理又ハ却下ヲ決シ受理シタル場合ニハ主務大臣ヲシテ是レニ回答ヲ與ヘシム

第五條　政府カ一定ノ國務、縣務、又ハ市町村務ニ對シ一般的檢査ヲ爲スノ要アリト認ムル時ハ議會ニ向ツテ議員三名乃至九名ヨリ成ル委員會ノ任命ヲ請求スヘシ、該委員會ハ全權ヲ委ネラレ又檢査上一切ノ便宜ヲ供與セラルルモノトス、檢査ノ結果司法又ハ行政的ニ是レニ干渉スルノ要アリト認ムル時ハ之ヲ議長ニ報告ス、議長ハ亦之ヲ政府ニ移牒ス、司法及行政的干渉ハ別ニ當該機關ヲシテ之ヲ行ハシム

國民議會ノ委員會及總會

第六條　國民議會ハ毎年十月第二月曜日ニ始リ翌年七月最終土曜日ニ終ル但シ右ノ中宗教祭日、國祭日及十二月二十日以後ノ二十日間トキンクカヘシマ祭ノ日曜以後ノ十日間及ラモス祭ノ日曜以後ノ十日間ハ之ヲ閉會ス。

第七條　議會ノ任務ハ通常之ヲ課又ハ委員會ニ分チテ之ヲ執行シ毎月最終ノ一週間ニ於テ四回以下ノ總會ヲ開ク。

總會ハ每回六時間ヲ超過スルコトヲ得ス。

總會ハ公開シテ新聞記者ノ入場ヲ許スト雖トモ入場監督ヲナス爲メ會場內ニ事務所ヲ置ク、事務所長ハ自己ノ考ニヨリ又ハ政府ノ指圖ニヨリテ議事ノ公開ヲ一時停止スルコトヲ得、此等總會ニハ外交團ノ爲メニ特別傍聽席ヲ設ケ又公衆ノ爲メニ夫々適當ナル場所ヲ定ム但シ入場ハ常ニ入場劵ノ所有者ニ限ル、入場ノ許可ハ絕對ニ政府及議員ニ屬ス新聞通信員ハ是レニ關シ多大ノ便宜ヲ享受スト雖トモ常ニ特別入場許可劵ノ提示ヲ要スルモノト知ルヘシ。

國民議會ノ課數

第八條　國民議會ハ事務ノ進捗ヲ計ル爲メ之ヲ拾八課ニ分ツ、各課ハ議長ノ指名スル十一名ノ議員ヨリナル、議長ハ特別ノ場合ニ於テ何等ノ課ニモ屬セサル議員ヲ以テ課員ノ數ヲ增加スルコトヲ得。
各課ハ左記ノ事務ニ鞅掌ス
第一課　憲法ニ關スル事務
第二課　各國トノ條約、協約及宗敎條約ニ關スル提案及報告ニ關スル事務
第三課　國防ニ關スル事務
第四課　關稅政策ニ關スル事務
第五課　民法、刑法及商法ニ關スル事務
第六課　政務關係ノ法律ニ關スル事務
第七課　所有權及其ノ行使ニ關スル事務
第八課　稅法ニ關スル事務

第九課　產業及商業ニ關スル事務
第十課　教育ニ關スル事務
第十一課　一九二三年九月十三日以前ニ係ル支拂未濟ノ信用ニシテ公認濟ノ分ニ對スル區分及檢査ニ關スル事務
第十二課　經常豫算及臨時豫算ニ關スル事務
第十三課　官營工事ノ一般的設計ニ關スル事務
第十四課　社會、衛生、及慈善事業ニ關スル事務
第十五課　行政ノ刷新ト會計法規ニ關スル事務
第十六課　陸上、海上、及空中通信運搬ニ關スル事務
第十七課　特別賞勳ニ關スル事務
第十八課　政治上ノ責任ニ關スル事務

國民議會ノ執務制度

第九條　國民議會ノ執務ニ關スル制度左ノ如シ
國民議會ハ之ヲ課ニ分チ議長ハ政府ト協議ノ上各課ニ對シ各其ノ管掌事務ニ關スル調査、報告又ハ提案ヲナスコトヲ命ス
各課ハ其管掌事務ニ關シテ自發的ニ提議ヲナスコトヲ得
課ハ各自其課長及書記官ヲ選任シ課員各三名ヨリナル報告委員會ヲ作リ事務ヲ分擔ス報告ハ之ヲ課ノ總會ニ附シ其協贊ヲ經ルモノヲ各課調査報告トシテ議長ニ提出ス、議長ハ亦之ヲ政府ニ移牒ス、政府ハ之ヲ議會ノ總會ニ附スルモノナルヤヲ調査ス

議長ハ政府ト協議ノ上報告案ニ對スル討議ノ日時ヲ定ム
討議ハ其總會ナルト課ノ總會ナルトヲ問ハス同一事件ニ對シテ三時間ヲ超過スルコトヲ得ス但シ政府ノ干渉ニ因ル時間ハ此ノ限リニアラス、尚議員ノ演述ハ其贊否ヲ問ハス二十分ヲ超ユルヲ得ス、訂正演說ハ唯一回ノミ之ヲ爲スヲ得十分ヲ超ユルヲ得ス
議長及閣員ハ演說ニ三十分間、訂正ニ十五分間ヲ費スコトヲ得
總會ニ於ケル討議カ規定ノ手續ヲ了シタル時ハ議長ハ政府ト協議ノ上表決ヲナスヤ否ヤ又之ヲナス場合ニハ如何ナル方法ニヨルカヲ決ス
各課ニ於ケル學理的事項ニシテ直ニ討議ヲナスノ要ナキモノニ關シテハ政府ハ其ノ方針及方法ニ付テ指揮スルコトヲ得但シ是ニ對シテ關係議員ノ私見又ハ決意ノ表示ヲ妨ケス各課ノ總會ニ於ケル討議ハ常ニ口頭ニ限ルモ議會ノ總會ニ於ケル討議ハ口頭又ハ朗讀何レノ方法ヲモ選ムコトヲ得
第十條　每月最終ノ週間ニ行ハルル定期四回ノ議會ノ總會ハ每回六時間ヲ超過スルコトヲ得ス右ノ中最初ノ一時間ハ豫メ承諾ヲ得タル質問又ハ日程中ニアル質問ノ回答ニ費スヘシ、議長ハ特別ノ場合ニ於テノミ一時間討議ヲ延長スルコトヲ得
第十一條　議會ノ幹部ハ議長一人、副議長四人、書記官四人ヨリナリ議長並ニ副議長及書記官各二人ハ議員中ヨリ政府之ヲ任命シ殘餘ノ副議長及書記官ハ同シク議員中ヨリ議會之ヲ選任ス、政府ノ任命ニ係ル副議長ハ第一副議長、第三副議長ト稱シ書記官ハ第一書記官、第三書記官ト稱ス議會ノ選任ニヨル副議長及書記官ハ夫々第二及第四副議長又ハ書記官ト稱ス
第十二條　國民議會ノ議長ハ閣下 Excelencia ノ尊稱ヲ受ケ議會ノ經費ニヨル乘車ト職務費二萬五千ペセタヲ受ク、議長

又ハ其代理者ハ議事ヲ指揮シ議院法ヲ解釋シ且ツ政府ト協議ノ上日程ヲ作リ院內ノ秩序其他庶務ニ關シテ絕對ノ權利ヲ有ス

第十三條　副議長ハ職務費トシテ一萬ペセタ、書記官ハ五千ペセタヲ受ク此等ノ職務費ハ議長ヲ除キ他ハ議會出席費ト兩立ス

副議長及書記官ノ公用ニ充ツル爲メ議會ノ經費ニヨル一臺ノ乘車ヲ備フ

第十四條　議會ノ幹部ハ議會ノ經費ノ監督、出費及差配ヲ司リ議長ハ此ノ經費ニ關スル一切ノ事項ヲ指揮監督スル幹部員ニ對シ各費目ニ關スル事務ヲ委任スルコトヲ得

第十五條　議會ヲ組織スル議員ノ數ハ如何ナル場合ニ於テモ三百二十五名以上三百七十五名以下トス、議員ハ男子タルト女子タルト未婚婦人タルト、寡婦タルト、將又既婚婦人タルトノ區別ナク總テ是レニ任セラルルコトヲ得、但シ有夫ノ婦人ハ夫ノ承諾ヲ得ルヲ要ス夫ガ議員タル者ノ婦人ハ議員タルヲ得ス議員ハ凡テ二十五年以上ノ西班牙人ニシテ前科ナキ者タルヲ要ス、議員ハ貴下 Senoria ノ尊稱ヲ受ク

議員ノ任命ハ左記各條ノ規定ニ遵ヒ來ル十月六日以前ニ內閣會議ヲ經勅令ヲ以テ行フ、任命ヲ受ケタル議員ノ數カ三百二十五名ニ達セサル時ハ本令規定ノ趣旨ト範圍ニ於テ更ニ任命ヲナスモノトス議員ノ職務ト兩立セサル官職ハ本令施行細則ニ於テ之ヲ定ム

第十六條　國民議會ノ組織ハ左記ノ各項ノ規定ニ據ル

（一）各縣ヨリハ市町村部代表者一名縣部代表者一人

（二）各縣愛國協會ノ代表者一人

（三）政府カ議員タルノ資格ヲ認メタル國家ノ代表者若干

（四）　官等職務ノ關係上當然議員タルベキ權利者若干

（五）　敎育、產業、勞働、商業其他國內各種團體ノ代表者若干

第十七條　各縣ノ市町村部ノ代表タル議員一名ハ各市町村長又ハ參事會員中ヨリ之ヲ選任ス此ノ選任ハ本年九月二十五日ニ各市町村會カ推薦スル候補者間ニテ同十月二日各縣首府ニ於テ直接記名式ニヨリ之ヲ選擧シ當選シタル者ヲ議員ニ任ス、選擧ニハ必スシモ投票者ノ現在ヲ要セス各縣知事又ハ其代理者及候補者タラサル縣首府市參事會員二名並ニ首府以外ノ參事會員（是ハ候補者タリトモ差支ナシ）二名ヨリナル選擧執行委員會之ヲ指揮監督ス

縣部ノ代表タル議員一名ハ縣會議員ニシテ本年十月二日ノ日曜日ニ各縣會ノ執行スル通常選擧ニ於テ最大多數ヲ以テ當選シタル者ヲ以テ是ニ任ス

各縣ノ愛國協會ヲ代表スル議員ハ本年十月二日愛國協會縣部長ノ職ニ在ル者ヲ以テ是レニ任ス

縣部又ハ市町村部ノ代表タル議員カ縣會議員又ハ參事會員タルノ職ヲ脫スルモ國民議會員タル資格ヲ失フモノニアラス是レニ反シテ愛國協會縣部長ノ職ヲ脫シタル國民議會員ハ自ラ其ノ資格ヲ失ヒ後任者ト交代スヘキモノナレトモ國民議會ノ數カ本令第拾五條ノ規定スル最大數ニ達セサル間ハ本人ノ希望ニヨリ依然議員トシテ繼續在任スルコトヲ得

第十八條　政府ヲ代表スル議員ハ內閣直屬各局總務長官、各省顧問機關ノ代表、宗敎的慈善團體ノ代表及其他類似ノ團體ニシテ政府ノ任命スルモノヨリナル、此等ノ代表者ハ其在職中議員タルコトヲ辭スルヲ得ヌ、其職ヲ去ル場合ニハ前條愛國協會各縣部長ノ退職ニ對スル規定ヲ適用ス

內閣員ハ議員タルコトヲ得スト雖セ各課及委員會又ハ總會ニ於テ某ノ議事ニ干涉スルコトヲ得、議會ハ閣員ノ爲メニ特別席ヲ設クヘシ

第十九條　左記各項ノ官職ヲ帶フル者ハ官職ニ附隨スル權利トシテ當然議員タルヘキ者ナリ

陸海軍大將及軍令部長
樞密院議長、大審院長、軍法院長、會計檢査院長
大貴族團長
各大僧正
大審院檢事長、宗教裁判所檢事長
西班牙銀行總裁、勸業銀行總裁及地方銀行總裁、勞働調査會長、敎育調査會長、高等勸業調査會長、高等銀行調査會長及高等鐵道調査會長共他馬德里及バルセロナ市ニ於ケル地方軍團長、縣知事、僧正、縣會議長、市長、義勇兵團長及大學總長ノ職ニ在ル者、愛國協會ノ全國委員會ノ會長及書記、常設法典調査會ノ會長及會員、常任樞密顧問官
第二十條　本令第十六條第五項ノ定ムル各種團體ノ代表ハ政府ニ於テ皇國史學院、美術院、科學院、政學院、醫學院、法學院等ノ團體員中ヨリ國民議會ニ取リテ重要ナル分子ト認ムル者ヲ任命ス、其他各種敎育團、農業、工業、及商業界ノ資本學術及勞働ノ三分子ニ涉ル方而及新聞團體其他特ニ本條ニ明記ナキモ重要ナル一般國民ノ利益ヲ代表スル團體ヨリ之ヲ任命ス
第二十一條　各議員ハ議長又ハ課長カ總會又ハ課會ニ於テ議會細則ノ適用上是レニ命スル制限ノ外規定討議ニ關シテ意見ヲ發表スル絕對的自由ヲ有ス、議員ハ右ノ外何等ノ保障及特權ヲ有セスト雖トモ拘引サレタル場合ニハ拘引官憲ハ其場所ト理由ノ如何ヲ問ハス直チニ其旨ヲ議長ニ通知スヘシ、議長ハ拘引ノ理由ニヨリテ當該行政又ハ司法官憲ノ調査ヲ請求スルコトヲ得
第二十二條　馬德里以外ノ場所ニ居住スル議員ハ其居住地及馬德里間ヲ汽車ニテ旅行スル一等自由旅劵ヲ受ク、議員ハ總會出席料トシテ毎回五十ペセタ又ハ其ノ屬スル課會又ハ委員會出席料トシテ毎回二十五ペセタヲ受ク、馬德里ニ居住ス

ル議員ハ其ノ總會タルト課會タルト將又委員會タルトヲ問ハス出席料トシテ等シク二十五ペセタヲ受ク、議員ノ出席料ハ現行豫算第二部「一般歳費ノ款」ヨリ之ヲ支出ス

第二十三條　政府ハ勅令ヲ以テ本令施行細則ヲ制定スヘシ、施行細則ハ本令ノ精神及文字ニ準據シ本令ノ施行ニ關シ發生スル一切ノ疑義ヲ明ニシ且ツ必要ト認ムル各般ノ事項ヲ規定ス

議會開會ノ儀式ニ關スル事項モ亦含メテ施行細則中ニ之ヲ規定スヘシ

一九二七年九月十二日

於サンセバスチアン

御　名　御　璽

總理大臣　プリモ、デ、リヴェラ副署

第四編　佛蘭西國の政黨　（一九二六年十一月調）

第一章　總　　說

第一節　佛國政治團體の沿革及特性

佛國に於ける政治團體は佛國大革命に其の起源を發し數次の革命を經て第三共和制の建設に至り稍々其の形態を整へたるも政治的結社として現代的の組織を具ふるに至りたるは一九〇一年以降の事に屬し、其の發達著しきもの無きのみならず佛國大革命以來短年月の間に王制帝制共和制の頻繁なる變遷を重ねたる佛國特有の歷史的事情近代社會主義に基く諸種の新思想の勃興竝佛國民の個性尊重の傳統とに因り現在幾多の小團體分立併存し其の主義綱領錯交するのみならず內部の組織規律も未だ鞏固確然たりと謂ふを得ざるの狀に在り。既に國內に小黨分立し且議院內外に於ける團體的規律弛緩せる以上微細なる政見又は利害の差異及感情の齟齬は直ちに政治團體所屬員の移動を始めとして該團體其のものの分離併合をも招來し重大問題に直面するに當ては屢々各員利害感情の赴く所に隨ひ其の所屬團體の政綱を無視して自由且獨立に言動し恰も政治團體存在せざるに等しき外觀を呈するに到る。是れ世人往々佛國の政治を目して感情政治と爲し佛國に所謂政黨無しと斷ずる所以なり。固より佛國には英米諸國に於けるが如く統一有る組織と嚴格なる規律の下に明白なる政綱を揭げ全國に亘り劃然たる勢力の分野を把有して互に對峙拮抗し議院の內外に於て其の幹部會の決定に依る指揮に從ひ終始整然たる共同動作に出づる政治團體は之を有せず、隨て政府與黨及在野黨と謂ふも其間時に截然たる區分無く且小黨分立の結果到底一箇の政治團體を以てしては議會の投票を制壓するを得ず。隨て內閣の組織は必然的に多數團體の聯立內閣たるを免れざるに因り其の政策は多く各團體の主義綱領の妥協折衷より成る。從て佛國歷代內閣が短命なるは時局に關する諸問題處理の業績に依るよりも寧ろ右妥協折衷の破綻に基く事多し。前述の如く各議員完全なる言動の自由を有するが故に妥協折衷の困難愈々大なるは事實にして一九二四年五月十一日の總選擧以降從來諸政治團體中比較的嚴格なる紀律有りと目せられたる社會黨（Parti Socialiste）の聲援を恃み急進社會黨（Parti radical et radicalsocialiste）が中心となり急進左黨及社會共和黨を合して左黨大合同 Cartel des gauches）を組織し十數箇月に亘り統一有る行動に出でたるが如きは佛國政治團體の通性より觀るときは寧ろ一の例外的現象と謂ふ可し。然も此の大合同に在りても其の後各種の利害關係に付完全なる調和の欠缺するや啻に右合同を組成せる各政治團體相互の間に於てのみならず各團體內部に於ても動搖を來し屢々其の統一並規律を紊き、其の結果漸次政見の乖離を招來し遂に左黨大合同の存否すら疑問と爲りたる次第の如きは前顯の所述を十分に立證するものなり。故に歐洲大戰爭及今次財政上の危機の如き國家危急存亡の秋に際し各團體各議員其の確執を棄て Union sacrée 又は Union nationale と稱する大同團結の內閣が組織せらるるを見たるは非常時に於ける臨機の措置にして亦例外的の事象と謂はざる可からず。是に由て之を觀るに佛國政治團體の政治的價値は爾他の各國に於けるものと其の趣を異にするは勿論なるも佛國特有の事態を前提として之を觀察するときは政黨の選擧民に對する關係議院內部に於ける各委員會委員就中報告委員長の選定院外に於て隨次開催せらるる政治大會機關紙の操縱大統領が組閣の大命を降すに當り考量の標準と爲る政黨政派等各種の態様より觀て現實に佛國特有の政治的團體の嚴存する事を認めざる可からず。且之と共に佛國民の特性に基き各團體內部の議員個人の勢力が團體其のもの及團體相互の關係に頗る重大なる影響を與へ居るの事實をも看過す可からず。之本編に於て各政治團體の調査に入るに先ち總說なる題下に些か詳細なる一般的說明を爲すの必要ある所以なり。

第二節　佛國政治思想概説

一國政治思想の解説は自ら別箇の研究に俟たざるべからざるも各政治團體が提唱する主義綱領を一應瞥見するに、抑々佛國政治團體は政體變遷の沿革に伴ひ且同國特有の事情に基因し、小黨分立併存の狀に在ることは前述の通にして其の政綱なるもの亦區々相錯交するも之を大觀して左の五大主義と爲すときは、各政黨政派の根本的なる政治的傾向は大體其の何れかの一に歸屬すと謂ふを得べし、而して一黨の掲ぐる政綱が他黨の政綱と必ずしも反撥する事無く然も兩者併存するの事實は佛國政治團體の特色の一にして識者の留意すべき所なり。

（一）　君主主義　（Monarchisme 又は Royalisme）

近代民主主義乃至議會政治の醸生する一切の弊害に鑑み往時に於ける如き國家首長の權威を再確立せん事を主張する思想にして議會政治の惡果を摘剔し憲法の改正、社會狀態の改善、産業制度の改革を行ひ大に時弊の匡正を唱へ民衆をして之を諒解せしむるに努め以て漸次所謂國家首長なるものの權威再立の機運を勃興せしめんとするに在り、而して君主制と加特力敎との密接なる歴史的緣因に基き加特力敎徒にして本主義に趨く者多く殊に一九〇五年政敎分離法の實地以後に於ては加特力敎徒にして君主主義に歸依するに到れるもの甚多く、一方該主義者は其の勢力維持增進の必要上進んで加特力敎の權利及利益の暢長に努め其の關係頗る密接なるものあり、然も從來加特力敎の僧侶は佛國地方文敎の中心勢力たりし關係上宗敎問題は玆に敎育問題と表裏し君主主義者は信敎集會敎育の自由なる題目の下に宗敎及敎育の分離を不可として之が融合一致を劃り兼ねて議會政治に對する拮抗の氣運を深甚ならしめんとす、是れ左傾的諸政治團體が宗敎を排斥して國家的敎育なるものを主張する所謂　Ecole laique　の政策に君主主義の徒が極力反對する所以なり、而して同主義を奉ずる者は主として佛國北東部、北部及北西部の各一部竝軍人の一部に多きも全體としては左迄多數なりと謂ふを得ず。又彼等は從來主として君權天賦說に傾きたりしも、其後君權傳統說を執り且議會政治を快しとせざる諸團體と主義上の合致を覓め之と提携し其の勢力の確保に努めつゝあり、仍ほ獨裁政治の實現を理想とする佛國「フアシスト」の運動は元來君主主義者たりし者の中より生じたるものなるが目下敵對の關係に在り。

（二）　穩和的共和主義　（Republicain Modéré）

穩健なる共和制度の維持發達を主張する思想にして寧ろ保守的傾向を有し一切の急激なる變革を排し各種の問題に關し漸進的改良主義の方針を持す。即議會政治が弊害を生ずるは共和制度の根本たる現行憲法の精神に由來するものに非ずして、寧ろ其の運用宜しきを得ざるに因る。須く右憲法の適用に關する諸種の法令を改正すべしと唱へ、社會狀態の改善は相互扶助の精神に依らざるべからず、生產交易の諸條件の如きは之を運用するものの如何に依り條件其のものの如何に由るに非ずと爲す。既に保守的の傾向大なるを以て加特力敎の國家に及ぼす影響は之を尊重するも政敎分離法の根本趣旨は國政の圓滿なる運行を支持するものなるを以て其の精神は之を排す可からずと論ず。佛國全土に亘り恒產ある有識者の間に此の主義を分つもの多し。

（三）　急進的共和主義　（Republicain radical）

佛國大革命に依りて確立せられたる共和的自由主義を旗幟とし共和制度存立の下に於て國民大多數の幸福を增進せん事を目的とす。隨て時局の進展に伴ひ憲法法令制度の改善匡正を必要なりと認むる思想にして革命主義竝反動主義は兩々之を容認せざるも共和制度保持の限度內に於ては一切の分野に亘り國民活動の自由を促進せざる可からずと主張す。佛國東部南部及中部等に此の主義を尊奉するもの多し。

（四）　社會主義　（Socialisme）

社會本位の團體生活を基調とし議會制度に依り革命を所期せんとする學說に基く思想にして國家構成の各分子中多衆を占むる「プロレタリア」の地位改善を目標として公正なる政治を行ふ事を理想とするものなるが暴力に依る革命主義又は共產主義とは距離あり、而して佛國に於ける社會主義は概して言へば人道的とも稱すべく、爾他の諸國に於ける同主義者に比し比較的穩健なる政綱を有し所謂民主主義と稱するも不可ならざるもの有り。而して現實の政策としては公開外交、軍費の削減、兵役の短縮、農村の改良、敎育の民衆化、勞働者の組合權尊重、中級以下の中產階級保護、宗敎財產等に因る特權濫用の防壓等を擧ぐるを得べし、此の主義を奉ずるものに勞働者の多數なるは言を俟たざるも之を率ゐるものは多く有產有識の士にして且此の主義に贊同するものに知識階級に屬する者鮮かならざる事實は例へば英國勞働黨の內情等と比し注目に値すべし、仍ほ佛國政治團體中社會黨が組織及紀律の點に於て比較的堅緻且正肅なるは前述せるが如し。

（五） 共產主義 （Communisme）

一切の革命手段に依り現存經濟組織を破壞し共產制度を實現せんとする共產主義に關しては學說として之が理論を研究し實行を他日に期するものは別とし實際勢力を有する者としては（一）佛國從來の共產主義者及後段勞農共產主義者にして遂に佛國共產主義者に改宗するに至りたるもの（二）勞農共產主義者にして莫斯科の勞農中央人民執行委員會の指揮監督を受くるものの二種に區分する事を得。因より共產主義は往々世論の掣肘を蒙り且つ極端なる理想家より成る各共產黨の內部に於て領袖間の確執絕えず。去れど佛國政治の實際に於ける諸種の弊害は從來の右黨及左黨何れの勢力を以てしても、容易に其の匡正の緖に就かざると佛國政界の中心勢力の變動が事實上漸次左傾し共產的諸運動の取締に關しても反動的の爲政者が執る如き徹底的防壓手段を施さざるとに因り彼是原因錯交し漸次共產主義勢力擴大し目下下院に於ても二十八名の議員を有する現狀なり。

第三節　政黨及政派竝其の活動の限界

佛國に於ける政治團體を研究するに當りては之を政黨及政派の二に區別するを要す。蓋し佛國政治團體の政治的價値は爾他の諸國に於けると其の趣を異にするは前述の如くなるも其の由て來る所は各團體に於ける政治的紀律(Discipline politique)の極めて緩なるに在り政治團體が其の所屬員を會同して政治大會を開き又其の所屬員の一部を合して各地方に據り選擧民に臨む場合等の如く議院外に於て活動する場合には之を政黨(parti)と呼ぶ、而して內務省が選擧成績を公表するに當り政黨なる語を用ふるも是唯大體類似の政見を有すと認むる議員を一括して之に附したる名稱に過ぎずして玆に謂ふ政黨とは截然區別せざる可からず。各政黨候補者が一旦當選して議員と爲るも輓近に於ける社會黨の如く比較的整然たる組織及紀律を有するものは暫く之を措き一定の黨議を以て各個言動の自由を拘束せらるる事無く各議員全く言論の自由を保有するを以て屢々議事進行上の障礙と爲りたる爲一九一五年上院及下院議事規則は各議員が議院內に於て一定の政派に屬する事を議長に申告するの義務を規定し以て院內諸般の事項に亘る便宜に資する事と爲りたるに由り、議院內に於ける這般の政治團體を政派(groupe)と稱し之を前顯政黨と區別せざるべからざるに至れり。斯の如くして院外の政黨と院內の政派とは其の組織上直接の關係無く前顯社會黨の如く比較的嚴格なる紀律の下に全黨議員悉く同一政派に屬するは寧ろ異例に屬すのみならず、院內の政派と雖亦之を規律する一定の嚴格なる規律有るに非ずして各議員の院內に於ける行動は全然各個の自由に屬す。是れ新聞紙が往々一法案に對する可否の投票者名を一々列擧する所以なり。然れども下院內部に組織せらるる各委員會の委員選出は院內政派を標準とし且各委員會報告委員は議院政治に於て重要なる勢力を占有する爲政派の興廢は延いて院外政黨勢力の消長に影響するを以て事實上政黨と政派との關係相當緊密なるもの有るを認む可し。又院外政黨大會の諸決議事項は假令該政黨に嚴格なる紀律存せずとするも、同黨所屬議員を院の內外に於て道德的に拘束するを以て議員が院內政派の一員として行動するに際し院外政黨は間接に院內政派其のものを羈束するの結果を生ずるを看過す可からず。要するに政黨と政派との關係は嚴格なる法律的又は牢乎たる慣習的のものと言はんより寧ろ道德的のものたるに過ぎず。從つて院外政黨相互間の協議涉合が政黨其のものを規律するの效果を有するは言を俟たざる所なるも院外政黨は院內政派を制御するの關係に在らざるを以て這般の協議涉合が直に議院內部に於て其の效果を生ずるものと謂ふ事を得ざるべし。斯の如くして佛國內閣が複雜なる事實上の關係に立てる政黨及政派より院の內外に亘り二重の監督及拘束を蒙る事と爲るは亦注意の値する事實なり。地方各自治團體議員に關しても多少の差異こそ有れ大體に於て同一の傾向存すると言ふを得べし。

第四節　政黨と選擧法

佛國に於ける選擧は大統領選擧、上院議員選擧、下院議員選擧、地方自治團體議員即各參事會員選擧の四種存するも大統領選擧は上下兩院議員の全員を以て構成し「ヴェルサイユ」宮殿に開催せらるる國民議會（Assemblée Nationale）之を行ひ上院議員選擧は佛全國を縣名頭字AよりG、HよりN、OよりZ迄の三に分ち之をA、B、Cの三部と爲し議員の任期九年中に每三年部分改正を行ふの制度に依り當該縣選出の下院議員縣知事市町村長及縣市町村の各參事會員並上院派遣の代表者を以て組織する選擧團體（College électoral）之を行ひ何れも所謂間接選擧にして政黨との關係は政黨が各議員及各參事會員に依りて代表せらるる限度に於てのみ相關關係を有するに過ぎず。唯國民議會は其の構成上下院議員數が上院議員數の約二倍に當るにより大統領の選擧には下院側が當然優勢なる地位を占むる事と爲るは注意に値す、下院議員の選擧は大統領が議會解散の權能を行使する事殆んど稀なるに因り議員の任期滿了後即毎四年一回及補缺選擧施行の原因發生したる場合大選擧區比例代表連記投票制度に依りて通常日曜日に之を行ふ。又地方自治團體議員即參事會員の選擧は巴里市（二十區を夫々四分したるものを一選擧區とし各選擧區より單記投票制度に依り一名を選出す）を除き大選擧區比例代表連記投票制度に依りで通常日曜日に之を行ひ何れも直接普通選擧にして選擧其のものに關しては政黨と密接なる關係を有す。

議員立候補に際しては一八八九年七月十七日法に依り候補宣告の屆出を爲すを要す。固より其の所屬政黨を明にし該政黨の主義綱領に贊同することを聲明すべきも、當該候補者が當選後議院内政派に對する歸趨明かならざるに鑑み選擧民は候補者個人の人物政見を重要視し候補者の政見發表（Profession de foi）も亦之に投ずるの傾向を有す。而して直接普通選擧制度を實施するが爲選擧民多數なるを以て政見の發表は演說會に依るよりも寧宣傳「ビラ」に依りて之を行ふもの多く地方に在りては一般人民に對し重要なる勢力を有する僧侶敎育者大地主等に對して直接運動を爲すを常とす。

現行下院議院選擧法は一九一九年七月十二日の制定に係り大選擧區連記投票制度と比例代表制度とを基礎とするものにして當選議員數は一八七五年十一月三十日法第十四條竝一九一九年七月十二日法第二條の前條修正規定に依り佛本國內に於ては人口七五、〇〇〇人に付一名三七、〇〇〇人以上の端數每に一名を選出し「ベルフオール」及「アルジエリー」其の他の植民地選ニ議員數は內國と別に人口と關係無く一八八九年二月十三日法第三條一九一四年三月二十七日法第二條一九一九年七月十二日法第二條の前條修正規定を以て其の員數を定め居れるが何れも第一回選擧の結果再選擧の必要有る場合には第一回選擧の日より二週間以內に之を行ふ。右に依り選出せらるる下院議員數六二六名を算す。

佛國に於ても他國に於て見る如く政黨勢力の暢長を計るが爲選擧法改正問題は不斷論爭の中心點にして一八七五年十一月三十日法は小選擧區單記投票制度を規定したるも一八八五年六月十六日法は之を大選擧區連記投票制度に變更し實施一

回にして一八八九年二月十三日法は再小選擧區單記投票制度を採用したるが大選擧區制度の下に於ては思想主義綱領の差異より生ずる公然の爭議を見るに過ぎざるも、小選擧區制度は個人間の確執爭鬪を熾烈にすとの主張輿論に投じ從來の選擧制度が相對多數主義の單記投票に依るが爲小數黨を破壞し同時に多數黨の地位を維持するに便ならず且再選擧の必要を生ずる事多き等諸種の弊害を指摘し遂に一九一九年七月十二日法に依り現行の大選擧區比例代表連記投票制度を行ふ事と爲りたり。當初急進左黨（Parti des gauches radicaux）は一九一九年の總選擧に於て其の黨勢大に衰頽し社會黨（Parti Socialiste（S.F.I.O.））は之に反し其の黨勢增大し爾來自黨勢力維持の爲更に完全なる比例代表制度の實施を主張したるも一九二四年五月左黨大合同の成立以來白耳義英吉利等に行はれたる比例代表反對論に理由有りと爲し且連記投票制度が自黨所屬議員立候補者間に於ける反噬を招來するが爲、現行選擧制度に代ふるに小選擧區單記投票制度（Scrutin d'arrondissement）を採用す可しと變說したるが急進諸黨亦自黨勢力挽回の見地より之に贊同し具體案を作成して本年初より議會の大問題と爲りたるも現内閣が財政問題に忙殺せられ居る爲未だ右は未解決の儘になり居れり。（註）

【註】其後佛國下院選擧法改正案は一九二七年六七月中議會に於て激論を見右黨及中央諸派は改正案に反對して現行選擧法を維持し急進社會黨は社會黨の支持を得て極力改正案を主張して讓らざりしが遂に左黨側の主張勝を制し七月十二日三百二十對二百三十餘の差を以て改正案下院に於て議決せられ次で十四日二百十三對六十七の差にて無修正の儘上院を通過せり新選擧法は現行の比例連記投票大選擧區制を廢して多數投票單記小選擧區制を採り現議員數の五百八十二を六百十二名となすにありて一九二八年の總選擧より施行の豫定なり。新選擧法は十六ヶ條、附屬、選擧區表より成り總人口（外國人を含む）を算出の基礎として佛本國及殖民地を六百十二の選擧區に區分し單記投票に依り各選擧區より一名合計六百十二名の議員を選出す（第一條、第二條）。當選順位は總投票數の絕對過半數を得たる者に次で有權者總數の四分の一に均しき得票者を擧げ尙定員に不足ある場合には第二回投票（第一回投票の結果發表後の次の日曜日）を行ひ最多數得票者より順次に當選者を決定し得票同數のときは年長者を當選者とす（第三條、第四條）。死亡、辭任等に因る補缺選擧は其の事由發生後三ヶ月内に施行し（第六條）下院總選

擧實施前六ヶ月間は補缺選擧を行はざることゝす（第七條）。開票は投票後三日以內に縣廳所在地に於て行ひ公開とす（第五條第一項）。民事裁判所長（故障ある場合には裁判長次席、古參判事順次之に代る）は開票管理者と爲り縣參事會員四名（古參者より順次其の任に當る）を開票立會人とし開票の次第は議事錄に記載す（第五條第二項、第三項、第四項）。第一回投票の十二日以前並第二回投票の三日以內に縣廳所在地の裁判所に各議員候補者又は其の代理人を召集して選擧打合會を開き民事裁判所長又は其の代表者を議長とし右打合會には郵便局長又は其の代表者並裁判所書記を列席せしめ、各有權者に郵稅無料を以て配布せらるべき選擧用紙（二通）、通牒、立候補宣言書等の印刷及配分並右所要費用の分擔を決定し（第八條、第九條第一項、第十一條第一項）選擧打合會以後に立候補せる者も選擧用紙宣言書等の郵送に當り郵稅を免除せらる（第十三條）。本法に依りて一九一九年七月十二日法等の前選擧法は廢止となり（第十五條）又過渡的規定として本法公布後總選擧施行迄は補缺選擧を行はず（第十六條）。

附屬別表には佛本國を五百九十三の小選擧區に分ち殖民地は「アルゼリア」九、「マルチニック」二、「ガルドループ」二、「レユニヨン」二、佛領印度一、「ギユイアンヌ」一、「セネガル」一、交趾支那一に分たれ合計六百十二の選擧區を算す。

第五節　上院及下院と政黨及政派

上院は間接選擧に依り九箇年の任期を以て選出せらるる議員を以て構成し其の選擧も三分の一の部分改選なる上議員は概ね保守的傾向を有する中產階級以上の社會的地位を有するもの多きを以て旣に其の選擧に際し所謂政黨との關係は下院に比して一層緊密ならず、院內の政派より觀るも其の組織統一乃至規律甚しく緩にして院外政派と院內政派との關係亦錯雜し其の歸趨分明す可からざるもの有り、故に政黨政派の主義綱領並其の勢力の消長より發して上院の大勢を逆睹する事は甚困難なりと謂ふ可く、又下院政派と上院政派との關係に至りても容易に之を觀察測斷するの基準なるもの無し世上往々上院の急進民主、急進社會派、共和左派、共和合同派、右派（Groupe de la Gauche Démocratique Radicale; Groupe de l' Union Démocratique et Radicale; Groupe de la Gauche Républicaine; Groupe de l' Union Républicine; Groupe de la Droite）を以て夫々下院の急進及急進社會派、急進左派、民主共和左派、民主共和合同派、獨立派（主として王黨に屬するものの嘗て組織したる政派）（Groupe Radicale et Radical-Socialiste; Groupe de la Gauche Radicale; Groupe de la Gauche Républicaine Démocratique; Groupe de l' Union Républicaine Démocratique; Groupe des Independants）に該當すと謂ふもの有るも是れ漠然各政派の政治的色彩傾向に類似の點多しと爲すに止り規約又は傳說に依る密接なる相關關係有るに非ず。却て同一議案に對する前述各政派の態度時に全く表裏するの觀を呈する事尠からず。抑々佛國現在の政治的事態に在りては政體外交財政關稅軍事敎育經濟等の諸問題に關し各政黨政派間に殆んど相對立する大主張なるもの存せず、且歷代の內閣が宿命的に聯立合同の基礎に立ち其の政綱も各政治團體の主義綱領の妥協折衷に成るを以て政論の種類は寧ろ微細なる方法論に在ること多く一國全般に亘る大問題發生するが如き場合には有力なる政治團體雙互間の大同團結に依り之を處理するを常とす。

第二章　各說

佛國に於ける政治團體は其の特有の諸原因に由來して幾多分立併存し各政黨の間に於て其の主義綱領の異同略々其の規を一にするもの有るは既に屢々前述せるが如し。而して一九二四年五月十一日の總選擧に際し左黨大合同成立し爾來佛國の政治的傾向は王黨及共產黨を除き一般に左黨大合同系と舊「ブロック・ナショナル」を中心として之に反對せる對左黨大合同系との二大系統に岐れ以て今日に及び所謂擧國一致内閣の成立にも拘らず此傾向は依然として政界を支配し居るの觀あるに依り總說第二節に揭ぐる佛國政治思想の概括的傾向に隨ひ且總說第三節所述の政黨を基準とし各政黨を（一）極右系諸政黨（二）共和黨系諸政黨（三）左黨大合同系諸政黨（四）共產黨系諸政黨の四大類別と爲し各箇政黨政見の異同を調査し別に上院及下院に於ける現在政派の大要を說く事とすべし。唯玆に注意す可きは世上往々前顯舊 Bloc National を目して恰も一の政黨乃至は數箇の政黨の合同又は聯合と解する者有り。「ブロック・ナショナル」が單一の政黨に非るは明なるも數箇の政黨合同又は聯合にも非ずして今日に於ては一九一九年十一月の總選擧の際右黨大合同を目的として形成したる一種の選擧組合の主張せる政見と大體同一の政治的傾向を有する諸政黨を一括して謂ふ場合に於ける便宜上の用例に過ぎず。之に反し Cartel des Gauches は一九二四年五月以降左黨系四大政黨が雙互間の規約に依り明白に聯合大政黨を組織したるものにして彼此其の形式を異にすることは特に牢記するを要すべし。

第一節　極右系諸政黨

第一款　概　說

君主主義を奉ずるものは佛國共和制の建設以來絕えず之が顚覆を計り議會政治に慊らざるものを聚めて政治的結束を固くし常に議會政治の弊害を指摘し來れるが大戰爭以後幾多重要なる問題の中佛國の財政危機に當りて愈々其の活動を盛にし現在に於ては此種政治的結社甚だ多く其加入者亦鮮からず。仍ほ伊太利の「ファシスト」運動に刺激せられ佛國に於ける獨裁政治の實現を理想とする「フェソー」の一派は此種の政黨の分派と稱し得べきも目下相互に爭鬪を續けつゝあるは注目に値す此種極右黨系に屬する諸政黨の主なるものを擧ぐれば左の如し。

（一）　佛蘭西行動《アクシオン・フランセーズ》同盟　Ligue de L' Action Française

（二）　佛蘭西「ファシスト」　Faisceau

（三）　國會期成《エクー・ジエネロー》會　Comité des Etats généraux

（四）　愛國社團同盟　Ligue des Patriotes

仍ほ右の中愛國社團同盟は建設の當初は純然たる極右的傾向を持したるも漸次其の綱領を改め後節述ぶる所の共和黨系的色彩を帶ぶるに至れり。右の外極右黨系に屬する諸團體にして例之民衆自由行動團　L' Action Libérale Populaire（略稱　A.L.P）の如き曾て一政黨として相當の活動を爲し現在に於ては單に宗教界に於てのみ其の威力を暢ぶるもの又國民加特力同盟　Fédération Nationale Catholique（「カステルナウ」將軍の率ゐるもの）の如き純然たる宗教的團體にして唯其の綱領の中に急激なる社會改革制壓の手段として場合に依り政治的行動に出づ可き事を掲ぐるが如きもの又軍人の親睦を名として共通の政有を見する舊軍人の組織する　Ligue des chefs de Section　其の他經濟財政方面の各團體にして極右的政治主張を爲すもの多々有り。

第二款　政　綱

（一）　政體問題

議會政治の弊害を指摘して國家首長の權威を恢復し之に依り國內の秩序を回復維持せんとす。故に議會制度の廢止を高唱し之に代ふる王位又は帝位の恢復或は獨裁政府の設立を計る。

（二）　外交問題

獨逸に對して强力なる武備が最も平和を捷ち得る途なりとし例へば過去に於ても戰爭賠償金請求の唯一の手段として「ルール」占領の維持を主張したり。又兼ねて國際債務問題に付强硬に其の改訂を要求し居れり。國際聯盟に對しては之を以て「カント」「ルツソー」の空想的なる學說に基くものなりとして賛成せず國際平和の樹立は先づ自己を强固にするにありと解す。

（三）　內政問題

社會主義的革命手段に依る社會改革を排斥し又「デモクラシイ」を合言葉とせる煽動運動者民心籠絡的の政治家を抑壓し又民族の不一致乃至生活費の奔騰を避くるが爲差當り外國人就中猶太系人種の入國を制限せんとす。

（四）　財政問題

無用なる官吏の淘汰に依り其の人員を減少すると共に在職官吏の待遇を改善する事、鐵道、烟草、電信、電話等を拋め諸種の專賣竝國家の諸企業を廢する事、對外爲替相場の安定を保障する事を以て國家の人民に對する義務なりと爲す。又大戰爭の兵器恤兵品に關する國家の支辨に一大疑獄有りと主張し之を檢査するが爲軍人を陪審官とする查問委員會を組織する外一般國費の公正なる歲出歲入を計るが爲會計檢查院の權限を擴張する事等を主張す。

（五）　宗敎敎育問題

信敎集會敎育に關する自由を主張し一九〇五年政敎分離法以來「フラン・マソン」派竝現在左黨大合同系の主張する宗敎敎育分離問題を以て加特力敎に對する束縛なりとし主として加特力敎の歷史的特權を恢復するが爲宗敎敎育が國法の認むる所とならん事を期す。

（六） 社會問題

大戰爭に參加したる軍人に對し特典を與へ一定の持分 Part を創設し勞働者に對しては漸次之に恒產を有せしむる爲特別の制度を設け一方職業組合を奬勵し地方自治の保護發達を計り又產業保護法を制定し各經濟團體の意見を徵して生產組織の改善を計り組合財產の保護增加に關する手段方法を改善し家族制度を社會構成基本と認め直系相續稅の輕減家長權の擴充を主張し且大家族に對しては兵役納稅上の特典を與ふる事とす。

斯の如く其の主張する所多く時弊の匡正に在るも眞箇の目的は議會制度延いては一切の所謂民主的制度の弊害を指摘し其の主張なる國家首長の權威恢復運動に合理的根據を附與せむとす。

第三款 極右系諸政黨

第一項 佛蘭西行動同盟《アクシオン・フランセース》 Ligue de l' Action Francaise

イ、沿革

國家首長の權威再立を計る團體を大別して王黨系及帝政派系と爲す抑々王黨系の思想は佛蘭西大革命に溯り常に共和制に反對し君權天賦說を主張したるが一八三〇年七月革命に由り「ブルボン」家の子孫王位を剝奪せらるるや之が王位繼承の權利を要求する正系派（Légitimistes）の一團を生じたるが一八四八年二月革命に於て「ブルボン」の支家「オルレアン」家の子孫王位を喪失するや之が繼承の權利を要求する「オルレアン」派（Orléanistes）の一團を生じ互に其の主張を枉げざりしが一八八三年に至り「ブルボン」の嫡孫「シャンボール」伯（Comte de Chambord）死し子無きに因り「オルレアン」家の嫡孫巴里伯（Comte de Paris）の後を享けたる「オルレアン」公「フイリツプ」Philippe, duc d' Orléans）唯一の王位繼承者（Prétendant）と爲り茲に兩派の合併を生じたる處一八八六年佛國舊王家家長及直系子孫の滯佛禁止法制定せられ「フイリップ」派は歐洲各國を巡行し居たりしが一九二六年三月伊太利に客死したり。是より先「オルレアン」家の嫡流「フイリップ・ド・モンパンシエー」公（Philippe de Montpensier）一九二四年に死し又「オルレアン」公も子無きに因り公の妹婿「ギーズ」公「ジアンドルレアン」Jean d' Orléans duc de Guise を擁立して王位繼承者と爲したり「ギーズ」侯は長く其の從兄なる勃國皇帝の下に在り歐洲大戰爭に際して屢々從軍の許可を政府に要求し遂に許されて從軍したり。曾て政治問題に關與したる事無し。一八九四年「ドレイフユーズ」事件の頃加特力敎的保守主義者と「ブーランジスト」Boulangistes との聯合より成る國民大團結佛蘭西祖國同盟 Ligue de la Patrie Française 組織せられたるが政治的結社として何等の規律無く且其の活動に見る可きもの無かりし處一八九八年「アンリ・ヴオージョア」（Henri Vaugeois）「モーリス・ピュジョ」（Maurice Pwjo）の指揮の下に佛蘭西行動委員會（Comité de l' Action Française）なるもの設置せられ「ナショナリスト」對「ドレイフユース」竝對「セミト」の見地より共和制度を是認し唯國家の權力が主權者の一身に依りて體現せらる可きを理想とし週刊新聞「アクシオン・フランセーズ」を刊行し居りたるに同紙の寄稿にして同時に「巴里ガゼツト」に執筆せる「シヤルル・モーラス」Charles Maurras なる者「オルレアン」系の王黨と緊密なる關係を有したるに因り公然王權主義を唱へ漸次「ヴオージョア」を感化し一九〇一年に至り遂に「アクシオン・フランセーズ」を日刊とし結局同紙は「オルレアン」系王權主義者より成る徹底的國家主義（Nationalisme Intégral）の機關紙と爲り王權恢復を主張する事となれり。爾來佛蘭西行動委員會は王黨の中心勢力と爲り積極的に王權恢復を力說すると俱に消極的に議會政治の弊害を指摘し終に一九〇五年「ベルナール・ド・ヴザン」（Bernard de Vesins）を總裁とし佛蘭西行動同盟を組織したり。該同盟は現在君權恢復を目的とする諸政黨中其の組織最固く其の勢力亦最隆にして又比較的整然たる紀律を有す。

次に帝政派なるものは一八七〇年九月「ナポレオン」三世の失脚後「ボナパルト」家の嫡孫を擁立して帝政を再現せむとする所謂 Bonopartistes と稱へる一團なるも其の勢力左迄大ならす且其の主義を同じうするもの多少有るも未だ一の政黨を成すに至らず。

佛蘭西行動同盟は刱め帝政派と拮抗し主として其の軍國主義なる點を攻撃したるも帝政派が帝位再興に失望して寧穏和なる共和的傾向を帶ぶるや却て之と氣脉を通じて其の勢力の暢長を圖るに到れり。

ロ、領袖（註）

【註】佛國政黨に於ては爾他の立憲國に於けると異り總裁幹事等一定の職分を有し一定の期間内之を行ふと謂ふが如き組織無く多きは輪番交代之に當る。而して事實上有力なる者が所謂幹部を制肘する實際勢力を占有するの狀に在り。

「シャルル・モーラス」（Charles Maurras）

有數なる著述家にして十數種の新聞雜誌に執筆し單に政治のみならず文藝美術等に關する著述亦甚多し。曩には佛蘭西祖國同盟設立に盡力し、次いで「アクシオン・フランセーズ」に關係し「アクシオン・フランセーズ」が今日の如き盛況を來したるも主として彼の力に俟つ所多しと傳へらる。

「レオン・ドーデ」（Léon Daudet）

文人「アルフオンス・ドーデ」の子、夙に文學に秀で現に「ゴンクール」文藝院會員に列せられ其の著書甚だ多し。「シヤルル・モーラス」と共に「アクシオン・フランセーズ」の主幹たり。一九一九年より一九二四年迄下院議員として院内に獨立派なる一政派を形成し帝政派乃至保守主義者提携して相當の勢力を有したるも一九二四年五月十一日の總選擧に落選せり。

「ジャック・バンヴィル」（Jacques Bainville）

文學竝歷史に造詣深く其の數多の著書中佛蘭西國史 "Histoire de France" は好評嘖々たり。一九二〇年以降雜誌 Revue Universelle を主幹し王黨の思想を宣傳す。仍ほ近來「アクシオン・フランセーズ」竝「ラ・リベルテ」に掲載せらるる同人の外交論は相當識者の視聽を牽き居れり。

八、組織及活動

佛蘭西行動同盟本部は巴里に在り佛全國を十一區に分ち各區に地方支部を置く其の行動を補助する團體として君主主義者の青年より成る Fédération Nationale des Camelots du Roi et Commissaires 有り。宣誓したる會員は各々一定の階級を有し濃紺色服紺色襟飾を以て正規の服裝とす其の職分は事實に依る宣傳及必要に應ずる暴力（La propagande par le fait et les violences nécessaires）に在り。爾他の各政黨の運動者と衝突絶えざる有樣なり。出版印刷の機關として La Nouvelle Librairie Nationale 有り。王黨思潮に關する出版物就中 L'almanach Royaliste を印行す。思想研究の機關竝宣傳補助機關として L'Institut d'Action Française 有り王黨の思想に關する講習會講演會を催し研究室を開く。別に團體行動を規律する機關として Groupe des anciens Etudiants d'Action Française あり。

佛蘭西行動同盟は議會制度の廢止を主張するものなるが故に議會に代表者を送る事を重要視せざりしが一九一九年歐洲大戰爭終了して所謂 Union Sacrée 瓦解するに當り從來の選擧に對する不關焉的態度を棄て同年の總選擧に於ては各地方の保守的傾向有る政黨を支持應援し巴里に於ては王黨の選擧「リスト」を作成し非常なる活動の結果「レオン・ドーデ」を始め數名の王黨議員を得帝政派其の他の保守派と合併し下院内に獨立派（Groupe des Indépendants）と稱する一政派を形成せるが一九二四年五月の總選擧には「ドーデ」落選し其の黨勢振はざるに至れり。

二、機關新聞

1、L' Action Française 佛蘭西行動同盟直接機關紙

2、La Croix 加特力敎の機關紙にして君主主義とも緊密なる關係あり

第二項 佛蘭西「ファシスト」(Faisceau)

イ、沿革

伊太利の「ファシスト」運動に刺激せられ佛國に於て議會政治に不滿を抱くもの相集り歐洲大戰爭並其の結末に對する政府當局の措置に激昂せる軍人商工業家戰爭荒廢地區の住民等を打て一團と爲し之が支持應援に據り議會制度に代ふるに獨裁政府の制度を創設するが爲佛國全土に亘り隱密に運動を試み居たるが一九二五年二月に至り從來前記「アクシオン・フランセーズ」に身を置きたる Georges Valois を主筆とし同志間の連絡を圖り且同運動の機關紙として Le Nouveau Siècle と名づくる週刊新聞を發行し Jacques Arthuys, André d' Hinières, Philippe Barrès (前下院議員文學者 Maurice Barrès の子) 等を幹部として右運動を擴張し同年十一月十一日休戰紀念日を期し Salle Wagram に結黨式を擧げ前記「ヴロア」を總裁に推戴し「アルテュイス」を副總裁「ドュミユール」を會長「バレス」を宣傳部長 Serges André を幹事長とする佛國「ファシスト」黨の成立を見たり。初同黨は前述の如く軍人の支援を享け且政府の干涉を回避するが爲「軍人の資本家に對する爭議」を旗幟と爲したるも眞箇の目的は議會制度の即時顚覆に在るが爲却て現在の左傾せる議會政治に不滿を抱く銀行家大工業家 Eugène Mathon, De Roubaix, François Coty 等の應援を得るに到り莫大の資金を得一九二五年十二月七日前記「ヌーヴォー・シエークル」を日刊新聞と爲し爾來整然たる紀律の下に政界に於ける一異彩たりしも其後「ポアンカレ」內閣成立し國內の信望之れに集るや漸く其の勢衰へ目下は其の機關紙も休刊すること多き狀態なり。

ロ、領袖

「ジョルジュ・ヴロア」

「ジョルジュ・ヴロア」は雅號にして廣く知らるるも實名を Alfred Georges Gressent と呼び初め無政府主義者なりしも後斷然君主主義を奉ずるに至り前顯佛蘭西行動同盟の印刷出版機關なる「ヌーヴェル・リブレーリ・ナショナル」の主任と爲り又國家期成會 Comité des Etats généraux の幹部に入り經濟方面の著書多く王黨系の有力なる人士なりしが遂に佛蘭西「フアシスト」運動の總裁に推され「ヌーヴォー・シエークル」の主筆を兼ぬるに到れり。爾他の領袖と目せらる可きものは多く貴族富豪軍人の子弟にして年齡弱少「ヴロア」の實勢力の下に集り這の新運動を試みつつあり。

八、組織及活動

佛蘭西「フアシスト」活動の中樞を爲すは前顯機關紙「ヌーヴォー・シエークル」の幹部にして其の周圍に Légions と稱する各部を有す。輓近「レジオン」を Faisceau と改稱し之を左の四部に分つ。

第一部「フアシスト」軍人團　一九一四年乃至一九一八年の歐洲竝植民地に於ける戰鬪に參加せる正規の軍人 combattants authentiques より成る團體。

第二部「フアシスト」生產團　生產組織に關係を有する各種團體即農夫職工各般の使用人技術家企業家等より成る組合團體の連合。

第三部「フアシスト」少年團　滿二十年を出でざる佛國少年を以て構成する少年團。

第四部「フアシスト」市民團　前顯各團體の何れにも屬せざる佛國人竝佛蘭西婦人より成る團體。

右各部は悉く軍隊的組織竝訓練を有し公式の場合に團員は其の正規の服裝たる青襯衣 chemise bleue を着用す。佛蘭西「フアシスト」の綱領竝其の活動の指針に關する詳細は「ジョルジュ・ヴロア」著 La Révolution Nationale 及

「ジャック•アルテュイス」著 les Combattants に之を譲るべきも要するに代議制度に依る共和的組織を廢止し國家の主權を一身に體現する執政官を首腦とする政府を現出せんとするに在り。右運動の爲初めは舊軍職に在りしものの支持を恃みたるも資金獲得の爲議會政治に慊らざる資本家の應援を得る必要上專ら共產主義と相鬪ふを看板とする事と爲り「ボルシエヴィスム」及其の與黨を總稱して La Horde と爲し之に對し佛蘭西「フアシスト」の名に於て宣戰を布告し頻りに筆戰を試み來れるも其の資金必ずしも豊ならず運動の困難を來し居れり。

ニ、勢力の根據及其の消長

佛蘭西「フアシスト」が伊太利「フアシスト」に倣ひたることは前述の如くなるが佛國に於ける政治敎育の現狀伊國に於けるよりも遙に進步し且佛蘭西「フアシスト」が擁立せんとする「プロア」の德望左迄大ならず。更に議會政治の弊害を痛歎するものに在りても之に代ふるに直に執政官政府を以てするの意圖必しも存在すと謂ふを得ず。然も初めには軍人對資本家の爭議を高唱し軍人階級の支持を標榜し乍ら中途に到り資本家と提携し更に該提携支持の爲共產主義と事を構ふる等一方に於ては正肅なる紀律有る鞏固なる團體の維持を目的とせるに拘らず其の根本的政見絕えず異動すと目され其の結果は歐洲大戰爭並爾後に於ける政府當局の措置に憤慨せる少數の軍人、王黨の綱領に依る君主主義の達成に絕望せる貴族の一味徒黨現在政界の時弊に慊らざる資本家、新を尙び奇を好む少壯政治運動者等の間に些少の勢力を有するに過ぎず現在に於ては遂に確乎たる勢力の根據を得られざる狀態なり。

ホ、機關紙

Le Nouueau Siècle

一九二五年二月二十六日週刊として創刊せられ同年十二月七日日刊と爲り目下は不定規に刊行し居るに過ぎず讀者多からず。

第三項　國會期成會（Comié des Etats Généraux）

イ、沿　革

歐洲戰爭終結以來諸種の重要なる問題に對する議會の措置に不滿を抱くものを利用して議會政治の弊害を矯め兼ねて自黨の勢力暢長を計るが爲佛蘭西行動同盟は當時其の有力なる幹部の一員たりし前記「ジョルジュ・ヴロア」をして一九二三年國會期成會なる政治的結社を創設せしめ全然君主主義の色彩を露はさず各議員が動もすれば佛國一般の利益を度外視し又議院の決議乃至諸般の行動が往々之と背致する事有るの事實に鑑み議院の上に大統領の諮問機關として智識道德宗教經濟の各般に亘る一切の利益を代表する一種の國會（Etats Généraux）を招集設置せん事を主張す。

ロ、領　袖

「ユージエヌ・マトン」Eugène Mathon

大工業家數多の毛織物會社の重役、羊毛中央組合會長、佛國經濟進興會副總裁、國會期成會會長。

「レオポール・ベラン」Léopold Bellan

工業家、巴里市參事會員。

ハ、組織及活動

極右黨の支持に依り主として工業家の利益を保全する事を目的とし政治上に於ては國家期成會として活動し兩院穩和派の議員中に有力なる後援者を有す。經濟上に於ては同じく「ジョルジュ・ヴロア」が其の諸種の政治運動に要する資金供給を容易ならしむるが爲に資本家の利益を擁護することを目的として創設せる金法同盟（La Ligue du Franc-Or）と提携し商業財産の尊重を主張す。

ニ、勢力の根據及其の消長

佛國北部の大工業家中主として羊毛工業に携はるものの間に重要なる勢力を有し相當の活動を爲せるも輓近に至り佛蘭西行動同盟が右國會期成會は該同盟の支持する所にして「國會」創設の意圖は兼て共和制度の廢止及君權の恢復を意味するものなる事を揚言したるより從來左黨系に屬し居たる工業家の大多數右期成會より脱退し其の勢力一頓挫を來したり。

第四項　愛國社團同盟（Ligues des Patriotes）

イ、沿　革

本同盟は普佛戰爭の後對獨復讐を目的として一八八二年當時の共和黨員之を創設し一八八五年乃至一九一四年 Paul Deroulède　之を率ゐ　France quand même; 1870—18……　なる旗幟　（旗幟數字の空欄は佛國が對獨復讐を爲し得べき年代を暗示するものなり）を揭げ毎年「ストラスブールグ」の紀念塔に順禮を行ひ以て復讐戰爭の氣運を隆にし内政方面に於ては一八七五年制定の憲法竝代議制度を看做して佛國士氣萎微の重因と爲し之に代ふるに人民總投票（Plébiscite）に依り國家權力を一身に體現する主權者制度を樹立せんとす。隨而「ブーランジェー」事件に際しては「ブーランジェー」將軍を支持し其の失脚後は舊「ブーランジスト」の組織せる國家主義運動の中樞と爲り「ドレイフユース」事件に際しては佛蘭西祖國同盟と共に反猶太主義の急先鋒と爲り一八九八年二月二十三日大統領「フエリクス・フオール」の葬式當日「デルーレード」「クーデター」を試みたるも失敗して囚はれ十年の流刑に處せられたるが歸佛して再本同盟の總裁と爲り一九一四年死歿するや「モーリス・バレス」（巴里選出下院議員文人）之に代り斷然其の政綱を變して現行共和制度廢止の論を革め「ブロック・ナショナル」傾向の政策を維持し一九一九年の總選擧に於て前記「モーリス・バレス」は當時獨立社會黨に所屬せる「アレキサンドル・ミルラン」と同一旗旋の下に巴里第二選擧區より立候補を爲したるが「バレス」の死後數年を經て「ミルラン」大統領を罷むるや自ら總裁と爲り同時に本同盟の青年黨とも稱すべき愛國青年團結 Les Jeunesses Patriotes を形成し其の會長には巴里選出代議士「ピエール・テテエンジエール」之に當り右黨系政團中相當重きを爲すに到れり。

ロ、領　袖

Alexandre Millerand

前巴里選出下院議員、前商相、陸相、首相、前大統領、前上院議員、愛國社團同盟總裁、佛國學士院會員。

Pierre Taittinger

巴里市選出下院議員、愛國青年團結會長。

ハ、組織及活動

初本同盟は對獨復讐戰爭を目的として結社せるものにして歐洲戰爭後其の政綱に多少の變革を加へたりとは謂へ依然獨逸に對し强硬の態度を棄てず大戰爭後に於て平和諸條約の嚴正維持を主張し佛國の權利利益を暢長するが爲には條約竝國際法の許容する範圍内に於て如何なる事をも爲すべく獨逸占領地撤兵乃至佛國安全保障に累を及ぼすが如き一切の國際取極に反對し波、智「ユーゴスラヴイア」、羅等との提携に依りて此の目的を到達し同時に佛植民地を十分に開發して其の富源を利用し海陸軍乃至交通機關就中航空事業を擴張し内政に關しては獨逸系の思想に胚胎する一切の社會主義的運動を禁遏するは勿論勞農共産の思想の浸入を排斥し勞資協調の方法に依りて社會平和を實現するが爲現存の議會政治を改革することとし責任を明白に遂行する確實なる國家主權の樹立を主張し其の目的貫徹の爲めには時に直接行動に出づるを否まず。而して愛國青年團結は軍事的規律を有し右團結を構成する單位を Centurie と稱し團員は特殊の襟章竝三色旗に因む腕章を附し必要なる宣傳及示威運動を行ふ一九二五年七月一日從來 Antoine Redier が佛國の戰捷に因り當然獲得す可き一切の權利利益を完全に享有せんことを目的として舊軍人の支持に依り結社したる La Légion

と愛國青年團結との合併行はれたるも爾來「ルデイエー」「テテエンジエー」間の確執絶えず紛爭の結果同年十二月十六日再び分離する事と爲れり。

ニ、勢力の根據及其の消長

本同盟に贊同するものは戰爭に因り直接間接に其の權利利益を毀損せられたるもの就中軍人乃至北部工業都市に多く巴里市に於ける勢力亦尠からず一九二五年五月左黨大合同爲り當時の大統領「ミルラン」辭職を强要せられてより左黨大合同の施政に嫌らざるもの漸く本同盟に加入するに到り惹いて本同盟の勢力を増すに到れり。

ホ、機關紙

「エコー・ド・パリ」Echo de Paris

「ラアヴニール」L' Avenir

「ラ・リベルテ」La Liberté

第二節　共和黨系諸政黨

第一款　概說

歐洲大戰爭に際し國難に處するが爲各政黨政派其の確執を棄てて所謂 Union Sacrée 內閣を實現したるは周知の事實なるが戰爭終熄の後上下結束して國論を統一し平和諸條約を初とし幾多重大問題の處理に膺るが爲尙前顯「ユニオン・サクレー」の延長とも謂ふ可き右黨乃至中央黨の大同團結を作り以て一方君主主義を主張する反動主義他方社會主義共產主

義を唱導する革命主義を兩々排斥し穩健にして鞏固なる共和的國家主義を樹立せんと唱ふるもの佛全國に輩出し此等の各政黨互に候補者選擧「リスト」の合同を計り總選擧の結果下院全議員數六百餘名中實に四百餘名を算するに到りたるが這の同一政治的傾向を有する政黨政派の一大團を呼稱して Bloc National と謂へり。而して前記各政治團體各立候補者は何れも社會主義乃至共産主義と先天的に相容れざる大工業家の政治經濟的集團より多大の物質的援助を獲たるに依り坊間一九一九年の總選擧は「經濟利益合同（Union des Intérêts Economiques）の選擧」と稱せらる。然れども「ブロック・ナショナル」の傾向を有する當選者は別に之に依り一大政黨を組織する事無く下院内部に於ては Groupe de l, Entente Démocratique; Groupe de l' Action Républicaine et Sociale; Groupe des Republicains de gauche 及 groupe de la gauche démocratique の四政派に岐れ院外政黨としては大體右傾的なる Action Nationale Républicaine と左傾的色彩を帶ぶる Parti républicain démocratique et social とに類別する事を得たり。一九一九年乃至一九二四年の間右「ブロック・ナショナル」系の諸政派は略々一致せる政綱を執り院内に於て大體其の行動を共にし下院の多數を制し居たるが一九二四年の總選擧に到り左黨側捷を制し社會黨急進社會黨を骨子として成立せる左黨大合同議會の多數を制するに到りたるも尚舊「ブロック・ナショナル」系に屬する諸政派は總計二百有餘名の議員を擁し政府反對黨として行動し今次「ポアンカレ」を首班とする擧國一致内閣の組織せらるるに及び反對黨としての立場を捨て之れを支持するに到りたり。仍ほ現在下院に於て舊「ブロック・ナショナル」系に屬すと認めらるる政派は民主共和聯合派（Groupe de l' Union Républicaine Démocratique）民主共和左派（Groupe de la Gauche Républicaine démocratique）共和左派（Groupe des Républicains de gauche）及民主派（groupe des Démocrates）の四にして（詳細は後章「上院及下院に於ける政派」參照）院外政黨は大體舊の如し。固より一九二四年選出議員より成る舊「ブロック・ナショナル」系に屬する各政派竝院外諸政黨の政綱乃至言動常に必しも一致共同せるに非るは言を俟たざるも大體其の規を一にするもの有るに因り茲には共和黨系諸政黨なる名稱の下に一括して之を說明し各政黨の項に於て其の異同を辨せんとす。

第二款　政綱

（一）政體問題

共和制度維持の下に憲政の漸進的改革を行はんとす。

（二）外交問題

恒久の平和は歐洲戰爭に關する平和諸條約を尊重し戰捷國の權利利益を保全する事に依りてのみ維持せらるるものなるが故に獨逸の條約不履行の代償として敢行したる「ルール」占領を是認し獨逸現役兵竝軍用材料製造工場に對する舊同盟國の監督を必要とし獨逸は其の戰爭に對する責任上事情の如何に拘はらず賠償金を支拂はざる可からず。之を輕減又は免除する如きは國際正義の觀念に反するものなりと爲し且舊同盟國相互間の政治經濟關係に依り平和條約の決定的處理を完了し竝佛國の安全及新歐洲の安定及繁榮に必要なる相互連帶關係を維持促進するの必要を提唱するも英國の傀儡と爲らざる限度に於てのみ國際聯盟の效用を認む。

（三）內政問題

共和の精神は共和國が恒に其の國民全部の支持を享くる事を要求す。故に全國民の自由なる活動を保障するが爲完全絕對にして且有效なる權利上の平等を賦與する事を以て其の旗幟と爲す。隨而右自由主義に基き一切の權力簒奪及其の壟斷を排斥し兼ねて急激なる社會革命は之を容認せざるも內政の運用に關しては改良の餘地有る事を認め例之議會制度の如きも先づ議事法の改正に依り會議の數を減じ演說時間を短縮し豫め一切の法律案を參事院（Conseil d' Etat）に附議することとし且其の修正權を制限せば或は其の業績を擧げ得可しと論じ選擧法の簡捷を主張すると共に大家族に對して其の員數に依り投票數を增加し又婦人參政權は之を認めざるも戰爭に因る寡婦には投票を與へんとす。

國政の運用に關し改良を主張する共和黨系諸政黨は行政整理に關し强硬なる主張を抂けず。元來近代佛國行政組織は路易十四世時代に源を發し奈翁一世に到りて完成せられたるものを踏襲するに過ぎざりしも共和黨系の諸政黨は官吏人員の淘汰に依り人件費を削減すると共に官吏の待遇を改善し省局課の合併減少を行ひ又從來の極端なる中央集權制度を革めて各地方官廳に大部分の國家事務に關する最終決定權を與へ別に官吏の權利義務を明確に定むる法規を制定し一面に於て官吏の地位を保障すると共に他面綱紀の肅正を計らんとするものにして最近「ポアンカレ」內閣が主として財政上の理由に依り各省に亘りて斷行したる行政整理は前記共和黨系諸政黨の主張し來れる所を實現したるものと觀る事を得べし。

（四）　財政問題

節減政策に依り戰後に於ける財政上の危機を緩和するが爲法貨爲替低落の最大原因たる流動公債の整理を宗了するに到る迄減殺基金制度を設けて漸次國庫の改善を行ひ同時に法貨に對する投機を嚴重に取締り課稅方法を改正して個人財產に對する檢索的制度を廢止し同時に徵稅方法を簡捷にし尠くも一年一枚の納稅通知書に依るの方法を定め以て徵稅及納稅の便に資し別に國家の生產組織を改善し通商條約の改正に依り關稅法を修正し交通費の低減に依り生產及交易の狀態を改良し就中植民地生產物の移入を奬勵し生活費の奔騰を制壓する事を主張す又國防に必須ならざる國家の專賣にして大方其の運用良しからざるもの有るに因り之を順次私營と爲す可き事を唱ふ。

（五）　宗敎敎育問題

宗教と政治とは自ら其の目睹する所を異にするに依り全然之を混淆す可からず。教育に關しては完全なる自由主義を執る。

（六） 社會問題

自由主義を以て政策の大本と爲すが故に勞働者の意圖達成に十分なる助力を與ふるも其の要求は勞働者の職業的並社會的の分野を逸脫せず革命的手段を不正當と認むるが故に商工業的施設に關する八時間制、勞資協調の精神に則る法規の制定並其の適用社會保險法の實施、勞働者に低廉なる住宅を供給すること、小額資金の融通に依り勞働者に漸次小額資本を有せしむること、賃銀割增、稅金一部免除並家族員數に依る投票數の增加等の方法に依る大家族の保護、補助に依る國民保護の改良、結核豫防施設等に依る幼兒保護、勞働者生活狀態に關する科學的研究方法の改善奬學金學資金貸與の制度を擴張して教育の普及發達を計る可き事等を主張す。

第三款 共和黨系諸政黨

第一項 共和的國家行動 （Action Nationale Républicaine）

本系統に屬する諸政黨は一九一九年總選擧に際し「ブロック・ナショナル」系に屬したる共和的國家主義の諸政黨より民主社會共和黨（Parti Républicain Démocratique et Social）を除きたる爾餘の政黨の聯合にして共和合盟（Fédération Républicaine）と民主共和合盟（Fédérations des Républicains démocrates）との合同を主力とし之に民衆自由行動社團（所謂 A・L・P）市民合盟（Ligue Civique）及愛國社團同盟を配したるものなるがA・L・P は既述の如く專ら宗教界に勢力を有するに止り市民合盟は「ユニオン・サクレ」の政治的傾向を支持するが爲一九一七年 Ernest Denis を總裁とし Lanson, Allier, Hubert, Bougin 等の創立したる政治的結社なるが未だ一の政黨を成すに到らず單に

Defaitisme に反對して鞏固なる共和制度の下に各般の改良を行はん事を主張するも寧ろ共和的國家行動團系の附屬政治結社と觀るを妥當と爲す可し。愛國社團同盟に就ては既に第一款第四項に於て述べたり。茲には共和合盟及民主共和合盟合同に關して記述す可し。

共和合盟（Fédération Républicaine）及民主共和合盟（Fédération des Républicains démocratés）

イ、沿　革

一九〇三年急進黨と相鬪ふが爲に當時「ローヌ」縣選出代議士 Isaac を總裁とし Association Républicaine Nationale, Union Républicaine libérale, Alliance des Républicains Progressistes の合同に依り組織せられ該合盟所屬議員は議會に於て民衆自由行動社團及民主同盟 Alliance Démocratique 等の所屬議員と共に Progressistes の議席を占め居たりしが歐洲大戰爭以後に至り「モーゼル」縣選出代議士 Guy de Wendel の率ゆる「ロレーン」共和合盟の加入に依りて黨勢增大せり。民主共和合盟は加特力敎運動に從事せる有力者が Lammenais, Lacordaire, Lamartime, Albert de Mun 等の唱導したる傳統に基き一九二〇年夏（一）共和制度及政治的自由の尊重（二）改良主義に依る社會正義の實現（三）堅實なる道德を基礎とする敎育制度の改正を綱領として組織したるものにして舊「ブロック・ナショナル」系の傾向著しく保守的の色彩稍々濃厚なるが巴里及其の郡部に有する勢力尠からず共和合盟と合同し共和的國家行動團の主腦部を爲すに到り一九二四年五月左黨大合同組織せらるゝに及びても尙相當の反對勢力を維持し居れり。

ロ、領　袖

「ルイ・マラン」 Louis Marin

「ムールト・エ・モーゼル」縣選出下院議員舊藏相財政通

「ド・ワーレン」 Edouard de Warren
「ムールト・エ・モーゼル」縣選出下院議員
「フランソア・ド・ヴェンデル」 Francois de Wendel
「ムールト・エ・モーゼル」縣選出下院議員、鑛業家
「ギー・ド・ヴェンデル」 Guy de Wendel
「モーゼル」縣選出下院議員、鑛業家

八、組織及活動

共和合盟は巴里に本部を置き佛全國に亘り八十の支部を有し中央及地方に於ける大小の機關紙併せて二百有餘に及び一九一九年選出下院議員にして同合盟に屬せるもの二百五十名を超え共和的國家行動團の主勢力を爲し「ポアンカレー」內閣に對し全部的の支持を與へたるも唯同內閣が左黨系の人士を中央竝地方の要職に置くを欣ばず一九二四年總選擧に際し舊「ブロック・ナショナル」系の候補者に對する地方官の選擧干涉の危險を强く主張し又急進主義及社會主義の勢力に拮抗するが爲舊「ブロック・ナショナル」の形成に依り共和黨系諸政黨を中心とする右黨大合同組織の急務を說き兼ねて自黨勢力の維持及擴張を計るが爲戰爭寡婦に對する選擧權の賦與大家族に對する投票數の增加を唱へ且純然たる比例代表法に據る選擧法の改正を主張せり。抑々同合盟は常に政府黨たるの觀あり特定の一問題に對する獨特の主張は暫く措き既往に於ても「ブリアン」內閣「ポアンカレー」內閣に對し大體一樣に之が聲援を與へ來りたるも一九二四年五月の總選擧の前後に亘り左黨大合同の組織せらるるに當りては地方散在の同合盟機關紙を結束して百有餘名の下院議員を擁し「エリオ」內閣に對する反對黨の旗幟を闡明にしたるが爾來數次內閣の動搖を經て今次「ポアンカレー」大聯立內閣の組織せらるるや再び之に支持を與ふるに到りたり。

ニ、勢力の根據及其の消長

民主共和合盟は巴里及其の郡部に於ける上流階級の間に勢力を有するに過ぎざるも共和合盟の主要なる勢力の根據は巴里及其の以北に於ける大工業家にして西部北東部竝東部の各縣にも尠からざる勢力を有す唯佛國政治思想大體の趨向が年と共に漸次左傾するに伴ひ本合同を主力とする共和的國家行動團の國內に於ける地位勢力も逐日衰微しつつあるは否む可からざる事實と謂ふ可ふ可し。

ホ、機關紙

「リベルテ」 La Liberté

「ラアヴニール」 L' Avenir

「エコ・ド・パリ」 Echo de Paris

其の他各地方に大小二百有餘の機關新聞竝週刊雜誌を有す。

第二項　民主社會共和黨 (Parti Républicain Démocratique et Social)

イ、沿革

一九〇一年下院議員「アドルフ・カルノー」(Adolphe Carnot) 當時議院內共和左派に屬し Politique opportuniste を標榜したるものを集め Alliance républicaine démacratique を組織し Gambetta, Jules Fery, Sadi Carnot 等の唱道したる政策を行はん事を目的とし一九一九年總選擧に際しては所謂「ブロック・ナショナル」の主腦部と爲り大に劃策するところ有りしが一九二〇年「カルノー」病の故を以て總裁を辭するや「パ・ド・カレー」縣選出上院議員 Célestin Jonnart 之に代り Waldeck-Rousseau の政策をも加味したる稍々左傾的の思想を容れ其の面目を一新して舊「ブロック・ナショナル」系の諸政黨より分離し革命主義を排斥し經濟的自由を防護する政綱の下に急進主義者に對しても其の門月を開き黨名を改めて Parti républicain démocratique et social と爲し "Laïcité et Liberté Economipne" なる標語を掲げ宗教的色彩を認めざる限度に於て右黨側を排斥し經濟的自由を主張する點に於て社會黨側と反撥し一方 Comité républicain du Commerce de l' Industrie et l' Agriculture（別名 Comité Mascuraud と謂ふ）なる經濟集團と結び他方 André François-Poncet の經營する Société d' Etudes et d' Informations Economiques を利用し其の發行に係る日刊 Bulletin Quctidien 誌上に於て公正なる財政經濟乃至政治外交の批判を爲し來れるが大體舊「ブロック・ナショナル」系の政治的色彩を骨子と爲す關係上「ポアンカレー」系統の內閣に對しては全部の支持を與へ左黨大合同に對しては明白に在野黨の旗幟を掲げたるが今次大聯合內閣現出に際しては再之に支持を與へ居れり。同黨所屬下院議員は下院に於て大體民主共和左派に屬するも稀には急進及社會急進派に屬するもの有り。又同黨に屬する上院議員は上院に於て大體共和合同に屬し。少數民主左派に屬す。尙同黨が共和主義の中心勢力を爲すに因り所屬議員の中選擧に際して同黨に屬し院外に於ては依然其の關係を維持し乍ら院內に於て大體本黨と色彩傾向を同じうする政派に無差別に所屬するもの多し是れ佛國政治團體の特質を明證するものにして兼て各政黨政派の分界明確ならず一々各個議員の言動に關し詳細なる研究を怠る可からざる必要の存する所以に外ならず。

ロ、領袖

「ジョーナル」（Célestin-Augustiu-Charles Jounart）

前「アルジェリー」總督、前「パ・ド・カレー」選出下院議員、前佛國參事院總裁、「パ・ド・カレー」選出上院議員、前在希臘高級外交委員、前在羅馬法王廳佛國大使、佛國翰林院會員、法學博士。

「エミール・ルーベ」（Emile Loubet）

前「ローヌ」縣選出下院議員、「ローヌ」縣選出上院議員、前上院議長、前大統領、辯護士。

「レイモン•ポアンカレー」(Raymond Poincare)
現首相、「ムーズ」縣選出上院議員、前外相、前大統領、前文相、前藏相、前首相、前佛國參事院總裁、佛國翰林院會員、法學博士。
「アントニー•ラティエー」(Antony Ratier)
「エンドル」縣選出上院議員、名譽公證人、法制委員會副總裁、其の他法律經濟諸委員會の總裁を兼ぬ、前上院副議長。
「アンドレ•フランソア•ポンセ」André François-Poncet
巴里選出下院議員、經濟通、Société d' Etudes et d' Information Econmiques 社長。
「アルフレツド•マスキュロー」Alfred Mascuraud
「セーヌ」縣選出上院議員、前 Commité républicain du Commerce, de l' Industrie et de l' Agriculture 總裁、資本家。

八、組織及活動

前顯「ジョナール」「ルーベ」「ポアンカレー」を名譽總裁とし「ラティエー」を總裁とし其の下に四十名の副總裁を含み二百五十名より成る幹事會（幹事は任期四年同黨總會之を選任す）有り右二百五十名中より年一回開催の總會に於て更に二十名の執務幹事を選出す。右幹事會には Léon Bérard, Victor Boret, Raoul Péret, Charles Reibel（以上下院議員）Louis Barthou, Henry Chéron, Paul Doumer, J. de Selves（以上上院議員）等の政客有り。巴里本部に於ては社會問題、財政經濟問題、農業問題、植民問題、軍事問題教育問題に關する各部研究調查部を有し右研究の成果並批判を時々印刷物又は講演會の形式に依り發表す。地方各縣に百餘の支部を有し別に移動宣傳の機關に依り佛全國に亘り大規模の遊説を行ふ。抑々民主社會共和黨の政綱の基く所は鞏固なる共和制度の下に於て有效なる改良主義を實施せんとするものなるに因り內政に對する政見は寧ろ溫健確實にして遣の色彩は諸般の活動の上に之を窺知する事を得。又外政に對する方策は寧ろ國家主義的の傾向を有し對獨問題に關し强硬なる態度に出づ。對露問題に關しては革命共產の思想撲滅舊露對佛債務承認要求等悉く保守漸進の政綱を維持し羅馬法王廳使節派遣問題に關しては旣に政敎分離の妥當なるを認めて之を旗幟に揭げたる關係上黨議を以て積極的に法王廳使節派遣を主張するには到らざるも信敎の自由及其の民敎に及ぼす影響竝外列國の振合等より見て右派遣を不可なりとはせず。前總裁「ジョナール」に對する右使節任命に關しても總會の同意を得て之を承認したる等の經緯あり。兎も角一方社會主義及急進主義を基調として成立したる左黨大合同と一致せず他方亦極右黨とも相容れざるなり。從て曩に「エリオ」內閣竝其の系統の諸內閣に對しては明かに在野黨の態度を示したるが今次大聯立內閣の出現に際しては極力之を支持するの態度に出でしなり。

ニ、勢力の根據及其の消長

民主社會共和黨は其の沿革久しく且其の活動の範圍宏大なるに因り廣く佛全國に勢力の分野を有し恒產有る中產階級及其の以上の間に存する潛勢力尠からず。殊に佛國北部東部及中部地方の各縣には相當鞏固なる基礎を有するも佛國の政治的趨向が漸次左傾の過程に在り共和主義の中堅たるの觀ある本黨の如きも下院議員約百名を擁するに係らず其の勢力年と共に漸く衰微するの軌を免れざるもの有るは注目に値す可し。

ホ、機　關　紙

「リベルテ」 La Liberté

「ラアヴニール」 L' Avenir

「エコ・ド・パリ」 L' Echo de Paris

第三節　左黨大合同系諸政黨

第一款　概説

歐洲大戰爭に直面するが爲當時の大統領「ポアンカレー」の發したる教書に基き各政治團體皆其の確執を棄て所謂「ユニオン・サクレ」なる大聯立內閣を組織したるも一九一七年に到り「クレマンソー」が主として急進社會黨を基底とする內閣を成立せしめてより玆に「ユニオン・サクレー」破れ社會黨の如きは公然政府を攻擊するの態度に出でたり。去れど戰爭直後强硬なる對外政策、社會主義乃至共產主義に則る急激なる思想の排斥財政問題の解決等を實現せんが爲是非共右傾的なる內閣の出現を必要とするものあり。其の結果一九一九年十一月の總選擧には「ブロック・ナショナル」系の右黨及中央黨多數を占め急進及急進社會黨は其の議員の半數を喪ふに到りたり。抑々佛國に於ける左黨の勢力は之を其の議員數に觀るも將又黨勢其のものに觀るも決して微力なりと謂ふを得ず唯其の說く所多く理想論に傾き且右黨團結に對抗するが爲從來右黨を中心とする內閣の攻擊に忙しく具體的の政綱を發表して民心を已れに集むること無かりしなり。然かも一面に於て此の結果は右黨系の傳統的政策を快しとせざる議員を其の傘下に聚め漸次其の勢力を增すことゝなり斯くて左黨側の勢力逐次確立し一九二四年五月の總選擧の前後に亘り遂に急進及社會急進黨竝社會黨の間に提携の約成り當時大統領「ミルラン」右黨勢力維持の爲强力なる干涉を加へたるに拘はらず選擧の結果は左黨側の勝利に歸したり。即ち急進社會黨を中心とし社會黨社會共和黨及社會民主共和黨より構成せる左黨大合同（Cartel des Gauches ou Bloc des Gauches）之にして其の結果先づ大統領「ミルラン」を任期滿了以前其の職より逐ひ急進社會黨總裁「エリオ」を首相兼外相とし社會黨の全部的支持を條件として急進社會黨他二黨より成る新內閣を組織したり。去れど其の後種々の曲折を經て遂に「エリオ」內閣の瓦解を生し數次の變遷を經て財政上の危機解決を主なる使命として「ポアンカレー」の大聯立內閣實現するに至りたるを以て佛國政治傾向の左傾的歸趨は別とし左黨大合同も亦爾他政黨合同の史實の軌を脫するを得ざるの狀に在り。

第二款　政　綱

（一）　政體問題

現在の共和制度を前提とするも更に之に對し民主的色彩を濃厚に加味せんとす。

（二）　外交問題

佛國の外交政策は飽く迄國際聯盟の支持に依らざる可からず、而して之に依りて先戰爭荒廢地の迅速なる恢復、佛國の安全、正規の經濟流通の復興、迅速なる軍備の縮少を行はんとす。隨て所謂秘密外交を斷然廢止し大統領の條約締約權は議會の事前承認を必然の條件とし又一切の國際紛爭に對する義務的仲裁裁判制度の設置を要求し且國際聯盟の民衆化並其の擴大を希望し然も之が基礎は歐洲諸國聯合に置き聯盟に實力を有せしむるが爲之に國際警察權を賦與して實効ある强制力を具備せしむことを提唱す。

（三）　內政問題

諸種の大經濟團體が事實上の壟斷に依り私利を計りて公益を妨ぐるを監視し小數者の利益の爲に多數を害するが如き諸制度を改正し克く農業工業及商業の繁榮及生產手段の改善就中農村電化事業施設の實現を唱ふ國家の安全は國民全部の軍事的協力並國家の產業動員に俟つとし兵役年限は最長一箇年とし戰爭犧牲者の權利利益に關する特別保護制度を施行せんとす。

（四）財政問題

眞摯なる豫算、課稅法の簡捷、徵稅法の改善、脫稅行爲の防壓竝財政的公正を實現する爲の所得稅法の改正軍事費の削減等に依りて財政恢復を行はんとす少數者たる富豪の利益の爲に社會多數の利益を沮害するに到るが如き過度の關稅を低減し植民地の開發に依りて國家財政生活の安定を計らんとす。

（五）宗敎敎育問題

政敎分離法を維持し羅馬法王廳使節を廢止し宗敎敎育を改めて非宗敎（laique）敎育の發達を圖り羅甸希臘等の古典を必習科目より除き之に代ふるに諸外國語を以てし思想を自由に解放し又從來の敎育制度中貧民の子弟は Ecole Primaire に於て特種の普通敎育を受け恒産あるものゝ子弟は Lycee に學び諸種の高等敎育を受くるの資格を獲得し事實上財産の多寡に依り敎育に階段あるを改め小學初等兒童を均等に待遇すべき Ecole Unique を設け之に依り一定の資格を有するものに對しては何人も中等及高等の敎育を受けしむ事を主張す。

（六）社會問題

勞働者の組合權を尊重して勞働の自由を實現し八時間制の施行及勞働保護法の實施に依りて勞働者の狀態の改善を圖り大企業に對する小及中商工業の保護を行はむとす。又官吏の組合權を認め之に依り其の市民權の自由を保障せむとす。

第三款　左黨大合同系諸政黨

第一項　急進及急進社會黨（Parti Radical et Radical Socialiste）

イ、沿　革

齊しく共和制度を是認する諸黨派の中に在りても憲法問題乃至社會問題に關し保守的及改良的の二大傾向對立するは佛

國憲政百年來の史實にして一八三〇年七月革命以後に於ける Armand Marrst 對 Ledru-Rollin 第二帝政下の Emile Ollivier 對 Jules Simon 第三共和政に入り Thiers 對 Gambetta 及輓近の Jules Ferry 對 Clémenceau 等の事例に就き明に之を視ることを得べし。更に右改良的傾向を有する諸政黨中に於ても或は漸進的改良主義(Principe de réformes progressives)を採るものあり或は臨機的改善主義 (Principe d' améliorations opportunistes)に甘んずるもの有り或は急進的革新主義(Principe de réformes radicales)に據るもの有るも其の漸進と謂ひ急進と稱するも時の推移に應じ必ずしも名稱に依りて表示せらるる程度の差異あるに非るは言を俟たず。急進及急進社會黨の由來は一八四一年前記「ルドリュー・ロラン」の主張せる社會改革の綱領に基き、一八四七年「ロラン」及「アラゴー」の主唱せる普通選擧法案を支持し、一八六八年「ジュール・シモン」が其の著書 La Politique Radicale 中に記載したる如く選擧權の擴張及行政權の國家意思に對する服從 "L' extension des droits électoraux et la Soumission du pouvoir exécutif à la volonté nationale" を要綱としたる政治的結社に始まり、一八六九年「セーヌ」縣下院議員第一選擧區選擧民一五〇〇名連署の上、當時共和黨候補者たりし「ガンベツタ」に對し Cahier de nos revendications なる名稱の下に印刷集會結社の自由、普通選擧の徹底的適用政敎の分離、選擧に依る裁判官の任用統一稅法の實施を可能ならしむ可き財政改革、市町村自主權擴大、反敎會主義に依る統一敎育法 (Ecole laique et école unipue)常備軍の廢止等民主急進主義の所謂「ベルヴィル」綱領(Programme de Belleville) の實施を要求し「ガンベツタ」之を容認したるが一八八〇年に至り右「ベルヴィル」綱領に基き更に之に上院の廢止又は上院議員選擧法の改正を骨子とする憲法改正案並各般の社會改良政策を加へ之を一大政綱とし Clémenceau 及 Camille Pelletan 兩氏中心となりて急進黨を組織したるが當時併存の小政黨中前顯社會政策の諸點に關し社會黨と意思相通ずるもの有るに依り玆に同黨と提携し爾後急進及急進社會黨と呼稱するに至れり。爾來本黨は Opportunistes の一派と確執絕えず且右黨側と拮抗し「クレマンソー」を首將として幾度か內閣を顚覆したるが一八九八年の總選擧に於て統一累進所得稅法制定政敎分離法制定及憲法改革の三大綱領を揭げ遂に議會の多數を制するに至り一九一九年に至る迄常に政府を支持し一九〇一年には結社法一九〇五年には兵役輕減法及政敎分離法一九一〇年には勞働者養老保險法一九一七年には所得稅法の制定に何れも成功したるが一九一九年十一月の總選擧に於ては「ブロック•ナショナル」系の諸黨に制壓せられ爾來在野黨として極力內閣を組織せる右黨を攻擊し左黨の合同を主唱したるが一九二四年五月の總選擧に到り遂に左黨側の勝利を收め概說所述の經緯を經て左黨大合同を組織したり、然も幾多變遷を經て一九二六年大聯立內閣の組織に到り大多數之に參加して同內閣を支持し今日に到れり。

ロ、領　袖

「モーリス•サロー」 Maurice Sarraut

「オード」縣選出下院議員、前植民大臣、前印度支那總督、「デペーシュ」新聞社々主、前華府會議全權、現急進及急進社會黨總裁

「エドアール•エリオ」 Edouard Herriot.

「ローヌ」縣選出下院議員、里昂市長、前運輸及軍需大臣、前首相兼外相、現文相

「カザルス」 Theodore-Pierre Cazals

「アリエージュ」縣選出下院議員、下院內本黨總務

「マスキュロー」 Mascuraud

「セーヌ」縣選出上院議員、前商工農業共和委員會總裁

「ジョルジュ・ボネー」 Qeorges Bonnet

「ドルドニュ」縣選出下院議員

八、組織及活動

本黨は巴里に本部を有し全國に亘りて地方支部有り地方支部は各縣各市毎に支部聯合會を構成す。中央本部には任期二年の三十五名の委員より成る執行委員會有り黨務の統一施行に膺る。年一回總會を開き同黨所屬の上下兩院議員及各支部聯合會派遣の代表者出席し黨の綱領を決定し其の他重要なる黨務の審議總裁の推戴及委員の選任を行ふ。同黨は他政黨に比し社會黨と共に稍々規律有りと謂ふものあるも然も尙黨の節制緩なるを免れず。所屬議員の行動屢々一致を虧き往々其の除名問題等を惹起す。右は後段述ぶる處の如く同黨の勢力根據が主として中流以下の所謂 Petits Bourgeois に存するより諸般の利害問題に對し敏感なる性質上選擧に際し候補者の公約中微細なる諸點が屢々當落の分岐點となり且議會會期中に於ける議員の微細なる言行も次期選擧に際し影響する所著しく大なるに因り一定の問題に對する生黨所屬議員の政見亦區々なるを以て本黨が政黨として終始統一ある行動に出づるを得ざることとなるなり。一九〇七年「ナンシー」に於ける本黨總會は從來其の主張し來れる政綱の要締を決議事項と爲し玆に急進及急進社會黨の綱領確立せるも前述の如く所屬議員の言動を制御するの困難あり且之に除名處分を行ふ時は惹いて黨勢の失墜を招來するに到るの虞れあるを以て右綱領中嚴格に遵守す可きものを特に摘要して Programme Minimum と爲し以て黨議の緩和を計ることゝなしたり。固より右綱領も逐年政狀と共に其の變遷を免れず、即ち本黨の所謂憲法改正問題の骨子たる上院の廢止は固より左傾黨當然の主張なるにも拘はらず本黨が長年に亘り政府支持の政策に出でたりしより現行制度廢止と言ふが如き矯激なる手段に出づることを止め、單に上院の財政法案修正權を制限し且上院議員選擧法に關し普通選擧の精神に基く改正を行ふこと等を以て滿足するに到りたる如き、又裁判官選任の主張を撤回し單に司法權濫用の弊を矯正するに足る制度の設定を以て之に代へたるが如き是れなり。

ニ、勢力の根據及其の消長

本黨勢力の根據は佛全國に亘り中產階級以下のもの所謂「プティ・ブールジョア」にして其の利害關係の打算に急なる特質上之に對する政治的成果の影響亦頗る銳敏なるに因り本黨所屬議員も次期に於ける選擧の勝敗を考慮し選擧民の輿論に投ずるが爲屢々黨議を無視したる言動に出づること稀ならず。從つて本黨の議院內外に於ける勢力安定を缺き且佛國民の個性尊重の傳統に基き黨議の束縛を避けんとする自然的傾向より發して一九二四年五月の總選擧に本黨候補者として當選したるものの中 Raoul Perret, Louis Loucheur, Eugène Raynaldy 以下三十餘名は共和黨系諸政黨中の左派急進主義者を合し下院內に於て本黨の形成する政派と相對し急進左派 (Groupe de Gauche radicale) なるものを組織するに到れり。右急進左派も本章概說に於て述ぶるが如く本黨社會黨共和社會黨と共に左黨大合同を組織したるも社會黨等と共に右大合同の財政綱領に嫌らず又社會政策問題に關しても尙早論を唱へ前顯「ラウール・ペレー」の統帥の下に左黨大合同の共同政綱に背馳し屢々之と行動を共にせず大合同の團結漸く亂るるに當り急進及急進社會黨內部に於ても社會黨と分離し下院外交委員會委員長 Franklin Bouillon の下に集るものあり及社會黨と依然相提携して大合同の政綱を行はんとする Cazals, Chautemps, Milhand, Daladier, Jacques-Louis Dumesnil 等あり大合同の存在漸く疑問と爲り幾多の變遷を經て遂に大聯立內閣の組織を見るに到りたり。

ホ、機　關　紙

「ル・コティディアン」 Le Ouotidien

「ソアール」 Soir

「ル・ラディカル」 Le Radical

「ラ●パロル」 la Parole
「ラ●ヴオロンテ」 La Volonté
「ル●ラツペル」 Le Rappel
「オンム●リーブル」 L' Homme Libre
「ラ●デペーシユ●ド●ツールーズ」 La Dépêche de Toulouse

第二項　共和社會黨 (Parti Républicain Socialiste)

イ、沿　革

共和社會黨は主義上社會黨に接近するも實行上の綱領に於ては寧ろ急進及急進社會黨に相似たる點多し。一九〇五年從來佛蘭西社會黨(Partis deis Socialistes Francais)系の諸黨相合して統一社會黨(Parti Socialiste Uuifié)を組織し國際勞働黨に歸屬して其の佛國支部 S.F.I.O と爲り其の規約を重じて「ブールジョア」の要素を含む內閣に其の黨員の入閣を肯せざるに到るや「ミルラン」「ブリアン」等は之と分離し一九一〇年總選擧の後 Parti des Socialistes Indépendants, Parti des Sacialistes Républicains 及急進系に屬する下院議員三十有餘名を合して共和社會派(Groupe des Rèpublicains Socialistes) を構成したるに初り爾來院外政黨としては左迄有力ならざるも著名なる政客を網羅し院內に於ては相當有力なる勢力を有す。

ロ、領　袖

「アリスティード●ブリアン」 Aristide Briaud
「ロアール●アンフエリウール」縣選出下院議員前首相、前外相、現外相、辯護士
「ポール●パンルヴエ」 Paul Painlevé

「セース」縣選出下院議員、前首相、前陸相、現陸相、數學者

「ブリュネ」　Frédéric Brunet

「セーヌ」縣選出下院議員、前「セーヌ」縣參事會議長、前巴里市參事會員、下院副議長

ハ、組織及活動

佛全國に亘り其の主義綱領に賛同する各種政治團體を各縣毎に會同して聯合會となし巴里中央本部には各聯合會代表者中より選任する委員を以て構成する聯合委員會を諮問機關として行政委員會常務を掌り更に執行委員會を任命組織し黨議を施行す。年一回聯合大會及全國總會を開催するも黨議必しも堅固ならず所屬議員の去就亦區々たり。固より一定の政綱を揭ぐるも本黨は其の構成上寧ろ Opportuniste の色彩を有し黨員の數よりも寧ろ所屬各議員の個人的才幹によりて其の勢力を維持するものと觀るを得べし。

ニ、勢力の根據及其の消長

本黨は其の沿革上統一社會黨を脫黨せる有名政治家の組織維持する所にして巴里竝地方に於ける各種政治團體の組織する聯合會も其の國内に於ける勢力左迄大ならず。

ホ、機關紙

「エール・ヌーヴェル」　L' Ere Nouvlle

第三項　社會黨（Parti Sooialiste〔S.E.I.O〕）

イ、沿革

社會主義者が佛國に於て組織的團體を構成したるは一八七四年にして「カール・マルクス」の學說を遵奉せる　Jules Guesde 及 Paul Lafargue の創立せる勞働黨（Parti Ouvrier）なるもの即ち是れなり。是より嚮十八世紀末葉以降佛

國各地勞働者間に社會主義者の秘密結社存したるが「コムミューヌ」の暴動に際し佛國官憲の峻嚴なる壓迫に遭ひ一時其の勢力を消失せるも一八八〇年に至り前記勞働黨が所謂最少限綱領を發表してより再び數多の黨派を生じたり。然れども一九〇五年に至る迄は社會主義系の諸團體併存して互に其の論議を鬪はしたるに因り未だ其の勢力隆なりと謂ふを得ず。大體マルクスの學說の傾向を有する「ジュール・ゲード」の一派無政府主義に類似せる Blanqui の主張の色彩を帶ぶる Edouard Vaillaut の一派及 Benoit Malon 及後に至り Jean Jaurès の唱道せる「マルクス」の學說に基く佛國流の人道主義を多量に包含する一派の三大支流を存し「ゲード」及「ブランキ」の兩派が階級爭鬪を卒直に承認して前者は「ブールショア」の要素ある政府を排斥し後者は一切政府の効用を認めざりしに對し「マロン」「ジョーレス」の一派は現行議會制度を是認し必要に應じては左傾的色彩ある「ブルジョア」とも協力して政府を形成し革命手段に依る新社會の到來を圖ると共に改良主義をも併せて採用し結果「ゲード」「ブランキ」の兩派は合して Parti Socialiste de France を組織し「ジョーレス」の一派は Parti Socialiste francais を創立するに到れり。一九〇五年巴里の大會に於て右三黨即ち三傾向の社會主義者合併して統一社會黨 (Parti Socialiste Uuifié (Section francaise de l' Internationale ouvrière)) を構成し「マルクス」の學說を骨子として統一規約 Pacte d' Unité を定め之に依り一九〇四年「アムステルダム」國際大會の決議事項を承認し更に一九〇八年「ツールーズ」の大會に於て階級爭鬪に基く革命及社會改革參政權伸長の目的を以て爲る小「ブールジョア」との協力を是認したり。而して統一社會黨の組織せらるゝや「ミルラン」「ブリアン」「ヴイヴイアニ」等は入閣問題に關する自由を留保して前述の如く共和社會黨を構成したるが爾來一九一四年歐洲戰爭の勃發に至る迄統一社會黨の存在を見たり。是れより嚮一八九三年の總選擧以來社會主義各派竝急進主義派の一部を合して漸次下院に於ける社會派の勢力を增進し來れるが「ユニオン・サクレ」の擧國一致內閣組織せらるるに當りては是等社會派議員も戰爭財政法律案に投票し前記「アムステルダム」社會黨國際大會の規約に拘はらず社會黨員の入閣を見たり。戰爭の繼續に從ひ社會黨の多數は尙戰爭承認を唱へたるも Alexandre Blanc, Brizon 及 Dugeus は戰爭絕對反對論を主張し「チンメルワルド」及「キエンタール」に開催せられたる國際大會に臨み國防軍の否定戰爭絕滅の決議に署名し Jean Longuet の一派は戰爭を是認するも國家は宜しく之を速に終熄せしむ可しとて政府の措置の不充分なるを攻擊する中間的態度に出でたり。玆に於て統一社會黨三分の勢を生じ更に露國革命に對する各派の態度區々に出で一九一九年の總選擧に際し Aubriot, Levasseur 及 Rozier 先づ統一社會黨を脫して新に Parti Socialiste Francais を組織したり。次いで一九二〇年「ツール」の大會に於て勞農主義に贊成したる Boris Souvaine, Rappoport, Marcel Cachin, Vaillant-Couturier 等亦統一社會黨を離れて莫斯科政府と連絡を執り共產黨（Parti Communiste ou Section francaise de l' Internatinale Communiste）を組織せり。右の大部分は前顯戰爭絕對否認論を主張せる一派なり。玆に於て Paul Boncour, Renandel, Léon Blum, Longuet, Vincent Auriol, Bracke 等先に戰爭承認論を唱へたる一派は殘留して社會黨（Parti Socialiste ou S.F.I.O.）なる舊名を維持することとしたり。一九二三年に至り共產黨員の中莫斯科政府の紀律に服せざるを理由として同黨より除名せられたる Georges Bioch, Frossard, Verfeuil 等は別に社會共產合同（Union Socialiste Communiste）なるものを組織し又翌一九二四年巴里郊外「サン・ドニー」町長 Philippe は其の與黨を合して社會革命合同（Union Socialiste révolutionnaire）なるものを組織し同年の總選擧に際し共產黨反對の立候補を爲したり。去れど此等諸政黨中重要なるものは勿論社會黨及共產黨にして社會共產合同の如きは漸次共產主義の色彩を毀ひ社會黨に接近しつゝ有るを以て早晚社會黨と合併するに至る可しと觀測する向多し。而して一九二四年五月總選擧に際し左黨側の勝利に歸するや社會黨議員百餘名は急進及急進社會黨等と左黨大合同を組織するに至れる顚末は前述の如し。

領袖

「レオン●ブルム」 Léon Blum

「セーヌ」縣選出下院議員、社會黨院內首領

「ポール●ボンクール」 Paul Boncour

「タルン」縣選出下院議員、前勞働大臣、辯護士、佛國國際聯盟全權

「ヴアンサン●オーリオル」 Vincent Auriol

「オート●ガロンヌ」縣選出下院議員

「ルノーデル」 Pierre Renaudel

「ヷール」縣選出下院議員

「ポール●フオール」 Paul Faure

「ソーヌ●エ●ロアール」縣選出下院議員

「ルバ」 Lebas

「ノール」縣選出下院議員

【註】社會黨の內部に在りては「ポール●フオル」「ルバ」等の左傾的勢力稍もすれば「ボンクール」「ルノーデル」一派の右傾勢力を凌ぐことあるは注目すべし。

ハ、組織及活動

社會黨員は其の居住する地區の共同組合竝其の同業者の勞働組合又は類似の組合に加入せることを要し各市町村（巴里は各區）を單位として支部 Section を形成し各縣を單位として是等支部の聯合會を組織す。右聯合會は事務所を有し每年一回集會す。諸般の黨務は年一回開催の全國大會之を決定す。大會は又全國評議員會を選任し右評議員會は年二回

之を開き大會附議事項及決議事項の審議をなし大會招集の權利を有す。大會は別に二十四名の委員より成る常設執行委員會を選任し右委員會は黨の常務を執行す。

社會黨員は中央機關の指揮に服從し別に定むる費用を醵出す。社會黨議員は月額三百法を納入す。社會黨の下院內政派は他の政派と異り苟も社會黨員に非る議員の之に入るを許さず以て自黨の團結を鞏固にし階級爭鬪の實を擧げんとす。「エリオ」內閣の瓦解後社會黨は漸次急進諸黨より分離の過程に在り且社會黨の內部に於ても財政政策に關し意見必ずしも完全には一致し居らず。右の外入閣問題に關しても「アムステルダム」の國際約束承認に關し贊否區々たり。而して左黨大合同の分解以來社會黨は舊の如く政府反對の地位に立ち所謂「ブールジョア」政黨と對立するに到りたるも他方共產黨に對しても其の地位を防護し居れり。抑々共產黨が社會黨と分立するに到りしは第三「インターナショナル」加入の可否に因りしものにして常々莫斯科の命令を欣ばず就中莫斯科が同黨の有力者を除名せんとするに反對し莫斯科の主張にかゝる國防常備軍の撤廢を承認せず。組合團體の自主權を尊重し之をして政黨の末社たらしむるを悅ばざる等彼此意見の相違が此の分裂の因をなしたるなり。固より兩黨齊しく「マルクス」の學說に基き階級爭鬪を前提とするも共產黨は社會黨が最多くの場合に認むる改良主義を認めざるなり。斯くの如くして社會黨の內政に關する綱領は其の實際上の立場より見るときは急進及急進社會黨と大體相等しく其の外交政策に關しても差異ありと云ふを得ず。唯異るは社會黨が社會主義の理想に基きて掲げたる諸般の政綱を實現するに當り一方に於て國際社會黨佛國支部として同黨の規約を遵奉す可き義務を有すると共に他方「ブールジョア」の色彩を有する諸政黨と先天的に反撥すべき地位に立てることと是れなり。

二、勢力の根據及其の消長

社會黨勢力の根據は主として勞働階級に屬するも領袖は寧ろ中產階級者特に高等教育ある人士多し。佛國政界の中心勢力が逐年左傾の過程に在るは前述の通りにして殊に今日「ユニオン・ナショナル」内閣の施設に關し危憚なき批判的地位に立てる關係上社會黨が漸次急進及急進社會黨の勢力を奪ふに到るべしと觀測するものあり。

ホ、機關紙

嘗て Le Populaire, Le Journal du Peuple, Le Journal Syndical 等の機關紙を有したるも資金豊富ならずして何れも廢刊又は週刊と爲すの已む無きに到り「ジャン・ジョーレス」の創設したる「ユーマニテ」新聞が從來社會黨の機關紙たりしも共產黨分裂以來共產黨の機關紙と化り目下其の言論機關として格別の新聞を有せず但し前記「ル・ポピュレール」を日刊と爲すの議あり。

【註】一九二七年二月より「レオン・ブルム」主筆として「ル・ポピュレール」を刊行しつゝあり。

第四節　共和黨

（Parti Communiste ou Section Francaise de l' Internationale Communiste）

一、概說

一九〇五年に各派合併成立を見たる佛國統一社會黨は歐洲大戰爭の初國難に當るが爲組織せられたる擧國一致內閣の下に在りては「アムステルダム」國際社會黨大會の決議に拘はらず右內閣に入閣し戰爭に關する諸種の財政法律案の議會に於ける審議に際し之に投票を爲し公然國際社會黨獨逸支部との關係を絕ちたるが社會主義本來の主張上戰爭に關する贊否の問題より遂に爾他の歐洲諸國に於けると等しく分裂の傾向を釀生し其の多數派（Majoritaires）は團體所有權主義を固執して戰爭承認論を唱へ獨逸社會黨との關係恢復に反對し國防の爲に協力すべきを主張し「ジャン・ロンゲ」の一派は戰爭發生の已むなきを認むるも右に對する資本的國家の措置を非難し戰爭の繼續を以て資本家の責任に歸したり。

然るに「ブラン」「ブリゾン」「デュジャン」の一派即所謂少數黨（Minoritaires）は戰爭を否認し獨逸社會黨との關係恢復維持を主張し「チンメルワルド」及「キエンタール」に開催せられたる國際社會黨大會に臨み國防軍の廢止戰爭の否定に關する決議に署名せり。次いで露西亞革命に對する各派の態度區々に出で在莫斯科第三「インターナショナル」加入の問題に原因し一九二〇年十二月「ツール」に於ける統一社會黨大會に於て「ボーリス・スーヴリヌ」「ラポポルト」「カシャン」「ヴイアン・クーテユリエー」等前顯戰爭否定論、對獨逸社會黨關係恢復論を唱へたる少數派は斷然社會黨と分離し第三「インターナショナル」に加入し莫斯科政府と連絡を執り其の綱領二十一箇條を承認して絕對服從を宣誓し茲に共產黨又は國際共產黨佛國支部を組織したり。一九二二年「デイジョン」の大會に於て第三「インターナショナル」の綱領に疑義を挾み莫斯科の訓令に服せず且つ勞働者組合の自主權を尊重し經濟的團體としての外政治的團體として「サンデイカ」を認めざりし「ジョルジュ・ピオシュフ」「フロツサール」「ヴエルフウイユ」等を除名したるが是等のものは一九二三年四月社會共產合同（Union Socialiste-Communiste）を組織し勞働階級の統一を計る緊急の必要を唱へ屢々共產黨及社會黨の兩方面を說きて再合同を劃策したりしが共產黨は終始之に應ぜず之に反し社會黨は融和して一九二四年六月以降左黨大合同と協力するを辭せず早晚社會黨との合併を實現するに到る可し。

二、政綱

（一）政體問題

革命的手段に依り資本主義に基く現在の共和制を顚覆して勞農主義の國家を創出せむとす。

（二）外交問題

國際共產主義を主張し資本的國家間の戰爭を否定するが爲め「ヴエルサイユ」條約を始め一切の平和諸條約の破棄し獨逸其の他の諸國に於ける共產主義者と提携し諸國に於ける資本家に拮抗せむことを主張するに因り資本的國家の政

府より成る國際聯盟に反對し「ルール」占領等苟も一切の帝國主義的の行動を排斥すべしとなす。而して親獨的傾向濃厚なり。

(三) 內政問題

勞働主義に依る行政組織を樹立し資本家の勞働者に對する脅迫の武器たる軍備を撤廢して勞働軍を設置擴張し特殊の警察制度に依りて反勞農主義者の嚴格なる取締を行はしめんとす。現在の事態に在りては革命手段に依る目的の達成を計るが爲め群集の突發的威力を利用し無智なる勞働者を覺醒して勞働者の全部的結束を固くし以て資本主義と鬪はんとす。

(四) 財政經濟問題

資本主義に基く一切の財政經濟組織を顚覆して勞農共產の主義に則る生產分配の組織を樹立し原料必需品の國際的自由交易を主張す。

(五) 敎育問題

共產主義の將來を確保する爲め「マルクス」主義に則る敎育制度を行はむとす。

(六) 社會問題

八時間勞働制賃銀增加其の他勞働者の經濟的要求の達成、全國工場評議會を設置し各種の勞働者に對する資本家の態度竝其の措置を監督し勞働者の全國的一致を計り國際協力に依りて資本家を撲滅せむとす。勞働者組合權の完全なる暢長を計り勞働總同盟(C、G、T)が經濟的分野のみを守るを充分なりとせず政治的活動竝直接行動をも認めたる統一勞働總同盟(C、G、T、U)を樹立奬勵し農業勞働者の團結を計りて地主等に對抗せしめ婦人兒童に對し充分なる保護を加へて將來勞農國家の發達を劃る。

三、領　袖

「カシヤン」（Marcel Cachin）

　「セーヌ」縣選出下院議員

「ベルトン」（André Berthon）

　「セーヌ」縣選出下院議員

「ヴアイアン・クーテユリエ」（Vaillant-Couturier）

　「セーヌ」縣選出下院議員　「ユーマニテ」主筆

「ガルシユリイ」（Jean Garchery）

　「セーヌ」縣選出下院議員

四、組職及活動

共産黨の組織は沿革上社會黨の組織と酷似するも第三「インターナショナル」の綱領を全部承認し第三「インターナショナル」及其の權限を委任する一切の執行機關より發する訓令に對し即時絶對の服從を爲し必要に應じては根本規約の改正有力者の除名をも敢行するの點及總會が其の權限を委任する執行機關の權限極めて大なるの點に於て社會黨と異る。總會の實權は其の選任に係る任期四箇年の二十四名の委員より成る在巴里 Comité Directeur に在り一九二二年十一月の大會に於ては右委員中より選任する任期四年の七名の委員より成る Bureau Politique を設置し Comité Directeur 監督の下に黨及其の機關を統帥し包括的責任を負ふ。共産黨員は苟も「ブールジョア」の分子又は傾向を有する他の政治團體に加入することを得ず。共産黨は其の附屬團體として青年の間に宣傳を行ひ「マルクス」主義の敎育を行ふが爲共産青年黨（Jeunesses Communistes）を有す。Amédée Dunois 女史を主任とする Librairie communiste 有り宣傳用冊子の印行及共産黨關係の出版を爲す。抑々共産黨が共和制の下に於て議會に議員を送るは議會其れ自體を承認すると云ふよりも階級爭鬪の實を公衆の前に披瀝し以て其の政綱の宣傳戰を最有効に擧ぐるが爲に外ならずして苟も一切の資本主義的組織を壞滅するが爲には何物をも辭せざる狀態とも云ふべく共産黨議員の使命亦玆に在りと云ふを得べし。而して佛國現行の選擧法の性質上選擧に際し他黨と提携すること絕對に必要有り從つて前述の「ブールジョア」的政治團體に對する協力加入の禁止の規約有るに拘はらず在莫斯科第三「インターナショナル」執行委員會は共産黨が特定の目的達成の爲には爾他の勞働系政黨と一時的提携を爲す事を得可き旨決議したるを以て一九二四年五月の總選擧に際しては舊「ブロック・ナショナル」系と左黨大合同系との對立激甚を極め結局左黨大合同側の勝利に歸したるが共産黨亦前記の決議を利用し從來十五名を出でざりし共産黨議員の數二十六名を算し更に一九二六年「セーヌ」縣下院議員第二選擧區補缺選擧に當りては二名の議員を贏ち得現在下院に於て合計二十八名の議員を擁するに到れり。

上院には未だ共産黨議員なし。

五、勢力の根據及消長

共産黨は統一社會黨より分離して僅かに六箇年を閱するに過ぎざるより勢力の根據大體社會黨と類似錯交し殊に社會黨と竝び巴里及其の郡部に於て相當の勢力を有し又全國工業都市就中南部佛蘭西に尠からざる潛勢力を有す。唯戰後の極端なる社會不安時代より漸次社會の安定を見るに到り奇矯過激なる思想は徒らに世人の侮蔑竝警戒を買ふに過ざる狀態となれると各領袖間の確執常に絕えざるとに因り議會に於ける議員數は增加せるも之を目して其の黨勢暢長せりとは認むるを得ずと觀察する向多し。

六、機關紙　「ユーマニテ」 L' Humanité

第五節　上院及下院に於ける政派

一九一五年兩院の議事に關する規則に依り各議員が議院內に於て一定の政派に屬し之を議長に申告するの義務を定めたるに依り議院內に於ける政治團體を政派 Groupes と稱し以て之を政黨と區別せざる可からず。且政黨所屬員の共同動作の程度如何に拘はらず院內に於て議員が形成する政治團體の形成に於ては常に一の政派にして社會黨共產黨の如き院の內外に於て全く同一分子より成るものに在りても院內團としては之を社會派共產派と呼稱せざる可からず。而して院外に於ける政黨を同じくするものにして院內の政派を異にするもの多きは佛國政黨が偶々單に選擧團體としての價値を有するに止り其の政綱一貫し居るを要件とせずと稱せらるる所以なり。抑々政黨と政派とは其の組織上は何等直接の關係なきを以て往々兩者の名稱を同じうせざるのみならず政派の構成は政黨の存在を前提とせざるに依り政黨の領袖は必ずしも政派を統帥する事無し是れ本節に於て各政派の領袖を併記する所以に外ならず。

甲表　上院に於ける政派　（一九二六年十一月現在）

名稱	議員數	領袖	備考
急進民主及急進社會左派 Groupe de la Gauche démocratique radicale et radicale socialiste	一五七	Maurice Sarraut Bienvenu-Martin Francois-Albert（前大臣） René Renault（前大臣） Anatole de Monzie（前大臣） Schrameck（前大臣）	下院に於ける急進及急進社會派と類似の政治的傾向を有す議員數百五十七名中に社會黨系の議員六名有り

民主急進合同派 Groupe de l' Union dé- mocratique et radicale	二四	Charles Chaumet （前大臣） Louis Dausset Charles Deloncle Mascuraud Paul Strauss	下院に於ける急進左派と類似の政治的傾向を有す
共和左派 Groupe de la Gauche Républicaine	二六	Boivin-Champeau Chennebenait Jenouvrier Marquis de Lubersac Géneral Shuhl	下院に於ける舊「ブロック、ナショナル」系に屬する民主共和左派と類似の政治的傾向を有す
共和合同派 Groupe de l' Union républicaine	九〇	Henri Chéron （前大臣） Louis Barthou （前首相前大臣） Ernest Billiet Francois-Marsal （前首相前大臣） Raymond Poincaré （前大統領、前首相前大臣） Lazare Weiller	下院に於て舊「ブロック、ナショナル」系に屬する民主共和合同派と類似の政治的傾向を有す
右派 Groupe de la Droite	一〇	Francois Saint-Maur Dominique Delahaye Marquis de Dion Emmanuel de Las Cazes Duc de Montaigue	議員十名殆全部王黨系に屬す

乙表、下院に於ける政策（一九二六年十一月現在）

名稱	議員數	領袖	備考
社會派 Groupe Socialiste	一〇四	Léon Blum J. Paul-Boncour（前大臣） Compère-Marel Vincent Auriel Pierre Renaudel	
社會共和派 Groupe Socialiste et Socialiste francaise	四三	Aristide Briand（前首相現外相） Paul Painleré（前首相、前大臣現大臣） Frédéric Brunet	
急進及急進社會派 Groupe radicale et radicale Socialiste	一四〇	Ed. Herriot（前首相、現文相） Pierre Cazals C. Chautewps（前大臣） Albert Milhaud	
急進左派 Groupe de la Gauche radicale	四一	Raoul Péret（前大臣、前議長） Louis Loucheur（前大臣） Eugène Raynaldy（前大臣） Ch. Daniélo1	

獨立左派 Groupe de la Gauche Jndépendante	一五	Yves Le Trocquer （前大臣） Adolphe Landry （前大臣） Maurice Colrat （前大臣）	本政派は一九二六年二月當時左黨大合同内閣に對する在野黨なりし右黨系の諸政派所屬議員中多く前に大臣なりしもの十五名何れも其の政派を離脱し上記の人士を領袖として急進左派に接近するが爲めに構成したる政派にして所屬議員の入閣を目的とするが故に政綱は大體に於てOpportuniste なり
民主社會左派 Groupe de la Gauche Républicaine démocratique	四四	M. Bakanowski （前大臣、現商相） L. Berard （前大臣） A. Francois Poncet P. E. Flandin （前大臣） A. Maginot	嘗て左黨大合同に對抗したる政黨所屬議員を以て構成す
共和左派 Groupe dn Républicain de Gauche	三六	Georges Leygues（前首相、現海相） Adrien Dariac （前大臣）	
民主派 Groupe des Democrates	一四	Paul Simon Pierre Tremintin Chanoine Louis	加特力敎的社會政策を行はむ事を旗幟とす

民主共和合同派 Groupe de l' Union républicaine démocratique	一〇四	Louis Marin (前大臣) Désire Ferry Lefèvre du Prey (前大臣) Pierre Taittingier Ybarnegaray	
共產派 Groupe des Communistes	二八	Marcel Cachin André Berthon Vaillant Couturier Jean Garchery	
無所屬派 Groupe des députés n' appartenant à aucune groupe	二八		何れの政派にも屬せざる議員の中には舊社會黨所屬議員にして法相土木相其の他大臣の經歴を有する Pierre Laval 舊共產黨議員 Ernest Laffont 舊社會共產黨議員 Jouhannet 舊統一社會黨議員 Ferdinand Faure 其の他舊急進派に屬せるもの十名王黨系帝政派等の議員を合して二十八名となり之を獨立左派民主派等に比するときは數に於て僅に一の政派を凌ぎ下院内各委員會委員乃至報告委員を出すに足るを以て一九二六年十月以降右無所屬議員相聚り無所屬派なる團體を形成し議員規則に依り議長に屆出を爲し

各委員會構成に參加する事となれり世上之を Groupe des Sauvages と謂ふ		

右表に示す下院各政派を構成する議員は補缺選擧に依る少數を除き一九二四年五月十一日の總選擧に依れるものなるが今院外に於ける選擧組合としての政黨と院內に於て議事規則に依る政派との關係及之と別に現行佛國選擧法の性質並選擧事情の實際政綱發表 Profession de foi 等の諸事情を參酌し同一傾向の政見を有すと目せらるる各當選者を一團として取扱ふことは政治的慣習なるが其の例示として左に佛國內務省の發表せる同總選擧成績を掲ぐ。【註】一九二七年中選擧法の改正を見たるは前述の如し。）

一九二四年五月內務省發表下院議員總選擧成績

政治團體名	當選者數	得票數
保守黨 (Conservateurs)	二〇	三二八、〇〇三
共和協同黨 (Entente républicaine)	一一七	三、一九〇、八三一
民主共和左黨 (Républicains de Gauche et Gauche démocratique)	一三〇	一、〇二〇、二二九
急進及急進社會黨 (Radicaux et Radicaux Socialistes)	一三九 }	二、六四四、七六九
社會共和黨 (Républicains Socialistes)	三六 }	
社會黨 (Socialistes (S.F.I.O))	一〇二	七四九、六四七
共產黨 (Communistes)	二九	八七五、八一二

雜	一一	八九、二三九
合計	五八四	八、八九八、五二六

選擧名簿登錄選擧權者總數		一一、〇七〇、三六〇
投票者數		九、一九一、八〇九
有効投票數		九、〇三八、三一七
棄權者數	一七「パーセント」即ち	一、八七八、五五一

第五編　白耳義國の政黨

（一九二六年五月調）

第一章　概　說

白耳義に於ては目下「カトリック」黨及社會黨の二大政黨對立し、兩者の間に自由黨が甚だ有力なる第三黨として介在し居り此の外に共產黨及分離黨の二黨あるも其の勢力は微弱なり。分離黨とは「フラマン」地方（第三章第一節參照）の分離を主張する一派にしてその本名は戰線黨（Frontpartij 又はFrontistes）なり。之は歐洲大戰中戰線地方に困苦を嘗めたる兵卒中の不平分子に依り組織せられたるが故に、此名稱を有するものにして通俗には屢々分離黨（Separatistes）と稱せらる。尚右の外基督敎民主派、「フラマン」國民黨、國民黨、戰士黨、中產黨、農業黨、「ダンシスト」等の黨派が中央議會洲會等に一二の議員を出せしことあるも、此等の小黨は往々「カトリック」黨の離反分子に過ぎずして（註）其の勢力は云ふに足らず。目下白耳義の政局は「カトリック」黨、社會黨（本名は勞働黨 Parti Ouvrier Belge なれども、社會黨とも通稱せらる）及自由黨の向背に依つて決せらる。

【註】　基督敎民主派、「フラマン」國民黨、「カトリック」國民黨、「ダンシスト」等皆「カトリック」黨の離反分子なり。其の或ものは一選擧戰限りの生命を有するに過ぎず。

第二章　各政黨の勢力の消長及現勢

今日に於ては「カトリック」黨及社會黨が最有力なる政黨なれども古くは「カトリック」黨と自由黨とが二大政黨として迭々政權を握りしものなり。白耳義の獨立せるは一八三〇年にして其の當時に在りては未だ政黨と稱すべき確然たる組織無かりしも思想の傾向上僧侶派、自由派とも稱すべき二派ありたり。前者は和蘭の新敎主義に反抗し後者は佛蘭西革命の思想を汲み兩派は提携建國獨立の事業に當れり、右兩派が劃然分離して政黨を組織し迭々政權を執るに至りしは一八四七年以後の事に屬す。一八四七年以後歐洲大戰勃發當時迄の「カトリック」黨及自由黨間に於ける政權授受の次第は左表に見る如し。

一八四七年――一八五五年	自由黨
一八五五年――一八五七年	「カトリック」黨
一八五七年――一八七〇年	自由黨
一八七〇年――一八七八年	「カトリック」黨
一八七八年――一八八四年	自由黨
一八八四年――一九一四年	「カトリック」黨

右表の示すが如く一八四七年から一八七〇年迄は自由黨の全盛時代なりしが「カトリック」黨は一八八四年の選擧に大勝を博して以來歐洲大戰勃發當時迄三十年間政權を執り來れり。一八八四年「カトリック」黨の大勝は(一)自由黨の前內閣が行ひたる反宗敎的政策(「ローマ」法王廳との外交關係斷絕、小學校に於ける宗敎々育の廢止)に對する輿論の反感と(二)自由黨の內訌(一八七〇年頃より自由黨內に靑年革新派及進步派の二派を生じ前者は普通選擧制度を主張し後者は選擧權に納稅資格を維持せむとして互に爭ひたり)の結果とも云ふべし。自由黨中の二派は一八九三年選擧法改正(註一)と同時に合同したるが此の時既に社會黨の勢力漸く加はり來り、一八九三年の選擧に於ては自由黨は「フラマン」地方に於て「カ

トリツク」黨に壓せられ「ワロン」地方に於ては社會黨に制せられ「カトリツク」黨の百四名、社會黨の二十九名に對し僅に二十名の下院議員を出したるに過ぎず。（註二） 一八九九年選擧法を改正し比例代表制を加味するに至りて自由黨の議員は再稍々増加し社會黨議員の減少を見たり、而して「カトリツク」黨が下院に有する絶對多數は一八九九年の選擧に依り六十二票より十八票に減少せり。

【註一】 此の法律に依り複數普通選擧制度施行せられ、二十五才以上の男子に總て一票を與ふる外年齡、財產、納稅額、學歷、職業等を考慮して一人に三票迄の投票權を與ふることとなりたり。

【註二】 一八四八年の選擧に於ては二十「フロリン」の納稅を選擧人たるべき條件としたるが、此の法律の下に於ては選擧權者は八萬人乃至十三萬七千を算したるに過ぎず。一八九三年の選擧法改正に依り選擧權者は一躍百三十五萬となり、複數投票を合算するときは投票數二百萬の多きに至れり。主として上中流階級を地盤とする自由黨は、舊選擧法の下に於ては選擧權者の重要な部分を有したれども一般民衆が選擧に參加するに至りては其の勢力の衰微を見たり。

社會黨の設立せられたるは一八八五年にして其の政治に參與するに至りたるは一九一四年大戰勃發に際し組織せられたる擧國一致內閣に始まる。此當時に於ては社會黨は未だ上院（定員百二十名）に二十五名、下院（定員百八十六名）に三十九名の議員を有するに過ぎざりしが同黨は一九一九年の選擧以來俄に勢力を增加し來れり。同黨勢力の增加したる原因は（一）一九一九年の法律に依り複數投票制度を廢し二十一歲以上の男子に單純普通選擧權を與へたるが爲なり。複數投票制度の下に於ては財產、敎育、社會的地位等に依り一人二票三票等の投票を爲し得たるも該制度の廢止に依り選擧は全く頭數に依り支配せらるゝに至り、從て勞働者を根據とする社會黨が多數の投票を獲得するに至れり、（二） 戰爭の刺激及戰後の失業に依り勞働者の自覺心促進せられたるが爲なり。勞働者が生活費の昂騰に惱され賃銀增加の要求の爲結束するの必要を感じ來りたること等が勞働黨の勢力增大に與つて力ありと云ふべし。

大戰勃發の當時に於ては「カトリック」黨が議會に絶體多數を占め居りたるも、大戰中擧國一致困難に當らんが爲「カトリック」黨は自由黨及社會黨の領袖を迎へて所謂神聖聯合內閣なるものを構成したり。大戰直後に於ても同じく擧國一致戰後經營に當らんがため「カトリック」黨の社會黨及自由黨の聯合內閣を組織したり。戰爭中白耳義の領土は獨逸軍に侵略せられ議會の改選を行ふこと不可能なりしが、一九一九年十一月戰後第一回の總選擧を行ひたるに其結果の形勢は一變し「カトリック」黨は最早絶對多數を有せず社會黨の勢力は之に拮抗するに至りたり。於是何れかの一黨を以て單獨內閣を組織することは不可能となり、白國は大戰以來常に三黨又は二黨の聯合內閣を戴くこととなり、其の間「ヴアン・ドウヴイヴエール」が「カトリック」黨の單獨內閣を組織したることあるも之は僅に十日にして倒れたり。今大戰以來內閣の變遷を示せば左表の如し。(註)

一九一四年—一九一八年十一月　「ドウ・ブロックヴイル」內閣(「カトリック」黨、社會黨、自由黨の聯合)

一九一八年十一月—一九一九年十一月　「ドウ・ラクロア」內閣(「カトリック」黨六名、自由黨三名、社會黨三名)

一九一九年十二月—一九二〇年十一月　「ドウ・ラクロア」內閣留任、一部改造(「カトリック」黨五名、自由黨三名、社會黨四名)

一九二〇年十一月—一九二一年十一月　「カルトン・ドウ・ヴイアール」內閣(「カトリック」黨四名、自由黨三名、社會黨四名、黨外一名、一九二一年十月に至り社會黨閣員四名辭職し之に代ふるに「カトリック」黨員二名自由黨員二名を以てしたり)

一九二一年十二月—一九二五年四月辭表提出　「チユニス」內閣(「カトリック」黨五名、自由黨五名、黨外一名)

一九二五年五月十三日—同二十二日辭表提出　「ヴアン・ド・ヴイヴエール」內閣(「カトリック」黨)

一九二五年六月十八日―一九二六年五月十一日辭表提出　「プーレー」內閣（「カトリツク」黨五名、社會黨五名、黨外（準自由）二名）

一九二六年五月二十日―現在　「ジヤスパール」內閣（「カトリツク」黨四名、社會黨四名、自由黨一名、黨外一名）

（【註】「チユニス」內閣に至る迄の政變の事情に付ては大正十二年外務省編纂各國の政黨第九〇九頁乃至第九三八頁に詳述す）一九二五年四月五日の總選擧前既に「チユニス」內閣は「カトリツク」黨と自由黨との間に意見の杆格を生じたるため總選擧の結果を待たずして辭表を提出せり、總選擧の結果「カトリツク」黨、社會黨及自由黨は何れも單獨にて內閣を組織する力なく、一面に自由黨は原則として何れの內閣にも參加することを肯せざりし爲、他面には保守的なる「カトリツク」黨が社會黨と提携すること不可能なりし爲、內閣組織難に陷り種々の聯合を試みたるも皆失敗し七十三日間政變の遷延を見たり。最重要なる試は「カトリツク」黨の民主的分子と社會黨との提携なりしが「カトリツク」黨は斯の如くして自黨の分裂に至るべきを虞れたるが故に此の企も成功せざりき。此の間「ヴアン・ドウ・ヴイヴエール」が「カトリツク」黨の單獨內閣を組織したるも議會に臨むや直に不信任投票を受けて辭職し六月十八日に至り「プーレー」は「カトリツク」黨の民主派と社會黨を主とし之に「カトリツク」黨の保守派と自由黨系を加へ內閣組織に成功せり。組閣と同時に自由黨は自由黨系と認めらるゝ二名の者が內閣に參加する故を以てその行動を束縛せらるゝものに非ざることを聲明し純然たる反對黨の立場を執りたり。尙「カトリツク」黨保守派中の極端分子も「プーレー」內閣に反對せり。「プーレー」內閣は國防問題財政問題等の重要問題の解決に努力したるが「ヴアンデルヴエルド」等の社會黨閣員が閣內に於て非常に有力なりし爲め內閣の政策は屢々社會主義的なりとの非難を買ひ「カトリツク」黨保守派の信望を繫ぐに足らず、他面に於て白耳義「法」の慘落に際會し遂に辭職の止むなきに至れり。「ジヤスパール」は「法」の救濟を唯一の目的とすと聲明して三黨聯合の內閣を組織せり。最近及現在に於ける各政黨の議會に於ける勢力は左の如し。

下院（定員、一八六名　但し一九二五年以後は一八七名）

年別＼黨派別	「カトリツク」黨	自由黨	社會黨	共產黨	分離黨	其の他
一九一四—一九一九	一〇一名	四四名	三九名	なし	なし	基督敎民主黨二名
一九一九—一九二一	七三	三四	七〇	なし	五名	戰士黨二名　國民黨一名
一九二一—一九二五	八〇	三三	六八	なし	四	中產黨一名　戰士黨一名
一九二五—現在	七八	二三	七八	二名	六	なし

上院（定員一九二一年前一二〇名一九二一年後一五三名）

年別＼黨派別	「カトリツク」黨	自由黨	社會黨
一九一四—一九一九	七〇名	三五名	一五名
一九一九—一九二一	六三	四二	一五
一九二一—一九二五	七三	二八	五二
一九二五—現在	七一	二三	五九

右表の示す通、今日に於ては「カトリツク」黨及社會黨の勢力は相伯仲し前世紀に於て絕大の勢力を振ひたる自由黨は凋落して、第三黨の地位を占むるに過ぎず。普通選擧となり、多數の農民及勞働者が選擧權を行使するに至らば自由黨に到底勝算なしとは、普通選擧制度の可否に關し自由黨中に內訌生じたる際普通選擧反對論者側の常に主張したる所なりき。

複數投票制度を廢したる後の國會議員選擧に於ける「カトリツク」黨自由黨及社會黨の全國得票數は左表の如し。

年別＼黨派別	「カトリツク」黨	自由黨	社會黨
一九一九年	六五九、三六八	三一〇、八七六	六四五、一二四

一九二一年	七六八、〇八〇	三四九、八八八	六七四、二〇四
一九二五年	七九九、二六四	三〇四、四六四	八二〇、一四八

即一九二五年四月の選擧に於ては「カトリツク」黨の得票八十萬に對し社會黨は八十二萬を獲得し社會黨の勢力は實に「カトリツク」黨を凌げり。然し此の趨勢に關しては同年十一月の州會選擧に於ける右三黨の得票を參照するの必要あり、即同州會選擧に於ては「カトリツク」黨は八十四萬票を獲得し再び第一位を占め社會黨及自由黨の得票は夫々七十六萬及三十五萬なりき。(一九二五年十一月には同年四月に比し選擧權者約五萬增加せり)

共產黨の結黨は一九二一年九月に行はれたり。從來共產主義者は社會黨中の過激分子として存在し居りたるが社會黨が一九二〇年十月三十日乃至十一月一日の同黨總會に於て第三「インターナショナル」否認の決議をなし、數週間後同黨臨時總會に於て同黨內の共產的分子の行動を否認する趣旨の決議をなすに及びて共產主義者は社會黨を脫し、一九二一年の總選擧に於ては共產黨の候補者名簿(註)が提出せらるゝに至れり。然し一九二一年の選擧に於ては共產黨は殆ど活動し居らず一名の議員をも出すこと能はざりき、共產黨が議會に送りたる最初の代表者は一九二五年の總選擧に選出せられたる二名の下院議員なり。

【註】白耳義の選擧は名簿投票の方法に依るものにして投票は豫め選擧事務局に提出せられ居る候補者名簿に對し行はるゝものなり。

共產黨の勢力は未だ微々たるものなり前顯一九二〇年十月三十日乃至十一月一日の社會黨會合に於て第三「インターナショナル」否認の決議に反對の投票は七萬六千票なりき。又同黨內の共產的分子の活動を否認する決議に反對したる投票は僅に四千八百票、一九二五年四月の國會選擧に於ては三萬四千百四十九票を獲得したり。(註一及註二)

【註一】第三「インターナショナル」否認の投票は四十九萬三千票共產的行動否認の投票は四十四萬七千票なりき。

【註二】　一九二五年四月の選擧に於ける有効投票總數は二百八萬六百二十四票なりき。

分離黨は歐洲大戰中に現はれたる黨派なるが一九一九年の選擧に五名一九二一年の選擧に四名一九二五年の選擧に六名の下院議員を出せり。同黨は一九一九年の選擧に五萬七千四百二十二票、一九二一年の選擧に五萬四千九百四十一票、一九二五年四月の選擧に七萬九千七百五票を獲得せり。尤も一九二五年四月の選擧には分離黨は「ダンシスト」と合同して名簿を提出し右七萬九千票の中約八千票は「ダンシスト」の投票と認めらる。一九二五年四月の選擧に於ける有効投票總數は二百八萬六百二十四票なれば分離黨の過激なる「フラマン」運動は國民中に極めて僅少なる同志を有するに過ぎずと云ひ得べし。

「ダンシスト」は Abbé Adolphe Daens 及其の同志の創立に係るが故に此の名あり。又基督教民主黨とも稱せらる。「ダンシスト」が「フラマン」基督教民主黨（Parti Démocratique Chrétien Flamand）なるものを組織したるは白耳義民主同盟（Ligue Démocratique Belge）（第四章第二節）の組織せられたると殆ど同時なり（一八九一年）。「ダンシスト」は其の後民主同盟と合併し又た分離し自ら一二の議員を下院に送くることあるも一九二五年四月の選擧には分離黨と合同したり。

戰士黨は大戰の産物にして一九一九年の選擧に二名一九二一年の選擧に一名の下院議員を出したるが一九二五年には議員を出し居らず。惟ふに將來再び活動することあらざるべし。（註）

【註】　戰士黨は一九一九年の總選擧に一萬九千七十五票、一九二一年の總選擧に二萬六百三十六票を獲得したり。

第三章　各政黨の地盤

第一節　「フラマン」及「ワロン」の對立

各政黨の地盤を研究する爲め又一般白耳義の政治を攻究するに付注意すべきは白耳義に於ける「ワロン」と「フラマン」との對立の事實なり。玆に之を少しく詳細に說明すべし。

白耳義は之を民族的に見れば大體「クールトレー」及「リエージュ」を東西に結ぶ直線に依り殆ど相等しき二つの部分に分れ其の南半部即ち「アイノー」「ナミユール」「ルクセンブルグ」「リエージュ」の四州及「ブラバン」州の南半(註)には「ワロン」族住し所謂「ワロン」地方を構成しその北半部即東「フランドル」西「フランドル」「アンヴエルス」「リンブルグ」の四州及「ブラバン」州の北半(註)には「フラマン」族住し所謂「フラマン」地方を構成す。

【註】「ブラバン」州に付ては一九二三年七月三十一日の行政に於ける用語に關する法律は「ニヴエル」縣を「ワロン」地方とし「ルーヴアン」縣及「ブラツゼル」縣を「フラマン」地方としたり。但し「ブラツセル」縣中「ブラツセル」府は之を兩地方の中間地帶と認めたり。

「ワロン」人及「フラマン」人はその顯著なるものに在りては骨骼容貌の區別をなし得るも全體としては骨骼容貌の區別をなすこと不可能なり。唯兩族は其の性格及言語を異にし殊に言語の牆壁は將來容易に除去し得る見込なし。大體の觀念としては「ワロン」族は「ラテン」系に屬し「フラマン」族は「ゲルマン」系に屬すと云ふを得べし。「フラマン」人は其の性格鈍重冷靜にして最敬虔なる「カトリツク」信者なり。「ワロン」人は氣輕器用にして宗教には餘り熱心ならず。「ワロン」地方の用語は佛蘭西語にして、「フラマン」地方の用語は和蘭語の方言たる「フラマン」語なり。尤も「ワロン」の田舍に於ては佛蘭西語の方言たる「ワロン」語を用ふ。尙性格言語の外兩族は其の職業を異にす。即「フラマン」地方は主として農業地方なるに反し「ワロン」地方は主として工業地方なり。故に嚴格なる人種學的意味に於て「ワロン」及「フラマン」を異なる二族なりと云ふこと或は不當なるべきも政治的、社會的、經濟的意味に於て此の二種の對立を看過する能はず。

今一九二〇年の人口調査に依る白耳義の言語別を示せば左表の如し。

佛蘭西語のみを話す者	二、八五五、八三五人
「フラマン」語のみを話す者	三、一八七、〇七三
獨逸語のみを話す者	一六、八七七
佛蘭西語及「フラマン」語を話す者	九六〇、九六〇
佛蘭西語及獨逸語を話す者	四五、〇七三
「フラマン」語及獨逸語を話す者	二、三五〇
佛蘭西語獨逸語及「フラマン」語を話す者	三四、一五八
右三語の何れをも話さざるもの（二歳以下の小兒を含む）	三〇三、二四三
右總計	七、四〇五、五六九

即佛蘭西語のみを話す者は國民の三割八分五五なるに對し「フラマン」語のみを話す者は四割三分〇三なり。獨逸語を話す者は「リエージュ」州及「ルクセンブルグ」州の東部に極く少し居るのみなれば嘗て政治問題となりたることなし。「ヴェルサイユ」平和條約に依り割讓を受けたる「オイペン、マルメディー」地方（一九二〇年の人口調査に依れば此の

地方の人口は六〇、二一三にも獨逸語を話す者多けれども之は前記統計の中に含まれて居らず右言語別の中二語又は三語を話す者に付更に其の日常主として使用する言語を調査したる結果は左の如し。

佛蘭西語を專ら使用し居る者　四〇七、三三四
「フラマン」語を專ら使用し居る者　六〇九、六三六
獨逸語を專ら使用し居る者　二四、六六六
右合計　一、〇四一、六三六

此の統計と前掲の統計を綜合するに佛蘭西語を使用する國民は三百二十六萬三千百六十九人（四割四分〇七）、「フラマン」語を使用する國民は三百七十九萬六千七百九人（五割一分二七）、獨逸語を使用する國民は四萬一千五百四十三人なり。即「フラマン」人は「ワロン」人より五十三萬程多し。然るに社會上、政治上優勢なるは「フラマン」語にあらずして佛蘭西語なり。「フラマン」地方に於ても上中流階級の用語は佛蘭西語にして中には「フラマン」語を解せざるものすらあり。又「フラマン」地方の都會に於ては佛蘭西語が可成廣く使用せらる。然るに「ワロン」地方に於て「フラマン」語を話すものは極めて少なし。殊に長き間專ら佛蘭西語が「ワロン」及「フラマン」の兩地方に於て行政上及司法上公用語として使用せられたり。之等の事實は「フラマン」人を憤懣せしめ「フラマン」語擁護の運動所謂「フラマン」運動なるものが重要なる政治問題となり居れり。（第五章第二節參照）。

第二節　各政黨の地盤

社會黨の擡頭以前に在りては「カトリツク」黨は宗教心强き「フラマン」の農業者を味方とし自由黨は「ワロン」工業地方を根據とし此の兩黨は二大政黨として對立し居りたるが社會黨起るや主として「ワロン」の工業勞働者を糾合したる

爲め自由黨及社會黨は相並んで「ワロン」地方を地盤とするの形勢を生じたり。而して「フラマン」地方を根據とせる「カトリック」黨が一八八四年以來三十年間議會に絕對多數を有し居りたれば「ワロン」を根據とせる自由黨及社會黨は屢々相結びて「カトリック」黨に對抗せり。

歐洲大戰後社會黨の勢力は俄に增大し來り今日に於ては「カトリック」黨及社會黨は二大政黨として相對立し自由黨は遙に下つて第三位の地位にあり。社會黨の勢力の增加は前述せる通複數投票制度の廢止に負ふ處多し。複數投票制度廢止の結果選擧は頭數に依り決することとなりたれば國民の多數を占むる勞働者を根據とする社會黨の勢力が俄に增大したるは自明の理なり。但し「カトリック」黨も亦農民を根據とし且其の一八八四年より一九一四年に至る全盛時代に行ひたる社會政策的立法(第五章第一節(六)註(一)參照)は同黨の誇とする處にして、同黨も亦勞働者を味方とし數に於ては敢て社會黨に遜色なし。此の間に在つて自由黨は主として商工業者、金融業者、自由職業者、知識階級及中產階級を味方とする結果質に於ては極めて優良なるも數に於ては他の二黨に甚だ劣るの結果を生じ來れり。尙「カトリック」黨の尨大なる組織中には數多の商工業者、金融業者、智識階級を包含す。

三黨の現在の根據を土地的に見れば「カトリック」黨は「フラマン」地方を有し、社會黨は「ワロン」地方を有すと概言することを得べし。然し一八九九年比例代表制度の採用以來各派の勢力は各地に入り亂れ往時「カトリック」黨と自由黨とが「フラマン」地方と「ワロン」地方とを劃然分有したる如き形勢は消滅せり。「ワロン」地方に於ても「ルクセンブルグ」州「ナミユール」州の如き農業地方に於ては「カトリック」黨は中々重大なる勢力を有し「フラマン」地方に在りても「アンヴエルス」「ガン」其の他の商工業都市に於ては社會黨の勢力侮るべからず(註)、從て「カトリック」黨が「フラマン」地方を有し社會黨が「ワロン」地方を有すと云ふも極く大體の觀念を示すに過ぎず。但し「フラマン」の農民と「ワロン」の工業勞働者は夫々「カトリック」黨と社會黨とに最强固なる地盤を提供し居れり。此の間にありて自由黨の地盤は矢張り「ワロ

ン」方面に多く其の地盤とする處は專ら都市にして多數の市に於て政權に參與し居れり（第七章參照）

【註】一九二一年の國會選擧に於て社會黨は「ガン」市の投票の四割三分「マリン」市の投票の四割二分「アンヴェルス」市の投票の三割五分を獲得せり。

今各黨の各州に於ける勢力の分布を知るため一九二一年及一九二五年の國會選擧に於ける各黨の各州に於ける得票を表示すれば左の如し。

州別	年別	有効投票總數	「カトリツク」黨	社會黨	自由黨
「アンヴェルス」	一九二一	二四五、一八五	一〇九、四四四	七六、六二四	三九、七八九
	一九二五	二六九、〇三五	一〇八、二七五	九三、三三一	三六、九四七
「ブラバン」	一九二一	三八三、八九九	一三七、二四九	一一一、六八六	八八、〇七二
	一九二五	四一六、二二〇	一五三、九八二	一五四、〇七五	七九、一〇八
西「フランドル」	一九二一	二〇一、三九四	一一一、七五〇（註一）	四二、二五六	二七、一八五
	一九二五	二二〇、六四〇	一一四、二二四	五九、四四二	二三、八四〇
東「フランドル」	一九二一	二七九、八五〇	一二九、三九二	七五、〇六八	三六、五二三
	一九二五	二九九、七〇六	一四五、四四四（註二）	九七、三一六	三四、六五七
「アイノー」	一九二一	三五〇、六五一	八六、二九九	一九六、〇六七	六五、七五五
	一九二五	三六七、六〇七	八八、四〇九	二一一、七八二	五六、〇三〇
「リエージュ」	一九二一	二四三、三八八	六七、五四三	一二四、〇九四	四七、三三八
	一九二五	二六八、七三七	六八、〇二二	一三五、九五五	三七、〇五七

「リンブルグ」	一九二一	六九、八〇九	四九、一五八	四、八五〇	一三、二七六
	一九二五	七五、七九七	四九、七六二	九、九八六	一一、一〇二
「ルクセンブルグ」	一九二一	五八、九七八	三一、九二六	一二、四九二	一四、五三二
	一九二五	六一、〇八一	二七、五三三	一四、八九八	一〇、三二六
「ナミュール」	一九二一	九八、六三六	四五、三一九	三一、〇六七	一七、三九八
	一九二五	一〇一、八〇一	四三、六一三	四二、三六三	一五、三九七
全國	一九二一	一、九三一、七九〇	七六八、〇八〇	六七四、二〇四	三四九、八八八
	一九二五	二、〇八〇、六二四	七九九、二六四	八二〇、一四八	三〇四、四六四

【註一】基督敎勞働派（Ouvriers chretiens）の得票一萬七千七百六十を合算す。

【註二】國民黨（基督敎勞働派に屬す）の得票一萬一千百六十四を合算す。

今之を「フラマン」の四州「ワロン」の四州及「フラマン」「ワロン」の中間地帶たる「ブラバン」州に分ちて觀察すれば左の如し。

地方別	年別	有効投票總數	「カトリツク」黨	社會黨	自由黨
「フラマン」地方	一九二一	七九六、二三八	三九九、七四四	一九八、七九八	一一六、七七三
	一九二五	八六五、一七八	四一七、七〇五	二六〇、〇七五	一〇六、五四六
「ワロン」地方	一九二一	七五一、六五三	二三一、〇八七	三六三、七二〇	一四五、〇四三
	一九二五	七九九、二二六	二二七、五七七	四〇五、九九八	一一八、八一〇
「ブラバン」州	一九二一	三八三、八九九	一三七、二四九	一一三、六八六	八八、〇七二
	一九二五	四一六、二二〇	一五三、九八二	一五四、〇七五	七九、一〇八

即一九二五年に付て見るに「フラマン」地方に於て「カトリツク」黨は四十一萬七千票を得たるに反し社會黨は二十六萬票を得たるに過ぎず。之に反し「ワロン」地方に於ては社會黨が四十萬六千票を得たるに對し「カトリツク」黨は二十二萬七千票を得たるのみなり。「ブラバン」州に於ては「カトリフク」社會兩黨の得票は一九二五年に於て殆ど同數なり。自由黨の「ワロン」地方に於ける得票は「フラマン」地方より稍多きに過ぎざるが（一九二一年に三萬票多く一九二五年に一萬二千票多し）之に付ては「フラマン」地方の有効投票總數が「ワロン」地方の有效投票總數より多きことを考慮に容るる必要あり。

尙之を下院議員の黨派別に付て見るに左表の如し。

地方別	年別	議員總數	「カトリツク」黨	社會黨	自由黨
「フラマン」地方	一九二一	八一	四四	二二	一二
	一九二五	八一	四三	二五	八
「ワロン地」方	一九二一	六八	二二	三四	一二
	一九二五	六九	二一	三九	八
「ブラバン」州	一九二一	三七	一四	一二	九
	一九二五	三七	一四	一五	六

「カトリツク」黨の民主的分子の一部が選擧に際し或地方に於て「カトリツク」黨と離れて別に候補者名簿（註）を提出せること一再ならず。之は基督敎勞働派、基督敎民主派其の他種々の名稱を有す。基督敎民主派の極端分子たる「ダンシスト」の地盤は東西「フランドル」州殊に東「フランドル」州「アロスト」縣地方なり。

【註】白耳義の選擧は名簿投票の方法に依るものにして投票は豫め選擧事務局に提出せられたる候補者名簿に對し行はるるものなり。

共產黨の根據は工業勞働者中の過激分子にして其の地盤は「ブラッセル」「リエージュ」「シャールロア」等の大工業都市なり。其の現に下院に送り居る二名の議員は「ブラッセル」市及「リエージュ」市選出のものなり（註）。

【註】　共產黨の一九二一年及一九二五年の國會選擧に於ける得票の州別左表の如し、

州別	一九二一年	一九二五年
「アンヴエルス」	なし	九三〇
「ブラバン」	なし	一〇、三三三
西「フランドル」	なし	五四四
東「フランドル」	なし	一、〇八四
「アイノー」	なし	八、五一六
「リエージュ」	九三九	一二、三一五
「ナミュール」	三、九一七	四二八
「リンブルグ」	なし	なし
「ルクサンブルグ」	なし	なし

分離派は「フラマン」運動の過激派とも云ふべきものなれば其の地盤は固より「フラマン」地方にして殊に青年間に同志多し。一九二五年四月の國會議員選擧に於ける州別得票は左の如し。（括弧內に當選下院議員數を掲ぐ）

「アンヴエルス」	二一、九五七	（二　名）
「ブラバン」	一四、一六八	（一　名）
東「フランドル」	一六、七五五（註）	（一　名）

西フランドル　二一、八八四　（二名）
リンブルグ　四、九四一
ワロンの四州　なし

【註】「ダンシスト」と合同せり。

戰士黨の勢力の根據は勿論歐州大戰に參加せる軍人なるが戰士黨は之等軍人の一小部分を糾合し居るに過ぎずして大戰參加軍人の團體にして戰士黨を公然否認し居るものもあり。其の一九二一年に出したる一名の下院議員は「ブラツセル」より選出せられたり。

第四章　各政黨の組織

第一節　社會黨の組織

政黨組織の最も完全なるものは社會黨なり。其の規律節制其の一致團結其の「デモクラチツク」なる組織は世界に多く類例を見ず。社會黨は國際的には社會主義「インターナショナル」の白耳義支部を構成し居り「インターナショナル」の決定を遵奉す（社會黨定款第一條）。

社會黨の基礎をなすものは左の四のものなり。（社會黨定款第三條）

（一）勞働組合（Syndicats Ouvriers）。勞働者は其の利益の擁護及地位の改善の爲其の勞働の種類に從て組合を組織す。白耳義に於ける勞働組合の濫觴は既に一八四〇年頃にして勞働組合運動の大に盛になり來りしは勞働黨發祥の一八八〇年頃なり。勞働組合中には他の政黨に屬するものあれど、茲に述ぶるは社會黨に屬する勞働組合なり。
（二）「コオペラテイブ」。「コオペラテイブ」は生產、消費、又は金融等の組合にして社會黨に屬するもの最も多し。
（三）共濟組合（mutualités）。之は傷害、疾病、災害及養老の保險其の他の目的を有する組合にして多數の病院幼稚園產院等を經營す。
（四）政治團體。各市町村に一政治團體を置く（定款第八條）。各地に於て Ligue Ouvrièr Socialiste と稱する團體は通常政治團體なり。之は專ら政治的活動を目的とするものにして經濟的目的を以て結合するものにあらず。
右四者の何れかの會員たるものは社會黨員なり。社會黨員は右四者全部の會員たることもあり得れど、勞働組合員又は「コオペラテイブ」の會員たらずして直に政治團體の會員となること能はず。（定款第三條）
右四種の團體は縣（Arrondissement）を單位として聯合し（白耳義に於ては縣が國會議員の選擧區なり）各般の聯合會を形成す。各縣聯合會の定款は其の各自定むる處にして其の組織は區々なれども、聯合會の最高機關として總會（縣內の諸種の社會黨團體及組合の代表者より成る）を有し、又執行委員會（總會の任命に係る委員、社會黨評議員會に於ける縣聯合會の代表者及該縣選出の上下兩院議員より成る）を有するを通例とす。國會議員候補者の豫選は各縣に於て行ふ一般投票に依る。
社會黨は全國的には左の三機關を有す。
（一）總會　各縣聯合會は會員千人に付一人の割合にて代表者を出し社會黨總會を組織す。之は社會黨の最高機關にして每年一回通常總會を開き又必要に應じ臨時總會を開きて黨の重大問題を決定す。總會に於ける各縣聯合會の代表者は其の代表する社會黨員數だけ（會費既納の黨員に限る）の投票權を有す。
（二）評議員會（Conseil général）　社會黨は常時黨務を指揮せしむるため評議員會を組織す。評議員會は每月一回及必要に應じ隨時會合し黨の採るべき方策を決定し又總會の決議の實行に努む（社會黨定款第二十一條）。評議員會は緊急の場合には重大なる決定をなすことあるも（例へば政變等の際に於ける黨の態度に關する決定）其の主なる通常の職分は總會議事の準備なり。

評議員會は左のものより組織せらる。

一、各縣聯合會の代表者（大體會員一萬人に付一人の割合にて代表者を出す）

二、各勞働組合の全國聯合會の代表者（大體組合員一萬人に付一人の割合にて代表者を出す）

三、「コオペラティブ」總會（Congrès des Coopératives）の任命する代表者（六名）

四、共濟組合聯合會總會（Congrès National des Fédérations de Mutualités Socialistes）の任命する代表者（三名）

五、勞働教育本部（Central d' Education Ouvrière）の任命する代表者（二名）

六、社會主義青年團聯合會（Fédération Nationale de la Jeunesse Socialiste）の任命する代表者（二名）

七、女子同盟（Comité National d' Action Féminine）の任命する代表者（二名）

八、事務局の會員（註）

（三）事務局（Bureau）　事務局は黨の常務執行の委員會にして、少くとも毎月一回會合する事務局の會合に於て社會黨新聞紙の政治部長は意見を述ぶるの權利を有す。（註）

【註】事務局は評議員會の任命に係る事務總長、社會黨總會の任命に係る九名の委員、全國勞働組合同盟（Commission Syndicale）の代表者三名、「コオペラティブ」聯合會（Fédération des Coopératives）の代表者三名、共濟組合聯合會同盟（Union Nationale des Fédérations de Mutualités Socialistés）の代表者一名よりなる。

尙社會黨は州政治に關して州內の縣聯合會より各二名の代表者を出し州委員會なるものを組織す。州委員會は每年一回州總會を招集す。社會黨は以上の如き複雜微妙にして「デモクラチック」なる組織を有し、只に政治的團體たるのみならず「コオペラティブ」共濟組合、勞働組合等に依り經濟的團體たり。又社交、演劇、音樂、運動等の倶樂部を有して社交的團體たり。尙ほ Association générale des Etudiants Socialistes de Belgique, Jeunesse Socialiste 等の靑年團體を構成し、又幼稚園病院、婦女保護等の設備を有して小兒婦女の團體なり。此の故に社會黨員の團結は最も緊密にして、社會黨の現在有する政治的勢力は其の基礎極めて鞏固なり。昨年末の調査に依れば會費を納むる社會黨員六十萬に達し、共濟組合の會員約三十萬「コオペラティブ」の會員三十萬に達す。殊に各地の「コオペラティブ」は皆盛大に經營せられ其の建物は社會黨の事務所として提供せられ、其の純益の一部は社會黨の黨費の最重要なる部分を構成す。又其の大なるものにありては勞働者のため珈琲店、活動寫眞、舞踏場、集會所、運動場、圖書館等を經營す。勞働組合は社會黨內の最重要なる構成部分なるが、他面に於て全國の勞働組合は聯合して勞働組合同盟（Commission Syndicale du Parti Ouvrier）なる經濟團體を作り社會黨の別働隊を構成す。勞働組合同盟は一八九八年「カトリック」黨の白耳義民主同盟に對抗するために作られたる聯合なるが其の勢力は遙に民主同盟を凌駕す。現に勞働組合同盟に屬する勞働組合員は六十萬を超ゆ。（註）

【註】勞働組合同盟も亦總會 Comité National, Comité Général 及 Bureau を有す。

第二節　「カトリック」黨の組織

「カトリック」黨は種々の分子及階級を網羅し居る結果、其の組織は放漫にして社會黨の如き統一的組織を缺き往々人をしてその瓦解分裂を虞れしむる。「カトリック」黨が黨內の各分子の雜多なる利益が相反撥し居るにも拘らず、兎も角分裂の浮目を見ざるは宗敎の擁護と云ふ一點に於て目的の一致を見出し居るが爲めなり。「カトリック」敎會と云ふ强固なる組織を背景とする結果、黨自身の組織甚だ薄弱なるにも拘らず白耳義第一黨たるの地位を保ち得、加ふるに白耳義政治の全權を握りたる三十年間に各方面に張りたる勢力は一朝にして抜き難きものあり。然し宗教的問題が現實の政治問題にあらざるに至りし今日「カトリック」黨はその結合の目的を失はんとしつゝあり、他黨に對する結束が甚しく弱れり。

「カトリック」黨は同黨の定款(第二條)に依れば左の四ケ所の聯合より成る。

(一)基督教勞働同盟(Ligue des Travailleurs Chrétiens)　之れ通常「カトリック」黨民主派と稱する分子にして又Democrates-Chrétiens と通稱せらる。

(二)農民同盟(Boerenbund) 及其の他の農業組合

(三)中產派(Fédération des Classes Moyennes)

(四)「カトリック」協會聯合會(Fédération des Associations et des Cercles Catholiques) 之れ通常「カトリック」黨保守派と稱する分子にして又右黨舊派 (Vieux Droitiers)、「カトリック」舊派 (Anciens Cathoeiques) とも稱せらる。

以上の四團體は對等の地位に於て聯合して「カトリック」黨 (Union Cathoeique belge) を組織し、四團體の代表者(各團體より六名) を以て評議員會 (Conseil Général) を構成し黨務を決定す。

定款は右の四團體を規定し居るも中產派及農民同盟は一種の職業的團體と認みられ、且つ中產派又は農民派に屬すると同時に保守派又は民主派に屬する者多く實際政治的活動をなすは保守派及民主派なり。此の意味に於ては「カトリック」黨は右二派に分れ居るものと云ふを得べし。此の二派は夫々其の機關を有すること後に述ぶる通りなるが、黨全體の機關として評議員會の外に「カトリック」黨上下兩院議員より成る議員總會を有し、議員總會又は其の代表者會議は黨全體の爲屢々重要なる決定を爲す。

以上の四團體の外「フラマン」派と通稱せらるる分子あり。之は「フラマン」運動擁護者の通稱にして「カトリツク」黨定款は右四團體の外に「フラマン」派なるものを認め居らず。「フラマン」派の大部分は民主派にして現在「カトリツク」黨下院議員七十八名中四十三名は「フラマン」地方選出、二十一名は「ワロン」地方選出、十四名は「ワロン」「フラマン」の中間地帶たる「ブラバン」州選出なり。

「カトリツク」黨の組織は杜撰なれば、「カトリツク」黨の政綱を是認し選擧に際しては之に投票するに拘はらず「カトリツク」黨員の名を有せざるもの非常に多し。例へば一九二一年「リエージユ」縣に於ける「カトリツク」黨の得票は三萬二千八百六十、而して「カトリツク」黨員たりしものは一萬一千に過ぎず。選擧に際し「カトリツク」黨の候補者名簿の決定が往々少數幹部の裁量に委ねらるる地方あるは、名義上黨員たる者の決定も少數の幹部の決定も該地方に於ける事實上の黨員全體の意向を指示するに於て大差なしと考へ居る結果なるべし。(註)

【註】「カトリツク」黨の選擧候補者名簿決定の方法は地方に依り區々たり。或は黨員全體にて決し或は各部より選任する代表者に於て之を決し或は少數幹部之を決定す。「フラマン」地方に於ては Standsorganisatie と稱する階級代表(勞働階級、中産階級、農業者、智識階級等)の方法に依る委員會に於て決定し居るもの多し。目下「カトリツク」黨內部に候補者の豫選は一般投票に依らざるべからずとの議論盛なり。

「カトリツク」黨四團體の中、中產派と云ふのは中產階級の利益擁護を旗幟とするものなるが、階級鬪爭を排斥し單に他の各階級と協力せんがために中產階級なる一團體を糾合せんとするものなり。此の派に屬する者は主として小商工業者にして最近の發達に係り其の勢力微弱にして政治的活動云ふに足らず。(註)

【註】「カトリツク」黨に屬する中產派以外に中產派又は類似の名稱(例へばLigue Indépendante Les Bourgeois libres de Bruges)を有する中立の小商工業者の團體所々に存在す。此等の諸團體は今日迄の政治は中產階級を犧牲として他の階級の利益を計り

たりと主張し、中産階級の擁護の爲に團結せるものなり。此等の中立諸團體相互間には多少の聯絡はあるも、未だ全國的に統一せる組織を有し居らず。然し追々此の企をなすものあり。

「カトリック」黨保守派なる分子は「カトリック」黨全盛時代に黨の全權を握りたる分子なるが、黨內民主的運動の勃興と單純普通選擧の實施に依り民主派及農民同盟の數に壓倒せらるる有様なり。然し保守派は主として「カトリック」黨中の上中流階級を網羅し民主派よりも多くの名士を有し、其の穩健なる保守主義を以てよく民主派に對抗し、且つ基督教勞働同盟が政治團體たると同時に經濟團體たるに反し、「カトリック」協會聯合會は純粹なる政治團體として永年政治運動に經驗を有するが故に其の政治的活動は民主派の夫れよりも遙に巧みなり。市町村、郡、縣、州の協會(Association及Cercle)を合して一の聯合會（Fédération des Associations et des Cercles Catholiques）を組織す。各協會は通常其の機關として總會及總會の選任する委員會（Comité）を有す。聯合會も亦總會及委員會（Comité）を有す。

「カトリック」黨內の民主的運動は、一八八〇年代勞働組合運動が漸次盛となり社會黨が結黨したる頃、「カトリック」主義の勞働者が社會黨に對抗して諸種の組合を作りしに始まる。始め「カトリック」黨本來の保守的分子は自黨に勞働者を糾合して社會黨に對抗せんとしたる爲、黨內の民主運動を援助し自黨に屬する勞働組合、「コオペラテイブ」共濟組合等の諸團體の組織を奬勵せり。「カトリック」黨に屬する勞働組合は一八九一年頃聯合して白耳義民主同盟（Ligue Démocratique Pelge）と稱する勞働組合聯合を作れり。白耳義民主同盟は一九一四年既に十萬以上の會員を有し漸く「カトリック」黨幹部(保守派)の統御に慊ざるの風ありしが、戰後單純普通選擧となるや其の會員は倍加し、基督教勞働同盟(Ligue des Travailleurs Chrétiens de Belgique)と改稱し、全國的に其の組織を整備し、(註一)今やその勢力は保守派に拮抗す。(註二)基督教勞働同盟は農民同盟と相並んで「カトリック」黨中最强固なる組織を有する團體にして、現に勞働組合員二十萬(註三)共濟組合員二十萬(註四)婦人團體に會員十萬を有し、其の他「コオペラティブ」青年團(Jeunesse ouvrière chrétienne）其の他の諸團體（各市町村に在る Ligue ouvrière chrétienne と稱するものは政治團體なり）に依り同志を糾合し居れり。殊に農民同盟の方は未だ政治的に活動し居らざる結果民主派は保守派と對立して「カトリツク」黨を牛耳し居れり。

【註一】「カトリツク」勞働者の諸團體を先づ市町村を單位として聯合し、各市町村の聯合會を縣聯合會に統一し（市町村の聯合會より代表者を出し縣聯合會評議員會 Conseil を組織す）、諸縣聯合會を州聯合會に統一す（各縣聯合會より代表者を出し州聯合會評議員會 Conseil を構成す）。

全國の機關としては同盟の最高機關たる總會、各縣聯合會の代表者より成る總評議員會（Conseil général directeur）及總評議員會より選出せらるゝ執行委員會（Bureau exécutib）を有す。聯合會の代表者の任命は總て選擧の方法に依る。

「カトリツク」勞働者の諸團體の組織と社會黨の諸團體の組織との重大なる差異は、「カトリツク」黨の諸團體諸聯合會に於て「カトリツク」僧侶が重要なる勢力を有し居ることなり。例へば各市町村聯合會は敎會の任命に係る一名の僧侶を顧問として有し、宗敎問題に付ては顧問の意見に絕對に服從す。市町村聯合會の顧問は當然州評議員會の會員となり、又縣に於て社會事業に從事する僧侶の長は縣聯合會の執行委員會會員たり。

【註二】「カトリツク」黨內の保守派議員及民主派議員の數は明瞭ならず、之は色彩の濃厚ならざる中間的分子が少くなき爲にして其の數は時々異動あり。又人に依り計算を異にす、現に民主派下院議員二十五名と計算する者もあり、四十名乃至四十五名と計算する者もあり、三十五名乃至四十名と云ふ說が最正鵠に近からむ。

【註三】全國の勞働組合は基督敎勞働組合聯合（Fédérations des syndicats chrétiens）を組織す。

【註四】全國の共濟組合は基督敎共濟組合聯合會（Alliance nationale des fédérations mutualistes chrétiennes）を組織す。尙社會黨「カトリツク」黨又は自由黨に屬する共濟組合の外に中立の共濟組合あり（Union nationale des fédérations des mutualites neutres）。

農民同盟の起りしは基督教民主同盟と同時代なり（一八九一年設立）。農業者の利益保護增進の爲「フラマン」農業地方の各地に農民組合(Guilde)を組織し之等の農民組合は聯合して縣聯合會を作る。縣聯合會は農民組合の代表者より成る評議員會（Conseil）及執行委員會(Comité directeur)の二機關を有す。縣聯合會は更に合して全國農民同盟（Boerenbund）を組織す。全國農民同盟は其の機關として縣聯合會の代表者及該代表者の選任に係る若干の委員より成る評議員會(Conseil supérieur)を有す。評議員會は其の會員中より執行委員會（Comité directeur）を選出す。又農民同盟は每年一回各地農民組合より直接選ばれたる代表者より成る總會を開く（每年聖靈降臨祭日に開會）總會は其の團體の最高機關なり。農民組合に於ける僧侶の權力は「カトリツク」勞働組合に於けるよりも大なり。全國農民同盟の會員は一九二一年中約八萬八千を算し今日に於ては十萬を超ゆ。農民組合は販賣購買の共同、共濟保險、金融、補修教育等の事業を盛に經營して居るも政治的方面には未だ餘り活動し居らず。尙「カトリツク」黨内には農民同盟に加入し居らざる若干の「ワロン」地方の農業組合あり之は最近の成立に係り其の勢力微弱なり。

以上の四團體の外婦人團體（Fédérations des Femmes catholiques belges）及青年團體（Jeunesse catholique 及 Etudiants Catholiques）等を組織すること他の政黨と同樣なり。

第三節　自由黨の組織

自由黨は其の機關として全國評議員會（Conseil National du Parti Libéral）及常置委員會（Comité permanant）を有す全國評議員會は上下兩院の自由黨議員、縣自由黨協會の代表者（最近の選擧に該縣に於て自由黨の獲得したる投票二千に付一人の割合にて各縣より代表者を出す）、州會の自由黨議員、自由黨新聞記者協會の代表者、自由黨全國青年團の代表者、自由黨に屬する共濟組合全國聯合會（Ligue Nationale des Fédérations mutualistes libérales）の代表者及自由黨に屬する勞働組合全國聯合會の代表者より成り自由黨の諸事業を總轄し一般黨務を決定す。常置委員會は全國評議員會會員中より選任せられ黨の常務に當る。常置委員の大部分は上下兩院議員なるが、自由黨は又自由黨の上下兩院議員を以て議員總會（Groupe Parlementarie）を組織し、或は單獨に或は常置委員會と共同して時々黨の態度を決定す。

自由黨は全國の各縣協會（Association 又は Fédération と稱す）に分る。各縣協會の組織は各自之を決定し區々なるも通常評議員會（Conseil）及執行委員會（Comité directeur）を其の機關とし、又更に各市町村の協會（Association）に分る。選擧候補者豫選の方法の如きも各地の協會に依り區々の方法を執り居れども一般投票に依るを原則とす。

自由黨も亦同黨と聯絡ある婦人團體及青年團體（Etudiants libéraux Fédération Nationale des Jeunes Gardes libérales）等を有す。

第四節　其の他の政黨の組織

其の他の小政黨の組織に付ては特記すべきことあらざるも少しく共產黨の組織を說明すべし。

共產黨は前述の通り未だ其の勢力を普く勞働者の間に張り居る次第にあらず。之は共產黨は其の組織上量よりも質を重んずる結果にして、黨員の數は少なしと雖黨員間の結合は極めて緊密にして「プロレタリア」運動の强固なる核心をなし居れり、少くともなさんと努力し居れり。然し社會黨の組織は前述の如く鞏固なれば之に喰込むは容易の業にあらず。共產黨の基礎たる團體は「セリユール」(Cellule) なり。「セリユール」は一工場、一事務所、一勞働組合、一聯隊等を單位として構成せらるゝ結果「セリユール」の會員相互間は極めて親密にして共同の行動に便宜を得。而して「セリユール」の會員たらんと欲する者は先づ六ケ月の修業期間を經ざるべからず。此の期間に於て「セリユール」の會員は右の入會志望者の行動を指導監視し會員たるに適すと認むるに非ざれば入會を許さず。「セリユール」に入會を拒まれたる者は聯合會及中央委員會に異議を申立つることを得。

「セリュール」は聯合して「レイヨン」（Rayon）を作り一定地域内の「レイヨン」は合して聯合會（Fédération）(註)を形成す。聯合會の機關としては總會、評議員會（Conseil Fédéral）及執行委員會（Comité Fédéral）あり。

【註】聯合會の數は明瞭ならざるが未だ全國各地方に在る譯にあらずして「ブラッセル」、「ブラバンワロン」、「リエージュ」、「ヴェルヴイエ」、「ウイ」、「シャールロア」其の他三四の聯合會あるに過ぎざる模樣なり。

全國共産黨の機關としては最高機關として總會(Congrès)及總會と總會との間に於て全權を有する中央委員會(Comité Central)を有す。

尙白耳義共産黨は國際的には國際共産黨支部（Section belge de l' Internationale Communiste）を構成し、其の行動に付「モスコー」本部の指導を受く。

第五節　各政黨の黨費

黨費の最潤澤なるは社會黨なり。社會黨の黨費の最重要なる部分は社會黨に屬する「コオペラテイブ」の純益なり。此の外に黨員は一定の會費を納入す。會費の額は各縣聯合會に於て決定するものなるが一年一人通常三法前後なり。此の外に縣聯合會は會員一人に付一年六十「サンチーム」の割合にて會費收入の一部を中央本部に轉納す。會費を納入する黨員六十萬を超ゆる故會費の收入は相當大なるものなり。

「カトリック」黨員及自由黨員も亦夫々會費を納入す。其の額は何れも各地方の支部に於て決定し全國的には決定し居らず。各支部は其の徴收する會費の一部を本部に納入す。黨員の納入する會費の額は社會黨と大差なし。例へば目下「ブラッセル」縣「カトリック」協會は會費値上案を審議中なるが本案に依れば現在一年三法のものを六法に增額せむとするものなり。但し自由黨は黨員少なく又「カトリツク」黨も選擧の得票多きに拘はらず實際黨籍に在る者少なき爲、（註一）右兩黨の會費に依る總收入は常時の事務所費、宣傳費等を辛ふじて償ふのみにして、選擧等の際に要する費用は臨時の寄附金に俟つ（註二）。寄附金は必ずしも思ふ樣に集まらず「カトリツク」自由の兩黨は常に黨費の缺乏に苦しむ。尤も白國に於ては投票買收は行はざる模樣なり。

【註一】「カトリツク」黨の有力者は漸く此の點に覺醒し來り黨員の資格を有する者を殖すことに努力し居れり。

【註二】自由黨評議員會の常置委員會々員（三四十名あり）は一年五十法以上一萬法以下の各自由に決定する金額を黨費として納む。

（定款第八條）

共產黨は主たる財源を「モスコー」に仰ぐ。其の額は判明せざるも目下餘り潤澤ならざるものの如し。共產黨の會費は最低額一週男子五十「サンチーム」、女子「二十五サンチーム」（本部及支部に對する一切の會費を包含す）なり。

分離黨は蘭國邊より少なからず財政的援助を受く。

第五章　各政黨の主義及主張

第一節　「カトリツク」黨の主義及主張

「カトリツク」の主義及主張左の如し。

（一）「カトリツク」主義。之は「カトリツク」黨結合の核心にして、「カトリツク」教の擁護「カトリツク」主義の實行の目的の爲、各種の團體及階級が物質的利益の相反するものあるにも拘らず能く結合して一黨をなす。「カトリツク」黨が前世紀に於て「カトリツク」僧侶の利益のため行ひたる諸般の施設は往々非難の的となりたるが、今日に於ては宗教的問題が現實の政治問題となり居らざる結果「カトリツク」黨結合の楔は甚しく緩みたり。永き間最重要なる政治問題なりし學校問題も一面に於て「カトリツク」敎擁護の問題なるが此の問題も今日に於ては一段落を告げたり。(一參照)

(二)私立學校制度の擁護及敎育自由の主張。「カトリツク」黨は兒童を敎育するは兩親の義務にして、又兒童に適當と認むる敎育を選擇するは兩親の權利にして公權の干渉すべき事項に非ず、國家は私立學校に必要なる程度に於て若干の補助を與ふれば足ると主張し、公立學校制度の助長及義務敎育の制度に反對せり。又公立學校の無宗敎主義は社會の秩序を破壞するの結果を生ずと主張せり。私立學校は殆ど全部「カトリツク」僧侶の支配の下に在るが故に「カトリツク」黨が私立學校を擁護するは當然なり。現在女子敎育の十分の八、男子敎育の十分の六は「カトリツク」學校の獨占する處なりと云ふ。(第三節四參照)(註)

【註】「カトリツク」黨も自由黨、社會黨及自黨內の民主的分子の主張に促され、一九一四年五月十九日の法律に依り義務敎育の制度を施行せり。卽ち戸主は六才以上十四才迄の兒女をして公立又は私立の學校に於て敎育を受けしむるの義務あり。

(三)「フラマン」語の擁護。「カトリツク」黨は「フラマン」地方を根據とするが故に同地方の住民の利益の爲「フラマン」語を擁護するは當然なり。反對黨は「カトリツク」黨は「フラマン」地方農民に媚びんがため「フラマン」語を擁護すと云ふ。然し「フラマン」語を壓迫するの政策は「フラマン」地方を離反せしめ國家の統一を害する虞あるが故に、「カトリツク」黨の此の政策は强ち投票の獲得のみを目的とするものとも云ふべからず。言語の平等は一九二五年の選擧戰に於て「カトリツク」黨の政綱の一たりき、但し「フラマン」運動は往々國家の統一を害するものと目さるるが故に同黨は同時に國家の統一を政綱の中に掲げたり(第二節參照)。

(四)農業者の利益保護。「カトリツク」黨は農民を味方とする結果農業利益の保護增進に努力す、就中同黨內には農民同盟なるものありて農業の利益を代表す。

（五）商業の利益保護。「カトリツク」黨の最重要なる根據は農民なるも、白耳義は商工業國にして又同黨中には重要なる商工業者を包含し居る結果「カトリツク」黨は又商工業の利益保護者を以て任じ居れり。而して其の保護方法は自由黨の從來の主張に囚はれ、今尚ほ往々自由貿易主義、放任主義に傾くに異り、寧ろ保護政策の傾向を帶ぶ。

（六）社會政策。一八八〇年代勞働運動が漸く盛となり來れる頃より「カトリツク」黨は社會黨に對抗して勞働者を自黨に糾合する爲諸般の社會政策的立法をなしたり。（註一）殊に民主派なるものが同黨内の一大勢力となりたる結果、保守派に絶えず牽制せらるるに拘はらず「カトリツク」黨全體としては社會政策的立法に好意的態度を採り、各般の社會政策的立法を其の政綱中に數へ居れり（註二、註三）。

【註一】例へば工業參事會の設立（一八八六年）、婦女幼年者の勞働法（一八八九年）、負傷勞働者救助貯金局の設立（一八九〇年）、工場、勞働契約、勞働者の住宅、衛生に關する諸規則の制定、勞働省の設置（一八九五年）、其の他勞働者養老年金、勞働者救助金庫、相互保險、基督敎「コオペラテイブ」等の立法を爲せり。

【註二】一九二四年十月の「カトリツク」黨民主派總會は左の諸社會政策的施設を政綱中に掲げたり。

社會保險、廉價なる住宅の供給、勞働組合の保護、職業敎育普及（以上は「カトリツク」全黨の政綱中に採用せられたり）、勞働爭議仲裁委員會、既婚婦の港に於ける勞働の禁止、既婚婦の大工場に於ける勞働を漸次禁止すること、職業病に關する立法、勞働組合をして工場監督に協力せしむること、八時間勞働法の支持（但し「ワシントン」條約は他の大國の批准振を見たる後批准すること）、家庭勞働の保護。

【註三】「カトリツク」黨民主派の主張と社會黨の主張は勞働保護の實際問題に付ては極めて近似せり、但し其の根本思想は兩派間に重大なる軒隔あり。民主派が自派と社會黨との差異として擧ぐるは左の諸點なり、尤も白國社會黨は第四節に述ぶるが如く漸進主義を採り當面の勞働問題の適法手段に依る解決に沒頭し居るが故に、當面の實際政治に關しては民主派の左の非難は割引して聞くを要すべし。

(イ)社會主義は唯物觀に立脚し「カトリック」黨民主派は神靈主義を信ず。
(ロ)社會主義は「マルクス」の階級戰爭—內亂—の原理を基礎とす、民主派は社會階級間の協力なる「カトリック」敎義を基礎とし共同の利益のため各階級の利益の調和を企圖す。
(ハ)社會黨は政權を把らんが爲必要の場合には暴力に訴ふるを辭せず、權力を把りたる時は無產階級の專制を行ひ他の階級を絕滅せんとす、民主派は一切の暴力及一切の專制を排す。
(ニ)社會黨は共產主義の實現を理想とす、民主派は協產主義は社會を滅亡と不幸と野蠻とに導くものなりとの確信を有す。
(ホ)社會黨は自由結合の理想に從ひ家族の解散を企圖す、民主派は家族を以て社會組織の根本と認め其の維持を期す。
(ヘ)社會黨は革命を欲し民主派は進化を欲す。

(七)家族制度の擁護。此の目的の爲妻子ある者に對する給料の增加、減稅及直系相續稅の減額、六人以上の兄弟の家庭に於て其の一人又は二人の兵役を免除すること等を主張す。

(八)私有財產制度の擁護及階級戰爭の思想排斥。((六)の(註三)の(ロ)參照)此の點に關しては「カトリック」黨保守派の或者は相續稅の加重、家賃の制限等は私有財產權を侵すものなり主張し、又小所得の免稅率の不當なる向上は社會主義的思想に出ずと爲して非難し居れども民主派の態度は之に反す。

(九)選擧權の擴張に付ては常に反對の態度を執り來れり。一八九三年の複數普通選擧制度、一八九九年の比例代表制度は共に「カトリック」黨が時勢の要求を無視すること能はず嫌々爲したる讓步なり。然し複數普通選擧は「カトリック」黨に取り最有利なりき。一九一九年三黨聯合內閣の際採用せられたる二十一才以上の男子に對する單純普通選擧制度も同黨の爲したる重大なる讓步なり。今日に於ては同黨は普通選擧制度の維持を主張するのみならず、女子に選擧權を與ふることを主張す、「カトリック」黨が大體保守的傾向を帶び居るにも拘はらず婦人參政を主張するは、婦人は一般に男子よりも宗教に熱心なるが故に婦人に選擧權を與ふるときは其の投票の多數を自黨に獲得し得べしとの豫想に基くものなり。女子參政權の主張の一部は旣に貫徹せられたり。即ち歐洲大戰の際の戰死者の妻又は母にして寡婦たる者、及獨逸軍の占領中愛國的行爲のため投獄せられたる婦人は國會及州會の選擧に選擧權及被選擧權を與へられたり。（下院に關し一九一九年五月九日の法律、上院に關し一九二一年十月十五日の法律、及州會に關し同年十月十八日の法律）右の結果參政權を得たる婦人は僅に二萬人に過ぎざるが婦人は尙ほ市町村會の選擧に付ては男子と同一の條件に於て選擧權及被選擧權を與へらる。（一九二〇年四月十五日の法律）（註）

【註】　女子は始めて一九二一年四月二十四日の市町村會議員の選擧に參加せり。其の際男子の投票二百七萬六千七百五十に對し女子の投票二百十五萬二千四百三ありたり。白耳義に於ては投票は義務的にして投票せざるものは刑罪を受く。

（十）國家の統一及秩序の維持。殊に分離派の主張に對し單一の政府、單一の中央行政廳、單一の國會、單一の軍隊、單一の裁判組織を主張す。

（十一）國防問題。「カトリツク」黨は永き間一般徵兵制度に反對し居りしが（註一）、一九〇九年に至り自ら之を實行せり。兵役期間短縮問題は目下政治問題となり居る處「カトリツク」黨保守派は兵役期間の短縮其の他軍備の縮少を好まず、同黨民主派は兵役十ケ月案には勿論贊成なるが、（註二）場合に依りては社會黨の主張する六ケ月兵役案に贊成の態度を取るに至ることあるべし。

【註一】　一般徵兵制度に反對したるは選擧民の歡心を買ふためなりと云はる。

【註二】　兵役を原則として十ケ月とし、工兵、騎兵等の特殊兵に付き十二ケ月、十三ケ月とするの案は最近上下兩院を通過せり。（一九二六年五月十九日の法律）。

（十二）外交政策。外交政策に付ては「カトリツク」黨、社會黨、自由黨とも一致して英、佛側と協調して歐洲平和を維持せんとす。「カトリツク」黨中の「フラマン」派と雖も現在に於て斯る政策に對し何等の異議を有せず。國際聯盟、軍備制限協定等の問題に付ては三黨とも原則として常に好意を示す、但し自由黨は國防充實に比較的熱心にして社會黨は平和主義的傾向を稍々多く表はせり。

第二節 「フラマン」派及分離黨の主張

「フラマン」派なるものは「カトリツク」黨、自由黨、社會黨の政黨以外に獨立の一黨派を爲すものにあらずして、各黨派內に夫々「フラマン」派なるものあり。但し自由黨は昔より佛蘭西語擁護黨にして其の黨內の「フラマン」派なるものは無力なり。社會黨も其の主要なる地盤は「ワロン」地方にして且同黨內の「フラマン」派は餘り「フラマン」運動に熱心ならず。獨り「カトリツク」黨は「フラマン」地方を根據とし居る結果「フラマン」派は同黨內に於て最勢力强大なり。「カトリツク」黨全體としても常に「フラマン」語擁護に傾けり(第五章第一節(三)參照)。「カトリツク」黨民主派の多數は「フラマン」派なり。

「フラマン」「ワロン」對立の事情に付ては第三章第一節に詳述せり。白耳義獨立後長き間佛蘭西語が「フラマン」語より優勢なる地位を占め司法及行政に於ても專ら佛蘭西語が公用語とせられたり。之は(一)和蘭政府の和蘭語强制に對する反抗が獨立運動を起せる一因なりし爲、其の反動として獨立後「フラマン」語が輕んぜられたること。(二)佛蘭西革命の思想を汲み佛蘭西文明を謳歌する人々が獨立運動に重大なる役割を演じたる結果、獨立後に於ても佛蘭西語派が優勢なりしことに原因するものと思はる。

「フラマン」運動なるものが漸く起り來れるは一八四〇年代なり。其の最初は專ら文化的運動にして「フラマン」語及「フラマン」文化の價値及光輝ある歷史を說きて「フラマン」語擁護の運動を爲せり。其の政治運動の圈內に入り來れるは一八六二年なり。一八七三年に至り「フラマン」運動效を奏し、先づ「フラマン」地方刑事の裁判に於ける「フラマン」語使用に關する法律施行せられて以來「フラマン」語の使用を認むる種々の法律續出したり。其の重なるものを擧ぐれば、一八九八年には法律の公布は佛蘭西語及「フラマン」語の兩語を以てすることとなり、一九一〇年には中等敎育に於ける言語の使用に關し一九一三年には軍隊に於ける言語の使用に關し、一九一四年には初等敎育に於ける言語の使用に關し「フラマン」語を佛蘭西語と同等の地位に置けり。一九二一年七月三十一日の法律は「フラマン」地方に於ては「フラマン」語「ワロン」地方に於ては佛蘭西語を行政上の用語と定めたり、又一九二三年には「ガン」大學に於て「フラマン」語及佛蘭西語を併用するの法律を制定せり。

以上の諸立法に依り「フラマン」語の地位は著しく改善せられたるが「フラマン」派は未だ決して滿足せず、「フラマン」運動は寧ろ歐洲大戰後一層盛となり來れり。「フラマン」地方は一般に「ワロン」地方に比し文化的發達及經濟的發達遲れ居るが、之は土地の自然的產物にも依れど「フラマン」派をして云はしむれば、之は「フラマン」人が長き間不公平なる待遇を受け敎育其の他の助長的施設が「フラマン」地方に於て缺除し居りたる結果なりと。例へば一九二三年前は國內に四個の佛蘭西語大學ありしに拘はらず一の「フラマン」語大學もなかりき、又「フラマン」の上中流社會が主として佛蘭西語を話すも「フラマン」文化の發達を阻害する重大なる原因なりと主張す。此の所謂不公平なる待遇を止め「ワロン」と「フラマン」、佛蘭語と「フラマン」語を同等の地位に置き「フラマン」文化の發達を計らむとするものが「フラマン」運動なり。其の極端なるものに至ては「フラマン」、「ワロン」の政治的分離を主張す之即ち分離黨なり。

分離黨は大戰前には存在せざりき、戰前迄は「フラマン」人は行政の分離に依つて其の目的を達成せんと考へたることなかりき。尤も戰前にも「カトリツク」黨の全盛時代反對黨に屬する一二「ワロン」政治家が、「カトリツク」黨に對抗せんが爲「フラマン」、「ワロン」の行政分離を主張せしことあり。彼等は「カトリツク」黨の强大なるは同黨が「フラマン」

地方に媚び諸般の「フラマン」語擁護の立法をなす結果なりと推斷し、佛蘭西語擁護運動を起し之に依り黨勢を擴張せむと企てたる次第なるが當時此の主義は識者の一顧にも値せざりき。然るに大戰中獨逸は「フラマン」、「ワロン」の對立を有利なりと認め種々の方法に依り「フラマン」分離の運動を助長せり。即ち或は「ガン」の佛蘭西語大學を「フラマン」語及獨逸語の大學とし、或は「フラマン」、「ワロン」の行政を分離し「フラマン」內閣を「ブラッセル」に「ワロン」內閣を「ナミュール」に置けり。此の間「アクティヴィスト」と稱する過激なる「フラマン」獨立運動者が獨逸軍憲の庇護の下に活動し一九一八年一月には「フラマン」地方の自治を宣言するに至れり。然し獨逸の白耳義分裂の政策及「アクティヴィスト」の獨立運動は「フラマン」人の大多數を憤起せしめ大戰後「アクティヴィスト」は皆獨逸及和蘭に逃れたり。然し「アクティヴィスト」の思想は今日分離黨（フロンテイスト）に依つて繼承せらる。「フロンテイスト」は「イーゼル」の戰線に於て生じたる大戰の産物なり。「フラマン」の熱狂的青年が寧ろ戰爭自體が齎せりと認むべき窮迫又は慘劇、或は「フラマン」人を統率する士官にして「フラマン」語を解せざるものありたる爲起れる意思の阻隔等を、「ワロン」族の「フラマン」族に對する迫害の實例なるが如く考へ「フラマン」族を以て獨立の民族なりと確信し、之を以て波蘭又は「チエコ・スロヴアキア」の如く壓制に苦む國民なりと想像し「フラマン」の獨立少くとも自治を目的として團結するに至れり。此の間裏面には「アクテイヴィスト」が戰線を越えて宣傳に努めたり。「フロンテイスト」は自ら白耳義の「シンフェイーナー」と稱し講和會議に際しては米國大統領「ウイルソン」等に陳情を試みたることもありたり。「フロンテイスト」の主張は戰爭中活動せる「アクテイヴィスト」の主張と相距ること遠からず（「アクテイヴィスト」中「ユニオニスト」と稱せる一派と同一の主張をなす）。然し彼等は「アクテイヴィスト」とは具體的に何等の關係をも有せずと絶えず辯明す。「フロンテイスト」の主張の要點は左の如し。

（一）「ワロン」及「フラマン」地方を分離して夫々自治せしめ白耳義全體としては聯邦政體を採用すること。

(二)「ワロン」及「フラマン」地方に夫々議會を置き白耳義全體に別に聯邦議會を置くこと。
(三)「フラマン」地方に於ては「フラマン」語を以て一般用語とすること、但し外國語の研究は固より妨げなきこと。
(四)白耳義全體の利益と「フラマン」地方の利益と衝突したる場合には白耳義の分裂を辭せず、此の場合には白耳義聯邦は解體すべきなり。
(五)尚「フロンテイスト」は白佛軍事協定の廢止、六ケ月兵役制を主張し又勿論親蘭主義を奉ず。

分離黨は「フラマン」運動者中の極端分子にして其の勢力は微弱なり(第二章末段參照)。

「フラマン」派中最有力なる團體は「カトリツク」黨民主派の領袖「ヴアン、コーウエーレール」(Van Cauwelaert)等の牛耳を執り居る「フラマン」同盟(Vlaamsch Verbond)なり。此の方は其の主張も穩健にして「フラマン」派なるものの主張と大體同一と見て差支なし。「フラマン」派は其の要求を「フラマン」人及「ワロン」人の法律上及事實上の均等待遇なる一語を以て表示するのを常とするが、現實に不均等なる待遇を受くと主張する諸點は殆ど全部言語の問題なり。

左に「フラマン」同盟の要求を掲ぐ。

(一)初等、中等及大學敎育の「フラマン」化。「ガン」大學を全然「フラマン」語のみの大學とする希望を有す。又「フラマン」地方の敎育上の用語として「フラマン」語を强制せんとす。(現行法に於ては父母が兒童の爲敎育上の用語を選擇し得、而して「フラマン」人にして其の兒童の爲佛蘭西語を選擇するもの少からず「フラマン」派の憤懣の種となり居れり。)
(二)「フラマン」地方の司法の完全なる「フラマン」化。
(三)中央政廳に於て「フラマン」局と「ワロン」局を設くること。
(四)「フラマン」地方の一切の行政の「フラマン」化。
(五)徵兵及軍の編成に付「フラマン」「ワロン」を區別すること。(此の點はある程度に於て「カトリツク」黨の政綱中に採用せらる。）

（六）公衆と接する官吏は「ワロン」地方に於ても「フラマン」語及佛蘭西語の兩語を解すべきこと。

（七）白耳義の分裂又は行政の分離に反對す。

（八）「フラマン」文化の發達の爲政府は之が保護奬勵の道を講ずること、又「フラマン」人に對する職業敎育の施設を整ふこと。

「フラマン」運動なるものは歐洲大戰中獨逸が「フラマン」分離運動を後援して以來殊に盛となれり、而して其の問題は屢々政治家の投票獲得の具に供せられ又屢々感情問題となる。佛蘭西語擁護派にとりては「フラマン」派の主張は悉く「フラマン」語を過重するものの如く見ゆ。斯くて「フラマン」問題は或は議會に於て或は新聞紙上に於て絶えず論爭の種を供給す。然し前述の「フラマン」語の使用を認めたる諸立法及「フラマン」同盟の主張を仔細に檢するときは、（「フラマン」及「ワロン」は將來尙ほ永く對立し行くことと思はるるも）「ワロン」「フラマン」の均等待遇と云ふ主張は根本的には大體貫徹し居るが故に、生活の各方面に亘り尙諸般の小問題が絶えず軋轢の種を供給すとするも、之が爲白耳義の分裂又は「フラマン」「ワロン」の行政分離等を來すが如きことは想像し得ず。

第三節　自由黨の主義及主張

自由黨の主義及主張は左の如し。

（一）自由主義。自由黨の根本主義は自由主義なり。自由黨の名士「フレール、オールバン」の言を援用すれば自由主義とは「人の一切の活動に於て能ふ限り廣き範圍に於て自由行動を可能ならしめんと」する主義なり。

（二）自由貿易主義。白耳義は自給自足し得る國にあらず大に輸出貿易を促進する必要あり、而して白耳義の工業製品が世界の市場に於て競爭に勝つがためには自由貿易主義を執らざるべからず、殊に食料品の輸入は保護關稅を課すべからずと主張す。此の主張あるがため自由黨は農民を味方とすること能はず。

(三)宗敎と政治の分離。信仰は各人の自由に任すべきものにして宗敎問題は政治の圏外に在りと主張す。宗敎と政治の分離の問題は前世紀に於て喧しかりしが、今日の實際問題にあらず。

(四)公立學校主義。各人は僧侶の干與せざる均一なる敎育を受くるの權利あり。國家は公立學校制度の普及に努力せざるべからずと主張す。自由黨は一八七九年此の主張を實行せり。即ち從來各市町村は自己の公立學校を設くるか又は私立小學校を採用して之に代ふるの義務を有し居りたるを、一八七九年に至り自由黨內閣は私立小學校代用の制度を廢止し各市町村は必ず自己の公立小學校を有するの義務あることとせり。而して宗敎を小學校の敎課々目より除きたり。於是公立學校は國家の補助を受くるも私立小學校は何等の補助を受けざることとなれり。私立學校は悉く「カトリック」學校なれば「カトリック」派は猛烈なる反對運動をなし、先づ各市町村は公立學校に倂行して「カトリック」小學校を設け僧侶は父母に對し其の兒童を「カトリック」小學校に送ることを命じ、命を奉ぜざる父母及公立學校の敎師等に對し敎會は免罪の拒絕、破門等の處置を執りたり。自由黨內閣は文部省を設立し督學官を各地に派し法律の勵行を計れり。又自由黨の人士は自己の雇人にして其の兒童を私立學校に送るものを罷免する等の措置を執りたり。之有名なる學校戰爭にして「カトリック」黨及自由黨の人士は互に取引を爲さず食卓を共にせずと云ふ如き事態を生ぜり。此の學校戰爭は結局自由黨の敗北に歸し一八八四年の選擧に於て「カトリック」黨大勝し自由黨の施設は悉く覆されたり。即ち啻に各市町村に私立小學校の代用を許し政府は公立學校及之に代る私立學校に補助金を與へたるのみならず、一定の條件を備へたる私立學校にも補助金を與ふることとせり(一八八四年)。又宗敎は小學校に於ける必修課目となりたり(一八九五年)。自由黨の態度は今日に於ては緩和し、一九一九年「カトリック」黨社會黨及自由黨の聯合內閣の際所謂學校問題に關する講和

（又は休戰とも稱せらる）なるもの成立せり。即ち從來の公私學校に對する補助金は其の計算方法複雜を極め殊に毎年補助金額を豫算を以て定むることとなり居りし爲、補助金額の多寡が年々議會の問題となりたるを一九一九年十一月十三日の法律は極めて簡明に補助金額を決定し最早論議の餘地なからしめたり（註）。爾來學校問題は現實の政治問題たらざるに至れり。今日自由黨は學校に於ける宗教の教授に反對し居らず只宗教を隨意課目にすべきなりと主張す。尙ほ自由黨の義務教育の主張は一九一四年「カトリツク」黨內閣の容るゝ處となりたり。

【註】一九一九年十一月十三日の法律は市町村の公立小學校、之に代る私立小學校及一定の條件を備ふる一切の私立小學校の教員の俸給額丈を國家が補助することとしたり。俸給額は法律の定むる處に從ふ此の外學校に對する一定の手當を國家より補助す。同法律は州の市町村に與ふべき補助金額をも規定す。

（五）「フラマン」運動に對する反對。自由黨は歷史的に佛蘭西語擁護派にして「フラマン」運動は國家の統一を害するものなりとして「フラマン」運動に對しては事毎に非難攻擊す。

（六）勞働立法に對する反對。自由放任主義をとる結果又他面には其の地盤が主として資本階級なる結果、自由黨は永き間勞働保護の各種立法に反對し來れり。彼等は勞働の自由及契約の自由を主張す。此の故に自由黨は國民の多數を占むる勞働者の好意を受けず、尤も自由黨中に於ても進步的一派は勞働者の團結權及社會政策的立法の必要を承認す。

（七）私有財產制度の擁護。

（八）租稅政策。勞働階級偏重の政策に反對し各自其の分に應じて國費を負擔するに非ざれば國民の貯蓄心及企業心を害すと說き、相續稅の苛重、職業稅（Taxe Professionnelle）及超過所得稅（Supertaxe）の免稅點の向上等に反對せり（註）。而して社會黨の租稅政策は私有財產制度を危くすと主張す。

【註】「カトリツク」社會黨聯合の所謂民主內閣が今期議會に提出せる新稅法案に於て、新課稅に依る歲入增加豫想四億三千萬法なる

に對し職業税及超過所得税の免税點の向上に依る歳入減豫想八千萬法なりき。自由黨は「カトリツク」黨の保守的分子と共に國民一般の負擔を加重するに當り獨り或一階級の利益を計るの非を痛烈に攻擊せり。

(九)選擧權。單純普通選擧權及比例代表制度の維持を主張す、州會及國會に於ける女子選擧權に付ては尙早論を執る。今日女子は其の判斷に付甚しく男子の判斷に影響せられ居る故、先づ女子の敎育を盛にし女子が思想上男子より解放せられたる後之に參政權を與ふべきなりと主張す。然し自由黨が女子參政權に反對する實際上の理由は女子が思想上「カトリツク」僧侶の影響を受くること大なるが故に、女子に參政權を與ふる結果「カトリツク」黨を利することを慮るにあり。然し婦人參政は結局時機の問題と見らるるが故に各政黨共婦人を自黨に糾合するため、諸般の女子團體を組織し婦人間に勢力を振張することに努力す(第四章參照)。

(十)國防問題。國防に必要なる程度に於ける一般徵兵主義を主張す。此の主張は一九〇九年「カトリツク」黨內閣に依つて採用せられたり。自由黨は熱心なる國防充實論者にして陸軍の縮少、兵役期間の短縮に反對す。又「フラマン」派の主張する「フラマン」「ワロン」を區別せる徵兵制度及軍の編成に反對す。

(十一)外交政策。獨逸に對し强硬なる態度を執り之に對する警戒を緩むべからずと主張す。「ロカルノ」條約を歡迎するも之に全幅の信用を置かず、國際聯盟の健全なる發達を期し其の將來に希望を懸く。

第四節　社會黨の主義及主張

社會黨の主義及主張左の如し。

(一)社會主義。社會黨は根本に於て「カール・マルクス」の社會主義の實現を期し居るも、白耳義現在の國情は社會主義の急遽實現を不可能ならしむと稱し穩健なる漸進主義を執り露國の如き革命的行動には反對を宣言す(第二章中共產黨結黨に關する記事參照)。

(二)大企業國有。此の見地に基き差當り大企業鑛山及採石坑の國有を主張す。又一切の公企業(鐵道、郵便の如きもの)は國家、勞働者及利用者の共同經營とせざるべからずと主張す。

(三)勞働者の團結權及同盟罷工權の主張。

(四)社會政策又は勞働保護の施設。

(イ)勞働に從事する婦女兒童の保護。

(ロ)八時間勞働。一日八時間一週四十八時間の主張は一九二一年六月十四日の法律に依り認められ今や此の制度を農業勞働者に及ぼすことを主張しつつあり。

(ハ)疾病、傷害、養老、失職等の社會保險。

(ニ)養老年金を無償とすること。現在は勞働者は一定の年齡に達する間每年一定金額の拂込を爲す規定なり(一九二四年十二月十日及一九二五年三月十日の法律)。

(ホ)勞働者に廉價なる住宅を提供すること。

(ヘ)家庭工業の法律による規律。

(ト)强精酒販賣に對する制限。此の主張は一九一九年八月二十九日の法律に依り認められたり。

(チ)財產課稅及累進的所得稅。

(リ)各企業の經營に勞働者を參加せしむること。

(五)學校問題。自由黨と同じく宗敎の干與せざる公立學校の必要を主張し又義務敎育制を主張し來れり。義務敎育制の主張は一面に於て十四才以下の兒童の勞働禁止の主張を包含す。「カトリツク」黨社會黨及自由黨の聯合內閣の際社會黨より出でたる文部大臣「ジュール・デストレー」の下に於て所謂學校問題に關する講和が成立せり（第三節(四)參照）。社會黨は普通教育の普及及職業教育を義務的とすることを主張す。

(六)選擧權。早くより二十一才以上の男子に對する單純普通選擧權を主張し來れり。女子參政權に付ては主義の問題としては之を是認し居るも、女子に參政權を與ふる結果「カトリツク」黨の勢力を强大にすべきことを虞れ其の實現に付此だ不熱心なり。

(七)上院を廢し勞働者を以て組織する一院を以て之に代ふることを希望す。

(八)共和主義。本來共和政體を可と認むるも現在の事態に於て政體の問題を惹起するを不便と認む。

(九)國防問題。非軍國主義者なれども極めて縮少せる限度に於ける軍備の必要を認む。從來六ケ月兵役制を主張するも差當り十ケ月に短縮することを以て滿足す（第一節(十一)(註二)參照）。

(十)國際政策。國際政策は平和主義を基調とし、殊に其の首領「ヴアンデルヴエルド」が外務大臣として「ロカルノ」條約を調印せる關係より「ロカルノ」條約の協調主義を支持し、國際聯盟の健全なる發達を希望す。

第五節　共産黨の主義及主張

共産黨の主義及主張左の如し。

(一)共産主義の實行及資本主義の破壞、階級戰爭及革命を主張し社會黨の漸進主義に反對す。

(二)經濟問題。左の諸項を主張す。

(イ)國債及公債の廢棄。

(ロ)大財産の沒收。

(ハ)土地國有。
(ニ)一切の銀行、鑛山、大工業、交通機關、鐵道、電車、船舶の無償收用。
(ホ)一切の生產を最高の經濟委員會の規律及指揮の下に置くこと。
(ヘ)各個人に對する最低生活費の保障、國家は疾病、老幼及失職者を無償にて扶養すること。
(二)政治問題。左の諸項を主張す。
(イ)他の共產國家との政治的及經濟的聯合。
(ロ)中產階級の武裝(軍隊及警察)を解き勞働者を武裝せしむること。
(ハ)國王、上下兩院、州會、及市町村會の廢止。(共產黨は議會、州會、市町村會等の選擧運動に從事するも之は單に此の機會に於て無產階級を敎育する手段と見做す。政府の一切の政策を攻擊して現在の如き政體の無意義なることを民衆に知らしむることに努力す。)
(ニ)立法機關及政府機關として勞働者會議(Conseils Ouvriers)を設くること。
(ホ)新聞其の他一切の出版機關を勞働者會議に所屬せしむること。
(ヘ)裁判所を廢止し人民革命裁判所を設け裁判官は勞働者會議に依つて選任すること。
(三)文化問題。左の諸項を主張す。
(イ)「プロレタリア」的文藝の擁護。
(ロ)非宗敎的大、中、小學校に於て無償にて敎育を授くること、十八歲迄義務敎育とすること。
(ハ)敎育の國際化、職業敎育及文藝敎育の無償。
(ニ)敎會と國家との完全なる分離。

（四）言語問題。無產階級の國家を建設する以外に「フラマン」人を其の悲慘なる境遇より救ふ方法なしと主張す。現在諸般の「フラマン」運動の國體は「ブールジョア」的基礎に於て政治的及經濟的均等を主張するものなるが故共產黨は之を是認する能はず。

第六章　議會と政府との關係

白耳義に於ても現今各國に行はるゝ責任內閣政治が行はれつゝあり。即ち內閣が議會に對し責任を負ひ議會に多數を占むるもの內閣を組織し多數を失ふときは辭職す。（國王の地位は他の一般立憲君主國に於ける君主の地位と同樣なり。）而して白耳義の三大政黨たる「カトリツク」黨、社會黨及自由黨は近時何れも議會に絕對多數を有せざるがため、今や二黨又は三黨の聯合に依て多數を獲得するの方法に出づ（現在迄の內閣變遷に付ては第二章參照）。閣員の數は時に依て異なるも十名乃至十三名位なり。各省大臣中の一名を以て內閣の首班とする慣例なり。現在は內閣の首班たる「ジヤスパール」は內務大臣なるが前內閣に於ては內閣の首班たる「プーレー」は司法大臣たりき。內閣の首班は公式には首相（Premier Ministre, 又は Président du Conseil）の稱號を帶びざること多し。各省大臣の外に名譽大臣（Ministre d' Etat）なるもの約二十人あるも之は國家に勳勞あるものに與ふる終身の名譽的地位に過ぎずして、名譽大臣たるの故を以て政治の實際に干與することなし。

議會は上下兩院より成り兩院は法律上同等の權限を有するも、實際上常に重きをなすものは下院にして下院を通過せる法律案は大抵上院を通過し、（註一）又內閣の地位は下院のみの多數に依つて左右せらるゝの慣例なり。但し上院の構成は大體下院の構成に比例する如き制度となり居れり。（註二）

【註一】一八九三年乃至一九一二年に下院より上院に回附せられたる法律案九百五十三件の中、上院が修正を加へたるもの二十二件否決したるもの皆無なり。

【註二】上院議員百五十三名中九十三名は下院議員の選擧と同時に同一の選擧權者に依り選擧せらる。四十名は州會により選出せらる。州會議員の選擧權者と國會議員の選擧權者は同一なり。只選擧執行の時期を異にするも州會議員の選擧及州會に於ける上院議員の選擧に共に比例代表制度を採用する結果此の四十名の黨派別の割合は大體九十三名の黨派別の割合と一致す。殘餘の二十名は以上の如くして選出せられたる上院議員に依り其の勢力に按分して選出せらる。卽ち多少の異同は勿論あるも上下兩院議員の黨派別の割合は大體一致す。

下院議員の半數に相當する上院議員（現在九十三名）及下院議員全部は二十一才以上の男子の單純普通選擧比例代表制度に依り選ばる。（若干の女子も選擧に參加す（第五章第一節(九)參照)。上院議員中の殘餘の一部は人口二十萬に付一人の割合にて州會に依り選擧せらる（現在四十名)。國民の一般投票に依り選出せられたる議員と州會に依り選出せられたる議員とは共同して州會に依り選出せられたる議員數の半數（現在二十名）に相當する上院議員を選擧す。上下兩院議員の任期は四年なり。(最近の選擧は一九二五年四月執行せられたり。)白耳義領「コンゴー」は議會に何等の代表者を送り居らず、「コンゴー」在住の白耳義人は五千八百人に過ぎず（一九二三年一月一日現在)。白耳義には「レフエレンダム」の制度なし。

下院議員は歲費一萬二千法（憲法第五十二條）上院議員は歲費四千法（憲法第五十七條）を受く。憲法(第五十二條)は下院議長には特別手當を給與し得る旨を規定し居るも現在實際上何等の手當を受け居らず。上下兩院議員は其の任期中國家の經營する又は國家の特許を受くる一切の交通機關に無賃乘用の權を有す(憲法第五十二條及第五十七條）（註一)。其の他の交通機關に付ては法律に依つて無賃乘用券を與へ得る旨の憲法の規定(第五十二條及第五十七條)あるも現在此の趣旨の法律は其の制定を見ず。尙ほ議員及議長は一定の國內郵税を免除せらる（註二）（註三）。又上下兩院議員は議會に於ける發言及表決に關し責任なく、又議會の許可なくして會期中訴追又は逮捕せらるゝことなし（憲法第四十四條第四十五條）。

【註一】此の規定に依り議員は現に國有鐵道、私營鐵道、輕便鐵道、電車、「オスタンド」「ドーヴァー」間の郵船、「アンヴェルス」に於ける「エスコー」河渡航に無賃乘用權を有す。

【註二】上下兩院の議長及副議長は其の發受する國內郵便は無料なり。受領するものに付無料とせるは人民の請願に便宜を與ふる趣旨なり。

兩院議員は大臣、議長、副議長、議會事務局、軍司令官、參謀總長、知事、州常置委員、其の他二三の官廳との通信に付郵税を免除せらる。

【註三】尙ほ兩院議員は荷物（Bagages）の鐵道運送、八日以內の一時預り、寢臺車の使用、乘車場入場に付無料の特權を有す。又年鑑、職員錄、法令集等の公刊物を受領し、又「ブラッセル」國立音樂學校演奏場に無料入場するを得。

通常議會は毎年十一月の第二火曜日に當然開會す（憲法第七〇條）。會期は一年四十日以上たるべしとの憲法の規定あり（第七〇條）實際の慣例としては通常翌年七月末迄（註一）開會す。而して議事の都合に依りては七月末に閉會の手續を執らず休會の手續を執り置き（閉會は勅令に依る憲法第七〇條）法定の開會期日たる十一月の第二火曜日前閉會すること往々あり。新年及復活祭には緊急の議案あるに非ざれば通常各二週間休會す。會議は斯くの如く長期に亘れども一週通常火、水、木曜の三日午後二時より午後五時迄を會議の時間とす。尤も議事輻輳するときは或は金曜日會議を開き、或は火、水、木曜日の午前十時より正午迄に開會する等の手續を執る。此等は總て議會自ら決する處に依る。（通常毎週の終に次週の會議日を決定す。）（註二）

【註一】今年より裁判所の夏季休暇七月十五日より九月十五日迄に變更せられたるを以て、議會も七月十五日より夏季休暇に入るの慣例を採用すべしと豫想せらる。其の方が議員にして辯護士を兼ぬる者に便利なり。

【註二】緊急の議案ある場合の外夕刻以後に亘つて會議を開くことなきは、各議員が毎日出京して會議に列し會議後毎日歸鄕するの便利の爲なり。毎週通常金、土、日、月曜日の四日間連續して休會する結果、各議員は毎週鄕里に於て私用を辨ずるの便を有す。

國王は臨時議會を招集するの權を有す（憲法第七〇條）。又國王は上院及下院の一又は兩者を解散するの權を有す（憲法第七十一條）。

第七章　地方自治體と政黨との關係

白耳義の地方自治體（殊に市）の發達は古き歷史を有し、其の實際上有する自治權の廣汎なること、及人民の間に自治體の觀念の發達し居ること他國に類例を見ず。而して政黨の地方自治體の政治に干與すること中央政府と異なる處なし。

白耳義全國は九州（「ブラバン」、「アンヴエルス」、東「フランドル」、西「フランドル」、「リンブルグ」、「ルクセンブルグ」、「ナミユール」、「アイノー」、「リエージユ」）に分る。各州に比例代表單純普通選擧制度に依り選ばるゝ州會（議員の任期四年）あり各州會は其の議員中より六名の常置委員會（委員の任期は議員の任期に同じ）を選任す。常置委員會は州政治に付重大なる權限を有し政黨政治は州會及常置委員會に浸潤し常置委員會は州會に多數を占むる政黨が之を左右す。

各州の行政の首長は知事にして知事は又州に於ける中央政府の代表者なり。國王之を任命す。知事の地位は古くは中央政界の政黨の勢力の異動に依て左右せられ知事は自己の屬する政黨中央議會に多數を有せざるに至るときは辭表を提出するの慣例なりしが、今日に於ては知事は政黨の勢力の異動に關係なく其の地位を保持するの慣例となれり。

知事は常置委員會の議長となり又其の表決に加はる。知事と常置委員會は互に相牽制すれども州政治の實際に關する權力者は常置委員會なり。殊に市町村の監督は常置委員會の職權に屬す。州會に於ても中央議會に於けると同一の政黨が相爭へり。州會に於ける各政黨の勢力を一瞥すれば（現在の州會は一九二五年十一月選出）「カトリツク」黨最優勢にして東「フランドル」、西「フランドル」、「リンブルグ」、「ルクセンブルグ」の四州に於て絕對多數を有し常置委員を獨占す。社會黨は「アイノー」州會に於て絕對多數を有し「リエージユ」州會に於ては議員全數の正半數を占め、此の二州の常置委員を獨占す。但し「リエージユ」州會に於ては議員の半數を占むるに過ぎざるに拘らず常置委員を獨占し州政を專行せんとしたる結果州豫算不成立の窮地に陷りたり（註一）。他の三州「ブラバン」、「アンヴエルス」、「ナミユール」に於ては「カトリツク」黨第一黨の地位を占むるもの絕對多數を占むるものなく、常置委員會は「ブラバン」州、「ナミユール」州に於ては社會黨と自由黨との聯合、「アンヴエルス」に於ては「カトリツク」黨、社會黨、自由黨の三黨聯合に依り成立せり。全國の州會議員を合算すれば全員六百九十六名の中「カトリツク」黨選出三百十五名、社會黨二百四十五名、自由黨百八名なり、即之を下院に於ける黨派別と比較するときは州會に於ては「カトリツク」黨悠々として第一黨の地位を占め社會黨は地方に於て下院に於けるより勢力可成り少なく自由黨の勢力は州會に於て國會に於けるより稍々大なり。此の下院と州會との黨派の勢力の差異を生ずる原因は種々あるべきも（一）「カトリツク」黨が其の三十年間の全盛時代に各方面に扶殖せる勢力が殊に地方に於て浸潤し居ること、（二）州會選擧と國會選擧が時を異にして行はるること、（三）選擧區が異なること、（四）地方には地方特有の種々の狀況が存在すること等が主なる原因なるべし。尤も社會黨が他の二黨の勢力を蠶食し來る傾向は之を州會に付ても窺ふことを得。即一九二一年の州會と現在の州會とを比較するときは、全國に付て社會黨は三十八名を增し「カトリツク」黨は十九名を自由黨は二十五名を減ぜり。（新州會議員全國總數六百九十六名、舊州會議員全國總數六百八

十名）（註二）

【註一】「リエージュ」州會議員中には四名の共産黨議員あり。共産黨と社會黨とが提携せしならば此の難局を切抜け得たりしなるべし。共産黨は絶えず秋波を送りたるも社會黨は之を拒絶せり。此の一事は當國社會黨の穩和なる傾向と當國に於ける共産黨の不評判をよく證明す。若し社會黨が共産黨と「リエージュ」州に於て提携せしならば社會黨が全國に於て今日迄有し來れる信望を失墜するの虞ありしことを自らよく知れり。

【註二】一九二五年十一月の州會選擧の結果を參考の爲左に揭ぐ、表中一九二一年の州會選擧の結果を對照の爲揭ぐ。

州別	年別	「カトリック」黨	自由黨	社會黨	共産黨	分離黨	其の他	計
「ブラバン」	一九二五	三四名	二二名	三二名	二名	―	―	九〇名
	一九二一	三六	二七	二七	―	―	―	九〇
「アンヴェルス」	一九二五	三七	一五	三一	―	六名	中産派 一名	九〇
	一九二一	三八	一四	二六	―	二	―	八〇
「リエージュ」	一九二五	二四	一五	四三	四	―	―	八六
	一九二一	二一	一七	四一	―	―	農業黨 一	八〇
東「フランドル」	一九二五	四八	一〇	二九	―	三	―	九〇
	一九二一	五〇	一四	二四	―	二	―	九〇
西「フランドル」	一九二五	四五	八	一九	―	八	―	八〇
	一九二一	五二	一二	一五	―	一	―	八〇
「アイノー」	一九二五	二四	一三	五一	二	―	―	九〇
	一九二一	二六	一五	四九	―	―	―	九〇

「ナミュール」	一九二五	二七	九	二四	—	—	—	六〇
	一九二一	三二	一〇	一八	—	—	—	六〇
「リンブルグ」	一九二五	四九	六	五	—	—	—	六〇
	一九二一	四九	一〇	一	—	—	—	六〇
「ルクセンブルグ」	一九二五	二七	一〇	一一	—	—	農業黨 二	五〇
	一九二一	三〇	一四	六	—	—	—	五〇
全國	一九二五	三一五	一〇八	二四五	八	一七	三	六九六
	一九二一	三三四	一三三	二〇七	—	五	一	六八〇

州の下にある自治體は市町村（Commune）なり。縣（Arrondi sement）郡（Canton）等の行政區劃あるも之は自治體にあらず。町に於ける最高權力は市町村會なり市町村會は頗る廣汎なる權力を有し其の權能は市町村政治の全部に亘る。
市町村長は市町村會議員中より國王に依り六年の任期を以て任命せらるゝの規定なるが、慣例上國王は市町村會が推薦する候補者を任命す（註）。市町村長は實際の慣例上該市町村政治に於ける最有力なる指導者なり。又大都市の市長は屢々中央政界の有力者なり。

【註】　先帝「レオポルド」二世の時代市町村會が社會黨に屬する市町村長を推薦したる際に其の任命を拒みたることあるも、今日に於ては社會黨に屬するの故を以て任命を拒まるゝことなし。

市町村會は其の議員中より二人乃至六人（人口に比例す）市町村參事會員を選出す（任期は議員の任期に同じ）。參事會は市町村長と共同して市町村の行政に當る。尙ほ市町村長は單獨にて警察法規及國、州の法令の施行に當る（但し若干の例外あり）。

市町村會議員は二十一才以上の男子及女子に依り六年の任期を以て選擧せらる。市町村會選擧に於ても大體中央政界と同一の政黨が相爭ひ市町村會の選擧は常に中央政界に於ける各政黨の勢力の試金石と見らる。尤も人口の少なき小町村に於ては少しく趣を異にし町村會の選擧は專ら地方の實益に關係する問題に關し戰はれ、選擧に參加する各候補者名簿の政治的色彩甚しく不鮮明なり。從て之等の黨派を中央政界に於ける政黨と類比して考究することは屢々不可能なり。然し人口の多き重要なる市町に於ては政黨の組織も整ひ大體中央政界に於ける政黨が旗幟を鮮明にして市町村會選擧に參加す。故に今人口一萬以上の市町（註）に於て最近市町村會選擧（一九二一年四月二十四日）に各政黨の獲得せる議席を合計すれば「カトリツク」黨七百八十八、社會黨六百九十、自由黨三百五十九なり。即ち形勢は稍中央政界と相似たるが自由黨が市町村會に於て中央政界に比し甚だ優勢なることに注意せざるべからず。

【註】市町村數二千六百三十八の中人口一萬以上の市町は僅に百九に過ぎざるも、白耳義の全人口七百四十萬中人口一萬以下の市町の人口總計は三百十三萬を占む（一九二〇年の統計）。

更に重要都市の市會に於て各政黨が現に出し居る議員數を示せば左の通なり。

	「カトリツク」黨	自由黨	社會黨	分離黨	其の他	計
「アンヴェルス」州						
「アンヴェルス」	一五名	一三名	一四名	三名	一名	四五名
「マリン」	一一	五	一一	—	—	二六
「ブラバン」州						
「ブラツセル」	一七	一四	一三	—	中産派 三 戰士黨 三	五〇
「アンデルレヒト」	九	七	一二	—	戰士黨 一	二九

「イクセル」	一〇	一五	五	―	戰士黨	一	三一
「モレンベック」	九	七	一〇	―	中産派 戰士黨	二 一	三一
「サンジル」	九	一〇	八	―	中産派 戰士黨	一 一	二九
「スカルベック」	一三	一一	六	―	中産派 戰士黨	一 一	三三
「ルーヴアン」	一〇	四	一〇	―	統一黨	一	二五
東「フランドル」州							
「ガン」	一七	六	一六	―		―	三九
西「フランドル」州							
「ブリュージュ」	一五	二	六	―	基督敎民主黨 實益派	二 二	二七
「クールトレー」	一四	三	六	―		―	二三
「オスタンド」	九	十	―	―	Belgische Weeklieden Partij	六	二五
「アイノー」州							
「モンス」	八	七	四	―		―	一九
「シャルロア」	五	五	九	―		―	一九
「トウールネー」	一〇	六	七	―		―	二三
「リエージュ」州							
「リエージュ」	一二	一一	一六	―		―	三九
「ウイ」	三	四	六	―		―	一三
「ヴェルヴィエ」	七	四	一一	―	中産派 戰士黨	二 一	二五

「リンブルグ」州						
「ハッセルト」	九	｜	｜	｜	國民黨 六	一五
「ルクセンブルグ」州						
「アルロン」	四	六	三	｜	｜	一三
「ナミュール」州						
「ナミュール」	一三	四	四	｜	｜	二一

右表中最顯著なる事實は大都市に於て自由黨の勢力は殆ど「カトリック」黨及社會黨に拮抗し居ること之れなり。此の事實のみより見るも自由黨は相當根據ある地盤を有し居り一部人士の杞憂する如く、自由黨は容易に滅ぶるものにあらずと思はる。殊に左表市參事會の現在の構成を大都市に付て檢するときは自由黨の地方政治に於ける勢力の侮るべからざること一層明白なり。

市參事會が自由黨と「カトリック」黨との聯合より成るもの

「ブラッセル」、「リエージュ」、「モンス」、「ウイ」、「オスタンド」。

市參事會が自由黨と社會黨との聯合より成るもの

「シャルロア」、「トウルネー」、「ヴェルヴィエ」、「サンヂル」、「スカルベック」。

市參事會が自由黨、「カトリック」黨、社會黨の聯合よりなるもの

「ガン」、「アンデルレヒト」、「アリン」、「モーレンベック」。

市參事會が社會黨と「カトリック」黨の聯合より成るもの

「アンヴエルス」。

市參事會が「カトリック」黨の獨占たるもの
「ブリユージユ」、「クールトレー」、「ハツセルト」、「ナミユール」。

第八章　各政黨の將來に關する豫測

白耳義の三大政黨即ち「カトリック」黨、自由黨、社會黨は皆相當に長き歴史を有し其の現在有する勢力は夫々依て來る所の相當根强き根據を有す（註）。而して其の勢力は比例代表選擧に依り常に大體公平に表現せらるゝが故に其の勢力も近き將來に於て大變動を來すことあらざるべしと思はる。

【註】各政黨の地盤に付ては第三章參照、尙ほ各政黨の勢力と職業統計を對照すること興味あり。只玆に利用し得るは一九一〇年の職業統計にして其の以後のものは未だ出來居らず（一九一〇年より一九二五年迄の間に白耳義の總人口は約三十萬增加したり）。

一九一〇年の統計に依れば工業勞働者（男）は九十一萬三千あり、之は社會黨の最主要なる地盤なるが社會黨は一九二五年四月の國會選擧及十一月の州會選擧に夫々八十二萬票及七十六萬票を獲得せり。同一の統計に依れば農業に從事する男子は約五十六萬（內勞働者約二十二萬四千）あり。之は大體論として「カトリック」黨の地盤と見るを得べく、此の外に工業の經營者、其の家族、支配人、技師、其の他の雇人（女子は選擧權なきに付計算より除外す）三十三萬人及商業經營者、其の家族、支配人、技師、其の他の雇人（女子は計算より除外す）約三十萬人合計六十三萬人の中、假に半分は「カトリック」黨の地盤半分は自由黨の地盤と見ることとせば「カトリック」黨側約八十七萬自由黨側約三十二萬となる。自由黨は尙ほ此の外若干の自由職業者を自黨に糾合し居るべし（一九一〇年の統計に依れば自由職業者男子は約六萬二千あり）。「カトリック」黨は一九二五年の二回の選擧に夫々八十萬票及八十四萬票を得たり。自由黨は夫々三十萬票及三十五萬票を得たり。之は甚だしく大膽杜撰なる推算に過ぎざるが之に依り三黨の勢力の根柢は決して空虚なるものにあらざることを了解し得べし。

自由黨に付ては屢々其の將來を危ぶむ者あり。自由黨は遂に「カトリツク」黨と社會黨との兩方より壓迫せられて其の現に有する有力なる第三黨たる地位を失ふにあらずやと虞るるものあるも、自由黨の地盤が商工業者、金融業者、知識階級中產階級及都市なる點を考ふるときは、白耳義の如き商工業の發達し又文化の發達せる國にありては自由黨の奉ずる主義は常に相當數の共鳴者を失はざるべしと思はる。自由黨は民衆を味方とせざる故將來數的に其の勢力を增加することは望なしとするも、一面には「カトリツク」教殊に僧侶と政治との混同を嫌ひ又他面に於て社會主義を厭ふ分子を糾合して其の現に有する勢力を大體に於て維持し、少數の賢者として國政を批議するのみならず「カトリツク」黨も社會黨も絕對多數を有し居らざる現況に於ては有力なる第三黨として、或は社會黨と或は「カトリツク」黨と或は此の二黨と聯合し屢々政治の實際に參與するの機會を有することと思はる。(註)

【註】自由黨は主義上社會黨とも「カトリツク」黨とも相容れざるが政治の實際に於ては此等と提携したる事例に乏しからず。戰爭中及戰爭直後の擧國一致內閣は例外的場合と見るべきにもせよ、自由黨は一九二一年の「チュニス」內閣に於ては「カトリツク」黨と聯合し、又一九一四年以前「カトリツク」全盛時代には之に當らんが爲屢々社會黨と提携したり。現內閣は三黨聯合內閣にして又現に自由黨は「ブラバン」州會及「ナミュール」州會に於て社會黨と聯合して「アンヴェルス」州會に於て「カトリツク」黨及社會黨と聯合して政治を行ふ。大都市に於ける自由黨と他黨との聯合に付ては第七章末段參照。

社會黨の勢力は尙ほ多少增加し得べし。社會黨は未だ自黨に糾合し得べき總ての勞働者を糾合し居るものと看做すこと能はず。殊に「カトリツク」主義を奉じ「カトリツク」黨民主派に赴く多數勞働者は宗教問題が政治問題ならざる場合に屢々社會黨に投票するの可能性あり。殊に宗教問題中最重要なる學校問題に付ても社會黨は近年極めて好意的態度を示し居り、即ち教育の問題は國家の問題なるが故に國家は私立學校たると公立學校たるとに論なく能ふ限り補助すべしと說き居り、此の點は「カトリック」黨の弱味にして同黨は頻に學校問題は決して終極的に解決し居らずと說く。若し社會黨又は自由黨が其の欲するが儘に政治を行ふことあらば私立學校に對する補助金は廢止せらるゝの虞あり。又小學校の問題が落着するも中學校の問題が起り得べし等と「カトリック」黨は說き居るも之畢竟「カトリック」黨の結束策に外ならず、但し社會黨は他面に於て共產黨に多少其の勢力を蠶食せらるゝの虞あり。

「カトリック」黨の將來に付ては其の豫測稍困難なり。第一に「カトリック」黨分裂即ち保守派と民主派との分離の問題あり。「カトリック」黨分裂の危機は十數年來屢々傳へられたるが其れにも拘はらずよく結合し來れり。此の結合を尙ほ將來持續し得るや否やが問題なり。然し(一)保守派及民主派間には宗敎、道德及憲法上の自由に關する問題に付ては全黨一致の態度を執るべきも、社會政策問題に付ては各別の意見を有し得と云ふ約束あり。(二)「カトリック」黨結合の根本が「カトリック」主義にして殊に民主派の地盤たる「フラマン」人は敬虔なる「カトリック」信者なり(三)學校問題等の宗敎的問題は尙ほ再燃の可能性あるが故に、近き將來に於て分裂することあらざるべしと推斷し得べき乎。然し稍々遠き將來に付ては保證する能はず。其の民主派と保守派間の妥協苟合は黨內に不平分子を生じ不平分子の一派は社會黨に他の一派は自由黨に投票するに至るの虞あり。殊に民主派の勢力增大するに從て分裂の可能性增大す。少くとも「カトリック」黨は其の統一を維持し得るにしても其の往時の全盛を再現することは困難なるべし。但し此の點に關し考慮せざるべからざるは婦人參政問題なり。婦人が選擧に參加するに至らば「カトリック」黨の地位大に有利となるべし（第五章第一節(九)參照)。此の事實は既に市町村會の選擧に於て經驗したり(一九二一年四月二十四日の選擧)。中央議會選擧に婦人の參加するに至るは時期の問題なりと信ずるも其の近き將來なりや、遠き將來なりや豫斷を許さず、豫斷を許さざる最も主要なる理由は此の問題に關する社會黨の態度頗る曖昧なることに在り。

尤も今日各政黨の勢力が大體安定し居るは畢意比例代表選擧に依り其の勢力が大體公平に表現せらるゝ爲なるが故に、

若し比例代表制度が廢止せらるゝことあらば各政黨の勢力に變動を見るべし。比例代表制度の廢止に依り最も迷惑するは自由黨なるべし。然し選擧法改正の問題は種々議論あるも比例代表制度を近き將來に廢止することは豫測し難し。選擧法の問題中尙ほ一つ現に多少論議せられ居るは家族の員數の多少に依て戸主に複數投票權を與へんとする案なり。「カトリツク」黨は其の家族制度擁護論者たる立場より之に贊成するものの如きも此の制度が實施せられたる場合に何黨を利するに至るや豫測する能はず。

右三黨が大體現在の勢力を維持すとせば政變の都度如何なる聯合に依り內閣を組織すべきやが問題となり其の度每に政局紛糾するの虞あり（註）。而して此の紛糾は議會の解散に依て解くこと能はず。

【註】 假に三黨中の二黨を以て聯合內閣を組織し此の內閣が倒れたりとするも、在野黨たりし第三黨が單獨之に代て內閣を組織するの力なきが故に內閣を組織するには前內閣を組織せる二黨又は二黨の一との聯携を策せざるべからず、斯くの如くして責任內閣制は鵺的となり絕えず困難なる事態を生ずる有樣なり。

三大政黨以外の小黨中分離黨及共產黨は稍々注目に値す。其の他の小黨に至ては將來發展の見込なく、又永續を期し難し。分離黨及共產黨も尙ほ多少其の勢力を延すことありとするも、從來の勢力伸張の狀況より察し又白耳義人の實際的國民性に鑑み二黨共將來大に發展するが如きことあるまじと思はる。殊に共產黨は社會黨の地盤を蠶食して現在より多くの議員を出すの可能性は勿論あり、然し世界的に共產主義の行はるゝ如き時勢到來せざる限り共產黨が其の勢力を激增する如きことは考ふる能はず。「カトリツク」黨、社會黨に次ぐ第三黨として政局の鍵を握る望すらも覺束なしと云ふべし。共產黨員自身も議會に多數を制することに依り其の政策を實行せんとは考へ居らず。白耳義の如き商工業に依り生活する國、自給自足をなし得ざる國は共產主義に依り其の商工業の秩序を破壞することは忍び得ざる處なるべく、之が共產主義の發達し得ざる最根本的なる原因なるべし。兎も角今の處共產主義は國民一般に不評判なり。分離黨も國民一般に不評判なり。

然し「フラマン」問題は屢々感情問題にして又屢々政爭の具に供せらるゝが故に、時と場合に依ては尙ほ若干の議席を議會に於て增加することあり得べし、然し之が爲白耳義の統一を害するが如きことは想像し得ず（第五章第二節末段參照）。

第九章　各政黨領袖の略歷

序　言

白國の政黨に於ては一人の首領に依て政黨を統轄すと云ふことなし。「カトリック」黨（Union Catholique）は二年每に、自由黨評議員會は四年每に其の總裁、副總裁及事務局を改選し、此の總裁は黨の長老として總會、評議員會の議長となり黨の庶務を執行するのみにて現に實力ある首領にはあらず。社會黨は何時とはなしに「ヴァンデルヴェルド」氏を首領と認めたる形となり居れり。之は何等の票決又は決定を經たるものにあらず。「ヴァンデルヴェルド」氏が偶々他の領袖より遙に大なる信望を有する結果生じたる一時的現象に過ぎず。斯の如く何れの黨派も一人の首領の節度に服し居らざる結果政變に際しては國王は或黨の領袖中信念あり、時局を收拾するの望ある一人に內閣組織の大命を下す。

第一節　「カトリック」黨領袖の略歷（ＡＢＣ順）

「カルトン・ド・ヴィアール」（Henri Carton de Wiart）一八六九年一月三十日「ブラッセル」府に生る。故「コンスタン・カルトン・ド・ヴィアール」の長男なり。法學博士、一八九六年以來引續き下院議員、一九一一年司法大臣となる、歐州大戰中英、米、伊に使節として特派せられたることあり。一九二〇年十一月戰後第二次の內閣を組織し治績少からず、現名譽大臣なり。國際法及經濟學に關する著述少からず、就中 The way of Honour（一九一八年）は名著を以て知らる。「カトリック」

黨保守派の重鎭なり。

「ドゥ・ブロック・ヴィル」(Baron Charles de Broqueville) 一八六〇年十二月四日「ポステル」に生る。一八九二年下院議員に當選以來引續き下院に議席を有す。一九一〇年鐵道大臣となる。一九一二年十一月首相兼國防大臣として内閣を組織し、大戰中白耳義全土獨軍の蹂躪する處となるや政府を或は「アンヴェルス」に或は「オスタンド」に或は「アーヴル」に遷し國家の大任を其の双肩に負ひて盡瘁する所多く、大戰終了と共に内閣を辭し「ド・ラ・クロア」内閣成立するや入つて内相となり、一九二〇年十一月に及べり。一九二六年五月「ジャスパール」内閣に入つて國防大臣となる。現に名譽大臣上院議員にして「カトリック」黨の巨頭を以て目せられ保守派に屬す。

「ド・ラ・クロア」(Léon Frédéric Gustave Delacroix) 一八六七年十二月二十七日「ブラッセル」府「サンジョス」に生る。一九〇八年乃至一九一一年「イクセル」の參事會員、一九一七年以來白耳義國辯護士會會長たりしが、一九一八年「ド・ブロックヴィル」内閣の後を承けて戰後第一次の内閣を組織し戰後の難局に處して施設する處尠からず、一九二〇年十一月其の内閣を辭するに際し名譽大臣に任ぜらる。「カトリック」黨中有數の重鎭、保守派に屬す。

「ジャスパール」(Henri Jaspar) 一八七〇年七月「ブラッセル」府「スカルベック」に生る。「ブラッセル」大學卒業、辯護士、獨逸軍の白國占領中白國内に殘りて國民の救濟に從事し、戰後引續き新設の經濟省に大臣として復興事業に當り名聲を擧ぐ。一九二〇年十一月「カルトン・ド・ヴィアール」内閣に於て外相となり「チュニス」内閣に至りても依然外相の職にあり(一九二四年三月迄)。一九二六年五月三黨聯合内閣を組織し首相兼内務大臣となる。現に名譽大臣、下院議員なり。政治家として非凡の手腕を有すと云はれ現時最活躍し居る者の一人にして保守派中の保守派なり。

「プーレー」(Vicomte Prosper Joseph-Marie Poullet) 一八六八年三月五日「ルーヴアン」に生る。一九〇〇年乃至一九〇八年州會議員、一九〇二年五月以來下院議員、一九一一年一月乃至一九一八年十一月文相、一九一八年十一月乃至一九一九年十一月下院議長、一九一九年十二月乃至一九二一年十一月鐵道交通大臣、國際聯盟第一回總會に於ける白國全權委員、一九二四年內務大臣、一九二五年六月より一九二六年五月迄內閣の首班として經濟大臣、次で司法大臣を勸め國防大臣を兼攝す。一九二六年五月名譽大臣となる。人となり敦厚、政治家として將又學者として廣く世に知らる、「カトリツク」民主派の巨頭にして「フラマン」派に屬す。

「ランカン」(Jules Renkin)　一八六二年「ブラツセル」に生る。一八九六年以來下院議員なり、司法大臣次で殖民大臣として先帝「レオポール」二世の「コンゴー」政策を輔翼し、歐洲大戰後「ド•ラ•クロア」內閣の鐵道大臣次で內務大臣となる、現に名譽大臣なり。辯舌をよくし又文才に富む「カトリツク」黨保守派の重鎭なり。

「リユゼツト」(Baron Albert Ruzette)　一八六六年七月二十二日「サン•ジヨス•テレ•ノード」に生る。一九〇〇年五月の補缺選擧に於て下院議員に當選したる以來引續き代議士なりしが、一九〇七年四月東「フランドル」州の知事に擧げられ一九一二年再度下院議員となり翌一九一三年上院議員に選出せられ大戰中は上院議員なりしが、戰後第一次「ドラクロア」內閣の農工相となり一九二〇年十一月の「カルトン•ド•ヴイアール」內閣及一九二一年十二月の「チユニス」內閣に農工相となる。目下上院議員、由來穩健なる政治家にして自國內に於ける聲望高し。

「ヴアン•ド•ヴイヴエール」(Aloys Van de Vyvère)　一八七一年六月八日西「フランドル」州「チエール」町に生る。一九〇九年一月州會議員となり、一九一〇年五月以來下院議員、一九一一年六月乃至一九一二年十一月農工相、一九一二年十一月鐵道大臣に轉ず。一九一八年十一月迄鐵道大臣一九二〇年十一月經濟大臣となり、「チユニス」內閣に於ても同相の職を保てり。一九二五年四月の總選擧後の政局紛糾に際し首相とし內閣を組織したるも旬日にして倒れ、一九二五年六月「ブーレー」內閣に入て農相となる(一九二六年二月辭職)。名譽大臣にして「カトリツク」黨「フラマン」派の重鎭保守派に屬す。

第二節　自由黨領袖の略歴（ＡＢＣ順）

「ドウヴェーズ」（Albet Devèze）　一八八一年六月六日「イープル」に生る。辯護士として名聲あり。一九〇七年「スカルベツク」市會議員一九〇八年州會議員一九一二年下院議員となる。大戰中自ら進んで參戰し武功あり。一九二〇年「カルトン・ド・ヴイアール」內閣の國防大臣となり、一九二一年十二月「チユニス」內閣に於て同じく國防大臣となる。自由主義に闘する著述多し。自由黨の巨頭にして黨中の民主的傾向を代表す。

「フランク」（Louis Frank）　一八六八年十一月二十八日「アンヴエルス」に生る。一九〇六年五月以來引續き下院議員なりしが、一九一八年十一月「ドラクロア」內閣に入りて殖民大臣となり「カルトン・ド・ヴイアール」內閣及「チユニス」內閣に至るも殖民大臣として留任せり。自由黨の領袖にして聲望高く能辯を以て知らる。

「イーマンス」（Paul Hymans）　一八六五年三月二十三日「ブラツセル」府に生る。父は故「ルイ・イーマンス」なり。「ブラツセル」大學卒業後一八八五年以來控訴院辯護士、一九〇〇年以來引續き下院議員一九一一年以來白國學士會員一九一四年名譽大臣に任ぜらる。一九一五年乃至一九一七年駐英全權大使、大戰後「ドラクロア」內閣の外相となり一九二〇年十一月に及ぶ。講和會議其の他に於て功績尠からず、國際聯盟第一回總會の議長として其の英才を發揮したるは世人の克く知る處なり。一九二四年三月再外相となり一九二六年五月五月「ジヤスパール」內閣に入り司法大臣となる。自由黨の巨頭なり。

「ジヤンソン」（Paul Emile Janson）　辯護士、大戰中白國內に殘留し國事に奔走す。戰後「ドラクロア」內閣にて「マツソン」の後を承け國防大臣となる。現に下院議員にして「イーマンス」「ドウヴェーズ」と相並んで自由黨の巨頭の一人なり、雄辯を以て聞ゆ。

「マッソン」(Paul Benoit Masson)　一八五四年二月十六日「アイノー」州「ドウル」に生る。一八八五年五月乃至一八九四年「ドウル」の參事會員一八九六年八月乃至一九〇〇年六月「モンス」の參事會員、一九〇四年五月下院議員となり一九一八年十一月「ドラクロア」內閣成立當時より一九二〇年二月迄國防大臣、一九二一年十二月「チュニス」內閣に入て法相となる、辯護士にして自由黨の名士なり。

「マックス」(Adolphe Max)　一八六九年十二月三十一日「ブラッセル」に生る。法學博士、辯護士、新聞記者、市會議員、州會議員を經一九〇九年「ブラッセル」市長となる。獨逸軍占領中其の愛國的行動の爲獨逸に送られ牢獄に繫がる。休戰後再市長となり名譽大臣となる又下院議員なり、國民間に非常に信望あり。

第三節　社會黨領袖の略歷（ＡＢＣ順）

「アンゼール」(Edouard Anseele)　一八五六年七月二十六日「ガン」に生る。幼時印刷職工、後「ガン」に「コオペラティブ」(Voornit) を創立して成功し名聲大に揚る。一八九六年以來引續き下院議員一九一八年十一月乃至一九二一年勞働大臣一九二五年六月「プーレー」內閣に入り鐵道大臣となり、一九二六年五月「ジャスパール」內閣に於ても鐵道大臣たり、「フラアン」派に屬す。

「デストレー」(Jules Destrée)　一八六三年「マルシネル」に生る。一八九四年十月以來「シャールロア」選出下院議員、一九一九年十一月「ドラクロア」內閣に入り文相となり「カルトン・ド・ヴイアール」內閣にも留任す、辯護士、文藝に關する評論卓見を以て知らる。文藝上の著作多し又雄辯家なり。「ワロン」派に屬す。

「ラ・フオンテーヌ」(Henri La Fontaine)　一八五四年四月二十二日「ブラッセル」に生る。一九〇〇年六月「リエージュ」より選出せられ上院議員となり同院副議長となる。在海牙萬國平和協會の會長にして平和論者を以て知られ國際聯盟

第一回總會の白國全權たりき。辯護士、上院副議長にして社會黨の錚々たるものなり。

「ユイスマンス」Camille Huysmons 「リンブルグ」州「ビルセン」に生る。「リエージュ」大學卒業後若くして政界に入り始め市會議員後下院議員となる、又社會主義者として世界的に有名なり。一九二五年六月「プーレー」內閣に入り文相となり一九二六年五月「ジャスパール」內閣に於ても文相たりき、明透なる頭腦と强固なる意思の所持者として知られ又「フラマン」語の擁護者として有名なり。

「ヴアンデルヴエルド」(Emile Vandervelde) 一八六六年一月二十五日「イクセル」に生る。大學卒業後種々の社會事業に從事したるが、一八九四年以來下院議員、歐洲大戰中無所管大臣次で給養務大臣として擧國一致內閣に加はる。一九一七年十一月「ドラクロア」內閣に入て法相となり「カルトン・ド・ヴイアール」內閣に至るも留任し一九二一年に及ぶ。一九二五年六月「プーレー」內閣に入て外相となり同內閣の副總理として同內閣を左右す。一九二六年五月「ジャスパール」內閣に於て同じく外相たり、名譽大臣「ブラッセル」大學法科教授辯護士なり。社會黨創立者の一人にして現に其の首領なり。社會學に關する造詣深く社會問題に關する著述少からず。現に第二「インターナショナル」の總裁にして社會黨の現時穩健にして實際的なる態度は同氏に負ふ處少からず、現時政界に於て最有力なる者の一人なり。

「ウオーテルス」(Joseph Wauters) 一八七五年十一月八日「リエージュ」に生る。理學博士にして一九〇二年より一九一〇年迄「リエージュ」大學の物理化學の教授たり。一九〇四年五月下院議員に當選以來引續き代議士たり。一九一八年十一月の「ドラクロア」內閣及一九二〇年十一月の「カルトン・ド・ヴイアール」內閣に於て勞工及給養大臣となる。一九二五年六月「プーレー」內閣に於て勞工大臣一九二六年五月の「ジャスパール」內閣に於ても勞工大臣たり、社會黨の機關紙「プープル」の社長にして白國社會黨の名士なり。

第十章　政黨の機關紙

白耳義には若干の重要なる中立新聞あるも大多數の新聞は何れかの政黨の機關紙にして、其の中には第一流の新聞たる地位を保持するも少からず、各派の重要機關紙は左の通りなり。

「カトリツク」黨保守派

Libre Belge（「ブラツセル」發行）保守派の意見を最もよく代表す。

Métropole（「アンヴエルス」發行）Union catholique の總裁及 Fédération des Associations et des cercles の總裁 Paul Segers 氏の機關紙と稱せらる。

「カトリツク」黨民主派

XXe Siècle（「ブラツセル」發行）通常民主派に屬すと云はるるも色彩少しく不鮮明なるものあり、民主派の主張は寧ろ左の「フラマン」語新聞に依つて代表せらる。

「カトリツク」黨「フラマン」派（同時に民主派に屬す）

De Standard（「ブラツセル」發行）

De Tijd（「ブラツセル」發行）

社會黨

Le Peuple（「ブラツセル」發行）社會黨紙中最重要なるものにして同黨領袖が時々同紙の爲執筆す。

Journal de Charleroi（「シヤルロア」發行）

Voornit (「ガン」發行) 社會黨の領袖、現鐵道大臣「アンセール」氏の機關紙なり、「フラマン」派に屬す。

Volksgazet (「アンヴェルス」發行) 社會黨の領袖、現文部大臣「ユイスマンス」の機關紙にして「フラマン」派に屬す。

自由黨

Indépendance Belge (「ブラッセル」發行) 自由黨領袖、現司法大臣「イーマンス」の機關紙と謂はる、又工業會議所の御用使と謂はれ居り其れ丈によく自由黨の意向を代表す。

Etoile Belge (「ブラッセル」發行)

Dernière Heure (「ブラッセル」發行)

Het Laatste Nieuws (「ブラッセル」發行)

共産黨

Drapeau Rouge (「ブラッセル」發行)

中立紙中「ル・ソアール」は當國に於ける最大新聞にして其の論調は全然中立なるも、同紙は「カトリック」黨、社會黨及自由黨の領袖と特約して毎週其の寄稿を掲載するが故に各政黨の時事問題に關する意見を知るに便なり。「ナション・ベルヂュ」も當國の大新聞の一なり、中立紙なるが其の論調は保守的にして其の意見は多くの場合に於て「カトリック」黨自由黨の保守的分子の意見と同一なりと云ふを得べし。

第六編　伯剌西爾國の政黨（一九二七年七月調）

第一章　各政黨の名稱及主義綱領

當國には共和制施行以來政權を把握し居る絶對多數の團結たる共和黨あり之に對し從來少數の政府反對者あるも微力にして而かも相互の連絡なく一黨派を形成するに至らず。從て反對黨なき共和黨も嚴格なる意義に於て政黨と稱し難き體裁にあり、寧ろ單に有力なる政治家の集團にして代々其間に政權の授受を行ひ來れるものと云ふに過ぎず、從來當國に政黨なしと言ふは此意義に於てなり。

然るに當國政界に一新生面を開きたりと稱すべきは今回（一九二七年二月二十四日）の選擧に於ける民主黨の出現なり。同黨は客年三月二十一日「サンパウロ」市に於て創立せられ本年二月の選擧に於て初めて議會に黨員を送りたるものにして尙微力なるも眞の政黨政治の實現を標榜せる丈け從來の政府反對者とは其趣を異にするものとして興味を惹き居れり。

今回の選擧に於て民主黨の標榜したる政綱は、

イ、國民の政治參與

ロ、自由の保障

ハ、選擧の公正

等を主とし之に對し政府黨は今回の選擧に際しても特に黨として政綱らしきものを掲げず。而して民主黨の右政綱なるものも大體に於て共和黨を中心としたる從來の妥協政治を排斥するの趣旨を出でず。內外政各般の事項に對する兩黨の態度に至ては將來の推移に俟たざる可らず。

右の外政府反對者中特筆すべき一團は「リオ・グランデ・ド・スール」州自由擁護者同盟（Alliança Libertadora）なり。一九二三年同州に於て結合したる團體にして今回の選擧に於て三名の代議士を議會に送れり。其選擧に際し宣言したる政綱と目すべきものは大體「サンパウロ」州に於ける民主黨の夫れと一致せり。

第二章　各政黨成立の由來其勢力の優劣及其勢力の根據

共和黨が當國の政權を把握したるは共和制施行の際に初まるも之を現在の有力なる團體となしたるは主として今世紀劈頭大統領「カンポス・サレス」の努力に依る。爾來今日まで當國の政權を完全に手中に收め來れり。故に數名の反對議員選擧毎に出現し議會及新聞紙に於て其意見を發表すと雖之と對抗する能はざるは勿論、政府黨は其意見を無視し全然自己の都合に依り行動しつゝあるを以て、之等反對議員は自己の案を通過せしめ得ざるは勿論政府案の殆ど如何なる點と雖其改廢變更をも爲し能はざりし實狀なり。

一方當國の選擧法は記名連記投票にして加ふるに各州に於て投票審査の制度あり、更に議會に於て確認を必要とするものなるを以て、右の各機會に於て政府干渉の餘地少なからず。故に御用黨圏内にあらざるものは政權に近づく機會なき有樣にして最近五年間に亘れる革命の發生も斯かる制度上及事實上の缺陷に胚胎するものなり。就中前大統領「ベルナルデス」氏の如きは甚だ不人氣にして新聞紙は今尙其失政を算へて止まず。同氏は今回「ミナス」州より上院議員に選出せられたるも、之に對し異議の申出ありて其當選確認延引したるのみならず今だに人目を避け居り、或は身邊の危害を恐れ居ると稱するものさへあり。

民主黨は斯くの如き人心の歸向を背景として聖州に於て結黨し今回の選擧に臨み兎も角三名の議員を議會に送りたるものにして順調なる發展を遂ぐるに於ては將來共和黨と對抗するの日なきを保せず。唯當國々民は政治的興味淺く從來一部のものが金力及情實に動かされ政治に狂奔したる外大部分は政治と無關係なりし事實に照らし、民主黨の主張する政治廓清が國民一般に解せられ、以て同黨が全國に鞏固なる根據を得るは假令成功するとするも相當の年月を待たざる可らざるべし。

第三章　各政黨領袖株の人物略歷

イ、共和黨

一、大統領「ワシントン・ルイス」氏（Washington Luis）

一八七〇年「リオ」州「マカエー」町出生一八九〇年「サンパウロ」法科大學卒業後同州に於て檢事辯護士新聞記者及郡長の經歷を有し一九〇四年初めて州下院議員となり後多數黨院內總理に擧げらる。其間「チビリサー」知事の下に司法警務總監たり又「サンパウロ」市長たること五年次て一九二〇年より二四年まで同州知事として信望を收む。後聯邦上院議員に當選し客年十一月十五日向ふ四ケ年の大統領として就任したり。歷史の著述あり。

二、副大統領「メロ・ヴイアンナ」氏（Mello Vianna）

一八七八年「ミスナ」州「サラバー」町出生一九〇〇年「ペロ・オリゾンテ」法科大學卒業後檢事辯護士郡會議員次で州下院議員となる。其後州檢事次長に任ぜられ前大統領「ベルナルデス」氏州知事たりし際其法律顧問たること四年、次で「ラウル・ソアレス」知事の下に內務長官に任ぜられたるが一九二四年其死亡と共に州知事に選出せられ客年十一月副大統領に就任す。

三、外務大臣「オクタビオ・マンガベイラ」氏（Octavio Mangabeira）

一八八六年「バイーヤ」市出生一九〇五年同市高等工學校卒業後同校敎授となり間もなく同市々會議員に擧げらる。一九一二年聯邦下院議員に當選す。再選を重ね其雄辯と相俟つて實力漸く認められ客年入閣まで下院第一副議長の要職に在り。當內閣は顏振として寧ろ二流以下の人物を集めたりと稱せられたる中獨り同氏は閣僚內の一異彩にして議會に於ける活動力に至ては遙に他を壓し居るものの如し。

四、上院副議長「アントニオ・アゼレド」氏（Antonio Azeredo）

一八五八年「マツト・グロツソ」州出生。初め軍事敎育を受けたるも轉じて新聞記者となり一八八九年共和制樹立と共に聯邦下院議員となる。一八九七年上院に入り再選を重ねて今日に至る。人物穩健にして萬人の尊敬を受け現に上院副議長たり

五、「ジョアキン・セアブラ」氏（Joaquim Seabra）

一八五五年「バイーヤ」市出生。一八七七年「ペルナンブコ」法學校卒業後鄉里の檢事となり次で前述大學の敎授となる共和制樹立と共に聯邦下院に入りたるを初めとして再選を重ね下院多數黨院內總理に擧げられ、又一九一七年「バイーヤ」選出上院議員に當選す。氏は政治的活動に入りたる當初に於て大統領「フロリアノ」將軍に反對し放逐せられたるも「モラエス」大統領の就任と共に入閣し次で「ロドリゲス・アルベス」大統領の下に內務大臣、「エルメス」將軍大統領の下に遞信大臣に歷任す。又「バイーヤ」州知事たること前後二回に及ぶ。今回の選擧に際し上院の議席を爭ひ審査の結果得點の不足を宣言せられたるも競爭者たる前內閣農工商大臣「カルモン」氏の失格を主張して未だ決定せず。「セアブラ」氏は當國政治家中先輩の一人なるも州の內外に於ける信望尙衰へず旁々今回の選擧に「バイーヤ」州共和黨の分裂は「サンパウロ」州民主黨の出現と相俟て注目を惹き居れり。

ロ、民　主　黨

一、總裁「アントニオ・プラード」氏（Antonio Prado）

一八四〇年「サンパウロ」市出生。一八六一年法科大學卒業後當初「サンパウロ」州議會下院議員となり一八六八年中央議會下院に入る。一八八五年「コテジッペ」內閣の農商務大臣となり奴隷廢止を主張し說容れらずして辭職す。間もなく上院議員に當選し「ジョン・アルフレド」內閣に入り奴隷廢止を遂行す。後「サンパウロ」市長十三年間の活動を最後とし專ら實業界に入り現に「パウリスタ」鐵道會社々長たるも民主黨組織と共に其總裁に擧げらる。自ら議席を有せざるも其財力政治的閱歷共に「サンパウロ」州を中心として多大の信望を集む。

二、副總裁「フランシスコ・モラート」氏（Francisco Morato）

一八六八年「サンパウロ」州「ピラシカーバ」出生。一八八八年「サンパウロ」法科大學卒業後檢事新聞記者となり次で辯護士を業とす。一九一七年「サンパウロ」法科大學に入て敎鞭を取り又現に同市辯護士會々長たり。民主黨組織に參劃し副總裁となり今回の選擧に於て聯邦議會代議士に當選す。

第四章　現在議會の黨派別

當國下院は總員二百十二名全部改選にして「ザンパウロ」選出民主黨三名及「リオ・グランデ・ド・スール」州選出自由者同盟三名を加へ政府反對議員たるべきもの十一、二名あり殘餘は全部共和黨なり。

上院は各州三名選出即總員六十三名にして今回三分の一を改選し未だ憲法の規定に依る確認を終了せざるも少くとも反對議員一名あるべく其外留任者中反對議員と稱すべきもの五、六名あり民主黨員なし。（註）

但右反對議員なるものも其分界明瞭ならざるものあり。特に目下當國政界注目の焦點となり居るは「サンパウロ」州民主黨と「ルオ・グランデ・ド・スール」州自由擁護者同盟との合同運動にして宛かも議會の開始と共に種々の風說傳へられ居る處若此計劃にして成功を見るに於ては「リオ」其他の反對者中にも之に參加するものあるべく旁々近き將來に於て各派間多少の動搖を來すべき形勢なり。

【註】前外務大臣「フェリス・パシェコ」氏は上院の確認に於て否決せられ前大統領「ベルナルデス」氏は長時日論議の後確認せられたるも輿論の反對甚しく同氏は「ミナス」州より出府直ちに宣誓を終りたる翌日歐洲漫遊の途に上れり。（第二章參照）「バイヤ」州上院選擧は遂に「カルモン」氏の確認を以て終了し一方「セアブラ」氏は七月三日「リオ」市會議員の補缺選擧に當選したり。（第三章參照）

聖州「デモクラット」黨と南大河州「アリアンサ・リベルタドーラ」との關係は其後更に密接を加へ七月十三日「サンパウロ」州統領「プレステス」氏の就任を機とし「デモクラット」黨が試みたる遊說は「アッシス・ブラジル」氏自ら先頭に立て應援したり。議員當選確認終了の結果議會に於ける黨派別は上院に於て政府反對議員五名あり而して下院に於ては聖州「デモクラット」及南大河洲「アリアンサ・リベルタドーラ」各三名を加へ別なる政府反對者八名にして右の外中立及「レパブリカン」中時に政府反對の態度に出づべしと認めらるゝもの十一名あり。尙下院反對者中一名は殆と共產主義者と目せらる。

第五章　地方政府及地方自治體と政黨との關係

當國各聯邦諸州に於ける政黨關係は宛かも中央政界の狀況を縮小したるものにして各州とも共和黨の名の下に政權を占有し又其議會を意の儘に動かしつゝあり。唯「リオ・グランデ・ド・スール」州に於ける政府反對者は自由者同盟を形成し今回聯邦議會下院に選出せられたる「アッシス・ブラジル」氏之を率ゐ相當有力なるも未だ同州の政治を左右するまでに至らず。「サンパウロ」州に於ける民主黨も其成立後一度も州議會の選擧に遭遇せざるを以て未だ議席を有せず。（註）又「バイーヤ」の共和黨は今回上院選擧に際し老政治家「セアブラ」氏と前農工商務大臣「カルモン」氏との二派に別れ其間外務大臣「マンガベイラ」氏の劃策あり。其成行は目下注目せられ居る次第にして更に「パラー」「ミナス」等の諸州に於ても分裂して相爭ひたるも要するに共和黨の內訌に過ぎざるを以て右の事實を以て今にして直に將來前述民主黨を中心とする野黨の增大を卜するは其時期にあらず。

（註）五月十七日「リオ」に於て「デモクラット」黨の樹立を見之に參加する者多し。結黨後間も無く前大審院長「ギマラインス・ナタル」氏を總裁、「リオ」醫科大學教授「フエルナンド・マガリヤエンス」及實業家「ロシヤ・ミランダ」兩氏を副總裁に推戴したるも「ギマラエンス・ナタル」氏は幾分意見を異にする點ありて總裁を辭したるにより目下「マガリヤエンス」氏に於て黨務を總理し居れり。

「リオ」市選出下院議員一名は同黨と密接なる關係にあるも未だ之に加入せず從て「リオ」市民主黨は聯邦議會に黨員を有せず。

第六章　外交に關する各黨派の政見

前述する所に依り明なる如く共和黨の言動は其儘當國政府の言動と目すべく而して之等各問題に對し黨として其主張を言明したることなし。一方民主黨の政綱なるものも大體に於て政黨樹立の理想を宣言したるまでにて之等各問題に觸るゝことなし。只國際聯盟に關しては目下當國が之より脫退し居る關係上之が再加入の是非を議論するものあるも寧ろ各個人の主張と言ふべく特に一派の意見を代表するものと認め難し。

第七章　各黨機關紙

特に共和黨權關紙と稱するものなきも政府と關係近き在「リオ」「ジョルナル・ド・コメルシオ」及「オ・パイス」其他各

州御用紙は自ら共和黨の利益を擁護し居る譯なり。

民主黨機關紙と目すべきもの三あり。「リオ」に於ける「ジョルナル」及「サンパウロ」市に於ける「エスタード・デ・サンパウロ」及「デイアリオ・ダ・ノイテ」之なり。此三紙は從來とも相互間に聯繫ありて政府反對新聞なりしが過般選擧の際民主黨擁護の色彩を明にしたる次第なり。又右三紙とも打揃ふて本邦移民に反對し來りたる因縁あり將來とも注意を要する處之と民主黨との連絡は內政上選擧爭を目的として成立したることにもあり之を以て直に民主黨が將來必ず本邦移民入國に反對すべしと推測するは元より當らざるべし。

第八章　各政黨の黨費調達方法

各政黨の黨費は個人の寄付に俟つ。主として有力なる黨員の調達及支出に係る。但共和黨は多年政權を獨占し居る結果種々の手段を用ゐて政府より巨額の機密金を引出し之を黨費に充當し居るものと稱せらる。

第九章　議員歲費額其他の特權

歲費は旅費支度料等の意味に於ける一時拂補助と會期中手當との二者あり。當國議會は三年を一期とする每期議會の終に於て次期議會の歲費額を決定するの權限あり。客年末の決定に依れば向ふ三年間上下兩院議員は一時拂補助五「コント」會期中手當一日二百「ミル」を支給せらる。右の外議員は內國電報に對しては普通電報料の十分の一を支拂ふの特權あり。更に中央政府經營の鐵道會社の「パス」を支給せらる。而して右以外の鐵道及汽船會社の利用に對しても政府より各場合に於て議員に對し其支拂ひたる賃金を償還する慣例なり。

第十章　議會の會期

議會は毎年五月三日集合し四ケ月間議事を行ふものと規定せらる。然れども議會の會合は自己の權限に屬し大統領の召集を俟たず。右期間の延長開會の延期をも自ら決定し得る次第なり。例年五月三日より十二月末日まで議事を行ふ慣例にして右は議員歲費の主たる部分が日給制に依る手當なる爲各議員が前述權限を利用して之か延長を議決するに因るものと稱せらる。

附說　聖州政界の現狀と新政黨

一、「サンパウロ」共和黨

聖州には從來「サンパウロ」共和黨なる常に政府黨たる唯一の政黨あれども一定の主義綱領に基き結合したるものに非ず小數の有力政治家を中心とし結束せるものにして黨の行動は領袖の意の儘に左右せらるゝを常とす。同黨には聖州政治家の長老數名より成る中央委員ありて州統領、上下兩院議員は勿論郡市會議員の候補者と雖も其推薦は一に此の數名の中央委員の決裁に依り定り黨員の總會等に於て定まるものにあらず。從來曾て選擧に際し黨員の總會を開きたることを聞かず。斯の如きものが果して純然たる政黨と稱し得るや否やは疑問なり。右中央委員中に表面上名を顯はさゞるも時の州統領は常に同委員長たるの慣習ありて次期の聯邦大統領及州統領、並に聯邦及州の兩院議員下りて郡市長及郡市會議員選擧に際し其候補者の決定は何れも事實上主として州統領の獨裁意思に依りて定まる從て政府は議會に於て反對黨なるものに逢着することなく上院下院より成立する立法部は殆んど常に全會一致無條件にて行政部の提案を翼賛し政府の決定は其善惡正邪に係らず殆んど盲目的に之を支持す。議員各個の建議案又は請願案等に關しては時に激烈なる討論を議壇上に見ることあるも其運命は結局議案に對する政府の背景如何に依り決着するを例とす。事情右の如くなるを以て聖州歷代の統領は勿論有名の政治家は皆此唯一政黨たる共和黨關係者なるは言を俟たず。

聖州共和黨の形體は恰も一の「ピラミツト」を形成し五十名の下院議員二十四名の上院議員の上に數名の中央委員あり更に其上に州統領の意思が專制的に支配し下院議員の下には政府に絕對忠實なる二百名の各地方委員（地方選擧指導人）ありて其基礎を爲す。而して此の集合體の何れの部にも倒壞的分子を包含せず唯だ千九百二十四年「ワシントン・ルイス」（Washington Luiz）州統領の時次期州統領候補者選定問題に關し統領「ワシントン・ルイス」は聖州選出聯邦下院議員「カルロス・デ・カンポス」（Carlos de Campos）を自己の後任に擬し共和黨中央委員中「アルチーノ・アランテス」（Altino Arantes）及「オラーボ・エヂーデイオ」（Olavo Egydio）兩名は聖州選出聯邦上院議員「アルバーリオ・デ・カルバーリオ」（Arbalho de Carbalho）を推薦せんとし互に意見合はず「アランテス」及「エヂーデイオ」二領袖次で同派の上下兩院議員數名は連袂共和黨を脫し別に分離派を組織し州の兩院議員改選の際互に對峙し選擧を爭ひしことあり。但し是亦主義政見の相違より起れる政爭に非ずして單に個人的友交關係又は利害關係に基く一種の內訌に過ぎざりしを以て其後「エヂーデイオ」の政界より身を退きし外「アランテス」を始めとし分離派一味の者は翌年總て再び共和黨に復歸したり。

二、新政黨樹立の困難

伯國は立憲共和制度を設定して僅に三十七年に過ぎず、而かも領土廣大人口稀薄にして敎育未だ普及せず最も進步したる聖州に於ても文盲者の數總人口の約七割に上る狀態なるを以て國民の政治思想槪して幼稚にして一般に政治的訓練を缺く。加之指導階級に屬する政治家、權勢家は政權の獨專に腐心し之が爲には何物をも犧牲にして厭はざるの傾あり從つて一般國民は共和憲法に保障せられながら自己の欲する爲政者を選出するの力なく政權は一部有力者の掌中に歸し政治の現狀は共和の看板の下に事實上一種の寡頭政治を現出せり。選擧法は記名投票なるを以て若し政府反對派の人物を投票せんか直に政府の忌諱に觸れ非常に不利の境遇に立つに至る。又伯國の選擧に於て政府の干渉、壓迫又は詐謀に依り實際に多數の投票を得たる人物が政府反對派に屬するときは得票審査の結果得票少數の政府派候補者の爲に破らるゝことあるは天下周知の事實なり。斯くの如く選擧の公明を期離しき伯國の現狀に於て一定の主義政綱を標榜する新政黨を樹立することは誠に至難の業なり。

三、民主黨の組織

然れども時代の推移は漸く國民の覺醒を促し現在の寡頭政治を打破し共和政體の名に副ふ所謂國民の政府樹立を叫ぶの聲數年前より漸次聖州有識者間に起るに至れるが遂に千九百二十六年二月二十四日伯國政界並に實業界の元老たる「アントーニオ・プラード」(Antonio Prado) を筆頭とし前州副統領たりし上院議員「カンヂト・ロドリーゲス」(Candido Rodrigues) 前農務長官「パウロ・デ・モラエス・バーロス」(Paulo de Moraes Barros) 上院議員「レイナルド・ポルシユ」(Reynaldo Porcht) 下院議員「マレイ・ジユニオール」(Marrey Junior) 並に「サンパウロ」法科大學敎授連其他多數知名の士發起人となりて一の新政黨を組織するに決し黨名を民主黨と名づけ、同年三月二十一日聖市に於て盛大なる結黨式を擧行せり。當時新政黨の組織を必要とする理由、新政黨の目的及政綱として宣言せられたるもの左の如し。

政黨組織の理由

代議民主制政治の國に於ては常に政黨を必要とす、何となれば

イ、政黨は國政を委する國民の代表者を最も適當に選出するに與つて力あり。

ロ、政黨は立憲政府を構成する爲、國民を指導する爲又種々なる政見を選擧戰に齎らす爲必要なり。

ハ、既存の政黨は國政上實現さるべき一定の理想を有せざる集團にして唯だ穫得せる政權を失はざる爲努力するに過

ぎず、政黨の爲には朝に自由を標榜し夕に專制政治を謳歌し常に政府に迎合し御都合主義に流れ何等の主義政綱を有せず、今や民心は漸く選擧戰にも公認候補者の勝敗にも興味を有せざるに到り切に國民の權利擁護を旗色とする新政黨の出現を翹望するに到れり。

民主黨の目的

民主黨の目的は

イ、國民をして自由なる政治と代議員の自由なる選擧とを得しめ。

ロ、高遠なる理想の下に國民に依る國民の政府を實現する爲輿論を啓發するに在り。

政綱の大要

左の通

1、憲法上神聖なる自由主義を擁護し國民に依る國民の政府を實現せしめ、個人の身體財產の保障及其自由を制限する如き法憲の改正に反對す。

2、投票の自由を保障する爲に選擧法の改正を主張し、秘密投票、選擧人登錄、投票審査及當選確認等に付保障ある方法を要求す。

3、農商工の爲に政治に關與し得る權力を要求す。

4、社會問題に關する總ての施設を主唱し且つ擁護す。

5、司法官の經濟的獨立を圖り行政部より全く獨立して司法官の任命及裁判所の構成を司る機關の設置に努力す。

6、教育者の經濟的獨立を圖り初等、中等、專門及高等教育を一括する機關の設置に努力す。

四、黨の幹部

黨の幹部氏名左の通(一九二七年三月調)

總裁 Antonio Prado
副總裁 Francisco Morato
委員長 Waldemar Ferreira
幹事長 Paulo Nogueira Filho
計理長 Prudente Moraes Neto

五、總選擧と民主黨

民主黨は共成立當時黨の目的遂行の順序は直ちに共和黨と政戰を開始することなく先づ國民の政治思想啓發、黨の宣傳及組織の完備並に政府の政治行動監視を主とし政戰は充分なる實力を養成したる後堂々の陣を張るにありしが、創立以來同黨に對する國民の同情顯著にして結黨後未だ一年ならざるに同黨に加盟又は賛意を表する者既に五萬に達するの盛況を得たれば、一九二六年十二月開催の同黨第一回の總會に於て一九二七年二月擧行の聯邦議會議員の總選擧(上院は三分の一下院は全部)に政府黨たる共和黨と對抗し逐鹿戰を試むべき旨を議決し、投票の結果左の候補者を決定せり。

上院議員候補者一名 Luiz Barboza da Gama Cerqueira

下院議員候補者計四名

第一區候補者 José Adriano Marrey Junior

第二區候補者　Francisco Antonió de Almeida Morato
第三區候補者　Paulo de Moraes Barros
第四區候補者　Luiz Augusto de Queiroz Aranha

之れに對し政府黨たる共和黨は上院一名下院二十二名の所謂公認候補者を定め對應せり。

斯くて民主黨は其黨系の新聞及言論を利用して黨の宣傳と政府の施政攻撃を開始し、就中常設珈琲擁護會に對する政府の理事任命制度、基金の運用法及「サントス」流入珈琲量の制限率或は水道借欵問題等に付辛辣なる批評と攻撃を加へ、各候補者は政見の發表及選擧區内の遊說等盛んに選擧に對する活動を試したるも、共和黨は從來の如く表面上目立ちたる政治的活動をなすことなく、唯だ裏面各地方委員に訓令して選擧準備をなさしめ時々機關紙をして共和黨の政治的功績を吹聽せしめたるに止まれり。但し從來の慣例因襲に依り黨も候補者も其當選を確信し異端者の一名も侵入を許さゞるを期せり。伯國の選擧に於て反對派に對する政府の干涉、壓迫及投票審査會に於ける弊風等は公然の秘密なれば一般民衆も亦民主黨候補者の當選は未だ不可能なるを豫期したり。選擧競爭は死者六名を生ぜる如き可なり激烈のものなりしも投票は比較的公平に行はれ其結果民主黨候補者は第一、第二及第三選擧區に於て夫れ〲頗る優勢なる投票數を得たり。殊に第一區中「サントス」地方に於て現在の政府黨「リーダー」にして、次期聖州統領候補者なりと稱せらる Julio Prestes の得票が Marrey Junior に遠く及ばざりしことは大に世人の注目を惹けり。之れ珈琲擁護會に對する現政府の方針が珈琲の中心市場たる「サントス」に於て如何に不評なるかを立證するものなりと稱せらる。

三月三十一日迄に投票審査會が審査確定したる各候補者の得票數は左の如し。

下院議員

第一區候補者

	氏名	得票數	所屬黨名
當選	Julio Prestes	四四、〇二〇票	共和黨
	Ataliba Leonel	四三、九八三票	共和黨
	Marrey Junior	三九、六九二票	民主黨
	Alexandre Marcondes Filho	三八、〇一一票	共和黨
	Salles Junior	三五、三二九票	共和黨
	Cardoso de Almeida	三四、六九五票	共和黨
次點	Ferreira Braga	三四、六四六票	共和黨
第二區候補者			
	Cesar Vergueiro	二四、六一三票	共和黨
當選	Alvaro de Carvalho	二四、五〇四票	共和黨
	Francisco Morato	二三、八六六票	民主黨
	Eloy Chaves	二三、八二六票	共和黨
	Heitor Penteado	二二、二八六票	共和黨
	Marcolino Barreto	二〇、四〇二票	共和黨
次點	Alberts Sarmento	一六、七四八票	共和黨
第三區候補者			
	Paulo Moraes Braros	一一、八一六票	民主黨

當選	Altino Arantes	一一、〇四三票	共和黨
	Fabio Barreto	九、五二七票	共和黨
	Joao de Faria	八、四八五票	共和黨
	Firmiano Pinto	七、七三九票	共和黨
次點	Rolin Telles	七、〇四七票	共和黨

第四區候補者

當選	Bias Bueno	九、九五一票	共和黨
	Valois de Castro	九、四一五票	共和黨
	Manuel Villabaim	九、三八七票	共和黨
	Rodrigues Alves	九、二一八票	共和黨
	Pereira de Rezende	八、九七二票	共和黨
次點	Luiz Aranha	二、七〇二票	民主黨

右に掲げたる如く聯邦下院議員總選擧に於ては共和黨の選出せる所謂公認候補者二十二名中十九名、民主黨の選出候補者四名中三名の當選者を出し投票審査會は之に對し夫れ〴〵當選者確任證を與へたり。

尙上院議員一名の改選に付ては左の如く共和黨の大勝に歸せり。

當選	Arnolfo Azevedo	一〇二、八〇〇票	共和黨
次點	Luiz Barboza da Yama Cerqueira	一八、四〇七票	民主黨

尤も最後當選決定には聯邦議會の承認を要するものなるが前記の當選者は夫れ〴〵議會の承認を得其當選は確定せり。

六、民主黨の將來

「サンパウロ」共和黨が聖州の政權を獨專すること三十有七年、勢力牢として拔く可からざる現狀に於て最近産れたる民主黨が果して共和黨と對抗し政權を左右し得る迄に發展し得るや否やは速斷し能はざるも今回の總選擧に於て豫想に反したる好成績を得たることに依り大體民心の歸向を察することを得べく又聖州の農園主、商工業者及勞働者等は最近組織的運動の必要を感じ結社政治運動に歩を進めんとする傾向ある折柄、民主黨が良く是等の階級と連絡を圖り徐々に基礎を固めんと努力せる現狀より見れば、今後相當の曲折波瀾は免れざるべきも黨勢の前途に關して相當期待し得べきものありと信ぜある。

第七編　暮利比亞國の政黨　（一九二六年五月調）

第一章　政黨の沿革

抑々暮利比亞國に政黨政派の出現を見たるは今を距ること約四十五年前、即一八八二年の頃なりとす。當時同國が隣國智利との戰爭後正に三年に當れる同年、同國議會に於ては對智外交政策上議員に硬軟二派の分派を生じ、一は假令領土割讓の屈辱を忍ぶも智利と平和條約の締結を要望し、他は對智戰役の同盟國たる秘露國に對する信義上智利との不名譽なる平和條約を結ぶの不可なるを唱へたり。前者は保守黨の名を以て知られ、後者は自由黨の名を以て知らる。蓋し前者は「カトリック」敎を以て政治の大本とし黨內には富豪階級の保守主義を持せるもの多數を占め、後者は生活の各方面に自由主義を標榜せるの觀を呈せるに依る。然りと雖も暮國に於ける政黨政派の現狀を見るに此等の團體は必ずしも一貫せる主義綱領を固守する次第にあらず。只黨內主要人物に對する個人的憎惡愛好の念に依り動くこと多し。從つて此輩の集合離散は朝に夕を測り知るべからざる狀態にして、其の宣言する黨の綱領等は殆と信を措くに足らず。從つて保守黨自由黨と云ふが如き前記區別の存する理由も其の把持する主義より觀察するときは極めて薄弱なりと云ふの外なし。

爾來保守自由兩黨は絕へず中央政權の爭奪に腐心したるが、一八九八年以來自由黨は完全に保守黨を擊碎し、一九二〇年に至る迄大統領には常に同黨出身の人物を擧げ得たりしが、是亦年と共に秕政相踵ぎ、民心漸く離反し、遂に一九二〇年在野新政黨たる共和黨の爲に一敗地に塗れ、爾來共和黨の勢力は旭日昇天の勢を以て全國を壓するに至れり。

第二章　自由黨及保守黨

第一節　兩黨勢力の消長

暮國に於ける最初の政黨として自由保守兩黨の對立並に兩黨の主義綱領の大要に關しては已に前章記述する處の如し。然り而して此等兩黨は翌一八八三年に至り保守黨は「グレゴリオ・パチェコ」を、自由黨は「エリオドロ・カマーチョ」を夫々黨の首領に推戴し、互に中央政權の爭奪を開始したるが、保守黨は當時兩黨の中間に在りし他の一小黨民主黨を買收して一八八四年の大統領選擧に成功し、「パチェコ」は反對黨首領「カマーチョ」を破りて大統領の印綬を帶びたり。爾來保守黨は連年自由黨を破り政權を掌握したりしが、一八九八年初めて自由黨の爲に破られ、爾來自由黨は逐年勢力を增大し殆ど保守黨を一掃するに至りしが、第二次「イスマエル・モンテス」大統領（一九一三年――一九一七年）の頃に至りては秕政相踵ぎ專制の聲漸く高く、民心離反の傾向を來せるが、當時黨內人物拂底の折柄、「ホセー・グティレス・ゲーラ」氏を實業界より拉致し來りて一九一七年以後大統領の職に擧げたるが、氏は無經驗の政界に於て無能の評高く、折柄自由黨の政府に倦怠せる政治家は「バウティスタ・サーヴェドラ」氏等の唱道せる新政黨樹立の最も時代に適せるを自覺し、何れも其の麾下に蝟集するの狀態となり玆に共和黨の樹立を見たり。

斯くて現今自由黨は殆ど勢力を失墜し、其の命脈は纔に「イスマエル・モンテス」前大統領及自由黨創立者たる「エリオドロ・カマーチョ」の實子「ホセー・マリア・カマーチョ」等に依り支持せられつゝあるのみ。

第二節　自由黨の機關紙

自由黨は機關紙として首府「ラパース」に「エル・ディアリオ」紙を有す。一九〇五年「ホセー・カラスコ」（一九二一年逝去）に依て創立せらる現共和黨政府に對しては常に反對的態度を持す。發行部數四千餘。

第三章　共　和　黨

第一節　成立の由來、領袖及主義

本政黨は其の成立極めて近年に屬す。其の創立者とも目せらるゝは曾て自由黨政府の大藏大臣たりし（一九〇三年）ことある「ダニエル・サラマンカ」氏なるが、現在本政黨總裁の地位に在るは前大統領「バウテイスタ・サアヴエドラ」氏（大統領任期一九二一――一九二五年）なりとす。

本政黨が自由黨政府の綱紀頽廢の時機に乘じ、國民の要望一に在野新政黨の組織に在りたる機に際し、言論の自由と選擧法の改正とを標榜して起ち、一九二〇年七月十一日首府「ラパス」に革命を起し二十年來政權を左右せし自由黨政府を一夜にして倒し、而も流血の慘なきを得たるは、本政黨が如何に清新の氣横溢したるものありしかを物語るものと言ふべし。

本政黨は革命後黨の領袖「バウテイスタ・サーヴエドラ」「ホセー・マヌエル・ラミレス」「ホセー・マリア・エスカリエー」の三氏協力の下に假政府を組織し、約半歳の間之が持綴を見たるが、三領袖の內「バウテイスタ・サーヴエドラ」氏最も衆望を擔ひ、一九二一年一月廿五日正式大統領に選擧せらるゝに及び、黨內に葛籐を生じ、就中「ホセー・マリア・エスカリエー」氏は同黨より分立し、別に一派を作り其の首領となれり。此の黨派は共和分黨 Partido Repuiblicano Dicidente の名稱を以て知らるゝが勢力至つて微弱なり。

共和黨は其の成立と共に言論の自由を標榜せしが、政權を執るに至りては反對黨の言論を壓迫し、首府に於ける一、二反對黨新聞社に對し數ケ月の間閉鎖を命したるが如き事實あり。

本政黨の主義は本政黨が政權を掌握するや、先づ選擧法の改正を行ひて選擧の自由を高唱し、出版法を改正し以て言論の自由を唱へ、次で暮利比亞土着人種初等敎育の普及並に其の司法上の權利擁護等に關し各種の法律を制定し、國內土人に對する從來の政府に見ざりし善政を施したる等に依りて之が一班を窺ふを得べし。

第二節　現總裁「バウテイスタ・サーヴエドラ」氏の略歷

氏は一八七〇年「ラパス」市に生れ、一八九六年同市法科大學卒業後、辯護士開業後數年にして同大學敎授の職に就き、犯罪學講坐を擔當せり。一九一二年自由黨政府時代（エリオドロ・ヴイリヤソン大統領時代）司法文部大臣の職に就き、同年「ラパス」市に官立商業學校を開校せり。大臣に就任後日淺くして氏が國會に於て試みたる討論は遂に氏の辭職を餘儀なくせしむるに至れり。辭職後秘露國に全權公使として派遣せられたるが、氏は暮、秘兩國親善論を高調し大に秘露國の好感を得たり。任滿ちて歸國後は上下兩院議員候補者として推擧せらるゝこと再三、遂に一九一八年「ポトシー」市選出議員に選ばる。議員生活中最も盡力せるは言論出版の自由及選擧の自由に關する法案なるが、當時自由黨政府は自黨に取りて不利なる該法案を握潰せり。此頃より「サアヴエドラ」氏の傘下に參集する政治家次第に增加し、一九二〇年七月の革命の先驅たる空氣を釀成せり。而して氏は同月の革命に成功後、假政府三巨頭の一人に列し、次で一九二一年正式大統領に選擧せらる。任期中一九二四年十二月九日秘露國「アヤクチヨ」戰百年祭祝典に際し親しく秘露國首府「リマ」に赴き祝典に參加し、更に大に暮、秘親善の實を擧げたり。一九二五年任期滿ちて退職後は、在蘭、白、瑞西國暮國全權公使となり、目下尙歐洲に在り。

第三節　機　關　紙

共和黨主要機關紙としては首府「ラパス」に於ける「ラ・レプブリカ」を擧げ得べし。同紙は一九二〇年「バウテイスタ・サーヴエドラ」氏が革命に成功後創刊したるものなるが、全然共和黨の御用新聞にして目下發行部數五千五百餘を算し、國内最大新聞なり。本紙所有者は「バウテイスタ・サーヴエドラ」氏の實兄に當る「アブドン・サーヴエドラ」氏なるが氏は共和黨出身現大統領「エルナンド・シーレス」の下に副大統領たり。

第四節　外交に關する共和黨の政見

太平洋沿岸に海港獲得の希望は暮國々民多年の要望にして、之が實現の方法として曾て智利國との戰爭（一八七九年）に依り失ひたる同國太平洋岸の地帶（アントレアガスタ港附近）を一九〇四年講和條約の改正に依りて回復せんとする論者と別に目下秘、智兩國間の繋爭地たる「タクナ・アリカ」海岸地帶を讓り受けんとする論者ありて、兩者の間論難攻擊を事としたるが、舊海岸地帶を回復せんとする論者は主として秘露親善論者にして、後者「アリカ」港を物にせんとする論者は智利國親善論者たるが如し。共和黨の主義とする處は前者にして自由黨の主義とする處は後者たり。從つて共和黨の外交政策は親秘露主義に依り動き、自由黨の外交政策は從來親智利主義に基きたるが如し。然るに一九二五年北米合衆國が智、秘兩國の依賴に依り「タクナ・アリカ」問題の仲裁者として立ち同港所屬地帶領土權の歸屬を住民投票に依り決すべき旨の判決を與へてより、「ボリビア」國民は同港に對し意外に食指動き、投票前機會だにあらば繋爭問題に加はらんと希望せるが、前顯舊領土回復論者たる共和黨も最近に至りては四圍の情況上進んで「アリカ」港獲得の方針に傾きたるものゝ如く、智、秘兩國間の交涉に加入せんことを北米合衆國に申入れたるが、今後同問題に對する共和黨の態度は南米諸邦注目の焦點たり。

若し夫れ對日本政策に至りては何れの政黨も白紙主義なり。

第四章　議會に於ける各政黨の勢力

暮國上院に於ては全議員十六名中、一名の共和分黨議員あるの外、他は悉く共和黨議員たり。下院に於ては全議員七十二名中、共和分黨十一名、自由黨一名、共和黨六十名にして、共和黨は上下兩院に於て壓倒的多數を占む。

第五章　議員の特權及議會の會期

第一節　議員の歳費及特權

國庫は議員一人に付議會開會中一ケ月五百「ボリビアノス」を給す。又議員の旅行に就ては國內一吉米に付四十仙を給す。

第二節　議會の會期

通常議會は毎年八月六日を以て開會す。六十日を以て會期となすも、議會の意思に依り或は大統領の請求に依り之を九十日に延長するを得。兩院の議決により又は大統領の召集に依り臨時議會を開會す。但し臨時議會の議事は召集目的以外の事項に渉るべからず。

第八編　秘露國の政黨（一九二六年六月調）

第一章　各政黨の名稱及其の主義綱領

秘露に於ては歐米諸國に於けるが如く、政黨が各根本に於て互に相容れざる立場と政綱とを維持して對立し、其の黨員は同主義同主張の下に固く結束する所謂政黨なるもの存せず。秘露にありては一中心人物が自己の政權獲得を目的として結黨し、利權を求むる黨員之が旗下に參集するに過ぎず。故に其の標榜する主義政綱なるものは何れも一般國民の利益に關する振興と改良とを抽象的に說くのみ。只稍々政黨らしき政黨として擧げ得べきものは僅に過去に於て存せし反軍閥主義を以て終始一貫せし公民黨（Partido Civil）ありしのみなり。

秘露に於て從來政黨の名を冠せし重なるものを擧ぐれば、

一、公　民　黨（Partido Civil）
一、立　憲　黨（P. Constitucional）
一、民　主　黨（P. Demócrata）
一、自　由　黨（P. Liberal）
一、國民々主黨（P. Nacional Democrático）
一、革進民主黨（P. Democrático Reformista）

等にして、其の中公民、自由、國民々主黨は既に夫々消滅し、現時存在せず。革進民主黨は即現政府黨にして現時議會に於て絕對多數を制し壓到的勢力を有し、立憲黨は第二位を、民主黨は第三位を占め、孰れも政府與黨にして政府反對の野黨は現に存在せず。

第二章　各黨派成立の由來と其の勢力の優劣及根據

（一）公民黨（Partido Civil）は秘露獨立戰爭に勳功を樹てたる軍人の政治鬪爭の弊を除去せんが爲め一八七二年前大統領 José Pardo の父 Manuel Pardo により創立せられ、其の根據を耕作主、鑛業者等富裕階級に置き、貴族黨とも稱すべきものにして、其の勢力頗る大なり。殊に一九〇三年 Candamo 大統領當時に於て最も優勢なりしが一九一〇年より內訌を生じ、一九一七年より分裂し、一派たる José Pardo の率ゆる保守派は漸次勢力を失墜し、現に消滅せり。他は Pardo 大統領の下に藏相たりし現大統領 Augusto B. Leguia を戴く革進民主黨に變じ公民黨の名は現時全く存在を失ふに至れり。

（二）立憲黨（Partido Canstitucional）は一八九四年、故 General Caceres が自己の勢力を支持せんが爲、主として軍人を以て組織し、同黨の勢力は軍人及軍國主義を賛する者を基礎とし、創立後暫くは最も有力なる政黨なりしが、一八九五年民主黨の爲に其の勢力を奪はれ公民黨分裂するや、「レギア」の政派と提携し、革進民主黨の創立後同黨を援助す。現在秘露政黨中第二位を占む。

（三）民主黨（Partido Demócrata）は一八九五年、故Nicolás de Piérola が立憲黨に反對して創立せるものにして其の勢力は一般民衆を根據とし、Piérola は同黨の力を以て大統領となり、政權を握れり。公民黨分裂するや立憲黨と同じく「レギア」政派と提携し、革進民主黨創立後は同黨を援助す。現時其の勢力は秘露政黨中第三位を占む。

（四）自由黨（Partido Liberal）は一八九八年故 Dr. Augusto Durand が聯邦政治主義を以て創立せしものなるが、同黨は Cáceres, Piérola, Pardo, Billinghurst, Leguia 等各政府を通じ常に有力なる反對野黨として活躍したるが、黨主 Durand 一九二四年逝くや總裁 José Balta は政界より全く退隱し、黨員亦四散し盡し、現時存在せず。

(五)國民々主黨 (Partido Nacional Democrático) は一九一五年 Dr. José de la Riva Agüero「パルド」大統領再選に際し、其の後援として創立せられ、主として青年教授連の集團にして別名未來黨(Partido Futurista)の綽名を冠せられたるが、其の存在期僅かにして一九一九年黨首 Riva Agüero の滯歐中客死するや自然消滅せり。

(六)革進民主黨 (Partido Democrático Reformista) は一九二〇年現大統領 Leguia により創立せられ、Leguia は本黨の力により三度大統領に選擧せらる。現時政府黨として議會に絶對多數を制し、壓倒的勢力の根據を或特殊の階級に置かず。富有階級、社會的有力者、及公吏階級の重なるものを網羅し、其の勢力普遍的なり。

第三章　各政黨の現首領株の人物略歴

第一款　立憲黨 (Partido Constitucional)

(一) Dr. Celestino Manchego Munoz

總裁、一八八七年 Castrovirreyna 生、里馬、クスコ、アレキパ等諸大學修業、後、育英に從事、一九一三年鄉里より立候補、選擧違反にて投獄、一九一四年辯護士免許、一九一六年 Huancavelica 市長、一九一七年 Huancavelica 選出代議士、一九一八年 Leguia の第二回大統領立候補の後援委員會を組織す。同年立憲黨總裁、一九二二年下院副議長、現時海軍大臣、下院議員。

(二) General Augusto S. Bedoya

一八五七年 Tarma 生、里馬大學修業、一八七九年秘智戰爭に從軍、一八九四年 Junin 縣知事、一九〇一年 Tarma

選出代議士、一九一二年 Ica 縣知事、一九一三年 Arequipa 縣知事、一九一四年陸軍大臣、一九一五年 Yauli 選出代議士、一九一九年反 Pardo 革命參加、同年 Junin 選出上院議員及同院議長、現時 Junin 選出上院議員、同院鑛山委員長。

（三）General Gerardo Alvarez

一八六四年 Cuzco 生、一八九四年秘智戰爭從軍、Cáceres 將軍幕僚として數多の內亂に功あり。一九一二年在西大使館附武官、後獨、墺、佛軍事視察、一九一九年反 Pardo 革命參加殊勳あり。參謀總長、陸海軍大臣、一九二〇年 General de Brigada となり現時 Tumbes 選出上院議員、同院選擧委員長なり。

（四）General Antonio Castro

一八七八年里馬生、一八九五年軍籍に入り一九二〇年 General de Brigada となり、陸軍學校終了後、佛國砲科學校に學ぶ。陸軍諸要職を經て、一九二〇年陸軍大臣となる。"La Cronica" 及 "Boletin Militar の寄稿家にして、軍事に關する著書數多あり。現時 La Libertad 選出上院議員にして、同院陸軍委員長なり。

（五）General José Pizarro

Tacna 生、一八七五年步兵中尉に任ぜられ、陸軍教官を勤めたるが秘、智戰爭に從軍し、一八八二年在「ボリヴイア」公使館付武官となり、一八八四年 Cáceres 將軍幕僚となる。一八八七年 Huanuco 縣知事に任ぜられ、一九一六年參謀總長となり、一九一九年陸軍大臣となる。軍事批評家として "Coronel P. P." の雅名を以て知らる。現時 Tacna 選出上院議員にして同院土木委員長たり。

第二款　民　主　黨（Partido Demócrata）

（一）Carlos de Piérola

本黨總裁なり。一八五二年里馬生、佛國鑛山學校に修業し、一八七六年歸國兄 Nicolas de Piérola と協力し Pardo, Prado, Puerta 等各執政に反し、革命運動に參加す。一八七九年兄 Nicolas 大統領となるや、財務代表として滯歐、歸國後近衞長官となる。一八八一年秘、智戰爭に從軍し俘虜となる。平和後 Ancash 縣にて鑛山業に從事し、一八九五年反 Cáceres 革命に參加し、同年 Ancash 選出上院議員となり又同議長となる。一八九十七年里馬選出下院議員、一八九七年、九八年、一九〇二年下院議長、一九〇九年五月反 Leguia 革命黨首領にして俘虜となり、二年四ヶ月下獄せらる。一九一二年造幣局長、一九一五年大統領立候補、一九一九年 Ancash 選出上院議員、現上院豫算委員長たり。

（二）Coronel José Luis Salomón

一八七五年里馬生、一九一五年——一九一九年陸軍々務局長及陸軍大學敎官をつとめ現時 Dos de Mayo 選出下院議員たり。

（三）Dr. José Salvador Cavero

一八五〇年 Huanta 生、里馬大學修業後、一八八九年里馬第一審裁判所判事となり、一九〇三年大審院判事に進み一八九〇年 Arequipa 縣知事となり、一八七六年——一八九二年 Huanta 選出下院議員となる。一八八三年、一八八六年一八九四年 Ayacucho 選出上院議員となり、一八九三年大藏大臣に任ぜられ、一八九四年司法大臣となり一九一一年司法大臣兼內閣議長となり、一九〇八年第一副大統領となる。秘、智戰爭に義勇軍を指揮せり。著書 "Jurisprudencia Penal" 名あり。現時 Ayacucho 選出上院議員たり。

（四）Edmundo Seminario y Aramburú

一八六三年生、里馬大學政治科修了後、一八九五年下院書記官 Piura 縣民主黨委員長となり、現時同縣選出上院議員たり。

第三款　革進民主黨（Partido Democrático Reformista）

（一）Augusto B. Leguia

本黨創立者にして一八六三年 Lambayeque に生る。青年期教育を智利 Valparaiso 英語學校に受く。後實業界に入り、保險會社に多年勤務し秘、智戰爭に從軍せる後、英國製糖會社總支配人となり、一九〇三年 Candamo 大統領執政中大藏大臣に任ぜられ、一九〇四年――一九〇八年 Pardo 大統領の下に藏相として令名あり。一九〇八年 Civil 黨 Constitucional 黨の後援を得て、大統領に當選し、一九一二年に及ぶ。（第一回執政）一九一二年退職後より一九一九年まで滯英七年、一九一九年歸朝し、第一回執政中の政友の後援を以て大統領に再選し、一九二四年十月に至る。（第二回執政）同年黨勢を擴張したる革進民主黨を率る立憲及民主黨の後援を得、三度大統領に就任し（第三回執政）現時に至る。

（二）Foción A. Mariátegui

中央執行委員會委員長たり。一八八四年生る。祖父は秘露獨立戰爭に功あり。父は陸軍將官なるも、格別の殊勳なく、同氏も青年時代に特殊の經歷を有せざりしも、一九一九年 Tahuamanu 代議士に選出せられ時に下院內に「レギア」政府反對派生じたるに對し、常に政府擁護に盡して功績あり。一九二二年以降每年下院議長に選ばれて今日に至る。「タクナ・アリカ」問題の指導に關しては同氏の意見重きを爲し居れり。

（三）Enrique de la Piedra

同副委員長たり。一八八三年 Lambayeque に生る。青年期は實業に從事し、Pimentel 港及 Lambayeque 連絡鐵道を完成す。一九一一年 Lambayeque 選出上院議員となる。次で商農會社 "Viuda de Piedra é Hijos の社長となり一九二四年大藏大臣に任ぜらる。現時 Lambayebue 選出上院議員にして且つ上院議長たり。同院警務委員長を兼ぬ。

（四）Ricardo A. Espinosa

同書記なり。一八三七年 Piura に生る。里馬大學修了後一八六五年辯護士免許を得、一八六八年 Huancabamba 選出下院議員となり、一八七四年內務大臣に任ぜられ、一八七五年 Piura 高等裁判所判事となる。一八七九年下院議長、一八八五年 Paita 稅關長、同年 Piura 選出上院議員、一八九一年大審院判事を歷任し、一九一九年 Piura「レギア」の機關紙 "El Deber" を創刊す。青年期は Civil 黨に屬し、一旦 Constitucional に轉じ後現黨に歸す。

（五）Miguel V. Merino Schröder

同書記にして、Huanuco y Cambo 選出下院議員且つ同院豫算委員長たり。

（六）Dr. Anibal Fernández Dávila

同會計にして Moquegua 選出上院議員たり、同院郵電務委員長を兼ぬ。

（七）Dr. Julio Ego Aguirre

同評議員、里馬生、里馬大學法文科卒業後、辯護士免許を得、秘智戰爭に從軍す。後 Loreto 縣選出上院議員となり、大戰中滯歐七年にして一九二〇年勸業大臣に就任中、英國移民を奬勵す。一九二一年獨立百年祭委員長となり、一九二三年司法大臣に任ぜられ、一九二四年外務大臣を兼任し現時 Loreto 選出上院議員たり。

（八）Dr. José Manuel García

同評議員 Cajamarca に生る。里馬チエスイット宗敎學校出身後、一八八八年 Hualgayoc 選出下院議員となり、一八八九年辯護士免許を得、一八九五年――一九〇一年 Iquitos 第一審裁判所判事となり、一九〇一年 Loreto 選出上院議長たり。一九一〇年內務大臣、一九一一年勸業大臣を歷任し、一九一〇年――一九一五年 Civil 黨に屬し、同黨本部書記たり。

後現黨に歸す。現時 San Martin 選出上院議員、同院財務委員長たり。

（九）Germán Luna Iglesias

一八七〇年 Cajamarca に生る。Cajamarca 及 Arequipa 縣知事となり、一九一九年 Cajamarca 選出上院議員たり。一九二一年陸軍大臣となる。前半生は Civil 黨員たりしが後現黨に歸す。現時 Cajamarca 選出上院議員にして同內務委員長たり。

（十）Fermin Málaga Santolalla

同評議員、一八六九年 Cajamarca に生る。高等工業學校出身にして、一八九四年より鑛山業に從事す。一九〇三年 Cajabamba 選出上院議員、一九〇五年下院書記官、一九一九年 Cajabamba 再選出下院議員を經て Tamberas 鑛山會社々長となる。現時陸軍大臣にして Cajabamba 選出上院議員たり。

（十一）Dr. Pio Max Medina

同評議員、一八八〇年 Ayacucho に生る。里馬大學出身後、一九一一年 Ayacucho 選出上院議員となり、一九一九年再選す。曾て「アヤクチョ」辯護士學校長たり。現時 Ayacucho 選出上院議員にして且つ同司法委員長たり。

（十二）Dr. Pedro José Rada y Gamio

同評議員、一八七三年 Arequipa に生る。「アレキパ」大學出身後一八九五年辯護士免許を得、一八九七年「アレキパ」大學教授となり同 Arequipa 選出上院議員となる。一九一一年——一九一八年在法王廳代理公使たり。一九一八年 Arequipa 選出下院議員となり、同外交委員長たり。一九二一年勸業大臣に任ぜられ、一九二三年里馬市長となる。前期は Demócrata 黨、後は現黨に屬す。當國第一の雄辯家にして、且諸紙の寄稿家たり、西班牙學士院會員なり。著書に "El Arzobispo Goyeneche y Apuntes para la Historia del Perú" 其の他數多の講演集あり。現時勸業大臣にして、Arequipa 選出上院議長たり。

（十三）Dr. Abraham Rodriguez Dulanto

同評議員、一八七四年 Supe に生る。里馬大學出身後、一九〇一年より里馬大學敎授に任ぜられ、一九一七年 Bo'ognesi 選出上院議員となり、一九二一年大藏大臣に任ぜらる。犯罪人類學、農學、地震學、社會學等に造詣深く、數多の學術に關する著述あり。當國著名の學者たり。現時 Bolognesi 選出下院議員にして同憲法委員長たり。

（十四）Dr. Jesùs M. Salazúr

同評議員、一八七九年 Jauja に生る。里馬大學法文科出身後辯護士免許を得、一九〇八年 Jauja 選出下院議員となり、一九一九年同縣より再選さる。一九二二年下院議長となる。前年は Civil 黨員たりしが、後現黨に屬す。現時內務大臣にして Jauja 下院議員たり。

（十五）Dr. Alberto Salomón

同評議員、一八八〇年 Callao に生る。里馬大學法文科出身、後辯護士免許を得、一九〇五年——一九一一年憲法敎授たり。一九一一年 Andahuaylas 選出下院議員、一九一九年司法大臣、一九二〇年外務大臣に歷任し、現時 Junin 選出上院議員たり。「タクナ•アリカ」人民投票の法律顧問たり。

（十六）Eduardo Basadre

同評議員、一八八四年里馬に生る。里馬大學醫科出身にして Victor Fajardo 選出下院議員となり、一九一九年 Tambopata 選出代議士たり。現時同じく代議士兼下院書記官を務む。

（十七）Eduardo Palacio

同評議員、現 Amazonas 選出上院議員にして且つ同國境委員長たり。

（十八）Manue. G. Masias

同評議員、里馬大學工科出身、勸業省勤務、一九二四年勸業大臣となり現時大藏大臣たり。

（十九）César A. Elguera

同評議員、一八七四年里馬に生る。里馬大學出身にして、一九〇一年外交官補を振出しに外交官生活を開始す。一九〇八年在「ボリヴィア」、一九〇九年在伊代理公使となり、一九一三年外務次官に任ぜられ、伯國百年祭特派大使となり次で一九二三年外務大臣となる。現時外務大臣たり。

（二十）Arturo Núñez Chávez

同評議員、Andahuaylas 選出下院議員にして同選擧委員長たり。

（二十一）Dr. Lauro Curletti

一八八一年里馬に生る。一九〇四年醫師免許を得、一九〇九年——一九一四年衛生局長となり、一九一九年 Huanuco 選出上院議員たり。一九二一年海軍大臣に任ぜられ前自由黨首領たりしも、一九一九年七月四日革命以後は現黨に屬す。

現時 Huanuco 選出上院議員、同外交委員長たり。

（二十二）Dr. Angel Gustavo Cornejo

Arequipa に生る。「アレキパ」大學出身にして縣立學校教授たり。縣書記第一審判事をつとめ、一九一五年 Lambayeque 選出上院議員となり、一九一八年司法大臣に任ぜらる。民事訴訟法に關する著述あり。雄辯家として知らる。現時 Lambayeque 選出上院議員、同立法委員長たり。

（二十三）Carlos A. Velarde

一八六七年里馬に生る。里馬大學出身後、一八八六年外務省書記後、政務局長、下院議事錄編輯長を經て一九〇〇年

Lambayeque 縣知事となり、一九〇三年 Ica 縣知事たり。後 La Libertad, Lima, Callao 等の知事たり。一九〇八年內務大臣に任ぜらし、一九一三年陸海軍大臣となり、佛國より軍器を購買し、又佛國敎官を招聘す。一九一八年中央金庫(Caja de Depósitos y Consignaciones) 長官となり、現時 Ica 選出上院議員、同慈善及編輯委員長たり。

(二十四) Plácido Jiménez

辯護士にして大學敎授たり。「レギア」第一回執政及「ベナヴィデス」執政中各內務大臣たり。一九〇一年 Yungay 選出下院議員となる。現時 Cajatambo 選出下院議員にして且つ同立法委員長たり。

(二十五) Dr. Clemente Palma

一八九二年里馬に生る。文豪 Ricardo Palma の息たり。一八九二年 "El Comercio" 寄稿を振出しに文壇生活を始む。一九〇二年——一九〇四年在「バルセロナ」領事となり、一九一二年 "La Cronica" 社を創立し、現同社主筆たり。一九一九年里馬選出下院議員となる。著書中 "Excursion Literaria", "Cuentos Malévolos" 名あり。現時里馬選出下院議員且つ同院外交委員たり。

(二十六) Neptali Pérez Velázquez

一八六九年 Cajamarca に生る。里馬大學出身後、一九〇〇年醫師免許を得、Cajamarca 縣醫となり、一九一五年同縣選出下院議員たり。一九一三年第四回「ラテン・アメリカ」醫師會議に參列し現下院議員同敎育委員長たり。

(二十七) Juan Miguel del Solar

一八七〇年里馬に生る。一八九一年在西秘露國公使官補となり、Junin, Tumbes, Lambayeque, San Martin 等諸縣知事を經たる後、Lambayeque 農業に從事せしが、一九一九年 Tumbes 選出下院議員となり現に同下院議員にして且つ同院鑛業委員長たり。

第四章　現在議會の黨派別

	上院	下院
民主黨	七名	九名
立憲黨	五名	十三名
革進民主黨	十九名	八十六名
欠	四名	二名
計	三十五名（定員）	計　百十名（定員）

第五章　各政黨の主義綱領

尚各黨ゝ政綱に關しては立憲黨及自由黨は嘗て政綱を發表したることあるも、元來政綱に因り結束し居るに非ざるが故に、右政綱は既に死文となり、今や孰れの本部にも當時發表せられたる政綱の記錄を保存し居らず。而して民主黨の政綱として發表せられたるものは左記の如し。

民主黨政綱

左記民主黨政綱は一八八九年「ガセレス」大統領任期終了し新に大統領改選に際し黨首 Nicolás de Piérola の名に依り同年四月一日附を以て宣言せられたるものにして、同宣言は實に一九一二年「レギア」大統領第一執政終了し新大統領改選に際し、同年二月七日附を以て同文にて發表せらる。

民主黨宣言要領

一、富有階級の特種利益を保護せず、國民全般に渉り民衆の利益を目的とし、之が權利の擁護と自由を確保し、精神的並に物質的改善を期すること。
一、土着印度種族の生活を改善し之に文化教育を施すこと。
一、領土の開拓、交通道路の布設、並に不毛地の開墾、耕地の擴張を期すること。
一、眞理公正を基礎とし、秩序と自由とを確保せんが爲、憲法不備の點を改正すること。
一、個人の身體、財產、住居及信書の自由、並に名譽を保障せんことを期す。
一、印刷出版の自由を確保すること。
一、國家主權の發動たる選擧、立法、司法權の神聖と大統領に隷屬する內閣の獨立、陸軍及警察制度の刷新を期すること。
一、諸般行政機關並に綱紀振肅、公吏、會計及徵稅制度の改善、豫算、各省會計の獨立及刷新を期すること。
一、內外國債に對する正確なる償還方法の善處を期すること。
一、兌換劵發行銀行條例の制定並に發行銀行の監督及新勸業銀行條例制定を期すること。
一、國內產業の保護振興を期すること。
一、貯蓄銀行及諸共同組合組織の奬勵。
一、初等教育に於ける知育體育の奬勵及校舍の設立、工業學校の改良及新設、女子教育の振興。
一、勞働者の保護並に怠惰民の艾除及勞働就職に關し、政府及諸組合の保護を期すること。
一、法律規則の遵奉、及官憲への恭順に關する國民の訓練及反謀並に不恭順的思想の驅除を期すること。
一、國民生活の必要に應じ國力を充實し、內外の障碍を除去し、一般社會の改善に對し國民の自覺的協力心を喚起し、之を指導せんことを期す。

革進民主黨は未だ政綱なるものを有せず。同黨政綱起草委員任命せられたるも、今日まで其の業を畢へず。目下の處同黨は黨首「レギア」氏が大統領選擧の際發表したる政見を以て、其の政策となす。「レギア」氏が一九二四年發表したる政見左の如し。

「レギーア」第三次大統領就任政綱演說大要（一九二四年十月十二日）

凡そ國家の最大原動力は領土並に國民の二とす。第一は地理的條件及富源にして、第二は文化的人口要素たり。卽ち土地及國民は一國を構成するものにして國家の進步を促すべき政治方針を感得せしむるものなり。吾が領土及人民は吾が國の經濟、敎育及國際政策が如何なる意義を有せざる可からざるかを明瞭に敎ゆるものなり。

…………………………………………

吾國に於て經濟問題は最も重大なるものなるが、予は吾國の前途を善く洞察して、生產、工業、商業を同時に發達せしめ、交通機關を充實せしめんとす。予は又土人をして復權せしめ、强力なる人種の移民を誘致し、都市の衞生設備を施し風土病の慘禍を撲滅して人口を增加するに力むべし。

生產を增進せんが爲には耕作地を增大するを要す。是が爲海岸荒蕪地域を灌漑し、少くとも現在耕作地を倍加せしむべし。

…………………………………………

予は「パタス」、「カストロヴイレイナ」、「アンカス」其の他の如き未開にして無限の富を包藏する鑛業地帶を世界市場に開放して、鑛業の發達を促進すべし。

鐵及石炭工業は大規模に開始せらるべし。

「メホラーダ」より「アヤクチョ」に至る道路完成せば當初の意氣を以て更に「クスコ」、「アヤクチョ」間、「セロ・デ・パスコ」、「カハマルカ」間、道路新工事を繼續すべし。

「オリエンテ」、「コンヴエンシオン」、「ウアンカヴエリカ」、「レクアイ」等に通ずる鐵道は既に竣功すべく、更に近く諸君の審議に附すべき大契約に從ひ新鐵道線の建設を開始すべし。

而して此等總てを以て土人をして權利享有の生活に復歸せしむべし。土人は吾が山岳地帶の農夫たり。吾が鑛山に於ける勞働者たり。吾が軍隊の兵士たり。而も未だ一個の奴隷なり。此の價値無限なる分子を祖國民に合するには大なる努力を要すべし。

………………………………

經濟事項に就ては確乎たる自治の基礎たる內國資本を形成する爲に大に力めざるべからず。吾人は吾が鐵道を建設し都市の衞生設備を施し、海岸不毛地帶を灌漑するに未だ缺くべからざる外國資本の輸入を助成するも、こは吾が將來の獨立に達するに至る發達の過度時代に當るものなり。

吾が農業富源の偉大なる開發も吾人の福祉を滿すこと能はざるの日至らん。是に於てか獨自の工業を起すの止むなきに至るべし。蓋し斯かる場合に經濟的自治を爲さしむるものは工業の發達を措き他あらざればなり。

吾人は常に原料品供給國たらん。故に吾人の準備金を增加し、生活費を低下せしむる爲、外國より輸出原料品の支拂金を齎らす爲適當なる政策を實施するを要す。

之を綜合するに予は孜々たる土地耕作と工業の準備の經濟政策を施すの必要を聲明するものなり。

敎育事業に於ては吾が敎育方針を根本的に變更せざるべからず。無効なる字句拘泥主義に依る敎授法を一擲して實體的建設的敎授法を採用せざるべからず。

吾國の如き國民の恬淡主義、砂漠、山岳の如き障害ある國家に於ては實利的敎育を施し、完全なる自由の基礎たる經濟的獨立を保證するに適する第二世國民を養成するを得しむるを當を得たりと爲すべし。

吾國には大學多くして實務學校少し。繁文縟禮甚しく實務に缺けたり。中世式大學は國民を益せんよりは寧ろ之を毒するものなり。吾國の如く大學ある國家に於ては俄か造りの口上を以て科學的準備を塡め合はす眞面目顏なる博士連多し。

即ち我政府の考慮する所は人格を養成し、判斷力を養ひ、而して社會的競爭に優勝すべき人材を養成する實業敎育を發達せしむるに在り。

以上經濟及敎育政策と並び重要なるは國際政策とす。

南米大陸諸國たる友誼及淵源を同ふせる點よりして、本大陸諸國とは誠實と眞摯とを以て互に親善關係を益々確固にし、之を離隔する障害は之は除きて友情の爲に盡すべきを敎へらる。

此の意味に於て予は近隣諸國との友誼を第一に保持し、其の他世界各國とも同樣友誼關係を保つ爲、如何なる努力をも吝まざるべし。永年懸案となり居れる國境問題解決は一刻も忽にする能はず。獨立後百年の今日平和の輝ける地平線を暗黑と化し、本大陸各國民間の友誼感情を冷却せしむる疑惑、隔意、又は屢爭議をさへ惹起しつゝあるは有り得べからざることに屬す。

解決の時は來れり。而して若し吾人が此解決の後るゝを傍觀しつゝありせば、吾人は後世に對し大なる責を免がるゝ能はず。

我等が祖宗の墓より來る地下の力は亞米利加諸國の團結を促しつゝあり。亞米利加の團結は實に「サンタ・マルタ」の黎明に既に偉業を畢へたる後正に死に瀕せる「ボリーヴアル」を照せる炬火の光なりき。

………………………

第六章　地方政府及地方自治體と政黨との關係

秘露に於ては政黨が地方政府及地方自治體を左右し、又は之を指揮することとなし。縣知事等の地方官憲は中央政府により任命せらるゝも、地方自治體合議機關（假令ば縣參事會）の議員に就ては夫々其の地方に於て候補者を定め投票す。各政黨より各其の候補者を立つるに非ず。併し當選したる參事會員の中には或政黨に屬するものあるも、中央政黨政治の影響を受くること稀なり。

第七章　外交に關する各黨派の政見及主張

從來秘露の政黨には其の外交方針に關し特記すべき主義主張を見ず。只過去に於て公民黨（Partido Civil）が親智利の色彩を帶びたるを擧げ得べきも、現時に於ては政黨員中現下院議長 Mariátegui 又は上院外交委員長 Curletti 等が個人として親米的傾向あるを別とし、黨の政見としては一樣に各黨を通し智利に對抗し暮利比亞、哥倫比亞とは親交を持續せんとするが如し。

第八章　各政黨々費調達方法

黨員は各自の資力に應じ黨費を支出す。別に調達方法として特記すべきものなし。

第九章　議員の歳費額其の他の特權

兩院議員は何れも月額八十秘磅の給與を受く。（一九一八年十二月法律第二九五六號にて五十磅其の後三十磅を增加し、現今八十磅の月費を受く）

上下兩院議員は其の職權の行使に於て不可侵權を有し、所屬兩院の開會期一ヶ月より開院後一ヶ月まで兩院の許諾なくして現行犯の外は告發又は拘引せらるゝことなし。現行犯の場合は直に各院の處置に附す。（憲法第八十條）

兩院議員は旅行の際汽船及汽車賃として規定旅費表による其の往復額を受け。汽船汽車によらざるものは一「レーグア」に付二「ソール」二十仙の割にて支給せらる。（一八八一年十月二十六日法律）

第十章　議會の會期及日數

通常議會は召集の有無に拘らず、每年七月二十八日より開會し、會期は年內少きも九十日多きも百二十日間たるべし。

臨時議會は必要と認むるとき行政部により召集せらる。

豫算が協贊せられざる場合には通常議會は最大期間の滿了する外閉會することなし。

臨時議會は召集の目的を達したるとき修了し、會期は四十五日以上に涉るを得ず。

臨時議會は通常議會と同等の權能を有すと雖も、召集の主題に先議を與ふ。（憲法第七十八條）

第九編　葡萄牙國の政黨

從來葡國政界に於ては小黨分立し去就離合常なく妥協と八百長を是れ事とし、黨員は私慾黨利を計るに吸々として眞に國利民福を顧みるもの少く黨弊其の極に達し國民の災禍圖り知る可からざるものあり。一九二二年二月の總選擧に於て民衆黨絶對多數を制するに至り政界一先づ安定に赴けるやに見受けられたるも、革新の氣更に動かず議會の信用は地を拂はんとするの情勢を示せるが、一九二六年五月二十七日「ゴメス・ダ・コスタ」將軍主謀の下に軍人革命勃發し同月二十九日「メンデス・カベサダス」大佐の臨時革命政府の樹立を見たり。該革命成効の結果大統領は辭職し爾來行政權は全く內閣に歸するに至りしが、六月九日革命政府は議會を解散して獨裁政治を布き政黨の首領は政府の壓迫に堪へず多く國外に亡命し、政黨の活動は玆に全く其の影を認めざるに至れり。其後「ゴメス・ダ・コスタ」內閣を經て現「カルモナ」內閣に及べるも政變の移動は一に武力に依りて決せられ諸政は政府の獨斷專行に委せられ未だ政黨の復活を見るに至らず。

第十編　智利國の政黨（一九二六年五月調）

第一章　總　論

一九二四年九月軍人を主謀者とせる革命勃發し、一時大統領「アレサンドリ」氏の出國を見たるが、翌年一月の第二次革命と共に歸國後同氏自ら中心となりて多年の懸案たりし憲法の改正を實行して各政黨間に存せし因襲的政爭の中心たる政教分離並に行政部對議會の爭議を解決せると、又一面に於ては假政府治下漸次社會勞働問題の聲高く、勞働黨著しく其の勢力を擴張するに至り、當國政黨間の關係に一大變遷を招來せり。

抑々智利國政黨對立の由來を知るには當國の政治と宗教とが極めて密接なる關係にあることを忘るべからず。即ち一八三三年の憲法は羅馬舊教を國教と定め、之を保護し、其の布教を援助し、教育其の他一般社會上に於ける勢力は勿論、法制上に於ける特權等も頗る廣汎なりしを以て、國内一部人士中には之を以て行政上自由を阻害すること甚しとなし、政教分離を唱道する者輩出せるも、容易に之を斷行すること能はざりき。是に於て前記宗教問題に對する主義綱領相異の下に二黨の出現を見たり。即ち舊教を保護し其の教義の普及によりて萬民の幸福と社會の安寧秩序を保たんとせる一派は保守黨となり、之に反し政教分離說を唱へし一派は急進黨となり、右二黨間に中立の姿にて出現せしものは即ち自由黨にして、最近に至る迄六十箇年間同主義に基き政爭に沒頭せり。

前記三黨各々宗教問題を中心として政爭に餘念なかりし折柄、一八九一年一月憲法改正に付き議會對行政部間に爭議を生じ、右三黨は各々議會派(Parlamentarios)及び大統領派(Balmacedistas)に分れて鎬を削りたるも、結局議會派の勝利となり、革命の終局を見たるを以て、再び政爭の中心は宗教問題に移れり。而して右革命に敗北せし一派は間もなく議會の權能を縮少し之を行政部に委任するを其の主義綱領として一政黨を組織せり。之を自由民主黨（Liberal Democratico）或は「バルマセデイスタ」（Balmacedista）と稱す。

斯くの如く宗教問題並に憲法改正案を政爭の二大中心點として各々政爭をことゝし、一九二一年前大統領「アレサンドリ」氏就任に至る迄何等大變動を見ざりき。

次に當國社會黨並に勞働黨の由來を見るに元來智利國は他の南米諸國に比し比較的謹直なる官憲と寛大なる地主等ありて生活極めて容易なりし爲、社會、勞働問題を政綱とせる顯著なる政黨無く、一八八八年勞働者保護法の制定等に依り一般勞働者に著しき刺戟を與へ、加ふるに一九二一年勞働黨系後援の下に「アレサンドリ」氏大統領となるや、其の勢力に一段の伸展を與ふるに至りたり。

「アレサンドリ」氏は就任と共に政教の分離、議院法、豫算法、選擧法の改正を目的とする憲法の改正に努力し、一九二四年七月の革命を以て一時其の中絕を見たれども、一九二五年一月二十三日に於ける第二次革命の結果、歐洲より歸還復職後自ら憲法改正の衝に當り一九二五年八月國民投票に依り前記諸件を含める新憲法を制定し同年九月十八日之を發布せり。

是に於て保守、自由、急進及び自由民主の四黨は因襲的政爭綱領を失ひ、折柄前述の如く勞働社會運動の急激なる勃興と共に各政黨間の主義綱領相違の中心は自ら經濟問題に轉換せるやの感あり。即ち一九二五年大統領選擧に際し前記保守黨以下三黨は一致して現大統領「エミリヤノ・フイゲロア・ラライン」氏（Emiliano Figueroa Larrain）を候補者として選出せるに反し、民主黨の一部、「アサラリアードス」黨及び共產黨等の勞働系は「ホセ・サントス・サーラス」氏（José Santos Salas）を候補者として之に對抗したるが、尙同年十一月上下兩院議員總選擧に際し選擧運動の激甚を避くる爲め各政黨協定して新大統領の裁決に基く數に依り候補者を各黨より選出せるに反し、民主黨を初め其の他の勞働系政黨は其の協定より脱退し、自由に自黨候補者を選出せる最近に於ける二つの事實は將來經濟問題に基く政黨の分野を暗示するものとも見るべし。

尙當國政黨の近狀を述ぶるに當り、看過すべからざるは、最近當國に於ける二回に亘る革命なり。今之が政治的意義を考察するに、革命に際し軍人は政治的に不偏不黨を標榜し、民意に基けりとする幾多の理想を發表せるも、而かも政治的色彩皆無なりと云ふべからざるのみならず、第一、第二の革命に就き各々相異れる色彩あることを認むるものなり。第一革命に於ては當初の理想は兎も角「サンチアゴ」駐屯軍一團となりて決行せる結果、有力者たる將軍連は其の社會的地位の關係上其の色彩は保守黨に傾きつゝあり。爲めに同黨擡頭の徵ありたるを以て茲に自由急進主義なる靑年將校連を誘發して第二革命を馴致せり。從て第二革命後の假政府は寧ろ急進自由の黨派に近く、極力保守黨を壓迫せるを以て保守黨は之に耐へ兼ね盛んに抵抗を試み、遂に同黨領袖數名の國外に追放せられたることあり。

斯くの如く軍人は革命に關し相當政治的色彩若くは傾向を有せるも、さればとて何黨とも提携せるものに非らず、全く獨立にして而かも一度事を構ふるや殆んど政黨の存在をも無視する行動に出でたるも、右に對し政黨は全く無力にして何等抵抗の氣力なく、唯其の儘に事件を展開せしむるのみなるは未だ吾人の記憶に新らしき事象にして、革命直後第二革命の主將を陸相に仰ぎ居る今日、今後暫くは軍人の政界に對する態度も計られず。保守、急進、自由、其の他の各黨が合同して政治的色彩の比較的少き現大統領を選擧し、政治行政上の聯合を協定せるは一は革命後の時局收拾を容易ならしめんとの意に出でたるは勿論なるが、尙暗に軍隊に對抗せんとする政黨の態度とも稱することを得べし。

之を要するに今後引續き社會運動乃至經濟問題は當國政治運動の主要なる題目たるべきは、當國現下の情勢に鑑み豫想するに難からざれども、尙前陳の事情に依り政情の安定と共に政黨關係等に少なからざる變遷を受くるを保し難しと思考す。

今新大統領選擧に際し、各政黨聯合の上選出せる候補者「フイゲロア」氏及び勞働系政黨の支持せる候補者の投票得點を各州別に列記せば左の如し。

州名	「フイゲロア」氏	「サラス」氏
「タラパカ」	三、〇〇二	二、一三六
「アントフアガスタ」	五、一二七	四、一六七
「アタカマ」	二、三〇五	三六〇
「コキンボ」	六、六五二	一、九〇一
「バルパライソ」	一七、二二一	一二、七三八
「アコンカーグワ」	六、四四七	二、〇六三
「サンチアゴ」	三四、九三〇	二二、七一九
「オヒーゲンス」	六、三八七	二、一二〇
「コルチヤグワ」	八、八四四	一、六三五
「クリコ」	五、四四二	一六一
「タルカ」	六、七九七	一、二七〇
「リナレス」	六、〇六五	八二五
「マウレ」	六、〇三五	三八七
「ニユーブレ」	一〇、六二九	一、四三一
「マゼコ」	六、七一一	一、二一三
「アラウコ」	三、〇四〇	一、四〇〇

「コンセプシオン」	一一、二五九	六、六九二
「ビオビオ」	八、七六九	八六七
「カウテイン」	七、六八四	二、五〇二
「バルヂビア」	九、八〇七	五、〇六六
「ジヤンキグエ」	七、五九〇	一、八三〇
「チロエ」	三、六四七	三五〇
合計	一八四、〇八八	七三、八三三

第二章　各政黨の名稱及び其の主義綱領

第一節　各政黨の名稱

一、保守黨 (Conservador)
一、自由黨 (Liberal)
一、急進黨 (Radical)
一、自由民主黨 (Liberal-Democratico)
一、民主黨 (Democrata.)
一、「アサラリアードス」 (Asalariados)
一、共產黨 (Comunista)

第二節　各政黨の主義綱領

智利國議會は其の議席數上院四十五、下院百三十一にして、其の數極めて少數なるに拘はらず、黨派徒に多數にして、未だ嘗て單獨に議會に於て絶對多數を有し政權を掌握せるものなく、歴代內閣は其の主義綱領の類似せるものを糾合して聯立內閣を組織する實情なりき。從つて過去數年間には左翼派にして急進黨を中心とし自由黨の一部及び民主黨の聯合せる「アリアンサ・リベラル」(Alianza Liberal) 及び右翼派にして保守黨を中心とし自由民主黨及び國民黨の聯合せる「ユニオン・ナシオナル」(Union Nacional) の二個の聯合ありて、政教分離並に憲法改正の二問題を中心として對峙の姿を示し居れども、一九二五年九月新憲法發布ありて前記二問題の解決を見たるを以て政治問題を除き其の政綱に大なる相異を有せざりし保守、自由、急進、自由民主の各政黨は自ら接近し、將來政爭の中心點たる社會、經濟、勞働問題に對する政綱を異にせる民主黨、「アサラリアードス」黨及び共產黨と對抗するに至れり。即ち前者保守、自由、急進、自由民主の聯合は、大資本家、小資本家とを問はず一般に有產階級を保護し、國內の商工業の發展と共に國力の增進を計らんとし、民主黨を中心とせる後者の聯合は一般無產階級の利益を極力保護せんとするにありて、必然の趨勢として左右兩翼派を形成するに至れり。依て今左右兩翼派政綱の相異點たる社會、經濟、勞働問題につき其の主義綱領を略記せば左の如し。

第一　保守黨の政綱

イ、社會問題

一、一般市民の小地所購買を援助し、且つ土地の改良並に開墾に對し資金貸出を爲すこと。

二、殖民問題解決の爲、殖民企業者に依り耕作權を留保せられ且つ放置せられ居る國家の所有土地の回收、及び土人土地所有權公認に對する法律の制定。
三、國家の承認せる民間事業に依り、若くは低利貸出及び長期償却方法に依り、勞働者住宅問題の解決を計ること。
四、年齢、男女、産業の種類に依り勞働時間を限定すること。
産業の利益分配に關し、勞資の協調を計る爲最低賃銀を決定すること。
五、貯金奬勵、國家經營に係る質屋の設置、酒癖の矯正、賣淫の禁止、投機事業の取締、賭博の禁止。
六、慈善事業に對し現に存在せる各機關の管理方法の改良及び發達並に監獄の改築。
ロ、財政問題
一、國家の信用確保の爲國債の減少、歳出、歳入、豫算の均衡及び國資の公正なる投資。
二、納税の公正を期する爲所得税を最も主要なるものとし、其の他の租税を輕減すること、殊に日用品に對する税を輕減し贅澤品に重税を課すること。
三、地方自治體の收入增加。
ハ、産業問題
一、製鐵業の保護、近海航路の獨占、商港の改設及び鐵道河川の改修。
二、內國漁船を使用する漁業の保護、水産物に對する陸上運賃の割引。
三、硝石生産費の低廉を計り、販路の擴張に對し政府は凡ゆる保護を與ふること。
四、炭抗業者に對する保護。
五、硝石業、礦山業者に對し鑛區を擔保として資金の融通。
六、耕作方法の改善、農産物の輸出、農産物を原料とせる製造工業の發達を計ること。

七、農務警察の新設、農業從事者の保護。

第二　自由黨の政綱

本黨の內部は各派に分裂し目下其の糾合に努めつゝあれども未だ其の實現を見るに至らず。從つて其の政綱とする所各々多少相異なる點あり。然れども社會、經濟、勞働問題に關しては略々同樣にして前記保守黨の主義と大差なし。

第三　急進黨の政綱

急進黨の政綱中社會、勞働問題に對しては保守黨及び自由黨に比し進歩的態度を示し、時勢に順應する傾向を示し、多少の相異あるを以て、之を略記す。其の他は之と殆ど同一なるを以て省略す。

イ、社會問題

一、勞資の協調を計る爲め、以下の事項に對する法律を制定すること。
最低賃銀、利益配當、勞働時間の限定、夜間勞働の禁止、工場衛生法。

二、被傭人及び勞働者住宅建築の奬勵。

三、國家及び傭主補助の下に傭人及び勞働者に對し生命、傷病、養老の各種保險を與ふること。

四、婦女並に少年勞働者の保護。

五、勞働者同盟罷業權並に資本家同盟罷業中止權の承認。

六、軍隊の出動に依り同盟罷業を抑壓する權利の否認。

第四　自由民主黨の政綱

イ、財政經濟產業殖民問題

一、内外海陸航運整理の爲道路河川の改修、運賃の限定、鐵道港灣の改修、内國船舶の保護。

二、造船業、鑛物精錬工業、製紙工業、陶磁器製造業、袋類製造業を保護奬勵し、其の輸入額の減少を計ること。

三、硝石業を官營として硝石研究所を設置し、其の生產費の低廉を計ること。

四、物價の騰貴を防止する爲め、豫め國內生產業者と計り、其の生產品の輸入額に制限を加ふること。

五、國際條約を結び、國際鐵道を增設し、對外貿易の發展を計ること。

六、大學に工科講座の創設、機械工業の保護及び材料品の輸入稅免除、輸入稅率の改正等にて國內產業の發展を計ること。

七、硝石輸出稅を廢止し、所得稅法を採用すること。

八、南部諸州に散在せる不動產所有權確定の爲土地所有權確定裁判所を設置すること。

九、土人土地所有權の改正、山林警察署制度の改善、官有地殖民の奬勵。

ロ、社會勞働衛生問題

一、衛生法を完備し、遺傳病原及び肺結核の撲滅、酒癖矯正、幼兒及び學童の保護。

二、慈善事業基金を得る爲富籤發賣を許可すること。

三、政府監督の下に共濟組合、消費、生產、信用組合を組織すること。

四、勞資の紛爭を避くる爲常設仲裁々判所を設置すること。

五、同盟罷業不參加勞働者に對し自由に勞働し得る保護規則を制定すること。

六、國民の健全なる身心の發達を期する爲「スポート」機關の完備を計り、且つ全國一般に亘り競技場を新設し、野外運動を奬勵すること。
七、官營公衆劇場を設置し、精神的教育に資すること。
八、生活費の低廉を計る爲、荒廢地に特殊税を課し、所有者に其の開墾を奬勵し、且つ食料品販賣業者の暴利取締を嚴重にすること。

第五　民主黨政綱

イ、經濟問題
一、國庫負擔の下に勞働者代表局及び資本家代表局を組織すること。
二、職業組合及び勞働團體構成の承認並に集會權抑壓の禁止。
ロ、勞働契約
一、勞働契約の制定。
二、勞働保護法、最低賃銀、最大勞働時間の限定。
三、勞働保險制度の實施。
四、勞働法制定に際し。勞働者組合の參加並に罰金制度の廢止。
ハ、國民保險
一、公衆慈善制度を改正し、國民一般に對し失職、不具、老衰、死亡の場合に於ける保險法を設くること。
ニ、社會並に產業問題
一、個人所有土地面積の制限並に官有地の分配。

二、集會禁止令の廢止。
三、工場法の制定。
四、十四歳以下の兒童勞働禁止。
五、十四歳以上十八歳以下の者に對しては半日勞働制を實施すること。
六、婦女の健康と兩立せざる勞働の禁止。
七、八時間勞働制。
八、夜間勞働の禁止。
九、日曜日休息法實施。
一〇、勞働者の傷病、治療に對し傭主の責任。
一一、勞働者身分證明手帳の廢止。
一二、勞働監督官の任命。
一三、衛生及び勞働狀態に依り醫務官の適宜配置。
一四、獄內勞働に對する法律の制定。

第六 「アサラリアードス」黨及ビ共産黨の政綱

「アサラリアードス」黨及び共產黨は社會主義者の主義綱領を懷抱すると雖も、其の政策に就きては民主黨に接近す。

第三章 各政黨成立の由來、其の勢力の優劣及び地盤

第一節　各政黨成立の由來及び其の勢力の根據

第一　保守黨

智利國最古の政黨にして一八三〇年彼の有名なる「デイゴ・ポルターレス」の組織せるものにして、上流名門及び資產階級の者之に屬し、政敎一致を主義とせる關係上僧侶の後援を有し、最近に至る迄當國最大の政黨なりしも、時代の推移と共に漸次衰微の徵候を現はせり。大地主の割據する當國中央部「アコンカグワ」「リナレス」の兩州及び南部の「チロエ」州を主たる地盤とす。

第二　自由黨

保守黨より分立して一八五〇年頃創設せられたるものにして、當國中央部及び南部に根據を有す。中產階級以上、殊に地主間に勢力を有す。然れども元來中立黨にして黨內各派に分離し居るを以て、之が統一せらるゝに至る迄は大勢を左右すること能はざるべし。但し黨內人物多く當國大統領の多數は本黨の出なり。

第三　急進黨

一八六三年自由黨より分立して組織せられしものにして、時代の趨勢と共に漸次其の勢力を扶殖し、一九二四年及び一九二五年に於ける再度の總選擧に於て大捷を博し、目下當國最大の政黨となれり。全國を通じて中產階級及び南部地方に於ける資產階級中に其の勢力を有す。

第四　自由民主黨

一名「パルマセディスタ」と稱し、大統領「パルマセダ」の主義實行の爲組織せられたる政黨にして、國內に於ける知識階級中に其の勢力を有す。

第五　民主黨

一八八八年中產階級以下勞働者保護の目的を以て、「マラキアス・コンチャ」(Malaquias Concha)の組織せる政黨にして、最近に至る迄其の勢力微々たるものなりしも、近來社會運動の勃興と共に其の勢力俄に加はり、將來資本家黨と對抗し得べし。國內各大都市に於ける中產階級以下のものに其の勢力を有す。

第六　「アサラリアード」黨

文字の意義の示すが如く、月給、及び日給生活者の利益を代表し最近民主黨及び共產黨の一部より分離し一黨を成せるものにして、其の成立後日尙淺きも、最近の總選擧に於て下院に九個の議席を獲得し、其の勢力容易に侮るべからざるものあり。硝石地帶及び南部北部に於ける工業鑛山業地帶に其の根據を有す。

第七　共產黨

一九二一年「レカバレン」氏が組織せるものにして、專ら勞働者の利益を代表するものにして、未だ其の勢力極めて微弱なり。北部硝石地帶を其の地盤とす。

第二節　各政黨の議會に於ける議席數

一九二五年十一月總選擧の結果各政黨の獲得せる議席數左の如し。

黨名	下院	上院
急進黨	三六	一五
自由黨	三一	一〇
保守黨	二九	一一
自由民主黨	一五	五
民主黨	一一	三
「アサラリアードス」黨	九	〇
共產黨	〇	一
計	一三一	四五

第四章　各政黨領袖の人物及び略歷

第一　保守黨

（一）「アルツーロ・ライオン・ペーニヤ」(Arturo Lyon Pena)

保守黨現總裁なり。

一八七八年巴里に生れ、同地に於て修學、一八九八年歸國の上辯護士の職に從事し、一九〇五年下院議員に選出せらる。

一九一五年「サンチアゴ」市々會議員として手腕を揮ひ、後一九二一年及び一九二五年の兩度「アコンカグワ」州より上院議員に選出せらる。

（二）「ラファエル・ルイス・ガムシオ」(Rafael Luis Gamucio)

下院議長にして、且つ保守黨副總裁なり。

一八七七年「サンチアゴ」に生れ、一九〇四年辯護士たる資格を得、「エルデアリオ・ボブラル」(‘El Diario Popular”)「シツク・サツク」(“Zic-Zac”)「ラ・ウニオン」(“La Union”)「エル・デイアリオ・イルストラード」(“El Diario Ilustrado”) 等保守黨系新聞社の記者として雄筆を揮ひ、一九一四年より「エル・デアリオ・イルストラード」の社長となり、專ら保守黨の主義綱領の宣傳に努めつゝあり。「キヨタ」「リマチ」選出下院議員たり。

第二　自　由　黨

（一）エリオドロ・ヤネス」(Eliodro Yanez)

智利三大新聞の一たる「ラ・ナシオン」紙の持主にして、「バルデイビヤ』選出上院議員にして、一九二四年九月の革命當時上院議長として克く難局に當り、數回內閣を組織し、且つ各省大臣に歷任し、現在國際聯盟智利代表として外交的手腕を揮ひ居れり。

同氏は社會問題に對し權威ある意見を有し、「ラ・ナシオン」紙上に於ける氏の論調は屢々輿論を左右す。大統領「アレサンドリ」氏就任中、よく共の主義の實現を見たるは同氏の後援與つて力ありと稱せらる。

（二）「アルツーロ・アレサンドリ・パルマ」(Arturo Alessandri Palma)

前大統領にして「タラパカ」選出上院議員なり。

一八六八年「リナーレス」に生る。一八九八年工務大臣となれるを初めとし、內務、大藏大臣等に數度歷任し、一九二一年大統領となる。

「アレサンドリ」氏就任當時智利は保守主義なほ全盛時代にして、大統領等も歴代保守黨系出身なりし所、俄に急進黨派出身の同氏就任せるを以て自己の主義實行上幾多の蹉跌を來したれども、奮鬪努力、多年の懸案となれる憲法改正の大業を成就せしめ、智利歷史上一新時代を劃せり。歷代大統領中名實共に具備せる名大統領にして、次期大統領たるべしとの評專らなり。

又「アレサンドリ」氏は當國屈指の雄辯家にして、上院議員選出地たる「タラパカ」に於て大に獅子吼せるを以て「タラパカの獅子」(Léon de Tarapaca) の綽名を有す。

第三　急　進　黨

「エンリーケ・オヤルスン」(Enrique Oyarzún)

急進黨總裁にして上院議長たり。

一八六六年智利北部「バエナル」に生れ、智利大學卒業後、一八九四年「コンセプシオン」中學の教諭となり、後同地商工學校々長に轉職す。一九〇九年子弟より推されて下院議員となる。現在に至るまで下院議員たること四回、大藏大臣たること二回、最近「レオビオ」州より選出せられ、上院議員となる。經濟方面の知識と經驗甚だ深し。

第四　自　由　民　主　黨

(一)「ペドロ・オパソ・レテリエル」(Pedro Opazo Letelier)

自由民主黨の總裁にして、「タルカ」「リナレス」「マウレ」州選出上院議員なり。

(二)「エミリオ・ベージヨ・コテシード」(Emilio Bello Codesido)

一八六八年「サンチアゴ」に生る。大統領「バルマゼーダ」氏の女婿にして、西班牙語學者「アンドレス・ベーヂョ」の孫に當る人なり。在學中十六歳にして陸軍省職員となり、一八八九年辯護士たるの資格を得、「バルマセダ」政府沒落當時二十三歳にして陸軍次官たりき。革命終了と共に「アルゼンチン」へ亡命せるも、間もなく歸國し、一八九三年自由民主黨を組織す。

一八九八年工務大臣となれるを初め、內務外務大臣たりしこと數回、一九二五年一月、第二革命に際し、假政府（Junta de Gobierno）の首班となり、現在は國際聯盟智利代表者として在歐中なり。

氏は溫厚篤實なる君子にして、小壯より內政多事の際に遭遇し、苦しき政治的經驗を有するを以て、國步艱難の秋に克く之に處するの才あり。「アレサンドリ」治下政況紛亂を來す每に、內閣の首班となりて之が解決の任を完ふす等、智利政界に於ける重要なる人物の一人なり。

第五　民主黨

「ルイス・エンリーケ・コンチヤ」（Luis Enrique Concha）

現在民主黨總裁にして、共產黨組織者「ルイス・エミリオ・レカバレン」（Luis Emilio Recabarren）自殺後勞働者の輿望を一身に擔ひ居れり。

第六「アサラリアードス」黨

出現日尚淺きを以て首領株として認むべき人物なし。

第七　共產黨

本黨を組織せし「ルイス・エミリオ・レカバレン」自殺後首領として認むべき人物なし。

第五章　地方自治體と政黨との關係

近年に至る迄國會議員の選擧は市町村會議員の選擧と同日に之を行ひ、且つ同一選擧人により選擧せられ、加ふるに市町村會は選擧委員任命權を有せしを以て、政黨は其の勢力扶殖の爲には地方自治體と密接なる關係を有することを必要とせり。然れ共憲法及び選擧法の改正により國會議員及び市町村會議員の選擧を區別せるを以て政黨と地方自治體との關係は著しく稀薄となりたるもの丶如し。

第六章　外交に關する各黨派の政見

外交問題に關しては、各政黨孰れも政爭を離れ常に一致の態度に出で、未だ嘗て之れを政爭の具とせしことあるを聞かず。

國際聯盟に對しては顯著なる積極的政策を採用せしことなけれども、常に他の南米諸國に比し代表者として比較的人格高き敏腕家を派遣し、加ふるに外務大臣を委員長とせる國際聯盟委員會の組織等ありて、之を重要視せるもの丶如し。

國防問題に對しては、亞爾然丁及び伯剌西爾との對立上最近各政黨間に、艦船の改造説を唱ふる者あれども未だ具體化せず。

社會主義宣傳に關しては、民主黨を初め「アサラリアードス」黨、共產黨等相當に努力し居れども、各黨孰れも成立後日尚淺く、編成不備の爲充分なる活動を見ること能はず。

對日本問題に關しては其の利害多からざるを以て何れも大なる興味を有せざれども、對北米政策上親日說を唱ふる者多し。日本移民問題に關しては未だ在留邦人の數少なきを以て之が排斥の聲を聞かざれども、日本に對する知識極めて幼稚なる爲め人種の差異上之が入國を餘り好まざるもの丶如し。

第七章　各政黨主要機關紙

各政黨は何れも機關紙を有せざれども、「サンチアゴ」市發行の「エル・デアリオ・イルストラード」("El Diario Ilustrado") 及び「バルパライソ」港發行の「ラ・ユニオン」("La Union") 紙は保守黨の政綱を宣傳し、是が機關紙の如く「サンチアゴ」市發行の當國最大新聞「ラ・ナシオン」("La Nacion") 紙は殆んど中立なれども其の持主「ヤーニエス」氏が自由黨の領袖なるを以て、其の論調は自由黨の主義政綱に傾き、「サンチアゴ」市發行の「エル・メルクリオ」("El Mercurio") 紙は中立なれども、其の論調常に穩健にして、保守及び過激の兩極端を攻擊す。

第八章　各政黨の黨費

當國各政黨の黨費收支は何れも黨內の機密事項に屬し、之を審かにするを得ざれども、信ずべき筋より聞く所に依れば各黨は何れも首府「サンチアゴ」に本部を有し、本部役員が黨費の一部を分擔すると共に、各地方に散在する支部長をして就任と同時に各自の資產に應じ一時相當の金額を醵金せしむる外、尙每月一定の金額を納入せしめ、黨費に充當す。而して選擧等に際し相當巨額の資金を要する場合には富裕なる黨員の任意寄附金を醵集し以て公認候補者の選擧費其の他の黨費を補充するを常とす。從つて各政黨の財政狀態は黨員の貧富に依り多樣なる趣なり。

第九章　議員の特權及議會の會期

第一節　議員の歳費及特權

當國憲法暫定條項第八に據れば、

『上下兩院議員は當該法律發布に至る迄月額二千「ペソ」の手當を受くるも、議員が缺席せるため各院が開會に至らず、又は委員會の會合を見ざるに至りたる時は、缺席議員は一會每に五十「ペソ」宛前記手當額より差引かる。但し同時に二個以上の委員會會合せらるゝ場合、其の一に出席せる議員は此限にあらず。』

とありて議員は歳費に關する法律の制定を見る迄、目下右憲法の規定に據り歳費を支給せらる。

議員は憲法上に掲ぐる特權を享有する以外、國內鐵道旅行は凡て無料にして、又國內文書の郵送に際しては兩院規定の捺印ある封筒を使用せるものに限り無料なり。其の他院內に於ける喫茶等も全然無料なり等の特典を有す。

第二節　議會の會期

每年五月廿一日を以て通常議會を開會し、九月十八日を以て閉會す。

臨時議會は共和國大統領之を召集し、或は上下兩議院議員の過半數が文書を以て請求したる場合、上院議長之を召集す。

而して臨時議會に於ては召集目的以外の事項を議する事を得ざるを原則とす。（憲法第五十七條參照）

第十一編　墨西哥國の政黨（一九二六年五月調）

第一章　緒　言

墨國は國土の廣き割合に人口少く、且多年革命動亂の爲文化遲れ無教育者多く、從て政治は比較的少數者の弄する所なるを以て、其の政黨も歐米諸先進國に於けるが如く發達するに至らず。

今少しく建國の歷史を見るに、一五二一年「エルナン・コルテス」が墨西哥「アステツク」王國を征服し、西班牙植民地と化してより三百年間、歷代の總督は概ね暴威を振ひ、人民共の虐政に呻吟せり。十八世紀に入り、自由民權の思想に刺戟せられ、自覺したる國民は快僧「イダルゴ」の導火に依り憤起し、一八二一年遂に獨立す。獨立戰を援けたる西班牙將軍「イツルビデ」は寡頭政府を組織し、次で皇帝となり、暴政を逞うしたる爲、國內再び亂る。「サンタ・アンナ」共和を唱ふるや、痛く民意に投じ「イツルビデ」の國外に亡命するに及び、一八一三年帝制を廢し、假共和政府を立て、次で憲法を發布す。革命黨の首領「ダアダルペ・ビクトリア」を首領とする自由黨內閣成立し、新に憲法を制定し、小康を得たるの觀ありたるも、由來舊敎徒は所謂寺領として國土の大半を壟斷し、且免稅其の他の特權を有し、專橫を極めつゝありし爲、共和黨は常に之を憎み、其の特權の剝奪を圖れり。「フアレス」大統領敎會僧侶の特權を禁ずるや、痛く敎會側の反對に遭ひ、延いて佛國干涉の口實を招き、「ナポレオン」三世の爲一八六四年「マキシミリアン」を迎へて帝制を復舊するに至りたるも、米國干涉の結果、三年にして再び共和制を回復し、千八百七十六年「ヂアス」大統領に選ばれ前後八回三十年に亘り國政を執れり。「ヂアス」時代に於て秩序整頓、國運の進步を見たるも、同時に資本家、地主に迎合して專政に陷り、庶民を虐げたる爲怨嗟の聲國內に充ち、一九一二年「マデロ」の擧兵に依り倒る。同年「マデロ」大統領となりたるも、翌年革命黨の爲殺害せられ、「ウエルタ」將軍假大統領となる。然るに「カランサ」「オブレゴン」等は「マデロ」の殘黨と共に「ウエルタ」に反對し、憲政軍と稱し、民主々義、土地分配を標榜して民心を得、假政府を顚覆し、一九一五年十月「カランサ」事實上の大統領となり、次で十七年三月正式大統領となる。然るに彼は一旦志を得るや、當初の主義宣誓を實行せざりし爲、國内に不平起り、「オブレゴン」將軍の率ゆる革命軍は一九二〇年首府を占領し、次て同年十二月選擧の結果「オブレゴン」大統領となる。「オブレゴン」の治世中「アドルフオ・デ・ラ・ウエルタ」の反亂ありしも、直に鎭壓する所となり、同將軍は一九二四年無事其の任期を終り、平和の裡に「カイエス」將軍現大統領となる。

以上墨西哥建國の歷史を檢するに、累次の革命は常に暴政打破及敎會、地主、資本等の特權剝奪、庶民の權利回復を主眼とせるを見るべし。舊制度たる特權階級の擁護を主張するものを保守黨と稱し、之に反對する者を自由黨と稱せり。然るに革命成功して保守黨は悉く失墜し、其の影を潛め自由黨の天下となり、舊守派の擡頭は當分見込なきに至れり。今日墨國の政權を掌握せる自由革命黨は時代に依り數派に分れ、種々の黨名を有したりと雖も、其の主義綱領は大同小異にして寧ろ個人的勢力の消長により離合集散するに過ぎざるが如し。

現在及將來に於て何人が政權に就くも施政方針の基調となるべきものは、農村振興、農民の解放、保護の爲土地分配及國家的助成、資本家に對する勞働階級の保護、敎育の普及、農民及勞働者保護の爲地主及資本家を餘り迫害せざる爲、緩和的施設を講すること等に過ぎざるべく、又外交方針就中重要なるは對米方針なるが、親米に傾き國威を損ずるときは、反對派の乘ずる所となり、衆望を繫ぐ所以にあらず。又米國の意を損ずること大なるときは財政上經濟上種々の援助を受くること能はざるに付克く國民の輿望信頼を得ると同時に、事實上米國の歡心を失はざる樣中間的政策を執るの外なかるべし。

第二章　各政黨の名稱

墨國代議院には五つの政黨あり。其の名稱左の名し。

一、農　民　黨　(Agrarista)

二、獨立社會黨　(Socialistas Independientes)

三、獨　立　黨　(Independientes)

四、勞　働　黨　(Laborista)

五、議會社會黨　(Socialistas Parlamentarias)

前記の名稱は議院內に於て用ゐるものなるが、院外即共和國全體に於ては農民黨を Partido Nacional Agrarista 獨立社會黨及獨立黨は相提携して Confederacion de Partdios Regionales de la Republica、勞働黨は Partido Laborista、議會社會黨は Alianza de Partidos Socialistas de la Republica と稱す。

元老院に於ける政黨は代議院に於ける如く旗幟明瞭ならずして、各政黨員錯綜混入し居れるも强て大別するときは二派に分る。

元老院革命派　(Bloque Revolucionario de la Cámara de Senadores)

元老院少數派　(Bloque Minoría de la Cámarade Senadores)

然れども右は純然たる政黨的分類にあらずして、現政府に對する態度に依る區別に外ならず。換言すれば前者は政府派なるに反し、後者は政府反對派なりとす。代議院に於ける現在議員總數は二百七十五人にして、之を政黨別にするときは、農民黨十五、獨立社會黨六十五、獨立黨三十、勞働黨十、議院社會黨百五十五となる。元老院に於ける現在議員總數は五十にして、之を二派別にするときは革命派四十、少數派十八となる。

第三章　政黨の政綱

緒言に於て述べたるが如く、各黨派間には著しく懸隔せる主義政綱なるものなく、革命の成功に依り保守黨其の影を潜め、自由派即ち革命黨の天下となりたるものにして、現在の黨派は何れも革命黨の分派に過ぎざるものとす。右の中に在りて特殊の色彩を有するは勞働黨（Laborista）が勞働者の權利々益を擁護するに反し、農民黨（Agrarista）が農民を擁護するに勤め、常に兩者反目抗爭しつゝあり。獨立社會黨、獨立黨及議院社會黨は前記兩黨の中間を行くものにして、特に顯著なる色彩を有することなし。議院内に於て一方には農民黨、獨立社會黨、獨立黨の三者、他方には勞働黨、議院社會黨の二者夫々提携し特殊の問題に關し、爭ふことあるも何れも大體現革命政府の政策に對し、好意的態度を執り居るに付、政府として特定の反對黨を有せざる譯なり。元老院内に於ては多數を有する革命派は政府黨なるに反し、少數派は現政府反對の態度を執り居れり。

第四章　各政黨の首領株

一、農民黨　一九一六年の大統領選擧に特權打破、土地分配の好餌を以て立候補したる「カランサ」將軍當選したる爲、其の政策實行の爲其の黨派より農民黨組織せられ、同黨は一九一五年一月六日附「カランサ」農地法の精神を綱領とし、「エミリオ。サパタ」其の首領となり次で首領となりしは「サン。ルイス。ポトン」州選出代議士 Lic. Antonio Díaz Soto y Gama にして多少過激派的色彩を有せり。其の他本黨の首領株と認むべきは H.nshau 及 Co'co y Gomez なり。

二、勞働黨　墨國憲法は大統領の再任を禁じ居れるが、「オブレゴン」大統領任期終了以前より同將軍を擔ぐ一派は同將軍の再任を企圖し憲法の改正を提議したるも、成立せず。遂に「オブレゴン」は「カイエス」に政權を讓りたるも、「オブレゴン」派は今尚其の主張の貫徹に努力しつゝあり。然るに「カイエス」大統領就職後其の商工大臣たる「ルイス・エネ・モレロス」(Luis N. Morones)は農民黨に對峙する勞働黨を組織し其の首領となれり。同黨は「オブレゴン」派の主張たる大統領再選擧に反對すると同時に勞働者の利益を擁護するを目的とす。同黨に於ける他の首領株と目すべきは José F. Gutierrez Gonzalo E. Gonzalez y Martinez なり。

三、獨立社會黨　本黨の首領株としては Medrano 及 Anoyoch あり。

四、獨立黨　本黨の首領株は Padilla 及 Antuna の二名とす。

五、議院社會黨　本黨には Santos Gonzalo 及 Campillo Seyde の二名を首領株とす。

第五章　黨費、選擧費及議員の歳費

墨國に於ける各政黨の經費は其の黨派に屬する代議士及其の黨派の味方たる地方の官公吏等より醵出するを例とし、資本家等より融通を受くること比較的少なきが如し。總選擧に於て或る黨派が成功するときは、其の黨派に屬する者又は後援者を其の黨又は黨内有力者より推薦し中央又は地方の官公吏の職に就かしむるを以て、斯くの如くにして就職したる者は定期的に其の收入の一部を黨費に醵出するものなりと謂ふ。當國に於ける選擧運動は他の諸國に於けるが如く激烈ならざるを以て、運動費も比較的僅少に過ぎざれば、右の方法にて得たる資金を以て黨費を支辨するに足るが如し。

選擧運動費は人に依り異るも最高一萬乃至一萬二千「ペソ」最少七百乃至八百「ペソ」にして、平均三、四千「ペソ」位を要すと謂ふ。當國議員選擧運動費が少額にて事濟むは競爭者の少なきに因るものと見るを得べし。詳言すれば當國代議員は大體人口毎六萬及人口六萬に達せざるも二萬人以上の端數に付一人を選出する規定なるを以て、總人口を千五百萬人として二百七十五名の議員を得る勘定なるが、被選擧資格年齢は二十五歳以上の男子なるを以て男子總人口約七百五十萬の二割即ち十五萬人が有資格者なるべく、而して當國統計に依れば無教育者は人口の約六、七割を占むるを以て、其の四割即六萬人のみ眞の有資格者（讀書能力は被選擧資格の必要條件にあらざるも、少數の例外を除き事實上此の能力ある者にあらざれば選擧せられざるべきに付）となるべく、右六萬人を議員數二百七十五名にて除するときは、二百十八人に付一人の割合となる。然るに右二百十八人の中多數は他の職業を有するか、又は議員たることを欲せざる者あるに付、議員候補者となるものは比較的少數者となる所以なり。

兩院議員の歳費は等しく一日三十三「ペソ」三十仙の規定にして、一ケ月千圓、年額一萬二千「ペソ」の多額を受くるの外獨立祭の如き祭典に當り臨時に動議を上程して別に多額の議員手當を議決することあり。

第六章　議會の會期

通常議會は毎年九月一日に開會し十二月三十一日を以て終る。（憲法第六十五條及第六十六條）即ち會期は四ケ月間とす。臨時議會は討議事項の性質に依り一定せず。臨時議會に於ては大統領が其の召集令中に記載し討議に附したる事件以外に付討議することを得ず。又た事件の性質が一院の特別權能に屬するときは其の一院のみを召集することを得るものとす。（憲法第六十七條）

第十二編　羅馬尼亞國の政黨（一九二六年六月調）（註）

前編　一九二三年より一九二六年上半迄

第一章　國民黨と農民黨との關係

國民黨と農民黨は密接なる關係を有し、屢々合同計畫せられたるも結局失敗に終るを常とせり。兩黨接近の諸理由は

（イ）國民黨は舊洪牙利領「トランシルバニー」羅國併合の完成を使命として成立したるも、黨勢發展上地盤を單に「トランシルバニー」一地方に限らず、全國に亘りて之を求むる必要あり。同じく農民黨も亦羅國舊領地の農民を根據として成立せるも、何日迄も一地方一階級を以て黨勢の根據とすることを得ず。從つて兩黨は黨勢將來の爲合同の必要を感ず。

（ロ）而も兩黨は農民、小資本家若くは無產階級を黨勢の根據とするが故に此の點に於て利害共通し合同に利便なり。

然るに合同失敗の諸理由は

（イ）國民黨は「トランシルバニー」農民の外、羅國舊領土内に於ける多少の商工業者を包含すれども農民黨は農民の爲の階級鬪爭を旗幟とす。此の點に於て兩黨相容れず。

（ロ）國民黨は王室を中心とする愛國主義を主張するも農民黨は社會主義的傾向濃厚にして王室の信任無し。

【註】羅馬尼亞國の政黨に關しては既に大正十二年外務省歐米局編纂「各國の政黨」中に記載あり本編に於ては主として大正十二年以後の政情を記述するを以て羅馬政黨の由來及沿革等につきては前掲「各國の政黨」一一二七頁乃至一一六一頁を參照すべし。

本前編は一九二六年六月調査の報告に基くものにして後編は一九二七年八月調査の追報告に基くものなり。

第二章　羅國國民黨 (Parti National Roumain) の成立

國民黨、農民黨の合同失敗せるも千九百廿四年一月國民黨、民主國民黨（黨首「イオルガ」博士）の合同成り、新黨を國民黨從來の名稱の通り羅國國民黨と稱す。

兩黨合同の諸原因は

（イ）兩黨何れも現羅國王室を中心とする愛國主義を政綱とす。

（ロ）從來民主國民黨は「イオルガ」博士の個人的勢力を中心とし政黨としては大なる勢力を有せざりし爲、他黨と合同するを利益とせしも、他黨側に於て同黨との合同を問題とせざりき。然るに人民黨副黨主 C. Argetoianu 民主國民黨に轉籍せしより民主國民黨の勢力增大し、國民黨は同黨と合同するを以て得策と思考するに至りしこと等なり。

第三章　人民黨と進步保守黨との合同

一九二五年五月進步保守黨黨首 Alexandre Marghiloman 歿後直に進步保守黨は人民黨に合同せり。合同の諸原因は

（イ）進步保守黨は從來大地主の利益擁護の爲保守的政策を提げて自由黨の農業改革に反對し、人民黨は亦主義主張極めて温和保守的のものにして主義傾向に於て大なる間隔無し。

（ロ）人民黨は黨員を率ゐる人物を缺き、日に勢力を失ひ進步保守黨は統卒の人物を有するも一般人民間に人氣無く、政黨として自滅の外無き狀態にあり、從つて兩黨の合同は長短相補うて黨勢挽回に有利なり。

（ハ）然れ共「マルギロマン」の過去に於ける親獨的政策に禍せられ大戰後に於ける同氏の不人望が合同唯一の障碍と

なり居たる所同氏の死去に依り右障碍が除去せられたること等なり。

第四章　野黨の聯合及自由黨內閣の倒壞

自由黨「ブラチアノ」內閣は一九二二年一月成立憲法正規の改選期間四年を滿了し本年三月二十七日終に辭職せり。

「ブラテアノ」內閣長命の諸理由は、

（イ）議會に於ける絶對多數。

（ロ）黨紀の確立。

（ハ）經濟的基礎の鞏固（重なる銀行を支配す）。

（ニ）王室の信任。

（ホ）高級官吏の買收。

（ヘ）政權掌握の長き經驗。

（ト）反對派の微力等なり。

殊に近年不人望なりしにも拘はらず、「ブラチアノ」內閣をして長命ならしめたる最大原因は最後の反對派の微力なり。

其の主なる諸理由は、

（イ）野黨たる國民、農民及人民の三黨は割據して妥協成らず。

（ロ）內統一無くして黨中黨を樹つ。

（ハ）王室に對する自由黨の策謀効を奏し反對派に王室の信任無し。

（ニ）經濟上の基礎薄弱等なり。

然るに自由黨に對する不人望は終に國民黨、農民黨及人民黨の聯合となり、地方選擧に於ける自由黨の大敗となり、遂に「プラチアノ」内閣の倒壊を見るに至れり。「プラチアノ」内閣不人望の諸原因は、

（イ）戰後の財政難の爲苛歛誅求を爲したること。
（ロ）爲替相場維持策は彌縫を事とせること。
（ハ）自由黨系銀行の利益のみを眼中に置き、及排外思想を鼓吹し、以て外國資本を排斥し却つて羅國の利益を阻害せるものと見られたること。
（ニ）專横專恣に流れたること。
（ホ）新聞紙等に對し極端に言論を抑壓せること。
（ヘ）政治上軍隊を濫用せること。
（ト）當路大官にして私腹を肥すもの多きこと。
（チ）羅國皇太子退位事件に際し責任を回避せること等なり。

「プラチアノ」内閣の事蹟として見る可きものは、
（イ）戰後の財政改善、公債、正貨準備の基礎を鞏固にする爲努力したること、
（ロ）新舊領土を通じ行政及立法の統一を計りたること、
（ハ）憲法を改正し地下（鑛産を含む）を國有とす。
（ニ）農業改革實現の完成等。

第五章　人民黨の內閣

地方選擧に際し國民黨、農民黨及人民黨は聯合して選擧干渉の困難なる大都會に於ては悉く政府黨を破り、其の結果政府の辭職を見るに至りたるものなれば本來其の後繼內閣としては三黨聯合の組閣を見る可き筈なり。然るに三黨議席の分配に議合はず、國民黨及農民黨は人民黨を排除して組閣を畫策せり。元來國民黨及農民黨は其の關係最も親密にして自由黨に取り恐るべき反對黨たり。之に反し人民黨は黨勢振はず、自由黨に取り恐るゝに足らざると共に寧ろ相互に好意を有する間柄なり。從つて此の事あるは怪むに足らず。殊に千九百二十三年に於ても國民黨及農民黨は自由黨に反對なる爲「ブラチアノ」內閣に依り執行せられたる現羅國王戴冠式に參列を拒絕したる位なり。其の事も亦國王が國民黨及農民黨の組閣を欲せられざる原因にして自由黨も亦自黨に全く反對なる國民黨及農民黨の聯立內閣の出現を喜ばず。從つて「ブラチアノ」內閣更迭說の傳はる每に何人も人民黨「アヴェレスコ」將軍內閣の出現を豫期し居たり。斯くの如くにして一時國民黨及農民黨組閣說有力なりしが結局王室の信任及自由黨暗默の支持とに依りて終に人民黨內閣の出現を見るに至れり。

「アヴェレスコ」內閣は大體前內閣の政綱を踏襲し唯內に經濟政策として輸出輸入の禁止を緩和し、外は外交政策として伊國の「ベツサラビア」條約の批准を斷念する代り、他の方法に依り伊國に「ベツサラビア」の保有を保證せしめむとするの變改あるのみ。

第六章　下院議員選擧及政府黨の大勝

一九二六年三月三十日人民黨「アヴェレスコ」將軍內閣を組織し、五月二十五日總選擧を行へり。政府黨は前下院に於て七名の議員を有するに過ぎざりしも一躍二百九十二名の絕對多數を取得するに至れり。其の大勝の原因は極端なる選擧干渉及政府黨に有利なる新選擧法に存す。元來羅國に於ては極端なる選擧干渉に依り政府黨の大勝すること奇とするに足らず。例へば「プラチアノ」内閣も亦野にある時は七名の議員を有せしが、政府黨たるに及び俄然二百六十二名の絶對多數を取得せるなり。從つて雑國に於ては議員數の多少を以て直に其の黨勢及政府の基礎如何を斷ずることを得ざるなり。

新選擧法の特色左の如し、

(イ)　全國の總投票數の四割以上を取得したる政黨を多數黨とし然らざるものを少數黨とす。

(ロ)　少數黨にして一選擧區の總投票數の絶對多數を取得したるものあらば其のもの丈け其の選擧區の法定議員數より其の割合に比例し議席の分配を受く。

(ハ)　全國總法定議員數より(ロ)の分配濟の議員數を控除したる殘の半分を先づ多數黨に與へ其の余の半分を更に多數黨をも加へて各政黨の間に全國總得票數に比例して分配す。((ロ)の小數黨得票は右比例分配の基礎より除外す)

之を要するに少數黨が普通の比例に依り議席を取得するには一選擧區内に於て其の總投票の絶對多數を取得することを要し、其の他の場合に於ては議員全數を比例分配する代り其の半數を比例分配し他の半數を多數黨に與ふる結果少數黨は普通の比例分配より半減せらるゝこととゝなる。從つて少數黨實際上の得票に依る勢力は國民黨及農民黨聯合が取得したる四十六名(外には選擧區に於て絶對多數の得票ありたる結果二十三名を加ふ)、自由黨の十六名、基督敎黨の十名の選出議員數を倍加し考ふることを要す。斯くの如き議員總數の半分を與ふる事實は多數黨が全國を通じ投票數の四割以上を占め少數黨が一選擧區内に於て、其の總投票數の絶對多數を取得せざることを條件とするものにして、此の事は雑國政府黨に取り極めて容易なることなれば、新選擧法は政府黨に容易なる標準に依りて莫大なる利益を與へんとするものなること明なり。

(ニ)　上院議員の選擧。選擧議員數は普通選擧に依るもの百十三名、地方議員の選擧に依るもの七十一名、商工業、農業、勞働三會議所議員の選擧に依るもの各三名、大學敎授の選擧に依るもの四名なり。

以上政情の變遷に伴ひ大正十二年外務省歐米局編纂「各國の政黨」掲載羅馬尼亞國政黨中變更ありたるものを擧れば左の如し。

一、羅國國民黨

（イ）政綱、黨勢等前報告中國民黨に關するものと大差無し。

（ロ）主要人物中黨首に Iubiu Maniu 及 Dr. Nicolas Iorga 二氏を推戴、C. Argetoianu 人民黨脱黨進歩保守黨に入り遂に羅國國民黨領袖となる。Basile Goldis 從來國民黨領袖たりしも脱黨、「アヴエレスコ」將軍内閣に美術教務大臣として入閣、其の他は國民黨及民主國民黨領袖引續き羅國國民黨領袖。

（ハ）機關紙

「ヌボカ」紙廢刊、Neamul Românesc 週刊となる。Neamul Românesc Pentru Popor 廢刊、其の他は國民黨及進歩保守黨に於けるものを繼承す。

（ニ）議會に於ける勢力

從來の傾向に從ひ農民黨と聯合して總選擧に臨み八選擧區に於て絶對多數を得、全國を通じて約三割弱の得票あり。議員六十九名を選出せり。

二、自由黨

（イ）主要人物中

「ブラチアノ」總理大臣以下諸大臣辭職。

「マルセスコ」G. Mârzesco 前勞働大臣死去。

「サスー」前商工務大臣（N. Sassou）とあるは（V. Sassou）。

「ヴアイスチアノ」(Général Arthur Vaistiano) 前内務大臣とあるは「ヴアイトイアノ」(Vaitoiano)。

「インクルテツ」(I. Inculetz) とあるは「インクレツツ」。

「フエレキデ」(Mihail Pherekyde) 前上院院議長死去。

「オルレスコ」(Mihail Orlesco) とあるは「オルレアノ」(Orleano)。
(ロ)　機關紙中
「インフラチレア」(Infratirea) 廢刊。
(ハ)　議會に於ける勢力
總選擧に於て自由黨は全國投票數の約七分强を取得し議員十六名を選出す。自由黨は組閣以前七名の議員を有するに過ぎざりしが組閣と同時に二百六十四名の絕對多數議員を取得し、今日は十六名となれり。斯くの如く羅國に於ては選擧は常に政府黨に有利なるが上に、新選擧法は更に政府黨の利益を擴大し、野黨の不利を增大するものゝものなるに拘はらず、「ブラチアノ」内閣が其の辭職前僅々二日間に議會を通過せしめたるは再び政權取得の畫策あるに依るとの說を爲すものあり。

三、人民黨
(イ)　主要人物中變更あるもの
「アヴエレスコ」將軍 (Général Alexandru Aversco) 總理大臣 (黨主)。

「コンスタンチン、コアンダ」將軍 (Général Constantin Coandâ) 商工務大臣 (戰後の超然内閣舊總理大臣)。

「コンスタンチン・ガロフリツド」(Constatin Garolfid) 農務大臣。

「ミチリネウ」(Ion Mitilineu) (舊「マンギロマン」内閣閣員) 外務大臣、

「オクタヴイアン・ゴーガ」（Octavian Gaga）內務大臣。

「ペツレ・ネグレスキユ」（Petre Negulescu）文部大臣。

「ジオルジエ・バレアヌ」將軍（Général George Valeanu）遞信大臣。

「テ・クダルブ」（T. Cudalbu）司法大臣。

「グリゴレ・ツランク・イヤーシー」（Grigore Trancu Iasi）勞働組合保險大臣。

「セルジユ・ニシア」（Sergiu Nita）無任所大臣（名義上「ベツザラビア」大臣）。

「イオン・ペツロヴイツチ」（Ion Petrovici）無任所大臣。

「ペツレ・グローザ」（Petre Groza）土木大臣。

「ドリ・ポポヴイツチ」（Dori Popovitchi）無任所大臣（名義上「ブコヴイナ」大臣）。

「ラスカヌ」將軍（Général Rascanu）。

「グレゴアール・カンタクジノ」（Gregoire Cantacuzino）（舊進步保守黨領袖）。

「ヱマニユヱル・ラホヴアリー」（Emanuel Lahovary）（舊進步保守黨領袖）。

「アルゼトイアヌ」（C. Argetoianu）は「コーガ」との勢力爭より人民黨が自由黨內閣に對する微溫的態度に嫌きたらざることを理由として羅國國民黨成立、三四ケ月前脫黨す。

（マルギロマン」（Alexandre Marghiloman）進步保守黨黨首及「アリオン」（Cost. Arion）同領袖何れも死去。

（ロ）　機關紙

從來の「インドレプタレア」（Indreptarea）「ブカレスト」夕刊の外進步保守黨の機關紙たりし佛字新聞「ルプログレ」（Le Progrês）「ブカレスト」夕刊を加ふ。

（ハ）　議會に於ける勢力

一九二六年三月二十五日下院の總選擧に於て全國總投票數の約六割强の得票あり。三十六の選擧區に於て其の總投票數の絕對多數を取得し從來七名の議員を有するに過ぎざりしが全部にて總議員數三百八十七名中二百九十二名の絕對多數の議員を選出せり。

四、基督敎黨

約一年前より基督敎國防同盟（L. A. N. C Ligue de la Défense Nationale Chrétienne）と改稱。

（イ）　主義、黨勢、主要人物從來通り。

（ロ）　議會に於ける勢力。

今次の下院總選擧に於て全國總投票の約六分弱を取得す。地方選擧區に於て其の總投票數の絕對多數を取得したる場合無し。議員十名を選出す。

五、社會黨

從來の通り。今次の下院總選擧に於て全國總投票數の約二分弱を取得す從つて二分の得票比例を最小限とする新選擧法に依り議席を取得せず。

六、其の他

右に擧げたる外政黨の實質を備へたるもの無し。且新選擧法に於て議員選出の條件として得票最小限を定めたる結果從來の小數民族を代表する政黨の如き名義上の政黨も下院に存在せざることゝなれり。

後編　一九二六年後半より一九二七年八月迄の羅國政黨（一九二七年八月調）

序　說

（一）國民黨、農民黨の合同計畫失敗したること。
（二）其の結果國民黨、民主國民黨が合同して羅國國民黨成立したること。
（三）他方人民黨は進步保守黨を合併して勢力を增したること。
（四）自由黨内閣の人氣を失へるに乘じ右農民、國民、人民三野黨聯合し地方選擧に成功し自由黨內閣の倒壞を見たること。
（五）自由黨は勢力微弱なる人民黨を支持するを利益と認め終に人民黨內閣の成立となりたる次第を述べたるが、之に民黨、農民黨が合同して人民黨及び之を支持したる自由黨に當らんとすることは當然の成行なり。即ち一九二六年十月十日國民黨、農民黨の合同成立し「マニウ」(Maniu)黨主、「ミハラケ」(Mihalache) 副黨主となり國民農民黨と稱するに至れり。

而して右合同の結果國民黨側に於て合同に反對せる「イオルガ」(Iorga)氏一派及び「アルゼ・トイアノ」(Argetoiano)氏一派分離し農民黨側に於て國民黨に反對なる「ルプ」(Dr. Lupu) 氏後に脫黨せり。依つて左に右合同の經過及び之に伴ふ變化を略說す。

第一章　國民黨と農民黨の合同

（一）國民黨と農民黨との合同

（イ）其の由來

國民黨と農民黨との合同は數年來の懸案にして殊に千九百二十四年には殆ど合同確定せんとする迄に立至り失敗に終れり。右合同の氣運及び失敗の理由に付ては既述の通なるが左に合同の由來を再記すれば「マニウ」の率ゐる國民黨は舊洪牙利領「トランシルバニー」州の羅國併合完成を使命として成立したるものにして大地主の大部分たる洪牙利人に對し羅國農民の利益擁護を完ふせんとするものなり。從つて農民の利益伸長を政綱とし農民の勢力を背景とする點に於て「ミハラケ」の率ゐる舊羅國領の農民の利益を代表する農民黨と共通せり。然るに國民黨の標榜する農民の利益擁護は對外的にして羅國の「トランシルバニー」併合の完成にありしかは羅國の權力階級と利害共通し羅國に對し保守愛國的傾向を有せり。從つて保守主義政黨たる「タケヨネスコ」の率ゐたる羅國舊大地主を黨員とする民主保守黨は首領の沒後又「イオルガ」博士の率ゐたる國民黨は一九二四年國民黨と農民黨との合同失敗に歸したる際國民黨に合同し同黨保守の色彩濃厚となれり。此の點に於て農民黨が對内的に農民の利益を伸張せんとして階級鬪爭を標榜し革命急進的の色彩を帶ぶると相反せり。玆に兩者合同難の原因存在したり。然るに國民黨にありては對外關係に於ては殆ど使命を完ふしたる今日「トランシルバニー」州のみを地盤として存在する理由殆ど消滅するに至り對内的に實質を備ふる必要を認むるに至れり。之が爲には早晩同じ利害を代表する農民黨と合同するに至るべきは當然の成行なり。他方農民黨にありては對内的にして一階級を眼中に置き他の階級に抗爭せんとするものなれば國家の健全なる施政を望むことを得ざるものと看做され王室初め當國權が階級たる保守主義者の氣受け宜しからず。從つて政權を把握する爲には保守主義者と合同するを利益と認め同じ利益を代表する國民黨との合同を望むる至れり。要するに國民黨は農民の利益擁護の目的を對内的に進めんとして保守主義より一歩を出て農民黨は羅國國情に鑑み實際勢力の存在する所を察して保守主義に一歩を近き兩黨握手するに至れるなり。斯くて新黨は有力なる第二政府黨を組織せんとすと聲明せり。

（ロ）　新黨の政綱

主なる點は國內政策としては憲法の改正、農民の利益擁護の諸法、羅貨爲替相場の安定、外國資本の利用、輸出貿易の振興其の他行政、司法、經濟、交通諸制度の改善及び外交政策としては別に他の政黨と異る所無く小協商國際聯盟を初め現狀を基礎とする平和政策及び露國の「ベッサラビヤ」無條件承認を基礎とする國交樹立等なり。

他政黨の批難する點は憲法の改正及び農地改革の修正なるが前者は自由黨內閣當時に發生したる前皇太子退位問題に關聯し、後者は自由黨の施政に關聯するが故に自由黨の攻擊殊に甚しく既決問題を繰返して平地に波瀾を惹起するものなりと云ふ。

（二）「イオルガ」博士一派の國民黨分離

羅國國民黨に黨主の一人「イオルガ」博士を中心とする保守主義の一派は、合同に反對して分離し從前の通り羅國國民黨の政綱を維持し自由黨の極右農民黨の極左何れにも與せず愛國主義、現王室中心主義を標榜せり。舊民主國民黨員の恰ど全部は同黨に入る。下院議員數約九名となりたり。

（三）「アルゼトイアノ」一派の國民黨分離

國民黨領袖たりし「アルゼーイアノ」は曩に人民黨より脫黨して「イオルガ」博士と結び共に國民黨と合同せしが今回農民黨との合同に反對して國民黨より分離せり。同氏は初め主義として合同に贊し後農民黨の勢力增加を認め之に反對せるより「イオルガ」博士とも意合はず後自由黨に入れりと傳へられたり。

（四）「ルプ」博士一派の國民農民黨脫退

農民黨の領袖たりし「ルプ」博士は從來同黨に於ても急進主義の先鋒と目せられ同黨が國民黨との合同に際しても合同反對者の如く傳へられ居たるが其の後新黨舊國民黨側領袖と意見合はず殊に國王御異例に關聯し一九二六年の羅國前皇太子退位問題再燃の際新黨主「マニウ」の形勢觀傍態度に反對せしが終に一九二七年二月其の一派を率ゐて新黨を組織し農民黨と稱す。

政綱は穩健主義にして(一)現王室及び現憲法を支持す、從つて王室及び憲法問題に立入らず(二)外交政策は現狀維持の平和政策なり、從つて小協商國際聯盟其の他の諸條約を尊重す。(三)農民の利益伸長を目的とし之に必要なる改良(四)經濟政策として爲替相場の安定、外資の利用其の他諸制度の改良等他政黨と大同小異なり。而して自由黨に接近せりと傳へられたり。

當時下院議員數約八名。

（五）「ア」政府と在野黨との關係

「アヴエレスコ」將軍を首領とする前政府黨たる人民黨は議員數僅に七名、漸く自由黨暗默の支持に依り成立せしが一九二六年五月の總選擧に極端なる干涉を行ひ一躍二百九十二名の絕對多數を贏たり。依つて自由黨初め在野黨は議會に於て政府の不法なる干涉を攻擊せり。其の後前政府は殆んど常に自由黨と好く國民黨と農民黨とが合同したる場合の如き、自由黨は政權掌握時代よりの行掛上又政府黨は有力なる反對黨として何れも新黨に對し反對の立場に立ち、又國王御異例に關聯し前皇太子歸國說傳り「イオルガ」博士之が贊成者と認められたる際の如き國民農民黨は贊否何れにも與みせず日和見態度を取りたるに對し、自由黨は明瞭に之に反對し政府黨亦同立場に立つて共に國民農民黨の態度を以て秩序攪亂の意圖を有するものとして之を攻擊せり。然るに一九二六年初め一時政府黨及び國民農民黨間に協力交涉中との說傳はりたるが。昨今再び前政府は院外隱然たる勢力を有する自由黨と妥協し自由黨の政策を踏襲する方針を取り國民農民黨の切崩に努め居れりと云はれたり。從つて當時前政府に對し有力なる反對黨は國民農民黨なりしが一八二六年年の下院總選擧に於て國民農民黨聯合して取得したる議員數六十九名は合同後約三分の一減の見込となりたり。

（六）補遺

下院に於ける各政黨勢力は既述の通なるが左に上院に於ける各政黨勢力を揭ぐ。

上院に於ては法定議員三十七名（公認各敎大僧侶二十五名羅馬尼亞「アカデミー」會長並に前總理大臣以下兩院議長、兩院議員、大審院長及び後備將官にして一定年其の職にありたるものの外）、四十歲以上の選擧者に依り選出せらるゝもの百十三名、地方議員選出七十一名、商工業會議所選出八名、農業會議所勞働會議所選出各四名、大學選出四名の定なるが現在に於ては現政府黨百五十五名、自由黨十九名、國民農民黨十六名、「マギヤール」黨十名、「ゼルマン」黨四名、外に法定議員にして中立のもの三十名、選出議員にして中立のもの一名あり。

第二章　其の後の羅國政變

（一）「ア」內閣倒壞

一九二七年五月十日臨時議會開會、野黨多少の反對ありしも政府黨は壓倒的絕對多數を以て之を一蹴し、官吏增給法其の他の法案を通過せしめ五月二十五日無事終了。顧れば「アヴエレスコ」內閣成立以來一年有半、總選擧に大勝したるを初め外交方面に於ても佛、伊との友好條約、伊國の「ベツサラビヤ」條約批准等多大の成功を收め、經濟的方面に於ても輸出超過の激增、爲替相場の安定、伊、獨其の他の借款申込等對外信用を增し、反對黨の切崩にも着々成功し黨勢大に加り、政府の基礎益々强固となり「ア」首相は得意の絕頂にあり。殊に政治季節も夏季休暇に入らんとし何人も政變を豫期し得べからざりし時、突如羅國王の聯合內閣組織の大命下り、旬日ならずして「ア」內閣倒壞し、從來政界の表面に現はれざりし「スチルベー」氏に依り組閣を見、而も「ア」首相の辭職を待たず、新首相任命の勅令に副署を求め、其の辭職の止む無きに立ち至らしめたることは內外の視聽を少からず聳動したり。

抑も千九百二十四年「アヴエレスコ」將軍が「ブカレスト」市公園に人民黨大會を開き示威運動を行ひたる際、「プラチアノ」首相は同將軍の輕擧を戒め現王室の支持其の他の施政方針に付き協定を遂げ、「ア」將軍を內閣後繼者たらしむることを約し千九百二十六年三月三十日「ア」內閣成立せり。「ア」內閣は自由黨が辭職に際し多數黨に有利なる選擧法を改正したる思惑を無視し、總選擧に於て自由黨を壓迫し其の後も稅率改正令、鐵道組織法、伊國の「ベツサラビヤ」條約批准、「ア」首相優待法、官吏增給法等事々に「ア」首相と「ブ」氏との間に內々意見衝突し、遂に臨時議會の閉會間際に於て兩氏の提携全く破れたり。殊に右缺裂直接の原因は官吏增給法にして、「ブ」氏は秋季通常議會迄延期すべきことを申込みたるに對し、「ア」首相は斷然之を拒絕して通過せしめたるなり。玆に於て「ブ」氏の國王に對する進言となり、國王は五月二十七日「ア」首相に對して反政府の氣勢盛なる旨を聞き及ぶや聯合內閣組織を希望する旨御話あり。「ア」首相は六月四日自由黨其の他有力なる政黨との交涉不成立に終りたることを述べ、羅國現狀に於ては單獨內閣の必要を進言し、國王の思召に反對したるも御嘉納無く、同日「スチルベー」氏に組閣の大詔を下されたるものなり。

右政變に關し內外に種々の取沙汰を生じたるが其の重なるもの左の通り。

（イ）　羅國前皇太子復位說

事件發生以來『イオルガ』博士が前皇太子復位を唱へ來りしが、最近國民農民黨が同說を主張せんとする形勢あり。餘命幾何も無き國王が其の死後同問題に依り國內騷亂の發生す可きを憂ひ給ひ、生前擧國一致內閣に依り之を解決せんとする思召に出てたるものなりと。

然るに前皇太子復位說は「イオルガ」博士を除き、一般には前皇太子の人望に起因するものに非ずして、自由黨に對する反感より生じたる敵本主義の說なる點、又從來國民農民黨は曖昧なる態度を持し、決して積極的に主張したること無き點及び同黨の勢力より見て有力なる說とも思はれず、且他の政黨及び識者は殆ど其の復位を問題とせず。殊に羅國王が一九二六年十月三十日「ア」首相に賜りたる御親翰に於て、一旦の過誤を假借すること無しとの思召を明にせられ、之と前後して有力なる自由黨も反對の態度を極めて明瞭にせる實情に鑑み、本說は世上の一憶說に過ぎずと觀測せられたり。

（ロ）「アヴェレスコ」首相「ディクタツール」說

「アヴェレスコ」首相の「クー・デ・ター」の企畫曝露するに至りたるが爲なりとの說にして、自由黨機關紙を初め內外の諸新聞に盛に揭載せられたる說なるも、斯の如きは當國反對黨宣傳の常套手段にして、現に千九百二十四年六月人民黨大會を「ブカレスト」市公園に開催せる際にも、外國に「アヴェレスコ」將軍革命說說喧傳せられたる例あり、殊に國王は「ア」首相に對し聯合內閣組織を希望せられたる事實に顧み、又從來「ア」首相が自由黨首「ブラチアノ」氏の走狗に甘んじたる實力に鑑み、同說も亦前例に洩れざるものと思考せられたり。

（ハ）　自由黨內閣乘取陰謀說

國王は單に自由黨の傀儡に過ぎず。「アヴェレスコ」內閣が自由黨の支持に依り政權を獲得するや總選擧を實行し、其の他種々自黨の勢力を扶殖することに努め之に成功せしかば、「ブ」氏は自黨の危險を感じ之を驅逐する爲に、一方最近に於ける「ア」內閣に對する國民農民黨の反感を利用し、他方國王を强要し不可能事を「ア」首相に命ぜしめ「ア」內閣を倒し、次で國民農民黨を逐ひ自ら政局を支配せんとする筋書なりとの說にして、國王の聯合內閣組織の大命を以て眞の思召に非ずして一片の口實に過ぎずと見るものなり。

「ア」內閣の成功と國王の聰明、「ア」內閣倒壞の不自然なる經路、自由黨及び國民農民黨從來の犬猿たる間柄より推したる欺瞞の提携、自由黨の王室に對する勢力等より推論して、當時眞相の一面を語るものゝ如く思考せられたるが、其の後「ア」將軍の人民黨機關紙も頻に同說を反駁して自由黨の僞善的態度を攻擊したり。

（二）　國王聯合內閣御宿望說

擧國一致內閣組織は國王從來よりの御帝望なりとする說にして、政變當初より內外一般に傳へられたる說なるが、國王の御人格より推し特に此の際之を希望して平地に波瀾を生ぜしむる如きことを想像し得ざりしかば、本說は結局前說の何れかに歸着したり。乍然國王の御人格、從來よりの御態度、自由黨に對する御信任、各政黨の實力、羅國政變の歷史及び政變其の後の經過より推してやはり本說を以て眞相に近きものと云ふ可く、特に國王が此の際聯合內閣組織を必要とせられたる次第は左の如し。

當國に於ける自由黨の勢力は政治的にも經濟的社會的にも牢固として拔く可からず。從つて國王が自由黨を信賴せらるゝことは王室の安全を保證する所以なりと考へ居られたることは、先年前皇太子退位問題に對する國王の御態度に見るも明なり。蓋同問題は自由黨が前皇太子周圍の同黨に對する不平分子を排除したるより惹起せられたるものなるが、國王は絕對的に自由黨に御信賴ありたり。然るに「ア」內閣は自由黨の人氣轉換策として同黨の身代りに其の支持に依り成立したるものにして、國王が直接「ア」內閣の實力に信賴せられたるものに非ず。然れば最近臨時議會に於て「ア」首相と「ブ」氏との提携決裂し、「ブ」氏は全然其の支持を撤回するに及びたれば、自由黨の陰謀を待つ迄も無く「ア」內閣の倒壞すべきは當然の運命なり。茲に於て國王は「ア」首相の信任を希望せらるゝ意味に於て、「ア」首相が「ブ」氏と和解すべきを希望せられ此の目的の爲「ブ」氏の進言を御嘉納あり、聯合內閣の大命を見るに至りたるものと思考せらる。「プ」氏の「ア」首相に對する考も從來の關係より見る時は、恐く「ア」首相の態度に依りては和解したるものと考へらるゝも、少くとも國民農民黨に對しては同黨が新領土「トランシルバニー」に相當勢力を有する結果、自由黨としては唯一有力なる反對黨と提携することは自黨將來の爲有利とし又後繼者として人民黨を失ふ場合、之に代ふる爲其の提携を希望し、國民農民黨の「ア」內閣對にする關係上、自由黨と妥協氣分あるを好機として聯合內閣を進言したるものなるべし。而して國王も亦新領土統治上又王室安全の爲、從來より右兩黨の提携を衷心御希望せられたることは首肯するに難からず。

然れば「スチルベー」內閣の成立は、人民黨の加入如何は第二とし、自由黨を中心とし國民農民黨其の他との提携を容易ならしむる目的に出でたるものと見るべし。從つて曩に第二次の政變に於て自由黨、國民農民黨の提携破れ自由黨の單獨內閣成立したるを以つて、自由黨策動豫定の結果と觀察したるは誤にして、右は寧ろ國王及び自由黨最初の希望に反するものと觀測せらる。

(三)「スチルベー」內閣の成立

(イ)　同內閣の使命

六月七日「ス」內閣は聲明を發表せり。內容左の如し。

政黨以外の者を首相とし各政黨より閣員を任命し以て、各政黨間に協調の關係を樹立し政爭の緩和を期せんとする思召を以て「スチルベー」公に組閣の大詔下れり。依つて「ス」內閣は政綱として(一)自由選擧を行ふ(二)秩序及び法を尊重し、人種宗敎の如何を問はず法律の保護を完ふす(三)千九百二十六年一月四日國民議會の協贊を經たる憲法規定に從ひ王位繼承及び攝政規定に關する國王の決意を遵守し王室の基礎を確保す(四)外交關係は現行條約を尊重し平和の外交政策を繼承すと。

右は主として人民黨の政權獲得以來、自黨勢力擴張の爲取りたる手段に對し、新政府の革新的態度を明にし自由黨と國民農民黨との妥協の機會を作らんとしたるものなり。依て六月六日議會を解散し、下院七月七日、上院七月十日以降を總選擧の期日と定め、「ス」首相は正規の手續に從ひ自由選擧を行ふべきことを聲明し、國民農民黨は自由選擧及び合法的制度を樹する使命を贊し閣員を出せることを明にし、玆に自由黨と國民農民黨との妥協成立し「ス」內閣の組織完成せり。

依て左に「ス」內閣の顏觸を揭ぐ。

（ロ）「ス」內閣の顏觸

首相兼內相　臨時外相兼攝　Barbu Stireby 內相兼攝は選擧監督を公平にする意味なりと云ふ。「ス」氏は自由黨に取りては「ブ」氏の義兄弟にして、其の傀儡たるべく國民農民黨に取りては從來政界の人に非ず穩健なる人物にてもあり、總選擧後當然隱退すべき人にてもあり、差當り兩黨提携の仲介者として選ばれたるなり。

自由黨より選出の閣員

衛生大臣 Inculety（前「ベツサラビヤ」大臣）。

美術宗敎大臣 M. Al. Lapedato（前美術宗敎大臣）。

遞信大臣 M. C. Dimitriu（前文官）。

自由黨系

陸軍大臣 M. Paul Angelesco（前侍從武官長）。

司法大臣 M. Stelian Papesco（「ユニヴエルスル」新聞社長）。

商工大臣 L. Mrazec

國有地農務大臣 C. Argetoiano 國民農民黨成立に際し國民黨より離脫す。

文部大臣 Dr. N. Lupou 國民農黨成立に際し農民黨より離脫し農民黨首と稱す。

國民農民黨より選出の閣員

大藏大臣 M. Nichel Popovici（前遞信大臣）。

土木大臣 M. Pan Halipa（前大臣）。

勞働大臣 M. Gr. Iunian。

（ハ）「ス」內閣の倒壞

「ス」內閣使命の眞相は右の如く自由黨を中心とし、同黨、國民農民黨提携の內閣を作るにありたりと雖も國民農民黨側の希望する所は然らず、同黨は永年野黨として選擧に於て自由黨及び其の後繼者に依り壓迫せられ來りたるより、政府黨として選擧を爭ふに於ては自由黨に對する一般反感より、必ず自黨に有利なることを確信し自由選擧を目的として「ス」內閣を支持したり。然れば自由黨は被選擧者名簿を共通にすることを申出で國民黨に議席總數三百八十七中百三十を與ふ可きことを約するや國民農民黨は議席總數の半若くは自由選擧を主張して讓らず。

茲に於て自由黨は政府黨が選擧に對する意見の見違より激甚なる政爭と秩序紊亂の脅威を生したりとて、右の結果は政局の鎭靜を期せんとする「ス」內閣の使命に反し、又政局緩和の思召に副ふが爲に政黨間の協調を目的として、閣員を送りたる自由黨最初の目的に反すとて、六月二十一日自由黨及び同系閣員は「ス」首相に辭表を呈出し、二十二日「ス」首相も其の使命を完ふし得ざりし故を以て辭表を捧呈し、國王は同日「ブラチアノ」氏に組閣を命ぜられ翌二十二日「ブラチアノ」內閣成立せり。

（四）自由黨內閣の成立

（イ）新內閣は二十三日聲明を發表せり、內容左の通り。

前內閣使命の失敗に歸したる所以を說き、茲に於て時局は豐富なる經驗と强固なる組織を有する政黨の責任內閣組織を必要とするに至り、國王の大命を拜受したる旨を述べ、依つて選擧の自由を保障する法律の適用を完ふし秩序の破壞、法の無視を容認せざることを明にし、協力を受諾せる政黨と提携し以て國家に必要なる右の目的を果す可しと云ひ、自由黨過去の民衆的精神及び國家の利益に對する貢獻は此の事業實現の保證なりと宣言せり。而して自由黨機關紙は日々他政黨との提携、議會政治を中心とする民衆的精神、過去の貢獻を高唱し大羅國統一の事業は未だ完成の域に達せず、從つて其の建設者たる自由黨に依り國家統一の事業を完成することの急務なることを説き國民農民黨の提携無きことは遺憾なるも現狀に於ては最善の政府なりと主張せり。

實際上羅國政界は自由黨の組閣に依り「ア」內閣末期の人心不安の空氣を一掃せられたる感あり。

（ロ）新內閣の顔觸

新內閣は自由黨單獨の內閣に非ず「ス」內閣に於て自由黨と提携せる閣員を網羅すと主張するも事實は自由黨員と見るも大差無し。

首　相 Iean J. C. Bratiano（前首相）。

文部大臣 Dr. C. Angelesco（前大臣）。

內務大臣 J. G. Duca（前外務大臣にして自由黨有力者たる Duca を特に內務大臣に据えたるは總選擧に備ふる爲めなりと云ふ）。

大藏大臣 Vintila Bratiano（前大藏大臣）。

衛生救恤大臣 J. Inculetz（「ス」內閣同大臣）。

土木大臣 J. Nistor。

美術宗教大臣 Al Lapedato（「ス」內閣同大臣）。

遞信大臣 Const. Dimitriu（「ズ」內閣同大臣）。

「ス」內閣閣員にして自由黨に非ずと主張するもの、

農及國有地省 Const. C. Argetoiano
勞働及組合省 Dr. N. Loupou
司法大臣 Stelian Papesco
陸軍大臣 Paul Angelesco 將軍
商工大臣 L. Mrazec

此の外從來は自由黨に非ざりし前駐英公使 M. N. Titulesco 外務大臣となる。

(五) 總選擧の結果

(イ) 下院の總選擧は七月七日行はれたるが其の結果は、

自由黨得票割合約六割一分にて議席三百十八を占む (前年得票割合七分强議席十六)
國民農民黨同く約二割二分同く五十四 (前年議席六九)
小數民族聯合同く約六分同く十五 (前年人民黨に含まる)
人民黨同く二分弱同く零 (前年得票割合六割强議席二百九十二)
基督教同盟同く二分弱同く零 (前年得票割合六分弱議席十)
「イオルガ」博士一派同く二分弱同く零 (國民農民黨聯合中に含まる)

基督教同盟黨主「クザ」教授及び「イオルガ」博士は何れも「ア」首相の聯合內閣組織勸誘に應じ「ブ」氏とは提携せざりし人なり。前年に於ては野黨として何れの派も十餘の議席を占め得たるものなり。

自由黨の得票割合を地方別に見れば舊羅國約七割、「ベッサラビヤ」州約六割、「ブコヴィナ」約五割、「トランシルバニア」州約三割。自由黨の勢力は舊羅國に大なるが「トランシルバニア」州は國民農民黨の勢力大なり。

（ロ）上院の總選擧は十日行はれたるが四十歳以上の選擧者に依り選出せらるゝもの總數百十三中、自由黨九十六、反對黨十七。

地方別に依れば舊羅國「ベッサラビヤ」「ブコヴイナ」にては全部自由黨、「トランシルバニア」州に於ては自由黨十七、國民黨十五、小數民族聯合二。

尙右に對し法定議員三十七名、地方議員選出七十一、諸會議所選出十六、大學選出四名に依り上院の構成は完成せらるべきも、之に對し昨年の上院議席を對照せば議席總數二百四十一中、人民黨百五十五、自由黨十九、國民農民黨十六、「マギヤール」黨十名、「ゼルマン」黨四名、外に中立三十一なり。

（六）臨時議會に於ける形勢

開會間も無く國王崩御の爲休會中なりし議會は七月二十六日再會、八月三日迄殆ど國民農民黨の選擧干渉攻擊に對する應酬に終止せり。而して自由黨及び國民農民黨の關係に付ては先王崩御に關し各政黨宣言中國民農民黨首「マニウ」は先王を頌德し次で國王崩御に依る時局の急務を說きたる後、此の時に方り國民の協力無き攝政が最高權を執行するに至りしことは既成事實として止む無く認む可きも、現議會の解散及び正當なる選擧執行機關を要求すと述べ、臨時議會開會の詔勅奉答文討議中にも、國民の意思に非ざる議會の解散と新選擧とを要求する旨聲明したるが、攝政に付ては曖昧なる言葉を多少改め之を確認するに至れり。

「アヴェレスコ」將軍は法定議員の資格に依り人民黨唯一の議員たるが上院に於て聲明を爲し、先王の頌德を奉り、次で新帝及び攝政に付ては先王の御遺志を奉體して新帝に忠誠を盡すべきことを誓ひ、攝政の重大なる使命を無事果されんことを祈ると述べ、自由黨の歡迎を受けたること「ブ」首相は「ア」將軍の議席に行きて祝辭を述べたる程なるが右聲明の結果人民黨內に內紛を生じたり。

此の一事を以てしても這般政變眞相の片鱗を覘ふに足るべし。

第四類　東北歐及亞細亞諸國の政黨

緒言

「エストニア」國、希臘國、土耳其國、芬蘭國、勃牙利國、波蘭國、波斯國、「ラトヴィア」國、「リスアニア」國及露西亞國を一團とし便宜第四類東北歐及亞細亞諸國となす。

此等の諸國は種々の異りたる人種に依りて構成せられ、從て之を集めて一團となすは人種的見地に於ては極めて不合理なるの觀なきに非ざるも、而も、此等諸國は一には地理的に見て比較的相接近せると、又一には近代的文明が他の諸國に比し稍々遲れたる觀ある等の爲に、政黨組機の狀勢に於て自ら相共通する處あり。從て之を一團とする亦必ずしも不合理に非ざるなり。

其の特徵とする處は多からずと雖も、今强ひて之を玆に擧げんに第一に吾人の注意を惹くは此等諸國に於ける所謂政黨政治の發達は未だ十分ならざること是なり。玆に於て政黨と稱するものあるも、之を政治的に見ば眞正の意義に於て政黨本來の職能を發揮するもの極めて稀にして、或は獨裁政治家出でゝ反對黨を抑壓し、或は「クーデタ」を斷行して政黨政派に無關係なる超然内閣を組織し、所謂立憲政治なるもの尙十分に行はれざるに似たり。

第二には此等諸國の政黨が羅典系諸國の場合の如く、主義又は理想を根據とせずして、寧ろ、人物を中心とし專ら個人的利害關係に依りて集合する團體たることとなり。從て政治家は其の好惡又は一時的感情に依りて容易に離合集散するが故に、其の政黨としての團結力極めて薄弱なるを免れざるなり。

今前述せる處を要約すること左の如し。

東北歐及亞細亞諸國政黨の特異性

（一）一般に政黨政治の發達遲れ、從て立憲政治の運行圓滑ならず「クーデタ」革命、觸裁政治、寡頭政治等屢々行はる。

（二）政黨は主義又は理想の差異に依り成立するものよりも寧ろ、人物を中心として集合せる團體なり。從て政黨としての團結力比較的薄弱なるを免れず。

第一編　希臘國の政黨（一九二六年八月調）

第一章　概　說

希國政黨の特色は、政黨が主義政綱を中心として團結せず、唯或る政治的有力者の周圍に寧ろ私情的に團結を形成することなり。殊に一九二二年の革命以來は其の當時最有力なる大政黨たりし王黨（此中には勿論數個の個人的分團を含む）一派沒落し一方又之と相對して雄を爭へる「ヴェニゼロス」黨も次第に分裂せんとする傾向あり、前述の個人中心の風益々顯著となれり。從て其の主義綱要の如きも概ね其の首領の采配の赴く所に任せ、平黨員易々として之に追從するに過ぎず。

一九二五年現大統領「パンガロス」將軍の「クーデター」成功して以來、各政黨の影甚だ薄く、現在にありては議會もなく其の活動は僅に政界の裏面に限られ居るの觀あり。

今一九二二年革命前に於ける政黨及現在に於ける政黨を對照掲記すれば左の如し。

革命前に於ける政黨

一、自　由　黨（「ヴェニゼロス」黨）

共和黨、王黨的共和黨を此中に含む。

二、王　　　　黨――左記諸黨を包含す。

改　革　黨　（「ストラトス」派）

急　進　黨　（「ドラグーミス」派）

保守統一黨　（「ラリス」派）
自由思想黨　（「メタクサス」派）
「グーナリス」派
三、社會黨

現在に於ける政黨

一、進步自由黨
二、保守共和黨
三、統一共和黨
四、國民共和黨
五、自由共和黨
六、獨立避難民黨
七、小亞細亞政黨
八、革命黨
九、獨立黨
一〇、社會黨
一一、農民黨

以上前期國民議院內諸政黨

一二、自由思想黨

一三、人　民　黨
一四、國民復興黨
一五、改　革　黨
一六、憲法共和黨

此等各黨が何れも個人を中心とせる集團にして、主義綱領の相違に依り離合するものにあらざること前述の如し。

從つて外交政策に關する黨議の如きも多くは黨首の意見に依つて定まり、然も外交が特種の智識を必要とする關係上首領が特に外交上の閱歷識見に富める場合の外、黨として一定明確なる外交意見を有するもの少し。但し近隣諸國に對する政策の關する限り一般に軍人を黨首とするものに於て其の態度の强硬なるを見る。

次に地方自治體と政黨との關係も亦密接ならず。從前に於ては大體王黨「ヴェニゼロス」黨の二大分野を認め得たるも現在に於ては其の色別又茫漠化し來り、地方自治體の選擧等に於て政黨之に關與し得票を爭ふが如きは稀に見る所なり。

要するに希國の政黨が個人を中心とする私黨の境を出でざるの結果、政權の授受の如きも何等主義主張の問題に依るにあらず、衆望の消長に從ひ黨首たる特定の個人間に轉々するものと見るを妥當とす。而も政權を握るものは即ち財を獲るものなりとは希臘政界の傳統的惡弊にして、革命後前總理「グーナリス」以下の審問に際しても金帛收受を以て其の主なる罪條の一とし、往年「ヴェニゼロス」が國民に迎へられて歸國し諸政治家を集めて其の抱懷を述べたる際の如きも特に這般の情弊を諷示せるに依つて觀るも、此間の消息を察知するに難からず。各黨々費の如きも其の一部は恐らく其の間に捻出せらるゝにあらざるやを疑はしむ。

第二章　最近に於ける政權推移の概要

一九二〇年の總選擧に依り各黨の得たる議席數は、自由黨一一〇、改革黨六二、急進黨三〇、保守統一黨二五、「グーナリス」派七五、獨立議員六九にして、此等の諸黨中所謂「ベニゼロス」黨と稱する自由黨並少數の獨立議員等を除く外は、總括して之を王黨となすを得るも、其の王黨中有力者たる「ストラトス」「グーナリス」「ラリス」「メタクサス」は各自個々の團結を形成し、內訌繼續中の處一九二〇年一朝反對派軍人の革命成り「グーナリス」以下五名の閣員は死刑に處せられ、「メタクサス」將軍の王家復興の企ても亦一敗地に塗れ伊國に亡命するの止むなきに至りてより以來、政權悉く革命軍人派の掌裡に歸せるが、當時現大統領「パンガロス」は革命委員長「プラステイラス」首相「ゴナタス」の下に陸相となれり。然るに調子に乘れる「プラステイラス」政府は一年を經ざるに早くも人民の輿望を失ひ、政局紛糾收拾し得ざるに至り、國民の記憶は漸く往年大戰當時の英雄にして、當時巴里に客寓せる「エレフセロス・ヴェニゼロス」氏の名を回顧するに至れり。然るに一方「メタクサス」氏の王家復興運動挫折以來、共和黨政客殊に軍人連は頻りに王制の即座廢止を主張して止まず。其の勢日を追ふて盛となれるを以て機を見るに敏なる「コンデイリス」「パンガロス」は忽ち之が先導に立つに至れるも、革命內閣は此間に處するの途を知らず、輿論に從ひて遂に「ヴェニゼロス」招請の人を巴里に派するに至れり。此の間に於て希臘總選擧の行はるゝあり、其の結果は共和黨の大捷を確認せざるべからざるに至り（即ち共和黨派一二〇、自由共和黨一一〇、自由思想黨九〇、其他を算す）、革命派は退て新に歸國せる「ヴェニゼロス」に政權を讓り「プラステイラス」革命委員長は其の事業終結を宣して野に下らざるを得ざるに至れり。爾來革命派の共和派に含む處甚だ淺しとせず。

衆望に促されて內閣を組織せる「ヴェニゼロス」の出現は希臘政局に新局面を展開し、各方面は總て一時鳴りを靜めて其の行ふ處を注視せり。「ヴェ」氏內閣中には「ルーソス」（前駐米公使自由黨）、「カファンダリス」（現進步自由黨首領）、「ミハラコプーロス」（現保守共和黨首領、前國際聯盟希國代表）、「スピリデイス・ソフーリス」（現獨立黨首領）、「ツーデ

「ロス」等の諸名士を數へたるも、「ヴエ」氏の穩和漸進的施政は急進共和軍人派の容るゝ處とならず、彼等は「ヴエ」氏にして退かざれば暴力を以て之に當るべしと號し、同氏も其の煩に耐へず名を病に藉りて第二の國外行をなすに至れり。彼が其の去るに臨み再び故國の土を踏まざるべしと宣せるを以て見れば憤怒の情抑へ得ざるものありたるが如し。

次で立てる「カフアンダリス」內閣は「ヴエ」氏內閣の延長に過ぎず。其の生命四旬に滿たずして熄み、共和黨首領「パパナスタシウ」爰に起ちて純共和黨內閣を組織し、陸相に「コンデイリス」、海相に「ハヂキリアコス」就任せり。斯くて共和黨勝利の當然の歸結たる王制廢止の決議を見るに至り、一九二四年三月希國々民議會は「ヴエニゼロス」黨員全部缺席の中に滿場一致を以て共和制採用を決し、次で四月の國民投票に依り之を以て絕對不變の國體と定め、「リンドリーオテイス」は「ヴエニゼロス」黨的色彩あるに不拘、選ばれて希臘共和國臨時大統領の地位に就けり。

然るに共和黨內閣は總理と意見合はざる「コンデイリス」一九二四年六月海員罷業事件に藉口して職を辭せる以來、黨內動搖の色濃厚となり、內閣改造を以て一時を彌縫したる政府も、七月海軍の重鎭「ハヂキリアコス」海相辭職するに至りて、遂に堪へ得ずして倒れ、「ソフーリス」(自由黨)は聯立內閣を組織して其の後を繼げるも是亦數ケ月にして倒れ「ミハラコプーロス」之に代つて新なる聯立內閣を組織せり。

「ミハラコプーロス」內閣は近年中比較的長期間政權を維持したりしが、一九二五年六月閣員にして勇猛なる「コンデイリス」の異見に遭ひ、同氏の辭職より總辭職改造等の過程を經る中、同月末に至り果然「パンガロス」將軍の「クーデター」は敢行せられ、而も此の企圖の奇蹟的成功に依り革命以來久しく希臘政局を渦卷ける政權爭奪戰は一先づ段落を告ぐるに至れり。

「パンガロス」政權を掌握してよりは、何分彼自身軍人出身にして政黨に緣淺きのみならず、一方反對政治家の結束固く、自己の勢力伸長に障害少からず、旁々國民一致の政治を實現すと稱して政黨的團結の打破を主張し、爲に從來の旣成政黨は何れも彼の勢力に壓迫せられ、一九二五年七月國民議會解散以來彼の專制に平かならざる政客一部の軍人等にして幾多內亂陰謀を企でたるものあるも悉く成功せざるのみか、寧ろ反つて「パンガロス」に勢力を副へたるに過ぎざるの觀あり。然れども本年四月大統領選擧に敗北せる諸政黨聯合派は、其の後依然裏面に於て種々劃策せる處あるのみならず、財政其他の現狀に徵し國政の前途頗る多難なるものあるを以て、今後の形勢如何に變化するや今に於て逆睹するを得ず。

尙最後に附言すべきは革命以來影を潛めたる王黨「ヴエニゼロス」黨對峙の惰力は傳統的に深く國民の胸に喰ひ入り、現在に至るも尙拔けざるものゝ如く、時に際しては其の勢力の分布を觀取するを得。

第三章　各政黨の沿革及現勢

第一節　院內に於ける政黨

第一款　進步自由黨（前國民議會に於ける議席數一二〇）

第一、主義特色

最近迄所謂「ヴエニゼロス」黨なるものゝ核心を爲したるものにして、概ね同氏の政見を踏襲し、從來常に穩健なる意見を抱持する結果、其の態度に於ても多少緩慢なる點あり。最大有力政黨なりしに不拘實際運動に於て他政黨に立遲れたることなきにあらず、其の中心人物たりし「ヴエニゼロス」も現在遠く去つて外國に在るも、同黨成立の歷史は一に「ヴエニゼロス」個人の歷史にして「ヴエニゼロス」對王黨の爭鬪は即同黨奮鬪の歷史なり。從て同黨の大をなせる悉く「ヴエ」氏の個人的輿望に依るものにして現在に於ける同黨の勢力は從來の傳統的潛勢力に依るものと見るを得べし。

現大統領「パンガロス」に對する態度は所謂執拗なる反對者と云ふを得べく、本年二月陰謀事件に於ては同黨首領「カファンダリス」の逮捕流島を見、大統領選擧に於ては反對諸政黨聯合の中心をなせり。現在に於ける諸政黨中地方に勢力を有する點に於ては同黨の右に出づるものなかるべく、是亦悉く「ヴェ」氏の傳統的勢力に依るべし。「ヴェニゼロス」去つて以來本黨に於ては外交に關する意見の確定せるものあるを見ず。

第二、領袖人物

（一）「カファンダリス」

同黨の首領なり。同氏は同黨内に於ける長老にして辯護士を業とし、「メソロンギー」町に近き「エブリタニア」區より屢々代議士に選出せられ、内閣に列せること二回、一九二三年には自ら內閣を組織せり。「ヴェニゼロス」外遊後の後を受けて黨員を率ひ今日に至る。人物穩健にして過激に渉らず、本年二月の陰謀事件は其の顚末公表されず、其の詳細を知るを得ざるも、同氏は內實本事件に重大なる關係を有せしにはあらず。只「パンガロス」反對の有力政黨に首領たりしが故に此奇禍を蒙れりと說くものあり。

（二）「コンテイカス」

同黨領袖の一人なり。「イリア」區選出代議士にして、辯護士を業とし、大臣たること二回、代議士たることも屢々なり。

（三）「パパンドレウ」

「レスボス」區に選出せらる。同じく辯護士を業とし閣員たること一回なり。

（四）「スピリディス」

「ボーロス」區の選出代議士にして辯護士なり。代議士に選出さるゝこと二回、內閣に列すること三回、內務に多くの經綸を有せるもの丶如し。

（五）「カナボス」

「ナフパクティア」區の選出代議士にして、辯護士なり。代議士に選出さる丶こと三回、大臣たること二回。

（六）「ツーデロス」

「レシムノス」區選出代議士にして、辯護士、閣員たること三回。

第二款　保守共和黨（前期議會に於ける議席數二二）

第一、主義特色

首領「ミハラコプーロス」を適る一政治團體なり。初め「ヴエニゼロス」黨の一部たりしもの、共和主義の旗幟を翻へして強く之を主張せしより、同黨内に於ける一個の共和主義團體を形成せしが、「ヴエニゼロス」去るに及び、其の分離的傾向を明にし何時しか上述の名稱を有する一黨を構成するに至れり。其の政見前記進歩自由黨に比し稍々急進的なるも過激に渉らず、一九二四年より二五年に亘りて政局渾沌の後を受け、比較的長期の政府を持續し得たるも、此の穩健なる政策に負ふ處大なるべし。然れども「パンガロス」の「クーデター」に依り瓦解を餘義なくせらる丶に至りたるも、亦其の徴温的なる政策の招來せし處なるべし。首領「ミハラコプーロス」の比較的外交通なる所より、對外政見に見るべきものあり。穩健妥協的なるは其の特色なるべし。

本政黨の勢力は他の共和主義諸政黨を凌ぐと云ふにあらざるも、「ミハラコプーロス」の手腕は次第に國民の間に知られ、且同氏は他と協調するに巧みにして今日尚他日の良宰相として許さる。同黨存續の理由も亦此邊に存すべし。同黨亦反「パンガロス」の旗幟を明瞭にし居るも、「ミハラコプーロス」の穩健振は其の間に一種の緩衝地帶を設けたるにも似て其の所謂陰謀事件に關しても他の反對諸政黨領袖達の捕縛を見たるに不拘、同氏のみは其の災厄を免れたり。

第二、領袖人物

(一)「ミハラコプーロス」

「パトラス」選出代議士にして、辯護士を業とす。夙に「ヴェニゼロス」派内に在つて頭角を現はし、曾ては國際聯盟に希國代表として活動し、希國避難民公債に付努力せることあり。共和主義を奉し、「ヴェニゼロス」派より分離して保守共和黨の首領となる。代議士に選出さるゝこと數度、內閣に列すること三度、一九二四年より二五年には聯立內閣に首相となれり。

(二)「マリス」

「クレト」島「イラクリオン」區より選出せられ、閣員たりしこと二回、辯護士を業とす。代議士に當選せること二回。

(三)「ゴツチス」

「パトラス」區より選出せられ首領「ミハラコプーロス」と其の選擧區を同くす。辯護士にして代議士、大臣たりしこと各二回。

第三款 統一共和黨(前期議會に於ける議席數九五)

第一、主義特色

諸共和黨中最大なるものにして、急進的なるは同黨首領「パパナスタシウ」の性格に因るものなるべし。一九二〇年革命成就したる際、王制廢止を叫び、見事民意を獲たり。其の當時迄同黨は所謂悲境時代に在りて兎角王黨より壓迫を受け、目醒しき活動をなすに由なかりしも、此時を轉機とし黨勢次第に隆盛を加ふるに至れり。本政黨亦源を「ヴェニゼロス」

黨中に發し、長く共和の目的に向ひ努力する所あり。共和制成立の功績は一半を同黨の奮鬪に歸すべきものなるべし。「パンガロス」將軍「クーデター」執行の際其の唯一の援助者たりしが、首領「パパナスタシウ」憲法委員長として新憲法を制定し、而も「パンガロス」の容るゝ處とならざりし以來次第に離反して現在に於ては其の反「パンガロス」の旗幟鮮明なり。

第二、領袖人物

（一）「パパナスタシウ」

「マンテイニア」區選出にして辯護士を業とす。夙に共和の精神を奉じ、王政時代に於て獄に投ぜられたることあり。奮鬪酬ひられて一度共和黨内閣を率ひ總理となりしも、數月ならずして政權を去り、以後引續き野に在り。「パンガロス」より最敵視さるゝ一人にして、本年二月の陰謀事件に於て眞先に逮捕監禁を受けたり。其の後赦されて後も常に反「パンガロス」運動を繼續す。本政黨首領たり。

（二）「アルバンチノス」

「コリンス」區選出にして辯護士を業とす。一度閣員たり。代議士に當選すること二回。

（三）「A・バカルバシス」

「ロドピス」區選出にして辯護士を業とす、閣員に列したることあり。

（四）「I・クーンドウロス」

「ラリツサ」區選出にして辯護士を業とす。閣員たること二回。

（五）「I・リベロプーロス」

「ラケダイモン」區選出にして醫師出身なり。一度閣員たりしことあり。

第四款　國民共和黨（前期議會に於ける議席數三七）

第一、主義特色

諸共和黨中最急進的なるものにして、黨首「コンデイリス」は性格極めて激しく、「ヴエニゼロス」歸國の際も共和軍人派の先頭に立ちて大に彼を惱ます所あり。當時此の團體の有したる勢力侮り難きものありたり。「コンデイリス」は同黨の中心にして革命中の政局渾沌時代に急速に成長し、以來少數ながら一の有力なる政黨として政界の一角に蟠居するも、其の後大なる發展もなすに至らず。陰謀事件に關しては「コンデイリス」は其の首魁と目され同氏の流島後黨勢振はず。同氏歸來後も目醒しき活躍なし。但し最近「パンガロス」との間に一脈の了解成りたるやに取沙汰せらるゝも眞僞知り難し。

第二、領袖人物

（一）「コンデイリス」

「ロドヒス」區より選出せらる。軍人出身にして陸軍少將（希臘には將官に少將中將のみにして大將の階級なし）たり。「パパナスタシウ」內閣に陸相、「ミハラコプーロス」內閣に內相たり。兩度共總理と意見を異にして去り、常に政爭の種子を蒔ける傾向あり。從前より盛に軍隊內に個人的勢力を扶植し、腹心と目すべき麾下の部隊を有せり。常に希臘政局の惑星として現はれ、强硬なる態度に終始す。同黨首領たり。

（二）「ミツヲタ－キス」

「ハニア」區選出にして辯護士を業とす。閣員に列すること一回、同黨唯一の領袖なり。

第五款　自由共和黨（前期議會に於ける議席數二五）

第一、主義特色

首領「パンガロス」の勢力全然他を壓し、黨員は要するに彼の手足に過ぎざるの觀あり。一政黨と云はんよりは寧ろ一徒黨と稱するを可とす。

第二、領袖人物

（一）「パンガロス」

首領「パンガロス」は陸軍中將たり。代議士として「サロニカ」區より選出せらる。共和制は其の宿望なりしが如く、一九二三年乃至四年の希臘政局過渡期に在つては「コンデイリス」將軍等と共に即時共和制々定を叫び、「ヴェニゼロス」に反對せり。次で「パパナスタシウ」共和黨內閣に治安大臣たり。「コンデイリス」陸相辭職後は陸相をも兼ねたり。同內閣辭職後は暫く野に在りたるが、一九二五年六月、國民漸く「ミハラコプーロス」內閣に倦怠の色あり、機を見るに敏なる彼は突如「クーデター」を敢行し、奇蹟的成功を獲たり。彼の主張する處は當時の「ミハラコプーロス」內閣が餘りに無爲にして、內に於ては國內の平安すら維持し得ず、殊に財政紊亂し外に對しては其の外交政策甚だ軟弱にして、近隣諸邦の侮りを蒙る。畢竟するに政黨者流の長袖何事をも爲し得ず、出でゝ政局を一新し國力の充實を計らざれば國家の前途甚だ危しと云ふに在り。彼は即時當時の內閣を追ひ軍隊中の反對將士を捕縛追放し、海軍側に於て同氏を助け擧を共にせる「ハジキリアコス」提督と共に革命政府を組織し、次で國會の無爲にして久しく國民の輿望を失へるを宣して之を解散せり。斯かる間にも同氏の地位は次第に固定し來り、同時に其の專斷振り漸く露骨となり、最初彼を援助せる「パパナスタシウ」先づ去り、彼と行動を共にせる海軍の勢力「ハヂキリアコス」亦他に籍口して彼を離るゝに至るや、海軍內に動搖の色あり。又彼に面白からざる前革命委員長「プラスティラス」を中心とする一團の反「パンガロス」運動、軍隊內に於ける不平、本年二月の陰謀事件、大統領選擧に諸政黨合同の反對等何れも隆々たる同氏の勢力を削くに力無く、悉く失敗に歸し、同氏の獨裁官宣言より次で大統領たるに至る迄の經過は所謂頓々拍子にして、目下の處彼に堂々と反對し得る者なく、國民亦等しく鳴りを靜めて其の成行を觀望し居るものゝ如し。

同氏は若くして、軍隊中に在りて勢力を得るに腐心せりと傳へられ、又彼の性格の然らしむる所にも依るが、私情的に彼を援助せんとする潜勢力侮るべからざるものあり。前述の如く「サロニカ」市は彼の選出區なるが、曾て同市の軍團長たりし以來同地方に勢力を扶植し、現在に於て同市は彼の最も賴みとする地盤となれり。(「サロニカ」軍團長は常に彼の信頼せる人物を任命す)

同氏の慣用手段とする處は言論に壓迫を加へ、軍隊を擁し、力を背景として、事件を處すること、常に國内を遊説し、公衆の人氣を得るに努力すること、勞働者避難民等に對して常に好辭を弄すること等にして彼の今日の勢力も右に負ふこと少しとせざるべし。

第六款　獨立避難民黨　(前議會に於ける議席數一七)

第一、主義特色

避難民の利益を代表する政黨なり。避難民の漸く國政上重要なる因子たらんとする頃よりの成立にして、其の歷史未だ數年に滿たず。實際政治上見るべき事業なし。現在希臘に在る避難民は百四十萬以上の多數に上り。此の問題の解決は內治上重要なる一項をなし、今後も此の種避難民政黨の勢力は益々增加し行くものと觀測せらる。

第二、領袖人物

「マヌイリデイス」

「エプロス」區の選出にして實業に從事す。曾て內閣員たりしことあり、本政黨の首領なり。

第七款　小亞細亞黨（前議會に於ける議席數二八）

第一、主義特色

其の政策綱領等は前記獨立避難民黨と等しく避難民の利益を代表するにありて、避難民中多くは小亞細亞土耳古よりの來住者を背景とするが故に此の名あり。大體「ヴェニゼロス」派に好意を有するも、目下の所彼等は其の利益を擁護し呉るゝ政府に對し何人の政府たるを問はず反對を表せざるものゝ如し。

第二、領袖人物

「エマヌイイリディス」

「ピレー」區の選出にして元小亞細亞に住し、土國議會に代議士たりしことあり。希臘に來住して他の多くの土國希臘人（血統は希臘人なるも出生に依り土國々籍にあり）と共に希臘國籍を取得せるものなり。本政黨首領にして辯護士を業とす。

第八款　革命黨（前議會に於ける議席數六）

第一、主義特色

「ゴナタス」中將を中心とする一團なり。

第二、領袖人物

「ゴナタス」

本政黨の首領にして「プラスティラス」大佐と共に一九二二年の希臘革命に最初の烽火を點じたる人にして革命政府に

總理となり、前首相「グーナリス」以下を銃殺に處したる當面の人物なり。革命指導者として國民一部の間に尊崇せられ、一躍陸軍大佐より中將に昇進す。革命軍人中政治的手腕を有せるものにして、革命當時の混亂中兎に角秩序を保持せるは彼の功績と云はざるべからず。現在は野に在り。殊に「パンガロス」出現以來は其の名さへ聞くこと稀なり。「ピレー」區選出の一代議士として革命の歴史上に殘る人物なり。

第九款　獨　立　黨（前議會に於ける議席數一〇）

領　袖　人　物

首領「ソフーリス」

元「ヴェニゼロス」黨に長老たり。一少數黨首領としてよりも寧ろ前記の地位に於て知らる。一九二四年七月聯立內閣に總理たりし外、前期國民議會に議長たり。代議士に選出せられたること屢々なり。「サモス」島より出て文學者たる特異の經歴を有す。離れて一個の黨を率ゆと雖も、其の色彩は本來の進歩自由黨に赴き行くものゝ如し。

第十款　社　會　黨（前議會に於ける議席數六）

第一、主　義　特　色

同黨は政治的に實力なく、僅に「サロニカ」市に同黨より市長選擧せられたることあり。黨員亦少數なり。其の勢力範圍は特殊の地に限られ、雅典、「ピレー」「サロニカ」「カバラ」の諸市を中心とす。社會主義運動の爲め前記諸市に諸種の雜誌類發行せらるゝも、官憲の爲に發行を停止せらるゝこと頻りにして、續刊甚だ少し。目下「ピレー」市に於て發行せらるゝ「ピーマ・トーン・エルガトーン」（譯『勞働者の歩み』）同黨唯一の機關雜誌なり。

第二、領袖人物

「I・パッサリディス」、社會黨首領にして「サロニカ」出身にして醫を業とす。

第十一款　農民黨（前議會に於ける議席數九）

第一、主義特色

希臘農民は古來數世紀に亘る間土國治下に奴隷たりし關係もあり、知識遲れ文盲者甚だ多く、加之其の生活甚だ窮迫し他事を顧る遑なく、政治論を好む一般國風にも不拘、實際政治に關與する機會なく、現在に於ても其の政治的知識甚だ幼稚なり。故に政黨としての農民黨は近來に至りて漸く多少の存在を認めらるゝに至りしが、何等實際政治上の活動なく政局の大勢を追ふに過ぎずして何等自ら獨立して政見を樹てたるを聞かず。

第二節　院外に於ける政黨

前期議會に席を有せざりし政治團體として次の五結社を數ふ。即ち自由思想黨（首領「メタクサス」）、人民黨（首領「ツフールダーリス」）、國民復興黨（首領「スクールチン」）、改革黨（首領「スファキアナキン」）、立憲共和黨（首領「ポープ」）是なり。

右の內自由思想黨は其の歷史古く「グーナリス」「ストラトス」等の勢力旺盛なりし頃、王黨より獨立し當時陸軍大佐たりし「メタクサス」を中心とし一派を爲せるものなり。「メタクサス」は初め獨國に在りて軍事を學び歸來するや、其の新知識と手腕とに依り王家內に勢力を得て獨逸系なる王に益々信任を得たり。又他方伊國と親善の關係にありたり。一九二〇年には「グーナリス」等と國王を援助して「コンスタンチン」の復位に成功し、「ヴェニゼロス」を破りたるが、一九二二年の革命に於て王黨派は四散し、「メタクサス」も亦一時蟄伏の餘儀なきに至りたるが、一九二三年十月「コリンス」を中心とする地域に內亂を策し、一時其の勢强く、「ペロポンネサス」半島は恰も一個の獨立國たる觀さへありたりしが、久しからずして遂に革命政府軍に擊破され、「メタクサス」は伊國に亡命せり。後政府の許可に依り歸國するを得たるが、爲すことなくして沈默の裡に日を過せり。恰も「パンガロス」將軍の「クーデター」の擧成り、唔に援を同氏に請ふ處あるや、即ち急に起ちて政界に再現し、「パンガロス」との提携ならざるや、乃ち野黨側に走り大統領選擧に當りて聯合政黨派の重要幹部として大に活動する處あり。「ヴェニゼロス」黨共和黨側との聯絡を斷たず、依然として政界の惑星たり。聰明なる彼は全王黨の名さへ口にせず、其の黨員は彼の指揮下に一勢力を作りて行動を共にす。因に舊王黨系の新聞紙は一二の例外を除き、悉く彼を援助し、其の數少しとせず。

第三節　政黨外の有力人物

「ヴェニゼロス」

希臘に於ては政黨を離れて個人的に有力なる政客頗る多きが、中にも全希臘政界に重きをなし、諸强國間にも遍く其の名を知らるゝは「エレフセロス・ヴェニゼロス」なり。同氏は一八六四年「クレート」島に生る。由來「クレート」島は希土紛爭の渦源の地にして、從つて同氏も幼より其の雰圍氣に成長して强く愛國心を刺激せられたるもの如く、長じて學を雅典大學に終へ法律家となりて故里に歸るや、忽ち「クレート」島希國合併運動に先驅者となれり。一九〇〇年には全島高級委員たる希國「ジョージ」王子と拮抗して自ら運動を續け、一時頹勢にありしが、其の後「クレート」島執行委員長となり、一九一〇年には希國政治家の招請に依り雅典に來り、王家との對峙益々銳く、而かも輿望を負ふて「ヴェ」氏最初の內閣を組織せり。翌年には「バルカン」同盟の計畫あり。同氏の外交手腕を現し始めたるは此の時を以て最初とす一九一二年第一次「バルカン」戰爭勃發するに先立ち、「ヴェ」氏は先づ土國に最後通牒を發すると同時に、「クレート」島の希國合併を宣言し、次で土國の敗戰より同年十二月の聖「ジームス」宮の平和會議となるや、同氏は第一全權として出席せり。一九二四年第二次「バルカン」戰爭の終結に際し、「ヴェ」氏は又第一全權として「ブカレスト」平和會議に出席す。此の間に於ける偉大なる功績は同氏をして國民崇敬の的たらしむるに至れるも、兎角王家對「ヴェ」氏の關係圓滑を缺き、歐洲大戰勃發後は獨逸派たる國王と意見悉く異り、一九二五年三月「ヴェ」氏は遂に政府を捨てゝ去り、「グーナリス」代つて內閣を組織するに至れり。「クレート」島に歸りたる「ヴェ」氏は「クンドリオーティス」提督（後希國臨時大統領となる）等と共に一九一六年「サロニカ」に於て別に一個の政府を作り、對獨宣戰をなすに至れり。一方國王側は聯合軍の壓迫に耐へ得ずして王子「アレキサンダー」に位を讓り、「コンスタンチン」王は國外に去るに及び、「ヴェ」氏は招かれて歸雅し、確固たる政府爰に成れり。（閣員中に「ミハラコプーロス」「パパナスタシウ」「スピリイディス」等を數ふ。）

大戰前後を通じての「ヴェ」氏の活躍又目醒しきものあり。殊に巴里平和會議に於ける活動は列國の注目を引き、其の標榜する大希臘の抱負も次第に實現し、大「ビザンチン」時代の舊領を殆んど回收せしが、一九二〇年秋の選擧の結果、「ヴェ」氏側は王黨側に一蹴せられ同氏は遂に國外に去れり。

然るに一九二三年革命後、同氏は國民に迎へられて歸國せるも、共和派軍人派に妨げられ遂に再び希臘を去れり。其の後大統領の地位を以て招かるゝも遂に歸國することなく、而も外にありて常に希臘政局に影響を與へ、其の言動は屢々希國當路者を動かす所あり。

現大統領「パンガロス」氏に對する同氏の態度は必ずしも明瞭ならざるも、反對的傾向あると見るを得べし。最近同氏の息「パンガロス」に招かれて雅典に歸來し新內閣組織に付談合する所ありたるも結果を見ずして終れり。

第四節　各黨機關紙

希國に於ては政黨に直屬せる所謂政黨機關紙なるもの少なきも、希國諸新聞の政治的色彩は大體之を三系統に分つことを得。（左記は雅典市發行の主なる新聞に付錄す）

一、舊「ヴェニゼロス」黨系（即ち進步自由黨諸共和黨を含み、反「パンガロス」派なり。）

「エレブセロン・ビーマ」（發行部數　五五、〇〇〇）進步自由黨に近し。

「エスティア」（夕刊發行部數　二〇、〇〇〇）純進步自由黨派。

二、舊王黨系（即ち自由思想黨を中心とし、反「パンガロス」的傾向なり。）

「カシメリニ」（發行部數　一六、〇〇〇）自由思想黨派。

「ポリティア」（發行部數　一四、〇〇〇）同上。

「ネア・イメラ」（發行部數　一三、〇〇〇）自由思想黨に近し。

「エスペリニ」（夕刊發行部數　一二、〇〇〇）同上。

三、「パンガロス」派（左記新聞紙は概ね最近に彼の勢力下に參集せり。）

「エレブセロス・テイポス」（發行部數　二八、〇〇〇）從來の共和黨色彩を脫す。

「ヴラディイニ」（發行部數　二〇、〇〇〇）元反「ヴェニゼロス」系なりしなり。

「ネオス・アゴン」（發行部數　八、〇〇〇）避難民紙より轉ず

「アポケブマティニ」（夕刊發行部數　七、〇〇〇）舊王黨系なりしなり。

尙此等の外幾多の特殊新聞あるも其の內注意を拂ふべきものは左の諸紙なり。

「パンプロスフイギキ」（發行部數　三、〇〇〇）　純避難民機關紙。

「プロスフイギキ・ホ二」（發行部數　三、〇〇〇）　同　上。

第二編　土耳古國の政黨（一五二六年二月調）

第一章　土國政黨の名稱及其の主義綱領

一、國民黨

土耳古國唯一の大政黨たる國民黨は一九二〇年八月十日聯合諸國により「セーヴル」に於て調印せられたる所謂「セーヴル」條約に反對し土耳古國の獨立擁護を目的として小亞細亞に集合せる歐亞土國々權擁護團體の改稱せられたるものなり。同黨は一九二三年四月一日土國々民議會の改選議決と同時に結黨せられ從來の漠然たる團體より一政黨に轉化せるものなり。其首領は國民主義の主唱者として希土戰爭に際し希軍を小亞細亞より一掃し又「アンゴラ」國民議會長として新土國の基礎を定め遂に一九二三年十月二十九日土國々民議會の議決により共和制の採用せらるゝと同時に大統領に選擧せられたる「ガヂー・ムスタフア・ケマル・パシャ」（Ghadi Mustapha Kemal Pacha）にして同黨は現在土耳古國民議會議員二百八十五名中二百六十四名の大多數を占む。而して同黨の政綱と認むべきは一九二三年四月議員選擧に際し發表せる宣言書及其後逐次發表せる宣言書に明なり、其要領左の如し。

（イ）土耳古國主權は全然國民に歸屬し行政組織は國民自決の原則に據るべく國民は自ら之を指導する權限を有す。國民議會は唯一の國民の化身にして同議會の外何人も國民の運命を左右するを得ず。故に法律の制定、行政組織に關する細則、國民教育及其生活に關する事柄等は總て國民主權の發動の下に決定せらるべし。

（ロ）一九二二年十一月一日及一九二四年三月四日滿場一致を以て通過せる決議即ち「スルタン」廳及「カリフ」廳を廢

止して政教を分離し國民唯一の化身たる國民議會の大權を集中し其分割移轉を許さざることは確固不動の法典なり。
(ハ)内地の安寧秩序を維持する爲には最大の努力を要す。此目的は國民の希望及必要に應じて達せらるべし。
(ニ)各裁判所に於ける裁判は最も迅速に行はしむべく總ての法律は國民の必要及法理に準じて之を改正すべし。
(ホ)(a)十分一税法の改正　(b)煙草の栽培及其販賣につき國民の利益を保障すること　(c)金融機關の增設と改善(d)農業銀行の增資　(e)農具及機械類の輸入　(f)奬勵金等の方法により地方生産工業の保護開發　(g)鐵道工事の促進　(h)初等及一般教育の改善並に施設　(i)公衆衛生、社會救濟事業及勞働者保護に關する施設　(j)森林の開發、鑛山の採掘及家畜の改良。
(ヘ)兵役年限は之を短縮せらるべく文字を解するもの及服役中讀み書きを學び得るものに對しては兵役期間を短縮し且軍隊生活の改善を行ふべし。
(ト)將校の生活及其將來を保證すべく又國家の獨立に貢獻したる軍人及退役者其他戰爭の爲め寡婦又は孤兒となりたるものを救濟すべし。
(チ)官吏は敏活にして有能なる人士を採用すべく各省の事務に對しては常に監督を行ふべし。又官吏の任免、進級、職責、退職等に關する規定を設くべく而して有爲の市民を各官廳に登用して國政を行はしむ。
(リ)政府は荒廢地に復舊工事をなすべきも其他建築會社を各地に創立し又本件に關する個人の事業を保護すべし。
以上の主義により國民黨政府は一九二四年三月回敎主を廢止してより國内の回敎守舊派及復辟派を壓迫して修道院を廢止し婦人の覆面を禁止して五百年來の土耳古の舊習を打破したるのみならず一九二五年九月には回敎國民の表象として自ら誇りとせる土耳古帽(フエス)の使用を嚴禁し或は「メートル」制「グラム」制の採用、土耳古市民敬稱語の革新的統一を制定せり。

二、共和進歩黨

土耳古國第二政黨たる共和進歩黨は在來土耳古國に於て政權を左右せし統一進歩黨たる靑年土耳古黨とは何等關係なしと雖も同黨は國民黨に對する反對意見を有する點に於て右政黨と政見を等しくしたりしが現在に於ては土耳古國に於ける唯一の政府反對黨なり。同黨は一九二五年「クルヂスタン」問題の勃發せる時之を敎唆せりとの嫌疑を受け解散を命ぜられたるを以て政黨としての存在を失へるが如き形にありしも一九二五年末の議會に於ては依然政府反對黨として尙ほ二十一名の黨員を有したり。

共主義綱領とも倣すべきは、

(イ)國民黨が一九二四年三月國內の政敎分離を斷行し幷に國民議會自身が選擧せる新回敎主「アブドウル・メヂツド・エフンディ」(Abdul Médjid Efféndi)を廢し皇族一統と共に之を國外に放逐せる事件　主として共和進歩黨員の反對する處となりたり。而して共和進歩黨員は「ケマル・パシヤ」を目するに彼は「アガ・カーン」の書面に明記する如く回敎主に對して常に忠實なる回敎諸國を迫害し土耳古の後援者たるべき回敎諸國の同情を失ひたりとて政權分離問題に於て國民黨の政見に反對す。

(ロ)最近土耳古國民黨は對內的に國民守舊派に對抗し對外的に世界の新文明を輸入しつゝ總べて急激なる革新を敢行し諸種制度の改革を企圖しつゝあるに對し共和進歩黨員は反對意見を發表し斯の如き急激なる改革は社會に害毒を流すこと多きのみならず爲めに國內に不統一を來し對外關係に於ても不利の地位に立つべきを力說す。

(ハ)共和進歩黨は土耳古國議員選出に際し單記小選擧區制を以て主義とし其他地方團體の自治を高唱し大統領の拒否權及議會解散權に對し制限を加へんとするにあり。

第二章　土耳古各政黨成立の由來及其の勢力の消長

土耳古に於ける政黨の濫觴は青年土耳古黨に始まる。同黨は一八九一年獨逸の後援によりて始めて具體的に組織せられ「リザ・ノリ・ベイ」其首領たりしが彼等は同年統一進步黨を創設せり。當時其黨員四十七名巴里に會合して決議せる綱領左の如し。

（一）法定の範圍內に於て現皇帝「アブドル・ハミツド」二世に忠誠を宣言すること。

（二）回教信奉者に對し進步的近世文化を弘布し平等觀念に基き他宗教を擁護すること。

（三）回教徒たると然らざるとの別なく全土耳古臣民の間に政治的協調を實現せしむること。

（四）一八七六年に發布せる憲法を土耳古政治の基礎となすこと。

彼等は以上の如き主張の下に立憲制度を高唱し一八三九年以來土國內に於て幾度か發布せられ又廢止せられたる土耳古國憲法は一九〇八年「エンヴエル・パシヤ」が統一進步黨の首領となるや彼等黨員の努力によりて復活するに至り當時の土耳古帝「アブドル・ハミツド」二世も遂に之を承認し土耳古國民は盛大なる獨立祭を擧行せり。

其後統一進步黨は歐洲大戰終局を告ぐるに至る迄大體に於て土耳古國內の政權を掌握せり。

此間「キヤミル・パシヤ」を首領とし「アブドル・ハミツド」二世の即位當時より成立したる自由統一黨が土耳古國內の政權を其手に收めたるは僅に二回なり。即ち其一は一九〇九年にして當時自由統一黨內閣の首相たりしは曾て「マケドニア」に於ける土耳古高級委員たりし「ヒルミー・パシヤ」なり。

右自由統一黨は主として基督教徒によりて組織せられたるものなりしが爲め同年の統一進步黨との爭亂に際し其黨の機關紙「セルベスティ」の社長たる「アルバニア」人「ハツサン・フエーミー・エフェンディ」は暗殺せられ土耳古帝「アブ

ドル・ハミツド」二世は退位を要求せられて「サロニカ」に遁れたるを以て再び統一進歩黨が國內の政權を握るに至りたり。

而して他は一九一二年「バルカン」戰爭に際し土國が失敗を重ねたる時一時自由統一黨の爲に政權を奪はれたる事ありしが翌一九一三年獨逸勢力の背景により「タラード・パシヤ」を首領とする統一進歩黨の內閣再び政權を握り終に大戰終熄當時に及べり。

統一進歩黨及自由統一黨が土耳古國內の政權を握るや相互に他黨を極力排斥して止まざりしは土耳古最近世史の證明する所なり。即ち一九〇八年土國が憲法を復活して以來表面土耳古は立憲君主國なりしも事實は專制政治の變形たる統一進歩黨を中心とする寡頭政治の繼續なりと見るを得べし。

然るに歐洲大戰終局を告げ「ムドロス」休戰條約の締結せらるゝや當時政府黨たりし統一進歩黨の首領株「エンヴエル」「タラツド」「シエマル」等は後難を慮り相次て國外に亡命し「エンヴエル」は其後一九二三年中央亞細亞「キバア」「ボカラ」地方に於て土民を煽動し再び土耳古に於て旗揚をなさんとせしが其目的を果さざる內土民の爲に殺害せられたり。

土耳古國內憲法制定以來約十箇年に亘り國勢を左右せし統一進歩黨の勢力は斯くの如くして終に失墜し其政黨も亦解散し終れり。是に代りたりしは親英主義の傾向を有し主として基督敎徒によりて指導せられし自由統一黨にして其內閣は英國側の支援により君府が英、佛、伊聯合軍の占領下にありし當時政權を執りたりしが對土平和條約締結に關し同盟諸國が土國に强制せる「セーヴル」條約に於て餘りに苛酷なる條項を强ひたる結果「ケマル・パシヤ」を中心とする土耳古國民運動が一九二〇年四月二十三日小亞細亞「アンゴラ」に勃興したり。

右國民運動の誘致と共に君府に於ける自由統一派の政府は次第に其勢力を失墜し「アンゴラ」に於ける國防團の政府と君府政府とは互に兩立せしが希土戰爭の際希臘軍が小亞細亞より敗北すると共に土耳古國の政權は全く「アンゴラ」國防

團の掌中に歸し一九二二年十一月五日「アンゴラ」國民軍政府は在君府英、伊、佛三國高級委員に對し君府政府の消滅を宣し「アンゴラ」政府之に代りたる旨通告せり。而して當時君府に於ける自由統一派の黨與にして「アンゴラ」政府に反對する黨員百五十名は其逮捕を恐れて在君府英國大使館に潜伏せり。而して彼等は一九二五年土耳古國內「クルヂスタン」に叛亂の勃發せる時其叛徒と氣脈を通じたる爲め其等黨員は悉く逮捕又は追放せられ自由統一黨も亦爰に解散消滅するに至り叙上の如く統一進歩黨先づ其存在を失ひ次に自由統一黨も亦消滅の止むなきに至りたるを以て土耳古國內國民黨あるのみに至れり。

國民黨の起源は曩に一九一九年五月「ケマル・パシヤ」が自由黨內閣に敬遠せられたるに起因す。即ち「ケマル・パシヤ」は同年希臘軍が「スミルナ」を占領せる翌日黑海沿岸の「サムソン」港に上陸し六月十九日「サムソン」附近の「カウサ」に集會を催し初めて國難に際する祖國救濟の企圖を發表せり。是れ國民黨成立の濫觴にして次で同年七月及九月の二回同志と「エルゼルム」及「シヴアス」に會合し祖國獨立擁護の綱領を決議すると共に自ら其團體の首領となり君府政府の歸京命令に從はずして「シリヤ」「アルメニヤ」及「スミルナ」の各地に攻擊を開始し東「アナトリヤ」の地位確立するに至りたり。

されば「ケマル」は「エルゼルム」及「シヴアス」會議の決議によりて一政綱を裁定せしが其綱領は一九二〇年一月二十八日在君府土國議會の協贊を經、國民盟約（Pact National）として「國民黨政府の「モツトー」となれり。其要領左の如し。

（一）「アラビア」人の居住地方にして休戰當時敵國の占領し居りたる地方は其住民の自由意志に依り其の歸屬を決すべく休戰當時の境界線以內の土國領土にして土國回敎徒の多數居住する地域は總て土國に保全する事。

（二）「カールス」「アルダハン」及「バツーム」の三縣は再び人民投票により又西「スレース」地方は住民の自由意志に

依り各々其歸屬を決定すべし。

（三）君府及「マルモラ」海の安全確保を條件として海峽を世界の商業並に國際交通に解放する事に關し列國と協議決定すべし。

（四）聯合國が旣に外國と締結せる協定と同樣の基礎に於て小數民族の保護を認むべく而して近隣諸國に於ける回敎徒は之と同樣の保障を得べき事。

（五）將來土國を發展せしめ國內に新行政を施さんが爲め完全なる獨立及行動の自由を絕對に必要とするが故に國民の發展を阻止するが如き總ての司法上乃至財政上の制限に反對す。但し債務の決濟に關する條件は此限りに非す。（以上）

右の主張により國民運動者は愈々西漸して「アンゴラ」に至り同地を其根據地と定めたり。彼等は一九二三年四月一日土國々民議會の改選議決と同時に結黨して之を國民黨と改稱し從來の漠然たる團體より一政黨に轉化せり。而して曾て統一進步黨員及自由統一黨員たりしものにして國民黨に參加せるものを加へ國民黨は「ケマル・パシヤ」を首領として遂に土耳古唯一の政黨となりたり。然るに一九二四年十一月「アンゴラ」議會に於て「カリフ」問題人民交換及其他の問題につき國民黨政府攻擊行はれ國民黨中の反對分子を糾合して一政黨を作る機運擡頭し十一月八日國民黨の「イスメツト」內閣信任投票に於て政府反對側に立てる議員十九名を中心に共和進步黨を組織するに至れり。其首領たるは前首相「ラウフ・ベイ」（Raouf Bey）にして前君府代表「レフツト・パシヤ」（Refet Pacha）及「アドナン・ベイ」（Adnan Bey）其他「キヤズム・カラベキル・パシヤ」（kiazim Kara Békir Pacha）「リザ・ヌール・ベイ」（Riza Nour Bey）を初め舊統一進步黨の殘黨等を入れ約四十五名に達し土耳古共和國成立以來始めて公然政府反對黨の成立を見たり。其後同黨員にして「クルヂスタン」騷動に加擔せるものと見做され所刑せられたる者多く目下議員中に二十一名の同黨員を有するのみなり。

第三章　各政黨現領袖株の人物略歴

一、國民黨

（イ）「ケマル・パシヤ」

「ガヂー・ケマル・パシヤ」(Ghadi Kémal Facha) は國民黨の首領にして一八八〇年佛國より移住せる猶太人の多き「サロニカ」市の附近「ラリサ」村に生れ幼にして怜悧「モナスチール」市に於て軍事教育を受けたる後君府士官學校を卒業し青年士官として「シリヤ」方面に勤務したりしが統一進歩黨の委員として政治運動に參加し一九〇八年土國革命の勃發せる時統一進歩黨の首領にして青年土耳古黨の牛耳をとれる「エンヴエル・パシヤ」と其政見を異にし「シリア」を脫して「サロニカ」に遁れ「マホメツト・シエヴケツト・パシヤ」の幕僚となりて活動せり。其後一九一一年伊土戰爭に於ては「リビア」に出征し一九一二、三年の巴爾幹戰爭に於ては「アドリアノープル」恢復戰に參加し土耳古の歐洲大戰參加の當時は勃國駐在陸軍武官たりしが歸國して「ガリポリ」半島に奮戰し土國將來の爲めに有爲の人物として其頭角を顯すに至れり。

彼は戰功により少將に昇進し高架索方面に轉戰し再「シリア」方面に勤務して大戰終局當時に至れり。

彼は戰に臨むや一度も敗北せること無く「ムドロス」休戰條約締結後統一進歩黨に代りて英國の後援によれる「ダマツド・フエリツド・ベイ」の自由統一黨內閣成立せる時彼は君府に來りて强硬論を高唱したりしが爲一九一九年五月同內閣に敬遠せられ彼は第三軍團檢閱使として東「アナトリア」へ派遣せられたり。他方君府に於ては英軍を主力とする聯合軍が一九二〇年三月十六日君府の軍事占領を實行するや土國君府議會は滿場一致を以て同地占領に反對決議をなし議員の多數は捕縛せられたりしが辛じて難を逸れたりしものは悉く「アンゴラ」に集り國民運動者は爰に君府政府より獨立して有力なる一政治團體を組織するに至り君府議會は無期休會となり後解散せり。

然るに四月七日君府に於ては英國後援の下に「ダマツド・フエリツド・パシヤ」の內閣再組織せられしが同首相は陸相を乗ね直に「ケマル」以下の首領連を軍法會議に附して死刑を宣告し「スルタン」をして彼等を叛逆者として破門すべき旨の宗敎判決に調印せしめたり。他方「アンゴラ」に於ては四月二十三日國民議會を創設し五月十日內閣組織を完成せり。而して彼等は一九二一年三月十六日「モスコー」政府と露土協約を結び同月倫敦に開催せられたる最高會議に於て「アンゴラ」政府は聯合諸國より事實上の承認を與へられ且同年十月二十日には佛國代表者「フランクラン・ブイヨン」と「アンゴラ」協定を締結し一九二二年九月には希軍を小亞細亞より一掃し十月十一日「ムダニア」に於て休戰條約を結び十月二十一日には土耳古帝を廢して單に之を回敎主とし一九二三年七月二十四日遂に「ローザンヌ」に於て平和條約を締結し新土國の地位を確立せり。

而して十月二十九日土國々民議會に於て共和制採用を議決するに及び「ケマル・パシヤ」は土國大統領に選擧せられ戰勝大元帥の意味を有する「ガヂー」(Ghadi)の稱號を得るに至れり。翌一九二四年三月三日には「オスマン」家の「カリフ」をも廢止し土國內の回敎守舊派を壓迫し一九二五年には「クルヂスタン」の叛亂を平定し婦人の覆面を嚴禁したるのみならず土耳古帽の帶用をも嚴禁して六百年來の舊習を打破する等萬事革新に向て進みつゝあり。

然れども彼は近時能く酒を用ひて豪放の行爲多く其健康を害し曩には其夫人を離別したる等の事あり、且つ國民黨內に於ても其內部的分裂の徵ありて土國民の間に彼の將來を憂ふるもの多し。而して其缺を補ふものは實に彼の旗揚げ當時より其補佐役たりし「イスメツト・パシヤ」なりとす。

（ロ）「イスメツト・パシヤ」

「イスメツト・パシヤ」は國民黨の副總理の地位にありて頭腦明晰温厚なる人物として國民の信望を博しつゝあり。彼は一八八一年君府に生れ土耳古軍人としての敎養を經大戰中戰功により陸軍少將に昇進し「ケマル・パシャ」の組織せる國防擁護團に參加し希土戰爭の際一九二二年七月土耳古西部戰總司令官として希臘軍を小亞細亞より一掃せり。彼は此頃迄多く世民に知らるゝ所無かりしも希土戰に於て其戰功を立てしより一躍土國有爲の人物となり「ケマル・パシャ」の信任を受け「ムダニア」に於て休戰條約を締結し次で土國第一全權委員として「ローザンヌ」に於て平和條約を結び遂に一九二三年十月三十日首相となりて今日に至る。

（ハ）「フエテイ・ベイ」

「フエテイ・ベイ」は曾て統一進步黨員たりしが後國民黨に參加し目下在佛土耳古大使たり。彼は一八七七年君府に生れ土耳古軍人としての敎養を終へたる後一九一一年伊土戰爭に參加し防衞軍を編成せるにより知名の士となり、戰功により陸軍少佐となりしが歐洲大戰中在勃牙利土耳古公使たり。當時「ケマル・パシャ」は在勃土耳古公使館付陸軍武官たりし關係上彼は「ケマル・パシャ」と親交あり。彼は後「イゼット・パシャ」內閣の組織せられたる時其內相たりしが一九二〇年三月十六日英佛伊の聯合軍が君府を占領して以來彼は「マルタ」島に抑留せられたり。然れども後彼が解放せらるゝや「ケマル・パシャ」の組織する國民擁護團員となり、希土戰に於て土耳古が奮戰中彼は各地に使して土耳古の爲めに企圖する所ありて「アンゴラ」政府の確立するや彼は其首相として內閣を組織せしが「イスメット・パシャ」の代るに及び彼は國民議會長となれり其後一九二五年「クルヂスタン」騷動の勃發せる時佛國に使し在佛土耳古大使となりて今日に至る。

二、共和進步黨

（イ）「ラウフ・ベイ」

「ラウフ・ベイ」は統一進步黨の有力人物たりしが歐洲大戰末期に於ては海軍大臣たり。而して一九一二年巴爾幹戰爭に際し「ハメデイエ」艦長として地中海に遊弋し「ムドロス」休戰條約締結に際しては土國全權委員たりしなり。其後一九二〇年三月英國が君府を占領せる時「マルタ」島に抑留せられ其解放せられたる後「ケマル」一派の國民運動に參加し暫く首相たりしことありしが「カリフ」問題其他に於て國民黨急進派と其意見を異にし一九二四年十一月遂に國民黨より分離して共和進步黨なる一政黨を組織し目下土國を去りて「カールスバツト」にあり。

（ロ）「レフエツト・パシヤ」

「レフエツト・パシヤ」は曾て革命當時より統一進步黨に屬し土國憲兵隊附となり憲兵隊の改善に努力し「ケマル・パシヤ」の國民運動に參加し「ムダニア」休戰條約締結後は君府知事として君府に駐在し其後「スレース」軍司令官に任ぜられ國民議會議員たりしが一九二四年十一月國民黨議員と政見を異にし共和進步黨に參加せり。

（ハ）「リザ・ヌール・ベイ」

「リザ・ヌール・ベイ」は黑海沿岸「シノプ」生れの醫師たりしが政治運動に興味を有し同地方より常に議員として選出せられたり。曾ては統一進步黨に關係せる事もありしが後自由統一黨に入りて其有力者となり英軍の君府占領後は小亞細亞に於て國民運動に參加し露國に使せる事もありたり。「カリフ」問題に於ては政敎分離の首唱者にして「アンゴラ」政府の衞生大臣たりしが「ローザンヌ」會議に於ては土耳古第二全權として調印し歸朝後議員として國會に列したりしが一九二四年十一月政黨分離の際人民交換其他の問題につき政治的意見を異にせる爲め遂に國民黨を脫して共和進步黨員に參加せるなり。

第四章　現在議會の黨派別

一九二五年十一月一日正式に土耳古國第三議會を召集開會せしが當時政府信任投票を行ひたる結果反對投票を爲せるは

共和進歩黨員僅に二十一名にして殘餘百五十九名の國民黨員は政府の信任を議決したり。

其他議會に議席を有し當日缺席せる百〇五名の議員は國民黨員たるは勿論なり。國民黨中主要人物と見倣さるゝは「ケマル・パシヤ」「イスメツト・パシヤ」及「フエテイ・ベイ」の外現陸相たる「レヂエツブ・ベイ」現藏相「ハツサン・ベイ」現內相「チエミル・ベイ」現法相「マハムツド・エサツド・ベイ」及現外相「テヴフイツク・ルシユデイ・ベイ」及現國民議會長たる「キヤズム・カラ・ベキル・パシヤ」等ありて其反對黨たる共和進歩黨員としては前記「ラウフ・ベイ」「レフエツト・パシヤ」「リザ・ヌール・ベイ」及「アドナン・ベイ」等あり。

第五章　土國內各地方と政黨との關係

土國の地方行政は總て官選の官吏によりて行はれ本來の意味に於ける自治に非ず。故に現今土國內に地方自治體を認むる能はず。右は國民黨の主義に基く所なるも政府反對黨たる共和進歩黨は地方自治制度の實施を希望しつゝあり。而して之を地方分布によりて見るに「アンゴラ」より遠く離れたる君府「トレビゾン」「イズミツド」及「クルヂスタン」の各地に反對黨員多く又君府を中心とする地方には回敎守舊派殊に國民黨政府の急激なる改革に反對意見を有するもの多し。故に「ケマル・パシヤ」の國民黨政府に對する反對運動は在來常に君府に於て劃策せられたり。一九二五年十一月「トレビゾン」及「イズミツド」選出の議員は政府の急激なる改革殊に土耳古帽の帶用を禁止したるに對し議會に於て猛烈に反對したるのみならず「トレビゾン」縣に於ては之が爲め政府反對の暴徒蜂起したり。右は國民黨政府の爲に間も無く鎭定せられ「イズミツド」選出の代議士も亦其職を退き事落着したりと雖も是等邊境地方民が國民黨政府の施政に對し必ずしも忠順ならざるは明なり。右の關係は「クルヂスタン」事件に於て其消息を窺知するを得べし。

即ち一九二五年二月土耳古「クルヂスタン」に地方的騷擾勃發し國民黨政府に反對意見を有する暴徒は統一進歩黨及自

由統一黨の殘黨を合せ獨立運動を起したり、之が爲め土耳古國民黨政府は軍隊を派遣し數ケ月に亘り多大の費用を投じて漸く之を平定せり。而して「クルド」叛亂の巨魁以下を所刑する爲め土耳古政府は特別裁判所を設置し治安維持法を發布し政府反對の政黨及新聞紙の取締を嚴重にし而して其後現政府唯一の有力反對政黨たる共和進歩黨に解散を命じたり。(但し右は同年十一月再結黨せり。)此命令は六月二日閣議の結果「ケマル」大統領の裁可を經て六月四日公表せられたるものなり。之に依れば共和進歩黨は宗教を政治に利用し國民の不利を顧みず少數者の政權獲得を謀るものなりとの趣旨にあるものの如し。

而して其叛徒の巨魁「シエヒ・サイド」(Cheih Said)外其黨類は政府軍の爲に俘虜となり次で「デアル・ベキル」(Diarbékir)特別裁判所に於て審理中の處同月裁判確定右巨魁以下二十九名死刑に處せられしが是により漸く同反亂跡始末も結餉を告げたる有様なり。

第六章　外交に關する各黨派の政見

土國國民黨外交政策の基調となるは彼等が一九二〇年「アンゴラ」に於て始めて國民黨を組織せる際に發表聲明せる國民盟約に準據す。即ち國民黨は休戰當時の土國境界線以内にある土國領土にして土國回教徒の多數が居住する地域は總べて土國に保全すべしと主張し「モスル」問題に於て英國が「モスル」を其委任統治地域たる「イラク」に編入せんと主張するに反對し「モスル」は休戰當時土國境內にある土國領土にして土國回教徒の多數居住する地方なるを以て當然土國に保全すべしと力說し英國が休戰後其軍事的便宜により「モスル」を占領せるは不法行爲なりと批難し一九二五年十二月の國際聯盟理事會の決定を承認することを肯んせず且佛國に對しては一九二一年「フランクラン・ブイヨン」の「アンゴラ」に於て調印し是により佛國は土國の主權及各地方に於ける利益を保護すべきを約し土國と「シリア」間に境界線を協定し後に至り佛國「ブリアン」は自ら許容せる其協約を破棄したるを難じ、「シリア」「アレキサンドレッタ」地方には三十萬人の土國回教徒の居住するありて獨立の時機を待ちつゝありと主張して佛國に對しても必ずしも親善の態度を持せず。

本邦に對しては土國は比較的利害關係少く且つ在來直接交戰せる事なく又等しく亞細亞人種たる關係上官民共一般好感を持ちつゝあり。

更に伊國に對しては伊國が「スミルナ」地方に植民の野心を有するものとなし、伊國は土國の領土を侵害せんとするものなりとて土國軍が現在伊太利を敵として之を攻擊する事の容易なるは歐洲軍事專門家の等しく承認する所なりと豪語しつゝあり。

近隣諸國に於ける回教徒に對しては少數民族保護の條約による保障を與へんことを要求し、勃牙利、波斯、阿富汗の諸國と親しみ、露國に對しても一九二一年の同盟條約後一九二五年十二月露土好意的中立條約を締結し兩國は互に同盟の關係にあるが如く誇示しつゝあり。

要するに土國國民黨の外交政策は敗戰後一層熾烈となれる國民的精神に刺戟せられ對外關係に於ては常に頗る强硬論を主張す。而して唯一の反對黨たる共和進步黨の外政意見も之と相距る遠からず只近隣回教諸國の同情を失するが如き急激なる改革は之を謹むべきを主張する點に於て後者は現政府に反對の意見を有す。

第七章　各黨主要機關紙

國民黨機關新聞として有名なるは君府發行の日刊土語新聞「ソン・サアツト」及「アンゴラ」發行の土語新聞「ハキミエツテ・イ・ミツリエ」其他「アンゴラ」發行の佛語週刊新聞「エコー・ド・チユルク」あり。

「ソン・サアツト」（土國語「新通信」（Dernière heure）を意味す）は國會議員「ハツキー・タリク・ベイ」の所有に係り

同氏を主筆とする君府發行夕刊新聞にして土國の自守獨立を主張す。

「ハキミエツテ。イ。ミツリエ」（土國語「國民主權」を意味す）は同じく代議士たる「モハメツド・ベイ」を主筆且つ所有者とする「アンゴラ」發行の朝刊新聞たり。而して民主的共和政府の確立を主義とし半官的刊行物なり。

「エコー・ド・チュルク」は佛語週刊新聞にして一九二五年に發刊せる半官的新聞紙たり。

右の外土國民の自守獨立を標榜する土國新聞其數二十一に達す。

國民黨に對し反對意見を有するものにして一九二五年廢刊閉鎖を命ぜられたる新聞の數三十六に上り現在土國内に發行せらるゝ新聞にして共和進歩黨の機關紙たるものを見ず。

第三編　芬蘭國の政黨（一九二七年四月調）

第一章　各政黨の名稱及其の主義綱領

芬蘭には統一黨、瑞典黨、進歩黨、農民黨、社會民主黨及共產黨の六政黨あり。其の何れも未だ曾て議會に於て絕對多數を制したることなく、小黨對峙の形態を維持して今日に及べり。而して其の主義主張の傾向より或は之を三分類して統一黨及瑞典黨を右黨と言ひ、進歩黨及農民黨を中央黨と言ひ、社會民主黨及共產黨を左黨と言ふことあり。或は又之を二分類して最初の四黨を有產階級黨と呼び、最後の二黨を無產階級黨と稱することあり。

抑々政黨の綱領なるものは何れの國に於ても時勢の進運に伴ひ常に多少の變遷を免れざるものなるが、芬蘭に於ては其の動搖殊に甚しく隨時變通今日に至れるを以て、其の一貫せる主義方針を推斷せむこと極めて困難なれども今其の大體の傾向を左に摘錄すべし。

統一黨は溫和なる保守黨にして常に芬蘭語の普及及國內秩序の維持に努め、多くの場合に於て漸進的保守的見地より時務を處理せんとし、議院政治の堅實なる擁護者にして、又一九一八年芬蘭獨立戰爭の當時獨逸の皇族を迎へて芬蘭國皇帝たらしめんとするの計劃を支持したるが如きは其の傾向の一端を示すものにして、又國防に重きを置き陸海空軍の擴張充實を說き、現行義勇民團制に對する熱心なる支持者なり。

瑞典黨は主として瑞典人系の利益を擁護せんとし、近時黨內に民主的色彩濃厚なる瑞典黨左派と稱する一派を生じたりと雖も、全體として尙保守黨たるの態度を失はず。現內閣成立前偶々左黨と氣脈を通じて前內閣攻擊の衝に當りだること無きに非ざるも、是唯同黨左派一時の黨略に出でたるに過ぎずして同黨本來の綱領は寧ろ純芬蘭人右黨と提携して現行憲法を擁護し、軍備を充實すると共に其の他凡ての愛國的施設を支持せむとするにあり。又國内に於ける芬蘭語及瑞典語の鬪爭問題に關して同黨は勿論瑞典語の存續を主張し、之によりて「スカンジナヴヰヤ」諸國と芬蘭との親善に資すべきものなりと說く。

進步黨に至りては既に多少民主的色彩を帶び、其の綱領とする所を觀るに、社會改良問題に意を用ひて商工業の平和的改革を期し、又敎育の向上と芬蘭語の普及に努力し、尙又潔癖なる軍隊刷新策即ち曾て帝政時代の露國軍隊に勤務したる將校を馘首するが如き方策に對する熱心なる反對者にして、軍人信任の問題は各人の功績に徵して之を決すべきものなりと爲せり。

農民黨は小農の利益を代表して其の地位の向上を期せむとし、資本主義の跋扈に反對するものなれども又社會主義の勢力に對して極力抗爭せむとするものなるが故に、芬蘭に於ける一種の勞働黨とも稱せらる。同黨は又一面に於て民主主義を標榜すると同時に、他の一面に於て國粹的精神に燃え、同黨領袖「カリオ」氏前內閣に首相たるや官吏及國語の芬蘭化を謀りたるが如き、國內瑞典系の勢力排斥に全力を傾注し居るやの觀あり。

社會民主黨は從來無產階級の利益を代表すと稱せられたるも、現今に於ては其の主張頗る健實にして、寧ろ進步黨の如く穩健なる社會改良を期するものと觀るを得べし。

共產黨は極左黨にして資本主義を攻擊し無產階級の擁護を標榜するも其の主張に健實味なし。

第二章　各黨成立の由來、其の勢力の優劣並其の勢力の根據

統一黨は一九一八年の創立に係り、芬蘭靑年黨右派及芬蘭老年黨の合體したるものなり。其の卓識有能の人士を網羅せる點に於て又其の農民、市民及官吏の各階級に亘り廣く後援者を有する點に於て、何れの他の黨派にも優れり。

瑞典黨は一九〇六年に創立せられ、主として瑞典人系の利益擁護を綱領とするものなるが故に、其の支持者の範圍自ら制限せられ、瑞典人系のもの、瑞典語を常用語とする都會の上流人士及地方中產農民間に後援者を有するに過ぎず。

進步黨は一九一八年の創立にして芬蘭青年黨の後身なり。知識階級に屬する純芬蘭人より成り、從來等しく中央黨たる農民黨と提携して數回內閣を組織したることあり。目下黨自體としての勢力大ならず、議會に於ける議席他の諸黨に比して最も少しと雖も、中央黨たるの性質上左黨又は右黨何れかの內閣危機に瀕するが如き場合に隨時決定的投票を行使し得るの强味あり。

農民黨は一九〇六年の創立なり。進步黨と同樣中央黨として奇利を博し得るの强味あるのみならず、黨自體としても農民の數多き芬蘭に於て地方の利益殊に小農の利益を代表するものとして其の勢力侮る可らざるものあり。議會に於て多數の議席を占むる點に於て有產階級諸黨中の重鎭たり。黨內に政治的才幹と行政的手腕を有する人物に乏しきは同黨の弱點とする所なれども、黨首「カリオ」氏は人格の人として知られ、引續き黨の威望を繫ぐに充分なるべし。

社會民主黨は一八九八年勞働者組合を基礎として成立結黨したるものにして、財界、經濟界殊に操觚界に於て多數有能の人士を抱擁して、議會全議席の三割を占め芬蘭最大の政黨なり。曾て芬蘭獨立後露國過激派と策應したる爲幹部の多くは投獄せられ、爾來其の勢力頓に失墜したるが、其の後極左分子を排除する等銳意黨の刷新結束を謀りたる結果、近時再び衰運を挽回して信用を恢復し、昨年中「カリオ」內閣倒壞するや自黨單獨內閣を組織して今日に及べり。

共產黨は一九一〇年社會民主黨より分離獨立したるものなり。其の態度比較的穩和なるも黨內に人物無く勢力最も微弱なり。

第三章　各政黨現領袖株の人物略歷

第一節　統　一　黨

（一）「エリツヒ」(Rafael Erich)

國際法學者にして數次國際聯盟芬蘭代表たり。又首相たりしことあり。

（二）「イングマン」(Lauri Ingman)

貫錄ある政治家にして數回首相たり。

（三）「プルキネン」(Yrjo Pulkkinen)

藏相たりしことあり。

（四）「セ　テ　レ」(E. N. Setälä)

博言學者會て文相及外相たり。

（五）「トウレンハイモ」(Antti Tulenheimo)

大學總長にして會て首相たり。

（六）「ヴキルクネン」(Paavo Virkkunen)

議會の議長なり。

第二節　瑞　典　黨

（一）「アンデルソン」(Amos Anderson)

（二）「エストランデル」(Erust Estlander)

（三）「フルエルム」（R. Furuhjelm）

（四）「パルムグレン」（Axel Palmgren）

會て商相たり。

（五）「プロコペ」（Hj. J. Procopé）

日芬通商航海條約成立當時の外相なり。

（六）「フォン・レッチッヒ」（Eric von Rettig）

（七）「ショウマン」（Georg Schauman）

左派の領袖。

第三節　進　歩　黨

（一）「エ　ル　コ」（Ero Erkko）

前商相なり。

（二）「フォン・ヘルレンス」（A. von Hellens）

前法相なり。

（三）「リ　ン　ナ」（K. E. Linna）

（四）「マンテーレ」（Oskari Mantere）

（五）「リ　ユ　ー　チ」（Ris'o Ryti）

芬蘭銀行總裁にして藏相たりしことあり。

（六）「ヴヱンノラ」（J. H. Vennola）

前首相にして又第一次「カリオ」內閣の當時、外相として日芬通商航海條約の成立に努力せり。

第四節　農民黨

（一）「アルキオ」（Santeri Alkio）

前社會相なり。

（二）「ハール」（Eero Hahl）

前交通相なり。

（三）「カリオ」（Kyösti Kallio）

前首相前議會議長なり。

農民の友、人格の人として重ぜらる。芬蘭上流人士の常用語たる瑞典語を解せず。芬蘭語統一論者、國粹論者中の錚々たるものなり。

（四）「ラハデンスオ」（Jalo Lahdensuo）

前農相なり。

（五）「リアッカ」（Niilo Liakka）

前社會相なり。

（六）「ニユーツカネン」（J. Niukkanen）

前農副相なり。

第五節　社會民主黨

（一）「ハッキラ」（Väinö Hakkila）
現法相なり。
（二）「ケ　ト　ー」（J. V. Keto）
（三）「リュエメ」（Hannes Ryömä）
（四）「タンネル」（Väinö Tanner）
現首相なり。
（五）「ヴォイオンマー」（Väinö Voionmaa）
現外相なり。
（六）「ヴオリヨキ」（Väinö Vuolijoki）
現交通相なり。

第六節　共産黨

（一）「フツトウネン」（Johan Eduard Hutunen）
（二）「ローゼンベルグ」（M. F. Rosenberg）

第四章　現在議會の黨派別

	議席數	百分率
統一黨	三八	一九・〇
瑞典黨	二三	一一・五
進歩黨	一七	八・五
農民黨	四四	二二・〇
社會民主黨	六〇	三〇・〇
共產黨	一八	九・〇

第五章　外交に關する各黨派の政見

芬蘭は其の地理上の位置及新興小國だるの立揚より、其の對外關係を處理する上に於て自ら平和政策、依賴政策、同盟政策を執るの已むを得ざる情勢に在り。即ち國際聯盟に忠實なると同時に個々の强國に依賴するの必要を生じ、露國に欸を通ずると同時に近隣諸小邦と同盟を結ぶの必要を見るが如きこと無きに非ず。芬蘭の對外關係斯くの如く復雜微妙にして、諸黨の之に對する態度亦頗る鮮明を缺くものありと雖も、其の同盟政策に關し統一黨及瑞典黨即ち右黨側に在りては「バルチツク」諸邦と〻提携を避け、寧ろ「スカンジナヴヰア」諸國との接近を策して露國將來の興隆に備ふべしと爲し、中央黨殊に進歩黨は露國接壤諸國との交を堅くして强露に當るべしとなし、左黨側に在りては却て露國との接近を有利となすものなること推測に難からざる所とす。

第六章　各政黨主要機關紙

第一、統一黨（芬蘭語）

（一）Uusi Suomi（新芬蘭）

（二）Iltalehti（夕刊新聞）

（三）Uusi Aura（新農業）

（四）Aamulehti（朝刊新聞）

（五）Karjala（「カレリヤ」新聞）

（六）Vaasa（「ヴァザ」新聞）

第二、瑞典黨（瑞典語）

（一）Hufvudstadsbladet（都新聞）

（二）Svenska Pressen（瑞典新聞）

（三）Åbo Underrättelser（「オボ」報知新聞）

（四）Viborgs Nyheter（「ヴキボルグ」新聞）

（五）Vaasabladet（「ヴァーザ」新聞）

第三、進歩黨（芬蘭語）

（一）Helsingin Sanomat（「ヘルシング・フォルス」新聞）

（二）Turun Sanomat（「オボ」新聞）

（三）Maaseudun Sanomat（地方新聞）

第四、農民黨（芬蘭語）

（一）Tuurunmaa　（「オボ」地方新聞）

（二）Maakansa　（人民新聞）

（三）Ilkka　（「イルカ」新聞）

第五、社會民主黨（芬蘭語）

（一）Suomen Sosialidemokraatti　（芬蘭社會民主新聞）

（二）Sosialisti　（社會黨新聞）

（三）Kansanlehti　（人民新聞）

（四）Konsan Työ　（國民勞働新聞）

第六、共　產　黨（芬蘭語）

Työväenjärjestöjen Tiedonantaja　（勞働新聞）（註一）

【註一】芬蘭の政情及政黨に就ては尙左記の調書を參照すべし。

（一）大正十三年九月外務省歐米局第二課編纂、「芬蘭の政黨」歐洲政情研究資料第十五輯）。

（二）大正十二年外務省歐米局編纂、「各國の政黨」七六九頁乃至七七六頁。

（三）外務省歐米局第二課編纂、「各國政黨の近況」一三頁乃至一六頁。

第四編　勃牙利國の政黨（一九二六年三月調査）

第一章　各政黨の名稱及其の主義綱領

勃牙利國政黨は其の主義綱領により之を大略三分するを得べし。第一保守派、第二反動派（自由派）、第三急進派之なり。保守派に屬する政黨は民主統一黨、國民黨、民主黨及進步黨にして反動派に屬するは自由黨及國民自由黨なり、而して急進派に屬するは農民黨、社會黨及過激黨とす。今是等各黨派につき略叙するに左の如し。

（イ）民主統一黨　同黨は一九二三年六月「ツアンコフ」內閣が「クーデター」を斷行せる直後に組織せられたりしが同黨は憲法の復活を目的とし農民黨の地盤を根據として成立せり。彼等は一九二二年以來の商業及農業關係の紛擾に對しては妥協的態度を執り、退職士官團體の干涉を排除し力めて平和主義を標榜し、諸外國就中近隣國に對しては平和を目的とし殊に希臘との親善關係を保持するに力め小事件勃發の爲に希勃兩國間に問題の惹起するを避けつゝあり。同黨は一九二六年一月四日「ツアンコフ」內閣の後を受けて新內閣を組織し總裁「リアプチエフ」(Liaptcheff) 自ら首相兼內相となり、妥協的政策を執り左の三事件に關する犯人に對して大赦を決行せり。

一、一九二二年十二月「ソフイア」に勃發せる柑橋に關する農民共產主義運動。

二、一九二二年九月「テルノヴオ」に突發せる農民共產主義者の暴行。

三、一九二三年六月九日「クーデター」決行の際に於ける犯罪行爲。

以上三運動者の爲に六千三百二十五人の犯罪者を出したりしが、民主統一黨の「リヤプチエフ」內閣組織せらるゝや悉く放免せられ國民の多數は新內閣の成立に滿足し其の妥協的行動を歡迎しつゝあり。

(ロ)國民黨　同黨は「ゲショフ」を總裁とし有產階級を代表する勃牙利最大の政黨なり。同黨は近世勃牙利國文化發展の爲に貢獻せる處極めて多く其の立憲的主張は「フェルヂナンド」王との反目の基因を開き一九〇三年及一九一一年の兩度「ゲショフ」は國王の要望せる謁見を拒みたる事ありたり。是が爲同黨事實上の指導者としての地位は「ドーロフ」に移りたり。「ドーロフ」は有力なる辯護士にして累代の內閣に藏相となり其の才能を發揮せり。同黨は「スタンブロフ」の後を受け一八九四年始めて內閣を組織し一八九九年に至りしが其の後一九一一年「ダネヴ」の進步黨と共に再び聯立內閣を組織したり。然れども同黨は議會に關係なく條約締結權を國王より賦與せらるゝ件につき憲法を改訂したる以來民間に批難の聲高く、一九一九年の選擧に際しては二百四十五人の議員中僅に十人の黨員を選出し得たるに過ぎざりき。されど同黨は勃牙利に於ける少數民族に對しては最も寬大にして同黨の主張により同國內の猶太人も亦始めて其の議員を選出するを得たり。

(ハ)民主黨　「マリノフ」の率ゆる民主黨は一九一九年の議會內に三十一人の議席を有し、自由黨及農民黨に次ぎ現在議會內に最も優勢なり。勃牙利國內の知識階級に勢力を有し、少數の資本家階級及豪農を味方にし國粹的主張を固執す。總裁「マリノフ」は同黨の名稱に反し極めて專制的行動多く且不道德の行爲多き爲國民に排斥せらるゝも、同黨員「ムシヤノフ」(前文相)「タケフ」(前內相)其の他藏相たりし「リアプチェフ」は實に其の缺點を補ひつゝあり、同黨が政權を掌握せるは一八八〇——一年、一八八四——六年、一九〇一年、一九〇八年及一九一一年の五回にして同黨には親獨派の人物多し。

(ニ)進步黨　同黨は「ダネヴ」總裁の下にありて其の勢力侮るべからざるものあり。同黨は誠實を以て一貫するも親露主義なるが爲一九一三年以來幾度か不運を招きたり。即ち一九一三年勃牙利は露勃秘密條約による露國の援助に信頼し巴耳幹戰爭に參加し「セルビア」及希臘と干戈を交へしが露國は勃牙利の期待に反して援助を與へず爲に勃牙利敗北の結果を招來せしが爲、當時の政府黨たる進步黨の勢力急に失墜し其の後露國の大革命による變局と共に同黨の勢力は益々微弱となるに至れり。其の黨員の主要なるは「ソフイア」辯護士、「ホドチヨプ」博士、「ルドスカノフ」、「アブラセヴ」、「サラフオブ」、「クリストフ」等なり。

（ホ）自由黨及國民自由黨　同黨は一名靑年自由黨と稱し「ラドスラヴオヴ」其の總裁たり。同黨は一九一九年議會內に八十八の議席を有し其の主張極めて專制的にして、且親獨派なるが爲一九一五年國民中主として農民の反對を受けたり。「ナロヅニー・プラヴア」（Narodni Prava）を其の機關紙とし、黨員中有力なる人物は「トンチエフ」（前藏相）、「ペチエヴ」（前文相）、「チンチエヴ」（前農相）及「バカロフ」（前商相）等なりとす。

同黨內所謂國民自由黨と稱する「スタムブロフ」黨あり。同黨は「ラドスラヴオヴ」の一味にして勃牙利の「ビスマルク」と稱せられたる「スタムブロフ」の後輩なり。少數の同黨員は高遠なる理想と高尙なる愛國主義を把持するも大多數の黨員は自己の利益保護に專念し不發火藥を輸入せる等の不正事件尠からず。

初め同黨は一九〇三―八年に於て「ラトソ・ペトロヴ」內閣を組織せしが後「ヂニトル・ペテコフ」之に代り遂に「グデヴ」之を相續せり。同黨は一九一九年の議會に三十二の議席を有したり。

（ヘ）農民黨　同黨は一八九九年國民黨の「ラドスラヴオヴ・イヴアンチエフ」內閣が「クーデター」を斷行せる際之に反對し組織せられたる政黨にして農民間に偉大なる勢力を有し、將來筋肉勞働者間に勢力を樹立するに好都合の境遇にあり。即ち勃牙利に於ては有識無產階級の勢力比較的微弱なるが爲農民黨の將來大いに活目すべきものあり。然れども同黨は其の成立日未だ淺く大政黨と稱するに至らず。且同黨には最近迄經驗に富む有能なる政治家なく政府に對し常に反對の立場にありたり。

其の主張する處は共和主義にして「アレキサンデル・スタムブロスキー」其の總裁たりしが、彼が一九一五年九月十七日國王「フェルヂナンド」との致命的謁見により遂に牢獄の人となり「ドラギエフ」之に代れり。「ドラギエフ」は農民黨の統一に留意し彼が自ら内閣を組織したる時五百四十六萬法を投じて農民黨倶樂部を建設し、大戰に際しては主戰論に反對して共產主義的傾向を示し、一九一九年に於ける選擧に際し五十一人の代議士候補者を出し内四十五人は當選したり。

同黨員の有力なる人物は聖「モムチエフ」、聖「ヨラノフ」「アル・ラドロフ」等にして「ツアンコ・バカロフ」は同黨員なるも別に一派をなしつゝあり。同黨內目下問題となれるは大戰後國内に增加したる小地主（一「ベクター」半以上の土地所有者）に對する課稅程度の問題なり。彼等小地主は主として戰前米國に移民し五六年間勞苦の後其の一家族を支ふるに足る土地購入の資本を懷にして歸鄉したるものにして其の數十萬人に達したり。其の他勃牙利に於ては大戰の影響を受け次第に富裕となれる農民多し。彼等は何れも農民黨の隆盛を希望し之に後援を與へつゝあり。

（ト）社會黨　同黨は廣義派の社會黨と狹義派の社會黨の略同勢力の二派に分類するを得べし。

廣義派の社會黨は社會民主的思想を有し一名社會黨と稱せられ「サクゾフ」總裁の統率する所たり。同黨は工業に從事する無產階級の勞働者に對し好感を有せず。爲に勃牙利に於ける社會主義的思想の發達の爲には必ずしも好都合ならず。即ち勃牙利に於ける社會主義は下級官吏及學校教師の間に勢力を有するも同黨は之を味方にする能はざるのみならず農民に對しても亦反對の立場にあり。右は同黨年來の政綱によるものなりしが同黨員「デゼドロヴ」「サカロヴ」「アッセン・ツアンコフ」「クル・パスチユホフ」は右政綱の缺點を覺知し同黨は遂に二分するに至れり。

社會黨狹義派は一名共產黨と稱し理想社會主義的政綱を主張し「ブカゴエフ」其の總裁たり、其の主張は極めて過激にして一九〇九年露國「トロツキー」が「ソフイア」を訪問せる時同黨政見の極端なるに一驚を呈したりと云ふ程なり。

（チ）急進黨　同黨は獨立不羈の政黨にして理想主義を主張す。其の總裁「ナイツオ・ツアノヴ」は曾て公言して曰く「吾人は國王「フェルヂナンド」の招請により内閣組織の命を受くるも直ちに之を拒絕すべく只議會大多數の要望に對しては進んで之を受くべし」と。而して同黨の有力なる黨員は「ファデンチェクト」博士、(猶太系の人物にして現に「ソフイア」學民法教授且辯護士なる上曾て法相たりし事ありたり。)「シデロヴ」、「ジエオルゴヴ」等にして、同黨は勃牙利國内の教師、鐵道從業員、遞信從業員同盟を作りつゝあり。然れ共同黨は未だ勃牙利國内に大なる勢力を有するに至らず。

第二章　各黨派成立の由來及其の勢力の消長

勃牙利國の政黨は之を親露派及反露派の二派に大別するを得べし。初め一八七九年四月二十九日「テルノボ」議會は露國の提案により「バッテンブルグ」公「アレキサンドル」を勃牙利國最初の君主として選出せり、同公は露帝「アレキサンドル」二世の甥にして「ヘッセ」侯の一族なりしが、當時勃牙利國内の文武官憲其の他の權力は悉く露國の手に收められたり。公の治世前半紀は反露黨と親露黨との爭亂渦中にあり公自らは親露黨に傾きしも兩黨は共に公に對し其の堅固なる意志と決斷力を要望したり。斯る間に勃牙利國自由黨の擡頭するありて勃牙利人の勃牙利なる標語を決議採用し反露派は之に參加したり。時に「アレキサンドル」公は露國總領事の勸告により少數派にして親露黨たる保守派より首相を選出せしが「テルノボ」議會内の多數派に反對せらし再び公は「ツアンコフ」及「カラヴエロフ」に命じ自由黨内閣を組織せしめたる事ありたり。然るに右自由黨内閣は一般外國殊に露國に對し甚だ强硬なる政策を執りしが爲、同公は一八八一年五月九日露帝の同意を得て勃牙利國の憲法を改定し絶對統治權を其の手に收め露國「エルンロース」將軍を擧げ首相とし議會を解散せしめたり。其の後一八八四年「ソフイア」に於て勃牙利國會開催せられ勃牙利國内に於ける東羅馬利合併運動此頃より其勢を加へ、勃牙利國内の保守黨と自由黨は何れも其の合併を宣言せしが、英國は之に同情を示したりしに拘らず露國は合併の無效を宣し土耳古を教唆して東羅馬利地方に反亂を勃發せしめたり。其の結果勃牙利、塞耳比間の戰爭開始せられ「ア」公は戰勝の夢未だ醒めざる内、彼が勃牙利國内の反露黨を後援せるを以て露帝の壓迫を受け退位し「サクス・ゴブルグ」家の「フェルヂナンド」王之に代れり。

此頃勃牙利國內に於ける政治の中心人物は「スタムブロフ」なり。彼は一八八六年より一八九三年に至る迄勃牙利國會の議長たりしが事實上執政官となり國粹的反露主義を力說し、一八八六年十月選擧の結果五百二十二人の議員中四百七十人は「スタムブロフ」の支持者なりしかば親露黨に大打擊を與へたるのみならず勃牙利新王「フェルヂナンド」は親英黨なりしかば露國の勃牙利に於ける勢力は致命的打擊を受けたり。然るに勃牙利國內に內部的分裂の徵を萠し「フェルヂナンド」王と「スタムブロフ」との反目其の絕頂に達し、其の結果「スタムブロフ」は一八九三年七月十五日刺客の爲に倒れたり。而して「フェルヂナンド」は其の生母の關係に於て獨逸の支援を得、其の斡旋により一八九六年土帝「アブドル・ハミッド」より勃牙利王として承認せられたるのみならず、王子「ボリス」誕生の爲勃牙利國民に信賴を受け遂には露國と相提携するに至れり。且一九〇八年三月「フェルヂナンド」は新敎徒たる第二回の皇后と結婚せるより內外の信任を博し、一九〇八年十月五日勃牙利は完全なる獨立を宣し東羅馬利合倂を公布せり。

「フェルヂナンド」王は民主主義を根底とし有力なる資本家階級の政黨を組織せんとせしが、彼の治世中國民黨の勢力最も隆盛にして一八九四年より同九九年迄勃牙利內閣を組織せしは國民黨なり。更に一九〇一年より同八年迄右の政權を掌握せしは國民黨の一派たる自由國民黨にして、國民黨は一九一一年再び內閣を組織し同年始めて民主黨に移りしが、久しからずして一九一三年進步黨之に代り一九一五年には又々自由國民黨の天下となれり。而して「フェルヂナンド」王は歐洲大戰に參加し一九一八年敗戰の後退位して皇子「ボリス」之に代り、此頃より勃牙利國內政黨政派の分裂甚しく殊に露國過激派の影響を受くる者多く、經濟上に於ても外國爲替業務を獨占する國民銀行が破產狀態に陷り定期の支拂をなす能はざる等勃牙利國政困難の立場に遭遇せしが爲、一九二三年以來勃牙利に內閣を組織せし民主黨「ツァンコフ」敎授は議會懷柔の爲國王「ボリス」の拒否權を利用せし事二回に及びたりしが二回共失敗に終り、一九二五年八月內閣改造を計畫して之又不成功に終れり。

叙上の如く「ボリス」王は勃牙利生れの最初の國王なるを以て國民に敬愛せらるゝも其の威信なく勃牙利國内政黨争議は間斷なき有様なり。

斯くて一九二六年一月二日民主黨「ツアンコフ」内閣辭職して民主統一黨の「リアプチエフ」内閣之に代り勃牙利國内の政黨争議は一時落着するに至れり。

第三章　各黨現領袖株の人物略歴

（一）「アンドレー・リアプチエフ」（André Liaptcheff）

同氏は一八六六年十一月三十日「レッセン」に生れ「ビトリア」に於て中學の課程を終へ後「サカロニ」及「フイリポポリ」に遊び「チユーリヒ」、伯林及巴里に修學して最高の教育を受けたり。彼は造詣深き經濟財政學者にして勃牙利に於ける政黨統一運動の指導者たり。彼の主張は農民統一及國民銀行の聯合にあり。彼の才能は文筆にありて民主黨組織の際は其の副總理となり獨立不羈の思想を有し、一九〇八年一月勃牙利國獨立の際に於ては「マリノフ」内閣に於て商相となれるを振出しとして其の後藏相となり十年間其の地位にあり、一九一九年には「ラドスラヴオヴ」内閣に於て陸相として重要視せられ一九一八年九月には「サロニカ」休戰條約に政府委員として調印したり。而して民主統一黨組織に際し最善の努力を爲し其の總裁となり一九二六年一月遂に自ら内閣を組織するに至れり。國民一般は彼が露國「ヴオルシエヴイク」宣傳に對抗して勃牙利國内の平和を維持せる事に對し感謝しつゝあり。只反對黨新聞は彼が反對黨員と妥協する能はざりしを遺憾とする旨を發表しつゝあり。

（二）「アト・ブーロフ」（At-Bouroff）

氏は現內閣外相にして一八七五年「ゴルナ・オレショヴイヅア」に生れ其の生家は商家なり。幼にして「ガブロヴオ」高等中學に學び後巴里に遊學して法律及財政を研究せり。一九一一年彼は始めて代議士として選出せられしが間も無く其の雄辯を以て著名の人物となり、一九一三年六月商務大臣に擧げられ直ちに議會に於ける重要の地位を占めたり。而して一九一九年の內閣に於ても再び商務大臣となれり。

（三）「キモン・ゲオルギエフ」（Kimon Ghéorghieff）

同氏は現內閣鐵道及遞道大臣にして一八八二年十一月「タタール・バザルヂック」に生れ幼にして其鄉里に於て修學し後「ソフイア」の兵學校に學び大戰中步兵第四十四聯隊に大隊長たりしが大戰後「ソフイア」步兵第六聯隊長たり。間も無く大佐に昇進し第二十一議會に於て「ソフイア」地方選擧區より議員として選出せられたり。

（四）「クーレフ」（T. Kouleff）

同教授は現內閣司法大臣にして一八七七年三月十五日「ガブロヴオ」に生れ、其の鄉里に於て中等敎育を受け後「ペトログラード」の大學に學び「ベルン」及「ストラスブルグ」に留學せる事もありたり。一九〇三年彼は「ストラスブルグ」に於て法學博士の稱號を得勃牙利に歸朝し「テルノヴオ」に於ける司法官としての經歷を有したり。後一九一一年「ソフイア」大學に於ける刑法會議に列し民主統一黨成立の際には其の發起者たり。彼は一九二三年第二十一議會に議員として選出せられ首相秘書官たりしが終に現議會に於ける司法大臣の職に累進せり。

（五）「ナイデノフ」（N. Naidenoff）

同氏は現內閣工務大臣にして一八八〇年「ニコポリ」に生れ「ソフイア」中學に於て中等敎育を受け佛國に留學して大學の課程を終了せり。其の職業は外科醫なりしが急進派に參加し其の領袖株として議會に副議長たりしことあり。民主統一黨成立の際は其の發起者の一人として重要の役を演じたり。第二十一議會に於ては副議長たりしが工務大臣となり更に民主統一黨の行政委員たり。

（六）「スラヴェイコ・バシレフ」（Slaveiko Vassileff）

同氏は現內閣衛生大臣にして一八七九年五月「ヴェトレネ」に生れ、騎兵大佐たりしが騎兵第四聯隊長となり大戰中「ドブルヂヤ」に於ける交戰中勳功を立て終に勃牙利國陸軍大臣の要職に就きたり。而して「スタムブロスキー」の部下に於て各種政策の中心人物となり第二十一議會に於ては議員として最も重要視せられたり。

（七）「モロフ」（Vi Moloff）

同教授は現內閣藏相、且つ「ソフイア」生れ學者肌の人物にして「ソフイア」大學に於ける刑法教授たり。一九〇八年及一九一八年の「アル・マリネフ」內閣成立の際閣員に列し法醫學に關して相當造詣深し。

（八）「ヴォルコフ」（Volkoff）

陸軍大臣「ヴォルコフ」は一九二三年六月九日民主黨が「クーデター」を斷行せる際事實上の實行者たりし爲其の後暫時政界を避け居れり。

（九）「ツアンコフ」（Tsankoff）

同教授は一九二三年六月前內閣「クーデター」斷行の後を受け首相となれる以前に於ては政治的地位を有せざりしが「スタムブロスキー」黨及農民黨瓦解の後を受け、知識階級及農民黨は壓迫せられたる資本家階級其の他軍人階級を率ゐ一九二六年一月迄民主黨內閣を組織したり。

（一〇）「ボブチェフ」（Bobtchev）

氏は國民黨中の首領株にして「ソフイア」大學法科教授たり、且つ文筆に長じ歷史に精通し親露主義を把持し巴耳幹戰爭に際しては露都駐在の勃牙利公使たりし人物なり。最近迄「ソフイア」に於ける「スラヴ・クラブ」たる「スラヴイアンスカ・ベッセダ」の長たりしが文學及法律に關する二大雜誌を發刊しつゝあり。其の主張とするは「スラヴ」民族の融合にありて一九一〇年「ソフイア」に千七百人以上の出席者を見たる「スラヴ」民族總會を開催し思想、感情、科學及經濟の方面に於て「スラヴ」族の統一を劃策せり。而して勃牙利は少弱なりと雖も「スラヴ」民族の同情によりて强固となり勃牙利の貧困狀態は「スラヴ」愛によりて富强となる旨を主張し彼の努力により一九一二年の勃牙利塞耳比條約締結を見、遂に巴耳幹同盟を成立せしむるに至れり。

（一一）「ゲショフ」(Guechov)

同氏は國民黨の首領にして勃牙利國最大政黨を左右する人物なり。一八九四年同氏は「スタムブロフ」の後を受けて內閣を組織せし以來第二の「スタンブロフ」として國民の信望を得たりしも其の後の施政方針に於て露國と親しみ「スラヴ」族の連合を劃策せり。且つ勃牙利國內の少數民族に對しては極めて寬大なりしも議會の協贊を經ずして外國と條約を締結する特權を確得せしより國民の信用を害ふに至れり。

（一二）「マリノフ」(Malinoff)

「マリノフ」は民主黨首領にして「ベサラビア」に生れ快刀亂麻を斷つの才に缺くも正直博學の人物なり。一九〇八年始めて內閣を組織して以來社會改革家として目せられ熱心に努力し一般勃牙利人に對し議會の性質を知らしむるに至れり。而して其の盡力により一九〇八年勃牙利は其の獨立を宣言したり。民主々義に對する「マリノフ」の思想は「ルシュク」事件によりて之を窺ふを得べし。即ち彼は一九〇九年一回敎婦人が其の愛人と結婚せんが爲基督敎に改宗せるも其の婦人の老父及「マリノフ」政府が承認せざりしが爲同鄕の「ルシュク」村民は政府に對し反亂を企圖し之が爲政府の出兵となの死者三十名を出したり。斯くて彼「マリノフ」は勃牙利民主黨の主張に反して專制政治を敢てしたる外彼の行動に不道德の行爲多き故を以て其の後勃牙利國民の排斥を受けたり。

（一三）「ダネヴ」（Danev）

「ダネヴ」は進歩黨首領にして親露主義の把持者を以て知られ溫厚篤實の人物なり。而して農民の間に信頼を受けたりしも一九一三年巴耳幹戰爭に參加し其の失敗して以來黨勢失墜したり。即ち勃牙利は一九〇二年に於ける露勃秘密條約に信頼して一九一三年「フエルヂナンド」王の命により希臘及塞耳比に對し干戈を交へたりしが、開戰後露國の後援來らず敗戰の結果勃牙利の不利を招き自然「ダネヴ」の勢力は勿論進歩黨の黨勢も亦墜落したりしなり。

（一四）「ナイツオ•ツアノフ」（Naitso Tsanov）

「ナイツオ•ツアノフ」は急進黨首領にして理想主義を把持し、國王「フエルヂナンド」の政策に對しては常に强固なる反對論を稱へ其の謁見を拒絶し只一度一九一五年九月十七日「フエルヂナンド」王に謁見せるのみなり。彼は「ヴイデン」地方に其の地盤を有し「ヴイデン」町は全然彼の部下のみによりて政治せられつゝあり。

（一五）「ドラギエフ」（Doraghiev）

「ドラギエフ」は農民黨の首領にして同黨の爲謹直に働き農民總會の決議により正直に其の黨勢維持に力めつゝありて將來を囑目せられ居れり。彼は雄辯家にして其の語調極めて明晰且つ其の語句萬人に親しみを有し農民に對し好感を與へつゝあり。而して彼は快活にして其の言行は彼が「吾人は國民の利益を保護せんが爲に派遣せられたるものなるを以て人民の如く行動し人民の如く生活す」との語の中に窺ふを得べし。

（一六）「ラドスラヴォヴ」（Radoslavov）

同氏は自由黨の領袖株にして强固なる意志を有し一八九九年內閣を組織し親獨派にして大戰に際しては獨逸側に參戰せり。彼は國民の信頼を受け國民より「デド」（叔父）と稱せられたりしも後彼は農民の反對を受け一九一五年遂に逮捕せられたり。彼は獨逸「ハイデルベルグ」大學に法律を得び「ドクトル」の稱號を得たり。彼は大なる能力あるに非りしも「フエルヂナンド」王の信任を受け首相となり、「ナロヅニー・プラヴア」を彼の機關紙とせり。

（一七）「サクゾフ」（Sakuzov）

氏は社會黨の首領にして社會主義を廣義に解し社會民主思想を懷き、下級官吏及學校敎師に其の勢力を有するも農民黨及資本家階級の反對を受け勃牙利國內に社會主義的宣傳を爲す能はずして今日に至る。

（一八）「ブラゴエフ」（Blagoev）

同氏は共產黨の首領にして極端なる理想的社會主義を主張し「トロツキー」を驚かしたる程にして獨逸共產黨の流れを汲みたるも、資本家階級の反對を受け且つ勃牙利國民に對し同主義宣傳の效果を奏する能はざるを知るに至れり。

第四章　議會內の黨派別

一九二〇年三月二十八日總選擧の際選出せられたる勃牙利國議會內の黨派別は、農民黨一一〇人、共產黨四九人、社會黨八人、民主黨二四人、自由黨八八人、急進黨八人、進步黨八人、國民黨一四人なりしが、其の後議會內改選の結果多少の變動を見共產黨員著しく減少し最近民主統一黨政府組織せらるゝや同黨次第に其の數を增すに至りたり。

第五章　國內各地方と政黨との關係

勃牙利國內各地方と政黨との關係は「サゴラ」、「チルノヴオ」、「シューメン」地方に農民黨勢力を有し、「ソフィア」及「プレヴエン」地方に共產黨の勢力多く、「ザゴラ」、「チルノヴオ」地方に於ては社會黨議員の選出せらるゝもの多し。其の他「チルノヴオ」、「ザゴラ」、「ルツセ」、「プレヴエン」、「プロヴデヴ」地方には急進黨の地盤堅固にして「ソフィア」は主として民主黨及國民黨の根據地たり、「ザゴラ」、「ヴラツア」地方は主として進步黨の地盤にして「プレヴエン」地方は自由黨の根據地たり、而して其の他の各州には各黨多少の勢力を有するも各黨勢力の地方的分布概略以上の如し。

第六章　外交に關する各黨派の政見

　勃牙利政黨の外交政見は之を三別するを得べし親露派、親獨派及中立派之なり。親露派に屬するは進歩黨、社會黨、共産黨、急進黨にして親獨派は民主黨、自由黨及自由國民黨なり。而して中立派は農民黨、國民黨及民主統一黨等なりとす。

　進歩黨は共産黨、急進黨と等しく親露主義を把持し一九一三年同黨首領「ダネフ」は露勃秘密條約を信頼して塞耳比、希臘と對戰し勃牙利の不幸を招きたり。而して社會黨は舊露國の帝政に對しては極力反對せしも新露國を賞讃し萬事之に倣はんとしつゝあり。之に反し民主黨員中には親獨派多く「ダナイロフ」、「マヂアロフ」の如きは其の最たるものなり。而して自由國民黨は「スタムブロフスキー」の流れを汲み傳統的に反露主義にして、其の黨員「ドブリ・ペテコフ」を中心とする一派は親獨的傾向あり。更に自由黨は最も多くの親獨的傾向を帶び一八九九年「ラドスラヴォヴ」が內閣を組織して以來大戰中には獨逸側より參加して勃牙利國民の信用を博しつゝありしが大戰の結果勃牙利の不幸を招來し首領自らも亦農民黨の反對を受けて逮捕せられたり。

　中立派に屬する農民黨は國民黨と等しく對外的平和論を主張し、大戰中主戰論者に反對し寧ろ共産主義的傾向を示したり。而して「マケドニア」を塞耳比に讓與せる際に於ても右は當然の成り行きにして勃牙利は目下內政の改善に努力すべき時機なりと主唱せり、而して親獨主義に對しては多少寛大なる態度を示すも米國に對しては移民排斥問題に於て好感を有せず。即ち十萬人に餘る勃牙利國民は渡米五、六ケ年間勞苦の後一家族を支ふるに足る資本を懷にし歸郷後小地主となりたるが爲米國の反感を買ひたりしが農民黨は極力是等の小地主を保護しつゝあり。

　民主統一黨「リアプチェフ」現內閣の對外交政見は一九二六年一月十一日在英代理公使が英國外務省に通告せる處によ

れば、彼等は國際平和を主眼とし主として近隣諸國中にも希臘に對しては力めて平和を希望し偶發すべき小事件に關しては成るべく平和の間に解決することを切望しつゝあり。

第七章　各黨主要機關紙

國民黨の主要機關紙は「ミル」（Mir）にして其の主筆は英國に學びたる「ペーヴ・プラチエコフ」なり、而して同紙には「ヤブランスキー」、「ギユビデルニコフ」、「チムチエフ」及「カナヂルスキー」を記者とす。

進步黨の機關紙は「ソフイスキー・ヴエドモスキー」（Sofiski Vedomoski）にして極端なる親露主義者「ミタコフ」其の主筆たり。同紙は常に國王「フエルヂナンド」の政策に反對し其の非立憲的行動を論難しつゝあり。而して一九〇三――八年に於て最も烈しかりしが一九一三年彼等進步黨が巴耳幹戰爭に參加し失敗したる以來其の聲を潜めたり。其の後進步黨の機關紙となれるは「ブルガリア」（Bulgaria）なり。同紙は目下多額の資本を有し其の論調極めて溫健にして有識階級に多くの讀者を有す。

急進黨の機關紙は「ラデイカル」（Radical）にして「ストヤム・コスツユルコフ」其の主筆たり。氏は一九一九年文部大臣たりし事あり且國立專問學校長たりし事もありて國民の信頼を受け、「ジユネヴ」に法律を學び露國社會主義者と親交あり。

農民黨主要機關紙は「ヂエムレデルスコ・ズナーメ」（Zemledelsko Zname）にして同紙は農民黨領袖株「ドラキエフ」の保護ありしに拘らず一時其の發刊を中止せり。然るに其の後同黨員の後援により盛大なる發刊式を擧行し、五十四萬六千法を投じて一大新聞社を建築し之を以て其の黨の俱樂部に當て且つ農民に對する農具の供給をなしつゝあり。然るに大戰中右は親獨的記事を載せたりしが爲同紙を外國に送付するを禁止せられたる事ありたり。

社會黨廣義派の機關紙は「ナロド」(Narod) にして同紙は農民との妥協を排し、社會黨狹義派の機關紙は「ラボトニチエスキー・ヴエストニツク」(Robtnitseski Vestnik) にして右は勞働者新聞なり。

第五編　波蘭國の政黨（一九二六年六月調）

第一章　概　說

（一）小黨分立

波蘭に於ける政黨黨派多岐に亘り、議會に於て代表せらるるもののみにて十九分派を數ふ。是其の本來の國民性のみならず、多年の分割に依りて馴致せられたる融和統一性の缺乏並構成民族の多種なるに基因す。試に一九二五年度に於ける國內種族別人口並割合を見るに次の如し。

種族	數	總人口百に對する割合
波蘭人	二〇、一七〇、〇〇〇	六九・二
「ウクライナ」及「ルセニア」人	三、八八三、〇〇〇	一四・〇
猶太人	二、一二三、〇〇〇	七・八
白「ルセニア」人	一、〇五七、〇〇〇	三・九
獨逸人	一、〇三六、〇〇〇	三・八
「リスアニア」人	七二、〇〇〇	〇・三
露西亞・「チエツコ」・「タタール」等	二一〇、〇〇〇	〇・九

（二）議會に於ける現勢

一九二二年の總選擧後現在議會に於ける各派の分野を表示すれば左の如し。

黨派名	議員數 上院	議員數 下院	首領	備考
一、國民々主聯合（Z.L.N.）	三〇	一〇一	「グラビンスキ」	右黨
二、國民基督敎倶樂部（Ch.N）	九	一九	「ヂュバノヴイッチ」	
三、共和基督敎倶樂部 Ch.D）	八	四〇	「チャシンスキ」	
四、民主加特力敎倶樂部	—	五	「マタキエウイッチ」	
五、農民黨「ピアスト」	一七	五三	「ヴイトス」	中央黨
六、勞働倶樂部	—	六	（「バルテル」）「ツグト」	
七、農民議員倶樂部	—	二七	「ドンブスキ」	左黨
八、農民黨「ヴイズヴォレーニエ」	八	二八	「ストラルスキ」	
九、國民勞働黨	三	一八	「ポピエル」	
十、波蘭社會黨	七	四一	「バルリツキ」	
十一、急進農民黨	—	四	「オーコン」	
十二、獨立農民黨	—	七	「ヴオイエヴオヂツキ」	
十三、白「ルセニア」農民勞働倶樂部	—	五	「タラシキエヴイッチ」	
十四、無產聯合（共產黨）	—	六	—	
十五、猶太倶樂部	一二	三四	「ライヒ」	少數民族
十六、獨逸倶樂部	五	一七	—	
十七、「ウクライナ」倶樂部	六	一五	—	

十八、「ウクライナ」農民倶樂部	一	五	一
十九、白「ルセニア」倶樂部	二	五	一
二十、無所屬	四	八	
議員定數	一一一	四四四	

(三) 黨派の連衡及政黨の實力

右表の如く各派の議員頭數孰れも絕對多數を去ること遠きを以て、重要なる問題に當面するときは概ね左右兩派の「ブロック」を形成するを常とし從て問題の結着は多く中央黨の向背如何に繫れり、然るに農民黨「ピアスト」の如きは從來右黨派と提携すること多きに反し少數民族各派は自家の爲に有利なる主義を奉ずる左黨派に加擔すること最も多し。

政黨に對する政權の歸屬は右黨派及官僚若は右黨及中央黨聯立內閣に趨けること最も多かりしに反し、上下兩院合同の所謂國民議會に於ける大統領の選擧に付ては第一次大統領以來第三次現大統領に至る迄常に右黨候補者の落選に歸せり。

殊に本年五月「ピルシュツキ 元帥の政變に伴ひ第二次前大統領桂冠し新大統領の選擧となるや、國民議會に於ける議員の分野は元帥反對派たる右黨系の多數を占むる所にして從て右黨候補者の當選を見るべきこと當然の歸趨なりしに不拘、第一回選擧に於て右黨候補者「ボーゼン」州知事「ブニンスキ」氏の百九十三票に對し左派の支持せる「ピ」元帥の得票二百九十二を算する結果となれるは、兩候補者間人物の相違は姑く措き右黨側は選擧上何等政府筋の干涉を蒙れる事實無きに不係精神的に痛く威壓を感じ其の步調を一にし得ざりしものゝ如く、殊に元帥が倒壞の目標とせし前內閣に於て總理たりし「ヴィトス」氏を黨首とする「ピアスト」黨の如きは却て同元帥の候補を支持し黨首以外は悉く元帥に投票するの奇觀を呈せり。而も同元帥は其の大統領當選を以て自己の敢行せる行爲に對する國民の是認を得たるものと宣言すると共に其の就任を謝絶し、自ら全然黨派關係を有せざる候補者を推擧して右黨側候補者と對立せしめ結局其の當選を見るに至れるが如きは、銷々たる黨派的利益にのみ齷齪し來れる多數議員が元帥の超越的態度と鞏固なる自信力の下に壓服せられたる結果に外ならず又以て波蘭政黨政派分立の素因たる國民性の一面を語るものと謂ふべし。

第二章　主要政黨各論

第一節　國民々主聯合黨

一、沿　革

本黨は沿革上基督教共和黨若は國民共和黨と慣稱せられ、其の政黨としての存在は一八八五年より一八九〇年の間「ベプロースキ」及「ドモウスキ」が「レンベルグ」に於て "Przegląd Wszechpolski" なる新聞を發刊したるに初まり波蘭人間に國民的精神を鼓吹せんが爲兼て "Polak" なる民衆新聞を發行し露國政府の壓制に對抗せり。其の當初の政綱は波蘭自由國の建設に依り其の獨立を遂ぐるに存し、一九〇〇年後先づ「ガリシヤ」地方を根據とし日露戰爭當時の革命以來更に舊波蘭王國地方に其の活動を擴張するに至り、波蘭系各政派は概ね本黨に所屬せり。然るに露國國會に對し本黨より提出せられたる波蘭自治案は獨立を目的とする從來の革命的理想主義を捨てたるものとし、其の態度に不滿なる黨内の一派は別に國民勞働聯合なる名の下に今日の國民勞働黨を樹立せり。

一九一九年波蘭第一議會に於て國民共和黨は右黨系の數團體を併せ今日の國民々主聯合と稱するに至れり。

一九二三年『波蘭民族に依り支配せらるべき波蘭』なる標榜の下に中央農民黨首領「ヴイトス」を總理とする聯立内閣組織せられたるも中央黨分裂の結果議會の多數を得る能はずして瓦解せり。

一九二五年十月「シクシンスキ」の組織せる各派聯合內閣も亦社會黨の脫退によりて瓦解し、本年五月再び「ヴイトス」を總理とする中央及右黨各派の聯立內閣成立せるも偶々「ピルシユーツキ」元帥の政變に會し國內の實權同元帥の掌握に歸し、其の意圖に成れる現「バルテル」內閣は政黨政派より超絕し憲法の改正其の他重要なる政治上の改革を斷行せんとする今日他の諸政派と等しく政治上の勢力頓みに失はれたる實情に在り。

二、勢力の根據

本黨は農商工を通じ一般資產家階級及僧侶其の他主として舊獨逸領地方に於ける農民職工等の間に勢力の根據を有す。

三、領　袖

「グロビンスキ」――一八六二年「ガリシヤ」生、「レンベルグ」大學卒業、同大學總長、元墺國議會議員並墺國鐵道大臣。

「ドモウスキ」――一八六四年「ワルソー」生、同大學卒業、露國第二、第三議會議員、波蘭國務會議々長、巴里平和會議波蘭全權、前外務大臣。

四、機關紙

"Gazeta Warszawska" "Zorza"（ワルソー）　"Goniek Krakowski"（クラカウ）

"Slowo Polskie"（レンベルグ）　"Kurjer Poznanski"（ポーゼン）

"Dziennik Wilenski"（ウイルノ）

第二節　國民基督敎倶樂部

一九二〇年國民々主聯合黨より分離せるものにして其の主義綱領亦殆ど異る所なし專ら大地主の利益を代表す。領袖としては「レンベルグ」大學敎授「チュバノヴィッチ」、元大藏大臣「ミハルスキ」及黨機關紙「ワルシャヴィアンカ」主筆「ストロンスキ」あり。

第三節　共和基督敎倶樂部

主に職工、從僕等の階級を勢力の根據とし基督敎職業聯合を介し舊獨逸領地方に地盤を有す。領袖としては「チャシンスキ」、「ノヴォドウォルスキ」及「ミアノウスキ」等。黨機關紙としては「ワルソー」に"Rzeczpospolita"「クラカウ」に"Glos Narodu"あり。

第四節　農民黨「ピアスト」及「ヴィイズヴォレーニエ」

一、沿　革

一八九〇年「スタヤロースキ」及「スタピンスキ」等「ガリシヤ」に於て農民黨を組織し、一九〇八年墺國普通選擧法の實施以來多數農民議員を選出して其の勢力を加へたるも選擧問題に關し黨內に意見の杆格あり。「スタピンスキ」の率ゆる左黨の分離後右傾派たる「ドルゴシ」、「ヴイトス」、「バルテル」等に依り形成せられたるもの即ち今日の「ピアスト」黨とす。墺國領に成立せる右農民黨と其の性質を同うし、已に一八九八年以來露國領に於て部分的に構成せられたる農民團三あり。一九一五年に至りて合體し「ヴィイズヴォレーニエ」と稱する農民黨を組織せり。一九一八年獨墺占領軍に反抗し同年十一月「リュブリン」に於て最初の波蘭獨立政府の樹立を企畫せるも「ピアスト」黨殊に「ヴイトス」一派の右傾派之に對する參加を決せざりし爲成效に至らず。一九一九年「スタピンスキ」派「ピアスト」及「ヴィイズヴォレーニエ」の三者は一團の農民黨として波蘭第一議會に入りたるが上院問題、大統領選擧及農制改革問題に關する意見の一致を見ず翌年再び分裂し一九二二年の總選擧に於ては「スタピンスキ」派選擧に與らず。其の後「ピアスト」の右傾に反し「ヴィズヴォレーニエ」は寧ろ左黨系として兩派の懸隔益々大なるを加へたり。

二、勢力の根據

「ピアスト」は比較的富裕なる農民の利益を代表するに反し、「ヴィズヴォレーニエ」は其の根據を下層農民の間に有し土地の無償分配及少數民族の地域的自治等を主張する急進的分子を包含す。

三、領袖

「ピアスト」黨

「ヴイトス」――總理大臣たること三回、本年五月の政變により失脚。

「ラタイ」――元文部大臣、現下院議長

「キエルニツク」――元內務大臣

「ヴイズヴオレーニエ」黨

「ストラルスキ」――波蘭第一國務會議委員

四、機關紙

「ピアスト」――"Wola Ludu"（ワルソー）"Fiast"「クラカウ」"Sprawa Ludowa"（レンベルグ）Włoscianin（ポーゼン）

「ヴイズヴオレーニエ」――「ワルソー」に黨と同名の週刊新聞を有す。

第五節　勞働倶樂部

下層農民の權利擁護に關する「ヴイズヴオレーニエ」中の急進分子の主張に反對し同農民黨より分離獨立せる溫健派にして、元鐵道大臣「バルテル」及前々內閣副總理「ツグト」等の領袖あり。殊に「バルテル」氏は本年五月の政變後總理として引續き現政府の首班に在るも政黨政派超絕の趣旨に依り過般本黨首領の地位を辭せり。

第六節　農民議員倶樂部

本年一月「デンブスキ」其の他十五名の議員「ヴイズヴオレーニエ」より分離し「ブリル」外十一名の議員一派と合して構成せられたる新政黨なるも未だ其の政見上の旗幟を樹立するに至らず。

第七節　社會黨

一、沿革

波蘭の社會主義運動は已に一八七六年頃より「レンベルグ」、「ワルソー」地方のみならず露國に於ける波蘭學生等の間に存し、一八八二年に至り「ワルソー」に於て「プロレタリヤ」と稱する社會革命黨組織せられ、「民意」の名の下に知られたる露國社會主義團體と共に策動したるが一八八三年及四年の逮捕に依り痛く其の氣勢を減殺せられたり。其の後再び一八九二年の逮捕に會せるが同年勞働運動及社會運動の各派代表者巴里に會同し「リマノウスキ」司裁の下に各派一團として波蘭社會黨の組織を決議し波蘭の獨立を其の政綱の一とせり。今日社會黨の機關紙たる“Robotnik”は當時已に「ピルシユーツキ」現元帥及前大統領「ウオイチエコーウスキ」等の協力に依り秘密に出版せられたるものなるが、一九〇〇年「ピルシユーツキ」其の他同新聞の關係者露國官憲の忌諱に觸れて逮捕せらる。偶々日露戰爭を利用せる露國革命に際しては露國に於ける一般的社會革命を目的とするものと、叛亂に依り波蘭の獨立を期せんとするものとの二分派を生じ前者に屬する波蘭社會黨の左傾分子は、波蘭及「リスアニア」社會共和黨と合し、一九一九年に至り波蘭共産黨と化し後者に屬する者は「ピルシューツキ」の下に「ガリシヤ」地方に活動の根據を移し、漸次軍隊組織の團體を構成し波蘭獨立の完成に貢献せり。波蘭獨立後社會黨は「ダシンスキ」其の他社會主義者と合體し屢々內閣に閣員を送りたるが、本年五月の政變に際しては最も熱心に「ピルシューツキ」元帥を支持したるに不拘同元帥が飽く迄政黨政派より超越して社會黨と雖毫も顧るところ無き態度を維持せる爲、同元帥豫ての主張に基き現政府に依り議會に提出せられたる憲法改正案に對しては卒先して反對を唱へつゝあり。

二、勢力の根據

一般勞働者間に其の勢力を有す。

三、領　袖

「バルリツキ」前營造大臣、「ダシンスキ」前副總理、「モラチエフスキ」第一次內閣總理、前營造大臣

四、機關紙

"Robotnik"（ワルソー）、"Naprzód"（クラコウ）、"Dziennik Ludowy"（レンベルグ）、"Lodzianin"（ロッヅ）、"Gazeta Robotnicza"（カトーヴイツツ）

第八節　猶太倶樂部

波蘭に於ける猶太人の數二百餘萬に上るも貧困徒跣の輩多きを占むるを以て殆ど政治上に於ける勢力なく、教育上猶太語使用權の要望等尚未だ自家の民族的利益擁護の域を脫せず。

第三章　代表的政黨の主義綱領

第一節　國民々主聯合（右黨）

第一、本黨の基本的目的は波蘭國の地位に鑑み其の獨立確保上國家及國民の隆盛を期するに在り。

第二、波蘭の國境は波蘭人が其の數若は文化に於て優越を占むる一切の地域を包含すべく且海に對する恒久的接續を必要とす。波蘭に依り露國の覊絆を脫したる「リスアニア」は完全なる波蘭の領域を形成するを要す。

第三、善良なる組織を有し且一切の須要に應じ得べき强力なる軍隊を維持すべし。

第四、國の生產力の發展は經濟政策上の第一義たり。都市及商工業の發達は經濟的、社會的進步の主要なる基礎にして有產階級のみならず勞働者並農民の利益とす。

第五、波蘭共和國は基督敎道德の精神より生ずる社會的正義に依據し國家の國民的最大統一を期すべし。

第六。一切の改革は私有財產權と經濟的自由の主義に則るべし。

第七、農制改革に依り農地の配分を改善し過大なる懸隔の存在を避くると共に多數の裕福なる自作農民を作るべし。

第八、國民の福祉を阻害すべき同盟罷業に對し國家の調停的活動を要望す。

第九、敎育の基礎を宗敎に置き敎會を生活の精神的指導者として其の完全なる獨立を認むべし。

第十、波蘭は東歐に於ける其の特殊の地位に鑑み、殊に「スラヴ」民族中に在りては獨逸の侵略的脅威に對し平和及自由擁護の前衞たる資格に顧み其の外交政策は右使命の自覺に基かざるべからず。

第二節　中央農民黨「ピアスト」

第一、「ピアスト」は波蘭民の政治的組成にして主として農民の利益を擁護し、其の發達を指導し其知の的、經濟的訓練に努め國家をして民主的共和國の性質を體現せしむべし。

第二、本黨は國家及人民相互に其の一方の利益が他方の利益たることを認むるものとす。

第三、本黨は其の活動を純正共和主義の上に展ぶべし。

第四、公私生活上基督敎義を遵守すべし。但宗敎を以て政爭の具に供すべからず。

第五、四民平等主義を擁護し財産上若は生來の特權を認めず。

第六、社會制度の基礎として私有財産權を認むべし。

第七、波蘭現農制の改革を絕對に必要と認め農制改革法の實施を期すべし。

第八、自治を以て國家行政制度の基礎とすべし。

第九、波蘭國內に於ける少數民族に對する關係は、波蘭憲法に依りて保護せらるべき平等の基礎に據り正義と協調の精神を以て樹立すべく其の最も自由なる知力的國民的發達を保障すべし。

第十、波蘭の國策は一般的平和を計るに存すべく外國との關係に付ては權利並正義の尊重に基礎を置くべく國際的紛議は平和的手段に依りて解決すべし。

第十一、波蘭共和國は列國と共に軍備の縮少を期し常備兵に代ふるに民兵を以てすべし。但隣邦軍國主義の脅威を感ずる限り一般的徵兵制に依り組織せらるべき强力にして訓練ある軍隊の必要を確認す。軍隊內に於ては軍紀を維持すると同時に公民の權利と個人の尊嚴とを重ずべし。

第十二、租稅制度は先以て所得稅及財産稅に據るべく倂せて衆民の經濟的必要を考慮に加ふべし。

第十三、初等學校及校外敎育に對し特殊の保護を加ふべく且職業敎育制度を奬勵すべし。

第三節　社會黨（左黨）

一、外政

國際上波蘭共和國の鞏固なる獨立を支持することは波蘭勞働者階級の最も重要なる使命なると共に絶對に侵略政策を排し大國の優越權を認めず。列國對等の下に民衆聯合の組織に依り各國間の恒久的平和の確立を期すべし。

二、內政

（イ）一院制度、（ロ）廣汎なる地方的自治、（ハ）少數民族語使用權の確保、（ニ）特定地域居住少數民族の自治、（ホ）常備兵の民兵への改編、（ヘ）政教分離、（ト）言論、出版、集會、結社の自由、（チ）男女、宗教、民族の無差別平等權。

三、經濟

（イ）八時間制に依る勞働者の保護、（ロ）同盟罷業及職業勞働組合の自由、（ハ）勞働者代表の協力を以てし且國家行政權より獨立して農、商、工業に於ける勞働狀態の監察制度、（ニ）一切の鑛業並其の工場及交通機關の國有、（ホ）生活必需品の專賣制。

四、財政

（イ）財產及所得に對する累進稅、（ロ）間接稅及生活必需品の輸入稅廢止。

第四章　主要問題に關する左右兩政派の態度

第一節　國際問題

波蘭の國際生活未だ十年に達せず。其の獨立を保障せる平和條約は波蘭國民にとりては素より永久の金科玉條にして其の地位の不安に對し兎も角當面の安易を加へたる「ロカルノ」條約は國際聯盟規約と共に其の聖典の一部に外ならず。多年呻吟の桎梏を脫したる波蘭人としては其政見の左右孰れの傾向に在るを問はず先以て國家獨立の慶福を俱にせざる者なし。從て國際聯盟に對しては各派を擧げて其の趣旨を謳歌する外今日迄敢て之を批議するものなく常任理事席問題に至りては各派を通じて其の國家的主張を支持す。蓋し勢に乘じて編案劃定せられたる波蘭國境線は動もすれば永く雌伏に甘んぜざるべき氣配を隱見せしむる獨逸に對し自ら去り難き疑心暗鬼を畫かしめ、獨逸の聯盟加入は他日獨逸をして不自然なる國境改正提議の機會を作らしむべしとの危惧尠からず。苟も國境の現狀維持に付ては獨立問題同斷各派等しく小異を捨てゝ大同に就くを必要とするものなること當然の歸趨とす。從て波蘭に對する常任理事席の拒否は之をして露國に接近せしむるに非ざるなきやは特に英國の懸念する所なるが如く、波蘭に對する英國近時の態度は其の經濟的動因の外露國を對照とする多くの政治的考慮を包含するものと謂はざるべからず。然れども波蘭が今日尙其の東西の舊怨に對して銜む嫌厭の深甚なることは階級の上下と政黨政派の別とを分つことなし。強いて其の間傾向の相違を求むるときは左黨派の飽く迄反露的なるに比し右黨系に於て幾分對露接近を否まざる色合を認め得るに過ぎずして、波蘭側の牽制政策としては時々露國接近を仄すことありとするも現實露國に對し俄かに釋然たり得るが如きは今日何れの政派に就ても想像し能はざる所なり。其の他の諸國に對する態度に至りては當該國の獨露孰れかに對する關係の推移に從ひ感情の親疎を分つに過ぎず。各派獨自の具體的態度と認むべきものなし。

第二節　少數民族問題

波蘭國內の少數民族の勢力今日未だ殆ど注目に値すべきものなしと雖、右黨系各黨が波蘭民族に依り支配せらるべき波蘭なる標語の下に國內少數民族の支配權を主張するに反し、左黨派は擧て其の行政上の自治を主張し進んで其の地域的自治を唱ふる急進派をも存す。更に左派の政客中には國內少數民族のみならず東歐の各少數民族の自治獲得を支持し、此等を糾合して一の聯邦を組織し波蘭其の牛耳を執らんとする腹案を抱く者あり。

第三節　財政問題

財政問題に關する左右兩派意見の杆格は各自の支持擁護する利益の分るる所に從ひ常に個々の財政經濟上の時事問題と關聯して生じ來れる所なるが客年十月成立せる各派聯合內閣が本年四月に至り社會黨の脫退に因り終に總辭職の餘儀なきに立至れるは主として財政々策に關する左右兩派の確執に基ける所なるを以て、便宜上當時に於ける兩派の主張を回顧するに右聯合內閣の藏相が右黨の閣員として立案せる財政々策中最も强く社會黨の反對に會せる點左の如し。

（イ）農產物殊に麥の輸出問題

右黨側は輸出入の均衡並爲替相場維持の必要上波蘭の主要生產物たる麥の輸出を無稅自由とせんとするに對し、社會黨は麥の輸出を無制限に自由とするときは次期收穫の狀況の如何によりては救ふべからざる國民全般の厄災となるべき懸念あるのみならず、益々其の國內市價を昂め延いて一般物價の騰貴を來さしめ殊に下層民に對する生活上の脅威となり獨り地主階級をして利益せしむる所以となるに過ぎずとなす。尙社會黨は貿易上波蘭の收受する外國貨幣は須く之を中央銀行に集中せしめ、國民に對しては當時の相場に依る波蘭貨幣を支給する制度を立て以て爲替政策上にも貢獻せしむべきを主張せるも大地主、工業家等の利益を擁護する右黨側は之に反對せり。

（ロ）所得及財產に對する課稅問題

各派聯合內閣前の「グラブスキ」官僚內閣は已に所得及財產に對する課稅に依り十億「ヅロチ」の歲入案を立てたるが

聯合內閣の藏相は國內企業の保護及資產階級の支拂能力不充分を理由として其の額を六億「ゾロチ」に遞減せんとせるに對し社會黨は飽く迄原案の實施を主張し斯の如きは資產家階級に對する謂はれなき政府の補助に外ならずとし、上部「シレジヤ」に於て「ハリマン」系資本を有する鑛業會社の如きは藏相案の結果三千萬「ゾロチ」不當利得の事實等を指摘して之を攻撃せり。

（ハ）財政緊縮問題

財政の緊縮に付ては主義上兩派間に異議なき所なるも右黨側は各省均等の縮小を主張するに反し、社會黨は當時休止中の國家土木工事を復活續行して失業者の救濟を爲す必要を唱へ、是啻に一般勞働者のみならず之が材料を供給すべき國內各種の工業を振興せしむる所以なりとし、國家經費の節約は兵役年限の短縮等に依り毫も國防上の缺陷を生ぜしむることなく更に陸軍經費の方面に於て爲すべき餘地あるを主張せり。

第六編　波斯國の政黨（一九二六年三月調）

第一章　各政黨の名稱及其の主義綱領

一、保　主　黨

一九〇六年「カヂャール」王朝最後の君主「マハメツト・アリー・シャー」が其父王の讓を受けて即位し波斯に於て始めて憲法制定せられ國會の開催と同時に波斯國保守黨創立せられたり。

其政策は寧ろ親英的に傾き露國に對しては必ずしも親善ならず。貴族及僧侶議員の殆んど全部は此黨派に屬し百三十八人の議員總數中の大多數が此黨員に屬する關係上議會は極めて保守的にして新土國に見るが如き政教分離を喜ばず、土國が回教主問題に於て「ハリフ」を廢して之を國外に追放したるを批難し、土國と同一制度の波斯國内に實施せらるゝを恐れ、一九二四年波斯國内に共和運動の勃發せる時極力之に反對を稱へ政體の變更よりは寧ろ王朝の變革を主張せり。其勢力の根據地と見るべきは多くは波斯首府以外の各地方にして「ノスレツト・エド・ドーレイ」其首領たり。

二、民　主　黨

民主黨は保守黨と等しく一九〇六年波斯に於て始めて國會開催せられ「カヂャール」王朝最後の國王「マハメツト・アリー・シャー」の即位せると同時に結黨せられたり。

其背景となれるは露國にして同黨の主義綱領とする所も亦親露主義なるは當然なり。同黨は進步主義を標榜し諸般の改革を切望する點に於て保宅黨の政見に反し目下「スリーマン・ミルザ」其首領たり。同黨は多く北部地方及首府「テヘラン」に於て其地盤を有するも官界に於ては其勢力極めて微力にして、現首領「スリーマン・ミルザ」が前内閣に於て文部大臣となり親露的政策實施に努力せる事大なりしに拘らず、其功績揚らず却て代々の親英内閣の忌む所となりて其職を退きたり。從て現在議會に於ける勢力は保守黨に及ばざること遠く、常に在野黨たるの感あり。

三、王　黨（國民黨の改稱）

波斯國内永年に亘り駐屯せし英露兩軍は一九二〇年に至り撤退し波斯は獨立國として國民的經綸を行ふに最も好都合の時機に際會せり。偶々時の陸相「リザ・カーン」は國内の勢力を其手に收め自ら一政黨を組織して之を國民黨と稱したり。同黨は强大なる民族的獨立國家の建設を目的とし、波斯國民間に多くの共鳴者を出したり。而して首領「リザ・カーン」が其後首相となりたる關係上其政黨の資源甚だ豊富にして數多の新人物を糾合し一九二五年十二月右「リザ・カーン」は遂に新王朝を樹立し自ら王位に即き國民黨は王黨と變じ「リザ・カーン」自身其指導者となれり。

四、社　會　黨

社會黨は一九〇六年（波斯に於て新に憲法の制定せられたる時）創設せられ「プリンス・メマン・ミルザ」其首領となれり。

其主義綱領の基調となれるは社會主義の實施にあり。其黨勢の根據地は目下主として波斯北部及西部地方にして露國に接近する「アザルバイヂャン」州に最も多くの勢力を有す。

第二章　各政黨成立の由來及其の勢力の消長

憲法發布以前に於ける波斯政界は王黨と立憲國民黨との二派に別れ前者は英國勢力を背景とする國王「ムザフエル・エド・ディーン」(一八九六――一九〇七年)によりて擁護せられ國王自ら之を指揮し後者は露國の後援により「ナスル・エド・ディン」之を指揮し一九〇三年の創設に係る。

偶々波斯「カヂヤール」王朝の周圍の重臣は腐敗の極に達し國民は世界的近世文化に伴ひ次第に覺醒し國民の憲法制定を要望すること頗る切なるものあり。各地に突發せる革命運動と暴動の結果は遂に一九〇六年國王をして憲法を制定せしむるに至り同年十月七日其第一議會開催せられたり。而して國王「ムザフエル・エド・ディーン」は翌一九〇七年崩御し長子「メヘメツト・アリ・ミルザ」之を繼ぎたりしが「カヂヤール」王朝頽廢の大勢を輓回する能はず、立憲國民黨の勢力益々旺盛を加へたり。一九〇六年の憲法は一度廢止せられたりしが一九〇八年二月「テヘラン」に突發せる二暴動の爲めに「アリー・ミルザ」王は襲擊せられ幸に國王は無事なるを得たるも彼が統率する王黨は其勢力を失し議會內に國民黨員大多數を占むるに至れり。

當時王黨護衛の任に當りしは「コサツク」隊にして露國士官之を指揮したりしが「クルヂスタン」及「タブリズ」附近に於て立憲國民黨の部下蜂起し王黨の力を以てしても容易に之を鎭壓する能はず。一九〇九年二月露國兵二千六百人「タブリズ」に至りたる際「イスパヘン」に突發せる國民黨の暴動意外に强勢なりしが爲國王も遂に國民黨に讓步し再び憲法を承認せざるを得ざるに至りしも露國に對しては反對の態度を示したり。

立憲國民黨員は勝利の勝鬨を揚げて七月十五日「テヘラン」に入城し同日國民議會を開催し國王「メヘメツト・アリー・

シャー」を廢して其長子「アーマッド・ミルザ」を「カデヤール」王朝第十三世の國王として即位せしめ改選せられたる國會は十一月十五日開會したり。

其後一九一四年以來の歐洲大戰に於て英、露兩國は各々波斯國內に其軍隊を派遣し之を警備する所ありしが獨・土兩軍も亦波斯西境に迫り波斯は獨力を以て處置する能はざるに至りしに當り偶々露軍は其國內の革命の爲めに撤退し獨・土兩軍は英軍の爲めに波斯に入る能はずして休戰に至れり。後英國も亦一九二〇年以來波斯より撤兵し專ら兵力を「メソポタミア」に集中せり。

斯くて波斯は國民黨の勢力により指導せらるゝに至れり。而して一九〇六年創設せられたる立憲國民黨は一九〇九年自ら政權を執ると同時に保守的傾向を帶び英國の援助により保守黨と稱するに至り之に對し王黨たりし親露國派は進步黨又は社會黨と稱するに至り大戰中陸相たりし「リザ・カーン」は新に國民黨を創設せり。一九二一年波斯の首相自由思想家「サイド・ズイア・ウド・デイン」は極めて親英的政策を採り爲めに保守黨の忌む處となり「リザ・カーン」代りて首相となれり。

「リザ・カーン」が首相となるや國民的要望により瑞西より傭入れたる憲兵隊を廢止して波斯人を以て之に代へ力めて波斯國民の獨力により國民的經營をなしたり。

第三章　各政黨現領袖株の人物略歷

一、「ズカエル・モルク」(一八七一年生)氏は學者の一門に育ち彼自らも波斯に於ける歷史家の第一人者たり。其著書波斯史は小學校及中學校の教科書として廣く波斯國民に讀まるゝのみならず彼は波斯政治學校(外交官養成所)の校長たりしことあり。而して青年時代より佛國、獨國及露國等に波斯外交官として勤務し歸國後國會議長として又歷代の內閣に司法大臣、大藏大臣及外務大臣として令名あり。其溫厚篤實なる性質と保守黨員たると又親英主義者たる點に於て歷代內閣の重鎭たり。

二、「スリーマン・ミルザ」――一八六八年生、は曾て國民黨の首領たりしことありしが目下社會主義者にして社會黨員たり。一九二三、四年の交彼が文部大臣の椅子を占め部內に多くの社會主義者を登用し露國に親しみたる關係上「リザ・カーン」內閣の忌む處となり遂に其職を退きたることあり。

彼は一九〇六年波斯の憲法制定せられ國會の開催せられし以來、常に國會議員として議院內に重要なる地位を占め來れり。彼は露國に反對し露軍が波斯國都「テヘラン」を攻擊せる際には其部下を統率して「メソポタミア」に奔り「カスリ・シリン」附近にありし土耳古軍に參加せしが英國の爲めに捕縛せられ永く其捕虜たりしが爲め英國に對し敵意を有す。

三、「モデル・エル・モルク」――現に大藏大臣にして保守黨員たり。彼は大臣たりしこと前後六回に及び少壯有爲の政治家たり。

四、「エズ・エル・モヽリク」――現に農商務大臣にして「アラビスタン」州選出の代議士たり。又首相と親しく國民黨員として將來を囑目せられつゝあり。

五、「モストフイ・エル・モマリク」――前內閣に首相たりし事二回常に社會黨員を統率する代議士なれども目下國民黨及保守黨の勢力旺盛にして社會黨の勢力微弱なる爲め彼の政治的勢力も振はず。

六、「ノスレツト・エド・ドーレイ」――保守黨の首領にして同時に「フアルス」州の知事たり。曾て外務大臣及司法大臣に歷任し波斯國舊都「シラズ」市を以て其勢力根據地とす。

七、「シムール・エド・ドーレイ」――曾て首相たりし事二回、一九〇六年憲法制定以來の代議士にして保守黨に屬し溫厚の人物なり。

八、「モクメン・エル・モルク」――前者の兄に當り國會議長たりし事二回、保守黨員にして現代議士たる溫良の人物なり。

九、「カヴアム・エス・サルターネ」――内閣の首相たりし事二回、保守黨員にして「テヘラン」選出の代議士たり。然れ共彼は現國王「リザ・カーン」を除かんとして失敗し一九二三年十一月歐洲に遁れたり。

第四章　現在議會の黨派別及外交に關する各政黨の主張

曾て「リザ・カーン」によりて統率せられたる國民黨は波斯に於ける外國勢力を排斥し表面親英主義を裝ひつゝ其本質的に要望する處は民族的獨立にあるは當然なり。故に政治的野心比較的少き獨逸及佛國より軍隊の敎官及飛行機を傭入又は購入しつゝあり。「リザ・カーン」が陸相として事實上波斯の政權を掌握せし一九一八年四月波斯政府より外國に特使を派遣し諸外國に發したる公文によりても之を伺ふを得べし。即ち其公文要領左の如し。

(一)波斯は政治上經濟上に獨立し其領土は保全せらるべく一九〇七年の英露協約及其附屬協定は全然廢棄せられ波斯政府は波斯國內に於ける外國勢力範圍の設定を認めず。

(二)波斯の領土內にある外國軍隊は撤退すべく右外國軍隊の爲せる損害は賠償せらるべし。

(三)波斯の民族運動を妨害し且つ波斯政治上の自由を妨ぐる所謂强要せられたる諸條約及協定は無効なり。之に代る新條約は後日協定せらるべし。

(四)一八二八年露國との間に締結せられたる「トルコマンチャイ」條約の改訂。

(五)講和會議に波斯委員の列席する事を承認せらるべし。

右國民黨は其成立未だ日淺く爲めに多くの人物を糾合するに至らずと雖も新國王の威信と其資力によりて王黨として攻

第に其勢力を議會内に樹立しつゝあり。

次に保守黨に屬する議員は百三十八人の議員中大多數を占め内閣組織に際しても亦「リザ・カーン」の即位に際しても此黨の同意を得るに非れば成立困難なりし事實ありたり。現に大戰中此政黨の活躍により議會の開會を妨げられ數日間休會せし事二回に及び、現内閣は保守黨、民主黨及王黨の妥協によりて成立するも閣員は保守黨員大多數を占め國民黨の首領たりし「リザ・カーン」自身も亦保守黨との間に緊密の關係を有したり。即ち一九二四年三月「リザ・カーン」を大統領とする共和制實施の運動勃發せし時保守黨の大多數を占むる僧侶は、波斯を共和國とする時は一九二四年三月土耳古國民黨政府の爲せる如く波斯に於ても亦政教分離を斷行せられ、從て僧侶の地位不安定の狀態に陷るべきを愛へて之に反對したる結果遂に其成功を見ず。一九二五年十二月に至り保守黨の同意を得共和制實施を斷念し新王朝の樹立を敢行せる位なり。

波斯國民中には反英主義者の多きに拘らず、新國王の周圍は資本家の利益を代表する關係上常に其政策に親英的色彩を帶ぶ。

之に反して民主黨は全然親露主義にして且つ社會主義者と機脈を通じ反英的色彩濃厚なり、然れ共議會に於ける其勢力甚だ微弱なり。

但波斯の政黨は黨派の如何に拘らず常に接壤回教諸國と親善關係を維持する事を主張し且つ一般亞細亞民族に對して利害關係の如何に拘らず好感を有するものゝ如し。

第五章　國内各地方と政黨との關係

波斯全國を通じて保守黨の地盤最も多しと雖も「タブリズ」を中心として「アザルバイヂヤン」州附近には社會黨員多く波斯北部「ジラン」州及「テヘラン」市中には民主黨員多く是等は所謂民主黨の地盤なりと稱せらる。

而して國民黨は波斯南部「シラズ」及「イスパハン」附近に其根據地を有し他は殆んど全部保守黨の根據地なりと見做すを得べし。

第六章　各黨主要機關紙

現今波斯に於て發行せらるゝ新聞の內、
(一)保守黨の機關紙は「イラン」と稱する波斯語新聞にして、
(二)民主黨の機關紙は「クーセス」と稱する波斯語新聞なり。而して
(三)社會黨の機關紙は「セタラ・イラン」なる波斯語新聞にして、
(四)國民黨は別に機關紙を有せずと雖も各新聞紙を臨機應變に資金を投じて買收しつゝあり。

波斯發行の新聞は之を大別して二大系統に區分するを得べし。一は政府の機關紙にして他は政府反對のもの之なり。前者は現政府より資金其他に於て補助を受けつゝ其發行を繼續するに對し後者は常に政府の壓迫を受け殊に資本の點に於て政府の干涉を受くるを以て辛く其發行を繼續しつゝある有樣なり。而して前者に屬する新聞は「イラン」「マルデアザルト」「ガヌーン」「メーハン」及「クーセス」なり。右五新聞は何れも政府の保護を受くるのみならず在「テヘラン」英國公使館より若干の補助金を受けつゝあり。政府反對の意見を發表しつゝあるは「セタラ・イラン」「ツーフアン」「タリー・アエネー・アフカル」及「イグダム」等なり、之等は何れも親露主義を標榜しつゝあり。

右の外中立の地位にあるは在「テヘラン」露國公使館の二機關紙たる「ストーム」「ベーカン」あり、其他中立新聞として「レヴアイ・バイエル・ナーレン」「フアルヤツト」の如きありて是等は便宜主義にして何れも時に政府御用紙となり又其反

對御用紙となる。

右は何れも波斯語新聞にして右の外佛國公使館の機關紙たる佛語新聞「ラデオ・ド・パリ」及露國公使館機關紙たる露語新聞「ロスタ」あるのみなり。

右の諸新聞紙は目下の處國民黨を中心として時に之に反對し又之と親み現在國民黨政府に反對するものにして完全に其發行を繼續するもの皆無の有様なり。

第七編　「ラトヴイヤ」國の政黨（一九二六年四月調）

第一章　「バルチツク」邊境三國の政黨

沿「バルチツク」邊境三國、即ち「ラトヴイヤ」、「エストニア」、「リスアニア」は何れも民主共和國にして國民は等しく憲法に依り言論、集會、結社の自由を有するも、獨り共產主義者のみは莫斯科本部の指揮命令を受け他國の內政に干涉し現制度の破壞を目的とするを以て此の自由を有せず。尤も「エストニア」に於ては最近迄之が自由を有し議會に若干の共產黨議員（第一議會に八名、第二議會に十名）を有せしも、一九二四年十二月「エストニア」共產黨が本部の命に依り政權掠奪の爲「レヴアル」に武裝的一揆を起したるを以て政府は直に之を鎭壓すると共に、共產黨議員を拘引投獄し其の後間もなく保安條令發布せられ共產主義者は言論、集會、結社及宣傳を嚴禁せられたり。爾來同議會は「ラトヴイヤ」、「リスアニア」と等しく共產黨議員を有せざるに至れり。

右三國の政黨は何れも所謂小黨分裂にして議會に多數黨なく、就中其の甚しきは「エストニア」、「ラトヴイヤ」にして前者は第一、第二議會議員總選擧に際し、候補者を指定したる黨派團體の數實に二十六にして右の內自派の候補者を當選せしめ得たるもの第一議會に十四、第二議會に十一なり。後者に於て獨立候補者を指定したる團體の數第一議會に二十五第二議會に二十一なり。

三國の各政黨は社會黨を除き殆んど皆獨立布告後組織せらる。但し「リスアニア」の耶蘇民主黨は同國が露帝國の領土たりし當時より存在し、其の起因一九〇五年日露戰役當時「ウイルナ」に於て開催せる所謂「ウイルナ」會議にありと云ふ。

社會黨は露領たりし當時既に存在したるも三國が各獨立後一種の愛國的國家社會黨と化したる爲、他の黨派と同じく獨立後組織せられたるものと見て可なるべし。

右三國は「ソヴィエト」聯邦又は獨逸と異なり、各自單一國家なるを以て地方政府なく單に地方自治團體と政黨との關係あるのみ。各黨派の外交に關する主義主張は大體軌を一にし、特に多數民族黨は獨立擁護を根本義とすると共に反共產黨第三「インターナショナル」を旨とす。元來三國は露、獨兩國間に介在し然も舊露領たりしのみならず歷史上獨逸民族の勢力範圍たりし關係上、多數民族黨は右は保守黨より左は社會黨に至る迄兩國の復興を危險視し、殊に兩國將來の接近を以て自己の獨立を脅かすものなりとの見地より、各自獨立擁護の爲沿「バルチック」同盟の必要を感じ居れり。右三國の外波蘭、芬蘭も亦同樣前記同盟の必要を認め居れり。波、芬、「ラ」、「エ」、「リ」五國各政黨間に五國同盟說をなす者少からざるも、波、「リスアニア」は「ウイルナ」問題にて犬猿も啻ならざる關係上右問題の解決せざる限り五國同盟は問題とならざるべきも波、芬、「ラ」、「エ」四國同盟、「ラ」、「エ」、「リ」三國同盟、「ラ」、「エ」二國同盟は夙に問題となりたるのみならず「ラ」、「エ」二國同盟は既に一九二四年成立したり。

三國各黨派を大別して多數、少數各民族黨の二とす。多數民族黨とは其の國の主たる固有民族より成る諸黨派を意味し、少數民族黨とは其の主たる固有民族以外のもの例ば、「ラトヴィヤ」に在りては獨逸、露西亞、波蘭、猶太の各派、「エストニア」に在りては獨逸、露西亞の各派、「リスアニア」に在りては獨逸、露西亞、波蘭、猶太の各派を意味す。

之等少數民族黨は各自大なる勢力を有せず、特に外交に關しては何等主義主張もなく多數民族黨に盲從するを常とするも、內政問題就中自己の利害問題に關しては飽迄其の利益を主張し、此の目的を達する爲三國少數民族黨は一九二六年里賀に其の代表者の會議を開きたり。

第二章　「ラトヴィヤ」國政黨

第一節　政黨の名稱及主義綱領

名稱	主義綱領
（一）農民聯盟（農民黨）	自由主義、農業本位有産農民の利益保護
（二）國民聯盟（獨立國民黨）	國民的保守主義、商工業者の利益保護
（三）家屋所有主聯合（平和秩序黨）	保守主義、家屋所有主の利益保護
（四）耶蘇國民黨	保守國民主義、「リーテル」敎及其の信徒の利益保護
（五）國民農民聯盟	保守主義、寺院、「ラトヴイヤ」民族農民の利益保護
（六）被害荒廢地方「コングレス」黨	自由主義、戰爭被害地方の利益保護
（七）民主中央黨	進歩的民主々義、小「ブルジョア」、知識階級の利益保護
（八）「ラトヴイヤ」新農民聯合	自由主義、新に農業を營む者の利益保護
（九）「ラトヴイヤ」家屋所有者小地主黨	自由主義、「ラトヴイヤ」人家屋地主の利益保護
（十）「ラトヴイヤ」社會民主黨多數派	社會主義、勞働階級の利益保護
（十一）「ラトヴイヤ」社會民主黨少數派	社會主義、國民的勞働者の利益保護
（十二）「ラトガリ」民主黨	民主々義、「ラトガリヤ」の利益保護
（十三）「ラトガリ」勞働黨	自由主義、「ラトガリヤ」勞働者の利益保護
（十四）「ラトガリ」農民黨	自由主義、「ラトガリヤ」農民の利益保護
（十五）「ラトガリ」無所屬派	自由主義、「ラトガリヤ」人の利益保護

（一六）「ラトガリ」耶蘇農民黨		民主々義、「ラトガリヤ」、「カトリツク」敎徒の利益保護
以上所謂多數民族黨		
（一七）獨逸派		保守主義、獨逸人及舊地主の利益保護
（一八）露西亞政治家聯合	露西亞派	自由主義、露西亞人の利益保護
（一九）舊敎派團體	露西亞派	自由主義、露國人舊敎信徒の利益保護
（二〇）正敎派團體	露西亞派	保守主義、正敎信徒の利益保護
（二一）「シオニストミソルヒ」團體	猶太派	自由主義、猶太人の利益保護
（二二）「アグダス・イスレル」團體	猶太派	同
（二三）「ツアイレ・チオン」團體	猶太派	同
（二四）波蘭派		自由主義、波蘭人の利益保護
以上所謂少數民族黨		

第二節　黨派成立の由來、勢力の優劣及根據

（一）農民聯盟

一九一七年露國革命後「ワルカ」に於て初めて組織せられ最有力なる「ブルジョア」黨にして、議會の內外に勢力を有し第一議會に十七名、第二議會に十六名の議員を有す。勢力の根據は有產的農民間にあり。

（二）國民聯盟（獨立國民黨）

「ラトヴイヤ」獨立後組織、「ブルジョア」的の黨派にして第一議會に四名、第二議會に三名の議員を有す、勢力の根據は

商工業者間にあり。

(三) 家屋所有主聯合(平和秩序黨)

平和秩序黨とも稱す。一九二五年第二議會議員總選擧前に組織、「ブルジョア」黨にして第二議會に一名の議員を有す。勢力の根據は家屋所有主間にあり。

(四) 耶蘇國民黨

「ラトヴィヤ」獨立後組織、「ルーテル」敎信徒たる「ラトヴィヤ」國民黨にして第一議會に四名、第二議會に二名の議員を有す。勢力の根據は地方に於て有力なる「ルーテル」敎徒間にあり。

(五) 國民農民聯盟

一九二四年組織、基督敎徒の黨にして第二議會に一名の議員を有す。勢力の根據は同敎徒間にあり。

(六) 被害荒廢地方「コングレス」黨

一九二五年農民聯盟より脫黨したる人士に依り組織せらる。第二議會に議員一名、勢力の根據は「ブルジョア」階級間にあり。

(七) 民主中央黨

「ラトヴィヤ」獨立後組織、社會民主黨と「ブルジョア」黨との中間に在り兩者の調和を計る「ブルジョア」黨にして、第一議會に議員六名第二議會に五名、勢力の根據は中產階級、「ブルジョア」、知識階級間にあり。

(八) 「ラトヴィヤ」新農民聯合

「ラトヴィヤ」獨立後組織、農業改革問題に關聯し組織せられたる有產階級黨にして、第一議會に議員三名、第二議會に議員四名、勢力の根據は新に農業を營む有產階級間にあり。

（九）「ラトヴイヤ」家屋所有者小地主黨
「ラトヴイヤ」獨立後組織、「ブルジョア」黨、第一議會に議員三名、第二議會に四名、勢力の根據は家屋所有者及小地主間にあり。

（一〇）「ラトヴイヤ」社會民主黨（多數派）

露國より獨立する以前既に存在、獨立前露國社會民主黨と大なる關係を有し第一議會に議員三十三名、第二議會に三十二名、右の內一名は猶太社會黨一名「ブンド」議員と稱す。勞働者間に勢力の根據を有す。
（一一）「ラトヴイヤ」社會民主黨（少數派）
「ラトヴイヤ」憲法議會開會當時多數派たる「ラトヴイヤ」社會民主黨より分離し少數派となる。第一議會に議員五名第二議會に二名、勞働者の一部に勢力の根據を有す。
（一二）「ラトガリ」民主黨
「ラトヴイヤ」獨立後組織、「ラトガリ」地方住民の機關、第一議會に議員五名、第二議會に二名、「ラトガリ」住民及勞働者一部に勢力の根據を有す。
（一三）「ラトガリ」勞働黨
「ラトヴイヤ」獨立後組織、「ラトガリ」地方勞働者の機關、第一議會に議員六名、第二議會に二名、「ラトガリ」地方勞働者に勢力の根據を有す。
（一四）「ラトガリ」農民黨
「ラトヴイヤ」獨立後組織、「ラトガリ」地方農民の機關、第一議會に議員一名、第二議會に二名、「ラトガリ」地方農民間に勢力の根據を有す。

(一五)「ラトガリ」無所屬派

第二議會議員總選擧に先だち「ラトガリ」知識階級に依りて組織せらる。第二議會に議員一名、「ラトガリ」知識階級者の一部に勢力の根據を有す。

(一六)「ラトガリ」耶蘇農民黨

第一議會議員總選擧後組織、「ラトガリ」地方耶蘇信徒農民の政治機關、第二議會に議員五名、「ラトガリ」地方耶蘇農民間に勢力の根據を有す。

(一七)獨逸派

「ラトヴィア」公民たる獨逸民族商工業者及舊地主代表者の團體にして、第一議會に議員六名、第二議會に五名、獨逸民族間に勢力の根據を有す。

(一八)露西亞政治家聯合

「ラトヴイヤ」公民たる露西亞民族知識階級代表者より成り第一議會議員總選擧後組織、第二議會に議員二名、露人種間に勢力の根據を有す。

(一九)舊教派

「ラトヴイヤ」公民たる露國舊敎徒代表者より成り、第一、第二兩議會に議員各二名、前記の信徒間に勢力の根據を有す。

(二〇)正教派

露國々敎たりし正敎信徒代表者より成り第一議會總選擧後組織、第二議會に議員二名、右信徒間に勢力の根據を有す。

(二一)「シオニスト・ミゾルヒ」團體

「ラトヴイヤ」公民たる猶太人種の團體、第一議會に議員二名、第二議會に一名、猶太人種一派に勢力の根據を有す。

（二二）「アグダス・イスレル」團體
「ラドヴイヤ」公民たる猶太人種の團體、第一及第二議會に議員各二名、猶太人種內に勢力の根據を有す。
（二三）「ツアイレ・チオン」團體
「ラトヴイヤ」公民たる猶太人種の團體、第二議會に議員一名、猶太人種一派に勢力の根據を有す。
（二四）波　蘭　派
「ラトヴイヤ」公民たる波蘭人種より成る、第二議會に議員一名、「カトリツク」敎信徒たる波人種間に勢力の根據を有す。

第三節　各政黨現首領株の人物畧歷

（一）農民聯盟
「ウリマニス」一八七八年生、瑞西、獨逸、米國留學、農學士、前總理大臣、國會議員、現總理大臣。

「バロジス」一八八一年生、將軍、前總軍司令官、國會議員。

「クリヴエ」一八七六年生、莫斯科大學卒業、知名の在野政治家。

「アルベリング」一八七六年生、農業技師、前及現國會副議長。
（二）國民聯合（獨立國民黨）
「ベルグ」一八七五年生、法學士、辯護士、知名の在野政治家。

「カルニング」一八七三年生、知名の財政家、前大藏大臣、國會議員。
（三）家屋所有主聯合（平和秩序黨）
「アヌンス」國會議員。

(四)耶蘇國民黨
「レインガルド」一八六八年生、醫學士、國會議員、知名の政治家。
(五)國民農民聯盟
(六)被害荒廢地方「コングレス」黨
「ゴルドマニス」一八七五年生、元露國議會議員、露國革命當時「ラトヴイア」狙擊聯隊組織委員、前國民議會議員、現陸軍大臣。
(七)民主中央黨
「チヤクステ」一八五九年生、莫斯科法科大學卒業、元裁判官、辯護士、「ラトヴイヤ」獨立運動主唱者、前國民議會及國會議員、前及現大統領。

「カルニス」一八九四年生、「ラトヴイヤ」大學助教授、前農務及前文部大臣。

「ユラセフスキー」一八八二年生、法學士。
(八)「ラトヴイヤ」新農民聯合
「ノナトス」一八八〇年生、元農民黨議員、「ラトヴイヤ」新農民聯合組織者。
(九)「ラトヴイヤ」家屋所有者小地主黨
「ブリオドネクス」在野政治家、國會議員。
(十)「ラトヴイヤ」社會民主黨多數派
「ウエスマン」一八七五年生、露國帝制時代政治犯罪人として外國に追放せられ久しく英國に滯在、前國會議長、現在英公使。

「カルニシ」大學卒業、知名政治家、現國會議長。

「プレクシヤンス」一八六五年生、法學士、知名文學者、詩人、露國帝制時代政治犯罪人として追放瑞西に滯在、前及現國會議員。

「メンデルス」法學士、國會議員。

「ビルマンス」知名經濟家、國會議員。

「ブセーウイツチ」知名政治家、國會議員。

「チエーレンス」法學士、國會議員。
（十一）「ラトヴイヤ」社會民主黨少數派
「スクエネク」一八八六年生、經濟學者、統計局長。

「ゴルツマンス」一八八九年生、法學士、國會議員。

「サルナイス」一八八六年生、大學卒業、國會議員。
（十二）「ラトガリ」民主黨
「トラスンス（エフ）」元「カトリツク」敎僧侶、知名在野政治家、國會議員。
（十三）「ラトガリ」勞働黨
「トラスンス（ヤ）」一八九八年生、國會議員。
（十四）「ラトガリ」農民黨
「ループルス」一八八七年生、現文部大臣。
（十五）「ラトガリ」無所屬派

「クブリツキー」國會議員。
（十六）「ラトガリ」耶蘇農民黨
「ランツマンス」一八八六年生、宗教大學卒業、國會議員。
（十七）獨逸派
「シーマン」一八七六年生、法學士、國會議員、新聞主幹。
「フイルクス」男　一八七〇年生、大學卒業、國會議員。
（十八）露西亞政治家聯合
「シポリヤンスキー」一八八六年生、國會議員。
（十九）舊教派
「カリストラート」一八九六年生、僧侶、國會議員。
（二十）正教派
「ヨハン」僧正　一八七六年生、露國宗教大學卒業、革命前僧正として露國各地寺院の主班たり。現里賀正教寺院僧正、國會議員。
（廿一）「シオニスト・ミツルヒ」團體
「ヌルスク」一八八九年生、國會議員。
（廿二）「アグダス・イスレル」團體
「ドウビン」一八八九年生、國會議員。
（廿三）「ツアイレ・チオン」團體

「ラーゼルリン」一八八七年生、「ペトログラード」法科大學卒業、國會議員。

(廿四) 波蘭派

「ウェルゼビツキー」一八八八年生、法學士、國會議員。

第四節　現在議會の黨派別

(一) 左黨　三七
イ、「ラトヴイヤ」社會民主黨多數派　三三
ロ、同　少數派　四

(二) 中央黨　一三
イ、民主中央黨　五
ロ、「ラトヴイヤ」新農民聯合　三
ハ、被害荒廢地方「コングレス」黨　一
ニ、「ラトガリ」民主黨　二
ホ、「ラトガリ」勞働黨　二

(三) 農民大團結　二七
イ、農民聯盟　一六
ロ、「ラトガリ」耶蘇農民黨　五
ハ、「ラトヴイヤ」新農民聯合　三

ニ、「ラトガリ」農民黨　二
ホ、「ラトガリ」無所屬派　一
(四) 右　黨　七
イ、國民聯合　三
ロ、耶蘇國民黨　二
ハ、國民農民聯盟　一
ニ、家屋所有主聯合（平和秩序黨）　一
(五) 小數民主黨　一六
イ、獨逸派　五
ロ、露西亞派　五
い、露西亞政治家聯合
ろ、舊教派團體
は、正教派團體
ハ、猶太人派　四
い、「シオニスト・ミツルヒ」團體
ろ、「アグダス・イスレル」團體
は、「ツアイレ・チオン」團體
ニ、波蘭派　二

計　一〇〇

第五節　地方自治體と政黨との關係

「ラトヴイヤ」國に於ては地方自治體と政黨との關係左程濃厚ならず。大體に於て農民聯盟（農民黨）を中心とし農民大同團結に加入する諸黨は村會に勢力を有し、又中央黨及右黨に屬する諸黨派團體は市會に勢力を有す。

第六節　外交に關する各黨派の政見及主張

各黨の外交に關する政見及主張は大體一致し何等根本的相違衝突なし。尤も獨逸、露西亞、猶太人各派の如き小數民族黨は枝葉の點に於て固有多數民族黨と多少其の政見及主張を異にし、現に獨逸派は親獨主義なりと雖も勢力微々たるを以て外交問題に關しては自然多數民族黨と政見及主張に一にする傾向あり。多數民族黨の政見及主張の根本義は聯合國支持援助の結果として得たる獨立を擁護するにあるを以て、本目的を全うする爲一方國際聯盟を信頼し他方沿「バルチック」を同盟を必要とし、以て政府の現政策方針を支持し居れり。

露、獨兩國に對しては政治經濟上大關係あるを以て多大の注意を拂ひ、殊に未製品たる現露國即ち社會主義「ソヴイエト」共和聯合國に對しては注意周到警戒を加ふると共に平時關係の維持を旨とし、沿「バルチック」同盟に關しては「ラトヴイヤ」、「エストニア」二國同盟の外「ラトヴイヤ」、「エストニア」、「リスアニア」三國同盟及波蘭、芬蘭、「ラトヴイヤ」、「エストニア」四國同盟の必要を認むるも、波蘭、「リスアニア」兩國間の關係に顧み前記三國及四國同盟の締結を以て困難となせり。

第七節　各政黨機關紙

（一）耶蘇國民黨

イ、Latvijas Sargs（Gardien Letton）

ロ、Kurzemes Vards（Parole de Courland）

（二）國民聯合（獨立國民黨）

Latvis（Letton）

（三）農民聯盟（農民黨）

イ、Briva Zeme（La Jerrelibre）

ロ、Kopdabiba（La Collaboration）

ハ、Bales（La Voix）

（四）民主中央黨

イ、Latvijas Vestuesis（Massager de Lettonie）

ロ、Jaunakas Zinas（Les Dernierès Nouvelles）

（五）「ラトヴイヤ」新農民聯合（「ノナス」一派）

Lidums（Terre Nouvellement Défricheè）

（六）社會民主黨多數派

Socialdemokrats（Le Socialdèmocrate）

（七）社會民主黨少數派

Darba Balss（La Voix du Travail）

(八)「ラトヴィヤ」新農民聯合(「ブロドニエクス」一派)

L.tvija (La Lettonie)

(九)獨逸派

Rigasche Rundschau

(十)猶太人派

Das Folk

(十一)「ラトガリ」派

Zemnika Balss (La Voix du Paysan)

第八編　「エストニア」國の政黨（一九二六年四月調）

第一章　各政黨の名稱及其の主義綱領

名稱	主義綱領	
(一)社會民主黨	社會主義、勞働階級の利益保護	多數民族黨
(二)勞力黨（「ラヂカル・ブルジュア」黨）	自由主義、勤勞知識階級、市民、村民の利益保護	
(三)民主黨（「ブルジュア」黨）	民主々義、商工業者の利益保護	
(四)耶蘇國民黨	民主々義、耶蘇教徒、「ブルジュア」階級の利益保護	
(五)農民黨	保守主義、農民の利益保護	
(六)獨逸派	保守主義、獨逸人及舊地主の利益保護	少數民族黨
(七)露西亞派	自由主義、露西亞人の利益保護	

第二章　各政黨成立の由來、勢力の優劣及其の根據

(一)社會民主黨

獨立布告後組織、憲法議會召集當時一時重大なる役目を演じ、第一議會に議員一八名第二議會に一五名、勞働者間に勢力の根據を有す。

(二)勞力黨

獨立布告後組織、憲法議會召集當時社會民主黨を凌駕する勢力を有し第一議會に議員二二名第二議會に一二名、勞力的「インテリゲンチヤ」間に勢力の根據を有す。

（三）民　主　黨

獨立布告後組織、「ブルヂユア」代表者の政治團體にして第一議會に議員一九名第二議會に八名、一般「ブルヂユア」階級殊に商工業者間に勢力の根據を有す。

（四）耶蘇國民黨

獨立布告後組織、耶蘇信徒たる「エストニア」人より成り第一議會に議員七名第二議會に八名、耶蘇敎徒たる「ブルジユア」階級に勢力の根據を有す。

（五）農　民　黨

獨立布告後組織、保守派たる「エストニア」「ブルジユア」階級及農民より成り目下大勢力を有す、第一議會に議員二一名、第二議會に二三名、農民間に勢力の根據を有す。

（六）獨　逸　派

獨立布告後組織、「エストニア」公民たる獨逸民族の政治團體にして第一議會に議員四名第二議會に三名、獨逸民族殊に同民族出身商工業者、舊地主間に勢力の根據を有す。

（七）露　西　亞　派

獨立布告後組織、「エストニア」公民たる露國民族の政治團體にして第一議會に議員一名第二議會に三名、露國民族間に勢力の根據を有す。

（八）共産黨

獨立布告後組織せられ莫斯科本部共產黨第三「インターナショナル」の命令下に在り、第一議會に議員五名第二議會に八名を有したりしも、一九二四年十二月所謂「レヴアール」共產黨一揆動機となり解散を命ぜらると同時に同黨議員拘引投獄せらる。解散を命ぜられたる結果議會に議員を有せざることゝなれり。

第三章　各政黨の現首領株の人物略歴

（一）社會民主黨

「マルトナ」　知名政治家、社會民主黨總理

「アスト」　文學者、前大臣

「レイ」　知名政治家、國會議長

（二）勞力黨

「ピイプ」　一八八四年生、「ペトログラッド」法科大學卒業、新聞記者、前外務大臣、前駐米公使、現外務大臣

「セリヤマ」　前國會議員、駐「ラトヴイヤ」公使

「ストランドマン」　法學士、前外務及司法大臣、前國會議長

「アンデルコップ」　法學士、新聞主筆

「カルプス」　一八八〇年生、莫斯科法科大學卒業、辯護士、司法大臣

（三）民主黨

「テンニソン」　舊露國第一議會議員、法律家、新聞主筆、前大臣、前國會議長

（四）耶蘇國民黨

「アムベルグ」　知名政治家、交通大臣

「ラトチンク」　一八七八年生、「ユリエフ」大學卒業、國會議員、文部大臣

「アケル」　前大統領、前外務大臣

（五）農民黨

「ピヤトス」　新聞主筆、前大臣、前大統領

「ユルマン」　農學士

「ギユネルソン」　農學士

「エインブンド」　法律家、新聞記者、內務大臣

「ライドネル」　將軍

「テーマント」　一八七二年生、「ペトログラド」法科大學卒業、辯護士、現大統領

第四章　現在議會の黨派別

（一）政府黨　五六

イ、勞力黨　一二

ロ、小黨中央大同團結　六

ハ、露西亞派　四

ニ、耶蘇黨　八

ホ、農民黨	二六
(二)政府反對黨	三九
イ、國民自由黨	五
ロ、民主黨	八
ハ、社會黨	二六
(三)中立	五
イ、獨逸派	三
ロ、無所屬	二
計	一〇〇

第五章　地方自治體と政黨との關係

政府對政黨關係に比し左程密接ならざるも、農民黨を中心とする政府黨に屬する諸黨は村會に勢力を有し、社會黨を中心とする政府反對黨に屬する諸黨は市會に勢力を有す。

第六章　外交に關する各黨派の政見及主張

各黨派の外交に關する政見、主張は根本に於て何等衝突なく大體一致するも、(但し共産黨の組織公認せられたる當時莫斯科を本部とする同黨は全然政見及主張を異にし、「エストニア」を「ソヴィエト」共和國となし以て「ソヴィエト」共和聯合國の一員たらしめんとしたり。)獨逸派、露西亞派の如き少數民族黨は多數民族黨と共の政見、主張を多少異にす。

多數民族黨に於ける政見、主張の根本義は「ラドヴィヤ」國多數民族黨と等し。聯合國特に英國の支持援助の結果として得たる獨立を擁護するに在るを以て、本目的達成の爲一方には國際聯盟を信賴し親聯合國派として特に英國を德とし、他方沿「バルチック」同盟を必要とし以て政府の現政策を支持し居れり。

「エストニア」は地勢上露、獨兩國特に露國とは政治經濟上密接なる關係を有するを以て兩國に對しては平時關係の維持を旨とし、就中疑問の「ソヴイエト」聯邦に對しては愼重の態度を持し、同國を目するに敵にもあらず味方にもあらず一種の中間灰色的國なりとせり。

沿「バルチツク」同盟問題に關しては「ラトヴイヤ」國と等しく、「エストニア」、「ラトヴイヤ」二國同盟の外「ラトヴイヤ」、「エストニア」、「リスアニア」三國同盟及波蘭、芬蘭、「ラトヴイヤ」、「エストニア」四國同盟の必要を認むるも、波蘭、「リスアニア」間に於ける「ウイルナ」問題解決せざる限り右三國及四國同盟の締結難事なりとせらる。

第七章　各政黨の機關紙

（一）社會黨　Uhendus（Union）
（二）勞力黨　Vaba Maa（La Terre Libre）
（三）民主黨　Postimees（Le Postillon）
（四）農民黨　Kaja（Ècho）
（五）獨逸派　Revaler Bote

第九編　「リスアニア」國の政黨（一九二六年四月調）

第一章　各政黨の名稱及其の主義綱領

名稱	主義綱領	
(一)耶蘇民主黨	民主々義、耶蘇教徒、「ブルジョア」階級の利益保護	多數民族黨
(二)農民黨	保守民主々義、農民の利益保護	多數民族黨
(三)勞力聯盟	自由主義、勤勞者の利益保護	多數民族黨
(四)村民黨（國民社會黨）	國民的社會主義、勞力的村民の利益保護	多數民族黨
(五)社會民主黨	社會主義、勞働者の利益保護	
(六)猶太派	自由主義、猶太人種の利益保護	小數民族黨
(七)波蘭派	自由主義、波蘭人種の利益保護	小數民族黨
(八)獨逸派	保守主義、獨逸人種の利益保護	小數民族黨
(九)露西亞派	自由主義、露人種の利益保護	小數民族黨

第二章　各黨成立の由來、勢力の優劣及根據

（一）耶蘇民主黨

一九〇五年日露戰爭當時「ウイルナ」に開かれたる所謂「ウイルナ」會議に由來す。露國革命に際し「リスアニア」獨

立に盡力奔走し獨立布告後大なる勢力を占め、其の後議會に於て農民黨及勞力聯盟（勞力黨）と提携し議會を左右する大同團結を組織したり。「ブルジョア」階級に勢力の根據を有す。

（二）農　民　黨

獨立布告後組織、農民代表者より成り議會に於て耶蘇民主黨及勞力聯盟（勞力黨）と提携社會黨と對抗す。農民間に勢力の根據を有す。

（三）勞力聯盟（勞力黨）

獨立布告後組織、社會黨を敵とする勞働者より成り議會に於て農民黨及耶蘇民主黨と提携す。勤勞者間に勢力の根據を有す。

（四）村民黨（國民社會黨）

村民の一部より成り議會に十六名の議員を有す。村落に勢力の根據を有す。

（五）社會民主黨

「リスアニア」獨立前より存在し露國社會民主黨と關係を有し議會に八名の議員を有す。勞働者間に勢力の根據を有す。

（六）猶　太　派

「リスアニア」公民たる猶太人種より成り議會に五名の議員を有す。猶太人種間に勢力の根據を有す。

（七）波　蘭　派

「リスアニア」公民たる波蘭人種の政治團體にして議會に五名の議員を有す。波蘭人種間に勢力の根據を有す。

（八）獨　逸　派

「リスアニア」公民たる獨逸人種より成り議會に二名の議員を有す。同人種間に勢力の根據を有す。

（九）露西亞派

「リスアニア」公民たる露人種より成り議會に三名の議員を有す。同人種間に勢力の根據を有す。

第三章　各政黨現首領株の人物略歴

（一）耶蘇民主黨

「スツリギンスキス」　知名の政治家、大統領

「レイニス」　教授、外務大臣

「シムリクシス」　一八八六年生、知名政治家、國會議員

（二）農民黨

「ドラウケリス」　一八八八年生、莫斯科醫科大學卒業、前內務大臣、國會議員

（三）勞力聯盟

（四）村民黨（國民社會黨）

「シレセウスキー」　一八八二年生、「オデッサ」大學卒業、前總理大臣

（五）社會民主黨

「セイリス」　一八七六年生、技師

（六）猶太派

（七）波蘭派

（八）獨逸派
（九）露西亞派

第四章　現在議會の黨派別

（一）大同團結（政府黨）　四〇
　イ、耶蘇民主黨
　ロ、農民黨
　ハ、勞力黨
（二）村民黨（國民社會黨）　一六
（三）社會民主黨　八
（四）猶太派　五
（五）波蘭派　五
（六）露西亞派　二
（七）獨逸派　二
　計　七八
（議員の定數八〇なるも「メーメル」選出議員二名未だ選擧せられず）

第五章　地方自治體と政黨との關係

地方自治體と政黨との關係比較的密接なり。耶蘇民主黨を中心とし農民黨、勞力黨より成る大同團結及村民黨（國民社會黨）は市會及町村會に相當勢力を有し社會黨は市に勢力あり。

第六章　外交に關する各黨派の政見及主張

外交に關する各黨派の政見及主張は概して軌を一にし大體に於て衝突なきも、小數民族黨たる猶太、波蘭、獨逸、露西亞の各派特に波蘭派は自ら「リスアニア」固有多數民族黨と多少異りたる政見、主張を有すべき筈なるも多數民族黨に制せられ軌を一にする傾向あり。多數民族黨政見及主張の根本義は自己の獨立を擁護すると共に「ウイルナ」問題を自己利益の爲に解決せんとするにあり。

「リスアニア」は元獨逸の了解の下に獨立を布告し、後聯合國の支持に依り舊獨領たる「メーメル」地方を獲得したるのみならず波蘭と敵愾關係にあるを以て、「ラトヴイヤ」「エストニア」兩國に於ける各黨派の政見、主張と多少異なるところあり。

元來「リスアニア」は右兩國と等しく聯合國の支持援助に依り獨立を完うするに至りたる關係上、多數民族黨は聯合國を德とし特に自己の獨立擁護の爲、國際聯盟を信賴すると同時に沿「バルチツク」同盟締結を有利とせり。右同盟は波蘭を除きたるものにして、假令獨立擁護の爲なりとせよ「ウイルナ」問題を有利に解決せざる限り波蘭と事を共にするを欲せず。又「ラトヴイヤ」「エストニア」國と同じく露、獨とは政治經濟上大關係あるに依り、兩國に對し多大の注意を拂ひ居るを以て多數民族黨も亦兩國の現在將來に留意すること甚だしく、特に現在の露國即ち「ソヴイエト」聯邦に對しては諸事要心を旨とす。

第七章　各政黨の機關紙

（一）耶蘇民主黨

Ri as (Le Matin)

（二）村　民　黨

Lietuwas Junios (Nouvelle de Lithuania)

（三）社會民主黨

Socialdemocrats (Le Socialdemocrate)

昭和二年十一月二十四日印刷
昭和二年十二月四日發行

各國の政黨

豫約特價七圓

不許複製

編纂　外務省歐米局
東京市芝區芝公園六號地

發行人　奥山清治
東京市芝區金杉川口町二〇

印刷人　中島久
東京市芝區金杉川口町二〇

印刷所　甲子社印刷所

東京市芝區芝公園六號地
發行發賣所　社團法人　國際聯盟協會
振替東京五五一八三番
電話芝（43）一三一三番

外務省歐米局編纂

各國の政黨 追錄

國際聯盟協會發行

各國の政黨追錄目次

「ソビエット」聯邦の政黨

洪牙利國の政黨

ソビエット露西亞の政黨

第一章　露西亞に於ける政治組織の變遷

抑々一國に於ける政黨の由來と發達を會得するには、先づ以て其の國に於ける政治組織の變遷の大要を知ること必要なり。依て今露西亞に於ける政黨に付筆を進むるに當り同國の政治組織の變遷につき一言する所あるべし。

莫斯科前の露西亞は是れ公（クニャージ）民會（ヴェーチエ）及武士團（ドルヂーナ）よりなる公國（クニヤジエストヴオ）の統一なき集合にして當時の諸公は民會乃至武士團の意に反して自己の意志を遂行し得る程の權力を有せず。民會なるものありて宣戰講和も議せば司、長の選擧をも行ひ公を追ひ公を迎へたるものなり。

公に對する武士の關係も亦主從と云ふよりも寧ろ主客の關係にして武士の公に仕ふるは相互の契約によるものにして公が契約を履行せざれば武士は公と一切の關係を斷ちたるものなり。然るに其後民會はその勢力を失ひ却つて公の意義と權限とは擴大し選擧招致の公位は遂に世襲的となるに至れり。

第十三世紀の末葉呱々の聲を揚げたる莫斯科公國は數代續きたる英邁なる公の爲强大なる大公國となれり。「ヨアン」三世は一四八〇年蒙古二百年の羈絆を脫し一四七二年東「ローマ」帝國最後の皇帝「コンスタンチン」十一世の姪「ゾーヤ・バレオログ」內親王と婚を通ずるや、世界希臘正敎徒の保護者を以て任じ「ヴイザンチウム」皇室の紋所双頭鷲を襲ふに及んで公は國政を獨裁するに至れり。

「ヨアン」四世恐嚇王（グローズヌイ）（一五三三―一八四）の位に卽くや公は既に王（ツアール）と稱し自由の武士は仕人《ツカウド》とな

り、武事を以て世襲の家職とし一般人民は役奴となり貢物を納むるに至れり。蒙古の羈絆下にある時代には擧國一致公を助けたる貴族も外患の絕ゆると共に王の專制を憤り人民亦苛酷なる課税の爲め王を怨むに至れり。是に於て王は護身軍（オプリーチナ）なるものを組織して之に備へ、以て獨裁專制の地盤を固めたるも同王の死後間もなく「ボリス・ゴデュノフ」外戚の身を以て王位を繼ぎ世は麻の如く亂れて政令地方に及ばざるに至りしが、偶々波蘭人の入寇ありし爲却て露西亞人民の血族的且宗敎的（波蘭人は「ローマ・カトリック」敎徒）敵愾心を喚り、一時無政府の姿に陷りし莫斯科王國をして再び秩序を回復せしめたり。外寇撤退後一六一三年「ロマノフ」家の「ミハイル・フエオドロヴイチ」選ばれて莫斯科王となるや、王は貴族の要求を容れて貴族と共に國政を攬ることを約束せり。是れ貴族が王權を制限せんとする最初の試みなり。尤も「ミハイル」王の後を承けたる「アレクセイ」王は早や此種の覺書を出すことを肯ぜざりき。

此の如く一時消えかけたる獨裁專制は再び玆にその芽を萠し「ボリス・ゴデウノフ」の時制定せられたる農民土地附法の强制擴張に次で租税の增加に苦める人民の不平は一六六七年より一六七一年にかけ「ヴオルガ」河一帶の地を侵したる「ステンカー・ラーヂン」の亂となりて現はれたるも、その平定と共に莫斯科王國に於ける中央集權は一層の發達を見、彼得一世（一六八九―一七二五）の時に至りその極に達せり。彼得一世は夙に西歐の文明に私淑して內は商工業を起し外は軍備を擴張し盛に外征を企ててその領土を擴大せり。

是に於てか「ツァール」（王）は「インペラートル」（皇帝）の稱號を用ひ、「スルジールイ」（仕人）及び「タヤグルィ」（役奴）は「ボーダンヌイ」（臣民）となれり。

彼得の死後數代に亘つて女帝立ち世は寵臣宦官の跳梁跋扈に任せ、打續ける外征は國家を疲弊せしめたる爲貴族は再び帝權を制限せんことを畫し、女帝「アンナ・ヨアノヴナ」より所謂「コンヂション」なる覺書を取付けたるも間もなく反古と化せり。

女帝「イエカテリナ」二世は比較的寛大なる言論の自由、裁判の改革等により多少の文明政治を行ひたるも、農民土地附法を擴張するに及んで奴隷制の色を帶び、地主は農民の賣買交換處罰を恣にするに至り、下層社會の狀態は更に再び惡化せり。

此時より社會は上下の二層に分れ上層は自己の權勢を自制することを知らず、下層は徒に土地制度官僚政治に呻吟せり。堪へ難き非政の結果は遂に「ブガチョフ」(一七七三年)の一揆となり、東部及中部一帶の地は二ケ年に亘りて中央政府の政令に服せざりき。

露西亞の政治史上興味ある現象は、十九世紀に入ると同時に絕對權の權化たる皇帝自らその獨裁專制を制限せんことを試みるに至りたることなり。自由民權共和制の主張者瑞西人「ラ・ハルプ」の薰陶を受けたる「アレクサンダー」一世は卽位の初年は「ノヴオシーリツエフ」「ストローガノフ」「コチユベイ」「スペランスキー」等の學識着眼共に一世に卓越せる政治家を用ひて一意自由政治を行はんとせり。「スペランスキー」は夙に「國民の意志に基かざる政府は正當なる政府にあらず」てふ思想を抱きたる人にしてその計畫せる憲政案なるものは村會、郡會、縣會、國會の開設にありき。

然るに「スペランスキー」一度立つて改革を斷行せんとするや、歷史家「カラムジン」は新舊露西亞なる建白書を奉つて改革の非を說き、自由思想の人も露國農民は奴隷制度に馴れ斯る過激の改革は不適當なりとて反對する等「スペランスキー」の計畫は遂に沙汰止となれり。

其の後「アレキサンダー」一世の思想も變化し「ナポレオン」戰爭後には旣に神聖同盟を提げて國民の自由運動を防止せざるべからずと列國に說きたる程にて內政には保守派政治家「アラクチエフ」を用ふる等著しく反動に傾き來れり。之に反し一般露西亞の社會は「ナポレオン」戰爭當時直接革命の中心たる巴里に滯陣したる軍隊を經て自由民權の何たるかを知ると共に、一日も早く暴虐なる專制政治を止め地主の橫暴を撲滅せざるべからずと考ふるに至れり。當時「アラクチエフ」の反動的政策は社會の有識者間に非常なる反感を買ひ、一八一六年には「サユーズ・スパセーニヤ」（救世社）起り一八二五年には南方（「キエフ」第二軍團司令部）北方（彼得堡）兩結社の提携となり、此等の結社は憲政樹立農民解放を主張せり。結社員の大多數が軍人なりしことは殊に注目すべきことなり。此兩結社は波蘭にありたる二三秘密結社及汎「スラブ」主義結社とも氣脈を通じ、秘に時機の到來を待ちたりしが、「アレキサンダー」一世死して後繼者を指定せる遺言の詔勅見當らず、「ワルシヤワ」總督たりし「コンスタンチン」親王と「ニコライ」親王との間に皇位の讓合あり。帝位空しかりしを利用し、北方結社員「トルベツコイ」「バツテンコフ」等の計畫によりて「ペトログラード」市「ペトロフスカヤ」廣場に叛旗を飜せり。所謂「デカブリスト」の亂是なり。亂は舊暦十二月十四日に至りて鎭定せられ、「ニコライ」一世は同日を以て位に卽けり。此時彼得堡と氣脈を通じて起れる「キエフ」の兵亂亦間もなく平定し、高等裁判の結果刑の宣告を受けたる者百二十一人、中五人は四肢裂の刑、三十人は斬首の刑に處せられたり。

今日迄傳はる處の「ペステル」及「ムラヴイヨフ」の憲法草案なるものを見るに、右は西歐共和國の憲法を基礎としたるものにして「ペステル」案は共和的中央集權「ムラヴイヨフ」案は聯邦制をとれり。亂後反動は益々盛となり「アレキサンダー」一世の時に認められたる大學の自治は廢せられ、言論の自由は制限せられ、波蘭は一八三一年の叛亂にその憲法を失へり。

一八四八年の革命後、西歐各國民の自由運動は益々盛となり、國民參政權獲得の思想益々濃厚となり、此等の政治運動は露國當局にも相當の影響を與へたるが、最も大なる影響を露西亞の社會に與へたるは露國官僚政治の無能を暴露せる「クリミヤ」戰爭なり。

「アレキサンダー」二世は一八五五年卽位の當初より改革の必要を認め、一八六一年二月十九日農民令を發して土地附農民を解放して一八六四年には郡縣自治令一八七〇年には市自治令を布きて地方自治を起し、一八六四年司法を獨立せしめたる外、大學の自治を復し四民平等的徵兵令を制定する等頻に自由政策を行へり。

然るに帝の改新事業は一八六三年波蘭獨立運動の爲中止となり、同動亂平定以來內政に反動萌し、一八七〇年代に至り帝は內務大臣「ヴァルイエフ」の諸議院的議會開設の計畫にさへ同意を與へざりしのみならず、地方自治は種々の法令を以てその範圍を縮少せられたり。

伯林會議の不成功と反動的施設とは不平分子をして革命的秘密結社を結ばしめ、暗殺頻々として計畫さるゝに至りたる爲、一八八〇年「ロリス・メリコフ」の內務大臣となるや、輿論に動かされて國會開設の計畫をたて、一八八一年二月十七日「アレキサンダー」二世の裁下を經たりしが一八八一年三月一日同帝暗殺せらるるに及び此計畫亦葬り去られたり。

「アレキサンダー」二世に續ける「アレキサンダー」三世は純然たる反動的政治をとり、一八八九年「ゼムスキー・ナチヤーリニック」(戸長)を置き、農村民の自治を無意義ならしめ、翌一八九〇年及一八九二年市郡縣會を改造して四民平等の主義を破り、郡縣會に於ては大地主、市會に於ては大金持をして權を恣にせしむることとせり。是に於て自由反動の軋轢生じ、遂に保安條令を布くの止むなきに至れり。

「ニコライ」二世初期十一年の治世は「アレキサンダー」三世の惰性を受けて內政に於ては保守主義を固持し、外政に於ては侵略を事とし、海牙に於て世界の平和を提唱しつつ旅順の經營、滿洲の占領をなしたる結果、一九〇四年二月遂に日本と干戈の間に相見ゆることとなり、二ケ年に亘つて連戰連敗の結果官僚政治秘密警察の百弊暴露し、國民の憤怒はその極に達し、茲に秘密結社の活動となり、同盟休校、同盟罷業は所在に起り、暗殺は企てられ、一九〇四年七月十五日內務大臣「ブレーヴェ」遂に革命家の爆裂彈に倒れ、事態は日に日に險惡となりたる爲、帝は一九〇五年二月十八日內務大臣「ブルイギン」に對し人民の委託を受くる有爲の選良をして立法案の豫備的討議に參加せしむるの準備をなすべきを命じ、一九〇五年八月六日選擧法を公布すると共に諮詢權を有するに止まる議會「デューマ」の召集期日を一九〇六年一月の中旬と指定せり。然れ共諮詢機關的「デューマ」は熱狂したる露國民の滿足を得ること能はず、政治會合（ミーチング）、同盟罷業、陸海軍（軍艦「ポテョームキン」號、「リバワ」及「クロンシタット」の軍港）の謀叛は日一日と熾烈となり、十月十七日露西亞全國は政治的大同盟の襲ふ所となれり。是に於て政府は萬策盡き遂に憲法發布の大詔を煥發せり。

然れ共猶太人の虐殺、自由運動者の處刑等反動派の横暴と過激なる自由主義者の政府顚覆運動と相俟つて右國民運動は容易に靜謐に歸せざりき。「レーニン」及「トロッキー」の一味は此時より外戰の失敗によりて政府を倒すべしとの考を有し種々反政府的活動をなし、「トロッキー」の如きは「ペトログラード」に成立せる「ソビエット」議長に選擧せられたり。尤も帝制政府は日本と講和し外戰の患無きに至るや、莫斯科、高加索、波羅的地方の動亂を鎭定し一九〇六年四月二十七日冬宮に於て「デューマ」（議會）を開會せり。然るに議員中には多數の過激分子ありて政府に不信任案を決議し、又は皇帝の暗殺計畫に參加する議員を出す等のことありし爲、政府は再度議會を解散し遂には選擧法を改正して自己に都合よき議會を組織せしめたり。反政府分子は政府の壓迫に堪えず「レーニン」「トロッキー」一味の如きは一時外國に亡命し機の到來を待たざるべからざることゝなれり。

一九一四年八月露國帝制政府は「セルビヤ」對墺國の關係より開戰するに至りしが、戰爭の永引くと共に國内の不平分子は帝制政府の虛に乘じ、一九一七年三月世界大戰最中革命を起し之を顚覆せり。政權は最初議會内の民主派卽ち十月黨及立憲民主黨の手に移りしが其後漸次左傾して溫和社會黨卽ち社會革命黨及社會民主黨（メンシエヴイキ）の手に移り一九一七年十一月遂に武力を以て社會主義を樹立すべしとなせる「レーニン」及「トロッキー」の率ゆる社會民主黨（ボリシエヴイキ）（一九一八年改稱して共產黨と云ふ）の手に移れり。稱して勞農政府と云ふ。「レーニン」及「トロッキー」が當時僅々二萬の黨員を以て、農業國中の農業國なる露國に、工業の極度に發達したる云はば熟し切つたる資本主義の國家にあらざれば實現不可能なりと考へられ居る社會主義の實行を提唱して、彼等の所謂「プロレタリア」の專權（卽民主々義にあらず）を樹立したる所以のものは、當時世界大戰以來三ヶ年の長きに亘り露國々民が帝制政府の失政の結果惡戰苦鬪疲弊困憊して平和を求むるの外餘念なき實狀にして此上戰爭の繼續を困難としたるに不拘、帝制政府に代つて政權を握れる民主派及溫和社會黨派が、或は對獨戰捷の場合君府を與ふべしと云ふ聯合國の約言に買はれ、或は帝制時代聯合國との間に獨逸側と單獨講和をなさざるべしとの條約ありし爲背信の謗を恐れて斷乎平和運動を起すことを躊躇したるに乘じ、戰爭中止卽時平和を高唱して民心を收めたるによるものなり。

而して彼等は政權を握るや、直に獨逸と單獨講和をなし、又農民には多年彼等の渴仰したる土地を與へ、勞働者に對しては工場を委し、又多年帝制政府の露化政策に不滿を懷きたる異民族に對しては民族自決權を認め、農民乃勞働者並に異民族の後援を得て反對派に乘ずるの間隙を與へず、他方反革命制裁委員會（チェカー）（後多少制度を緩和し「ゲ、ペ、ウ」と云ふ）なるものを設置して三月革命の成果たりし言論、印刷、集會、結社の自由を束縛し、苟も自己に反對の言動を爲す者あれば革命擁護を名として手段を選ばず、之を抑壓するのみならず、他方强大なる赤軍を起し克く「コルチャック」「デニキン」「ユデニチ」「ウランゲル」等の反革命軍を鎭定し、一時支離滅裂の姿なりし舊露西亞帝國を「ソビエット」社會主義共和國聯邦の名の下に統一せり。

勞農政府はその成立の當初に於て共產主義を露國內に實現せんとしたるのみならず、全世界を擧げて露國と同一の社會制度に化せんとし、國內に於ては個人の所有權を否認し、土地、森林、鑛山、鐵道、工場、銀行等を國有とし、商工業を國家の獨占事業とし、外國に對しては帝制政府の締結したる條約及公債の無效を宣言し、社會主義的革命を宣傳したる結果國際社會に於て孤立封鎖の狀態に陷り、外物資の供給絕え、內產業の頹廢加はり、主義に忠ならんとすれば經濟立たず、經濟を立つる爲には主義に忠なる能はず、種々動搖の際偶々大饑饉の襲ふ所となりたるのみならず、剩へ「クロンシタット」の暴動あり、玆に一九二〇年純然たる共產主義より退却して利權法を制定し、外國資本の誘引を企て、一九二一年更に所謂新經濟政策を實施して或る程度迄個人の所有權を認め、外國貿易は依然國營又は國家機關の監督に依らしむることゝなしたるも國内商業は個人の自由とし、工業は大中小に分ち大工業は依然國營となしたるも、中工業は個人に賃貸を許し小工業は個人の自由とせり。

斯の如く勞農政府の施設は或程度迄緩和せられたるも未だ純然たる資本主義に復歸したるものにあらず、彼等は共產主義の卽時實行不可能を經驗し一時其の步を緩めたるも之が實現を斷念したるものにあらず、然れ共現實は理想より强く彼等が果して理想を實現し得る機會あるや否や疑問なり。

第二章　露西亞に於ける政黨の消長

露國に於て公然政黨の組織を見たるは一九〇五年同國政府が日露戰爭に連敗の結果、國民に對し威信を失墜し國民の自由運動を抑制すること能はず、遂にその要求を容れ議院政治を行ふの止むなきに至り、同年十月三十日の詔勅を以て信仰言論、集會、結社の自由を保障せられたるに始まるものにして、右には專制君主制を主張する露國人民同盟、眞正露人同盟、神聖「ミハイル」團、獨立右黨、國民黨、中央には立憲君主制を主張する中央黨、十月黨、進步黨、立憲民主黨、左には社會主義を唱道する勞働黨、社會革命黨、社會民主黨の諸黨あり。今右諸政黨の第一「デューマ」(一九〇六年五月十日乃至七月九日)に於ける勢力を見るに議員總數四百九十九名の內

穩和派(十月黨及君主派)	三一
民主改革黨	一四
立憲民主黨	一六一
勞働黨	九七

社會民主黨	一七
無所屬	六七
波蘭黨	三二
エストニヤ派	五
ラトヴィヤ派	六
西部地方派	二〇
リスアニヤ派	七
所屬不明	四二

にして立憲民主黨を始め左傾分子優勢にして彼等は會議の劈頭土地問題に關し革命的過激の議論を敢てし、且憲法改正を要求せる外政府不信任を決議せる爲遂に解散を命ぜられたり。

改選後の第二「デューマ」(一九〇七年三月五日乃至六月十九日)は政府の選擧干渉ありしに拘はらず議員總數五百五名の內

右黨	二二
十月黨及穩和黨	三二
立憲民主黨	九二
勞働黨及農民同盟	一〇一
人民社會黨	一四
社會革命黨	三四

社會民主黨	六五
無所屬	五〇
波蘭黨	四七
回々敎黨	三一
コザック黨	一七

を占め其の組成更に左傾し、「デューマ」の勢力は皇帝暗殺の陰謀に與せる勞働黨社會黨等の左黨團に移りたり。是に於て政府は第二「デューマ」を解散すると共に緊急勅令を以て選擧法を資產階級に有利に變更し、第三「デューマ」の選擧を行へり。その結果第三「デューマ」（一九〇七年十一月十三日乃至一九一二年十二月二十八日）は政府黨多數を占むることゝなり、議員總數四百四十二名の內

右黨	五一
國民黨	九〇
右黨十月黨	一一
十月黨	一二五
波蘭、リスアニヤ、白露黨	七
波蘭黨	一一
進步黨	三九
回々敎黨	九
立憲民主黨	五三

勞働黨及農民同盟	一四
社會民主黨	一五
無所屬	一七

にして勢力の中心は右黨即國民黨及十月黨に歸したり。此の形勢は第三「デューマ」の任期を通して變化なく、第四「デューマ」に至りて右傾的色彩濃厚となり、議員總數四百四十六名の内

右黨	六四
國民及穩和右黨	八八
中央黨	三三
十月黨	九九
同々致黨	六
波蘭、リスアニヤ、白露黨	六
波蘭黨	九
進歩黨	四七
立憲民主黨	五八
勞働黨	一〇
社會民主黨	一四
無所屬	五

にして同議會は克く政府の反動政策を支持したり。

一九一四年八月世界戰爭勃發するや、第四「デューマ」は「チヘーゼ」等少數の社會民主黨を除く外「ケレンスキー」に至る迄戰爭に贊成し、聯合國と步調を一にして全勝を博する迄戰はんことを誓へり。然れ共戰爭の繼續するに伴ひ露國官僚政治の失政暴露し、外露軍は連戰連敗し內物資の缺乏物價の騰貴あり。是に於て議會は獨裁的帝制政府の力を以て勝利を博すること能はざるは勿論、國防を完ふすること能はざるを覺り、一九一五年八月遂に中央黨、十月黨、進步黨、立憲民主黨を以て改進大同團結を組織し、國民の信任を有する內閣を要求すると共に某々聯合國政府の支持を得て政權を奪取し以て戰勝を博せんことを企てたり。然るに一九一七年三月饑饉に頻せる市民は「パン」を與へよと叫びて市街に溢れ、武力を以て之を鎭壓せんとするや「パン」の叫は自由の叫となり、之が鎭壓の爲出動せる兵卒は却て市民に加擔して亂をなすに至れり。

依て議會は大同團結に屬する議員を以て臨時政府を組織し「ニコラス」二世に退位を要求し、同帝は三月十五日自己及皇太子の爲に退位し位を皇帝「ミハイル」に讓り、皇弟又憲法議會の決定を俟て之が受諾、決定すべき旨を宣言せられたり。國民及戰線の軍隊皆臨時政府を認めたり。

三月十五日臨時政府は大赦、言論及結社の自由、階級の撤廢竝憲法議會の召集を宣言せり。是に於て諸種の政黨政派一時に起れり。即ち左の如し。

- 國家組織ヲ認ムルモノ
  - 資本主義
    - 帝政主義
      - 獨裁君主々義 ― 極端反動派
      - 立憲君主々義
        - 反革命派
        - 進步國民黨
    - 民主主義
      - 地主同盟
      - 共和中央黨
      - 自由共和黨（從前ノ十月黨）
      - 共和民主黨
      - 立憲民主黨（「カデー」黨）
      - 有產勞働黨
      - 急進民主黨（從前ノ進步黨）
  - 社會主義
    - 人民社會主義
      - 急進社會主義同盟
      - 全露農民同盟
      - 勞働人民社會黨
      - 社會革命黨
      - 「マキシマリスト」派社會革命黨
    - 「マルクス」主義社會民主（勞働）黨
      - 統一派
      - 「メンシエヴイキ」護國主義者
      - 「メンシエヴイキ」派「インテルナシヨナリスト」
      - 合同派「インテルナシヨナリスト」
      - 「ボリシエヴイキ」派（共產黨）
- 國家組織ヲ認メザルモノ
  - 基督敎無政府主義 ― 一名「トルストイ」主義
  - 無政府主義
    - 「サンヂカリスト」
    - 共產主義者

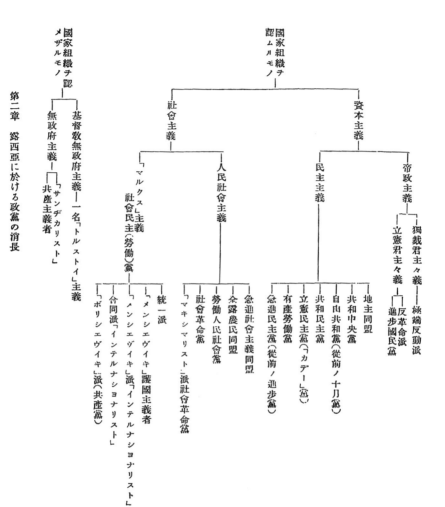

而して第一、反動派の主張は猶太人及之が爲に買收せられたる知識階級の惹起せる混亂を根絶するには絶對君主制を復興するを要す。露國の國威を發揚するものは絶對君主なり。而して君主制の復興は皇帝と人民の融合に俟つ。故に土地問題は農民の希望に副ふ樣解決し戰爭は萬人の希望に從ひて終熄せしむべしと云ふにあり。「デューマ」議員たりし「マルコフ」及「ドウブローヴイン」之が領袖たりき。

第二、反革命派の主張は面積大にして文化の程度低き幾多の異人種を包容する露國の如き國家にありては、歴史と宗敎とを基礎とし人民に對し無限の權力を有する中央政府を必要とす。一九一七年の三月革命は露國を滅亡に導くものなるを以て須く軍人の獨裁官を立て革命的民主運動を阻止し、王制を復興すべしと云ふにあり。「デューマ」議員「プリシケーヴイチ」「シュルギン」「ボーブリンスキー」等之が領袖たりき。

第三、進歩國民黨の主張は專制政治の再起を許さず個人の不可侵及言論の自由を尊重する法律及權利に基礎を置く新制度を樹立すべし。各民族の權利を擁護し露國の統一を保持すべしと云ふにあり。

第四、地主同盟の主張は露國の安寧はその基礎を農業に置かざるべからず。而して農業の生産力を增さんと欲せば個人の土地所有權を認め且つ現今の無政府狀態の爲に蒙る土地掠奪荒廢を防止するに努め、土地改革案を實行するにありと云ふにあり。領袖として「クリヴオシエン」「グルコ」「メツレル・ザコメリスキー」等あり。

第五、共和主義中央黨の主張は國內の秩序を維持し軍隊內に嚴正なる規律を保ち鞏固なる政權を樹立し以て憲法會議迄國家を導くは本黨の責任なり。社會主義、無政府主義及破壞主義に對しては極力防鬪すと云ふにあり。「ニコライソスキー」及「フイニーソフ」を領袖とせり。

第六、自由共和黨の主張は人權不可侵、私有權の尊重、生産力の增進、國權の擁護を基礎とする統一せる鞏固なる共和制を樹立すべしと云ふにあり。本黨は元の十月黨の分派して變形せるものなり。同黨は戰時中三派に分れ、內二派は第四

「デューマ」議會內に組織せられたる進步黨大同團結に加盟したるが、第三派は一九一七年の三月革命後更に左傾して本黨を組織せり。自由主義の貴族及地主資本家に根據を有す。「グチコフ」「ロヂヤンコ」「サーヴイチ」之が領袖たりき。

第七、共和民主黨の主張は本黨は成立當時の時勢に鑑み現下の緊急問題は國民の宿望たりし自由を擁護し、且國家を無政府狀態に陷れむとし或は戰線を破壞せむとする極端派を防壓するにありとなすものなり。從て政權は之を國民全體に與へ個々の團體に與ふるを許さずと云ふにあり。「ドミトリユーコフ」「プチロフ」「ソコロフスキー」「グレボフ」「リユーツ」等之が領袖たりき。

第八、立憲民主黨の主張は其の至高となすは祖國の安寧、進步、獨立及名譽なり。其の理想となすは自由なり。偉大なる露國、自由なる露國を作り、且列國との文化的競爭に於て落伍者たらざらんと欲せば宜しく各部の行政を改革し、無政府主義、「インテルナショナリズム」の幻想を排し、國家及社會制度を民主化し、又露國の統一を妨げざる程度に於て異民族の自決權を認むべしと云ふにあり。本黨が公然成立を告げたるは一九〇五年十一月にして舊自由同盟關係者及全露自治團體會議關係者より成れり。

本黨は前後四回の「デューマ」に勢力を有し帝政時代に於ける自由運動の巨魁たり。帝政時代政府の公認を得ざりし爲種々の壓迫を受けたり。一九一七年三月の革命後活動の自由を得、黨內の異論も「ミリユコフ」の努力によりて一掃せられ當時社會主義に對抗し得可き唯一の組織ある政黨なりき。黨員は學者、文豪、軍人、學生等にして知識有產階級に勢力あり。「ミリユコフ」「ヴイナヴエル」「マクラコフ」「ロデチエフ」「ペトルンケヴイチ」「ナボーコフ」「ネクラーソフ」「カルターシエフ」「ゲッセン」等の名士を領袖とせり。

第九、有產勞働黨の主張は反動主義及社會主義的幻想を防止し露國に於て多數を占むる中產階級（自作農家、中產勞働階級）を中心とし國家の福祉增進を計るべしと云ふにあり。

第十、急進民主黨の主張は露國は自主獨立なる人民に屬す本黨究極の目的は社會主義の實現即ち平等博愛にありと云ふにあり。「エフレーモフ」「バルイシニコ」「チートフ」「ルーズスキー」等を領袖とせり。

第十一、改進社會主義同盟の主張は露國の文化發達し國富增進せば人民は勞働して蓄積せる數百年來の遺產をその手中に收むることを得べく、工場その他人智の發達に依る獲得物は總て個人の所有物たらざるに至るべく、社會上の不平等より脫せる吾人は易々自然の征服に向て進むことを得べしと云ふにあり。本同盟は一九一七年三月革命後水兵「アリスタールホフ」及黑海艦隊代表者「グレーヴイチ」等の創立に係るものにしてその後社會主義に同情する立憲民主黨員「グロンスキー」教授「ヴエリホフ」等も之に贊同するに至れり。

第十二、全露農民同盟の主張は本黨は露國民の多數を占むる農民を代表するを以て階級を撤廢し國家及社會制度を民主化し土地を勞働民衆に與ふべしと云ふにあり。

第十三、勞働人民社會黨の主張は本黨の目的は勞働民衆の利益を擁護し完全自由なる生活及個人の圓滿なる發達を保障する社會制度を創設するに在りて、總ての生產機關を勞働民衆の手中に收むるに盡力し之が爲露國人民の天性及國狀に合致する手段方法を用ゆることに努むべしと云ふにあり。本黨は一九〇六年の第一「デユーマ」議員にして立憲民主黨員より も左に位するものよりなる勞働黨と、一九〇六年成立せる人民社會黨との合體にして領袖としては「チヤイコツスキー」「ペシエホーノフ」等知らる。社會主義の政黨として最も穩健なるものにして社會問題に關し屢々立憲民主黨と行動を一にせり。

第十四、社會革命黨の主張は社會主義的世界革命は有產階級の酷使に對する使用人の反抗運動を自覺し、勞働民衆の先驅として人類の解放運動を行ふものにしてその終局の目的は人類間の爭鬪を絕ち、總ての强制及資本家の壓迫を排し、社會組織の基礎を自由平等及友愛の精神に置き、進んで男女信敎及民族の差に基く差別的待遇を廢止せしむるにあり。

社會主義的制度は假令一部分なりとも實現し得べきを以て資本充實して社會主義實行の機熟するを待つことなく、組織的干渉をなし、此の目的を達せざるべからず。現今の世狀に鑑みるに今後我國の對外政策は列國の民主黨と共同し帝國主義及戰爭の撲滅を計り「インターナショナル」の再興を企圖せざるべからず。內政問題に關しては革命を無意味ならしめざらんが爲國內に於ける社會黨を糾合し新しき社會組織を作り、勞働階級の利益を擁護せざるべからずと云ふにあり。一九〇一年初めて第一回の會議を開催し黨の成立を見たるものなるが、その主義主張は露國革命家「チェルヌイシエフスキー」「ラヴロフ」「ミハイロフスキー」の露國社會主義と「ダヴイド」「ベルンシタイン」等の西歐社會主義を基礎としたるものなり。黨成立後政府反對の「テロル」を行ひたる爲、當局より非常なる壓迫を受け、遂に露國に於ては裏面の活動すら困難となれり。依て其の本部を外國に移し辛じて活動を繼續せり。

本黨は第一、第三、第四、「デューマ」選擧に參加せず、「ボイコット」をなせり。

一九一七年三月革命後外國に亡命し居りたる黨員踵を接して歸國し、その勢力著しく增大せり。殊に農民及兵卒は本黨の土地及自由なる標語に動かされ、諸種の選擧に於て本黨員に投票するもの多かりき。「ケレンスキー」「アフクセンチエフ」「ブレシコ●ブレシコフスカヤ」女史「アルグノフ」「チェルノフ」「ゴーツ」「ルサーノフ」「ゼンジイフ」「スピリドーノワ」女史「カムコーフ」「ムスチスラフスキー」「イワノフ●ラズウームニヤク」等之が領袖たりき。

第十五、「マキシマリスト」派社會革命黨の主張は個人、その利益及その圓滿なる發達を第一義とし、個人の自由なる發達は社會主義を基礎とする社會生活に於て之を期することを得べし。世界社會主義の一支隊たる本黨は勞働者、農民及勞働知識階級により政權、土地工場を勞働階級の掌中に握り、以て社會主義に到達する階梯たらしめざるべからず。即ち政治革命たる一九一七年の三月革命は之を進めて社會的革命たらしめざるべからずと云ふにあり。

本黨は一九〇五年社會革命黨第一回大會の開催せらるゝや同黨より分離し一九〇六年十一月に至り完全に獨立せるもの

にして、一九〇七年の反動後一時その勢力衰へたりしが、一九一七年三月革命後再び活動を開始せり。その領袖としては「ソコロフ」「マズーリン」「ヴイノグラドフ」「クリモフ」等有名なりしが、盛に高位高官の暗殺を行ひし爲、死刑に處せられ三月革命後「リフキン」「ズヴエーリン」及「ガールビン」之が領袖たりき。

第十六、社會民主黨の主張は歴史の全過程は自然の法則によりて行はるゝ社會經濟關係の發展によりて定まる社會主義の勝利も亦然り。現代の資本主義的經濟は左の如き幾多の矛盾を有す。

一、勞働者と生產機關との分離

二、個々の企業としては統一あるも國家的生產に統一なし

三、生產過剩に基く經濟恐慌あるに不拘窮民增加す

四、資本家は利益を私し勞働者は唯一の財產たる勞力を賣らざるべからざる悲境にあり

五、貧民增加してその收益益々減少す

此の如く大資本家は小資本家を壓倒し、資本は小數資本家に集中せられ資本家と「プロレタリアト」の差益々甚し、是に於て「プロレタリアト」は資本家の壓迫に堪えずして反抗し、政權を奪ひ勞働者の獨裁政治を行ひ總ての生產機關を掌握するに至りて階級制度は撤廢せられ世界は解放せらるべしと云ふにあり。尙本黨五派政綱の差異を擧ぐれば左の如し。

一、統一派の見解(「プレハーノフ」「デイチ」「オルトドクス」)

現時の如き有產資本主義時代にありては一九一七年の政治的三月革命を變して社會革命となすを得ざるのみならず、强ひて之をなさんとせば却て反革命を惹起し、再び帝政の復活に導火線を與ふる恐あり。因て「プロレタリア」は目下の處民主的共和國を建設し土地問題及社會改革を根本的に解決することに務めざるべからず。而してその目的實現の爲には「プロレタリア」は新制度を確立せんとする他の階級と行動を共にせざるべからず。

二、「メンシエヴイキ」護國主義者の見解(「ポトレーソフ」「マースロフ」「ダン」「ボグダーノフ」「チヘーゼ」「ツエレテリ」)

「プロレタリアト」の目的は今回の革命を機とし勞働階級の地位を改善し、政治上の自由を確立し、社會主義に向て進む爲有利なる條件を作るにあり。故に同一目的を有する他の階級と行動を共にすべし。但自己の階級觀念を棄つべからず。

三、「メンシエヴイキ」「インターナショナリスト」の見解(「マルトフ」「アクセルロード」)

帝國主義の開始せる世界戰爭は資本制度の社會に於ける根本的矛盾を摘發し各國間に於ける革命的衝動に刺戟を與へ、「プロレタリア」の覇權及社會主義實現の爲に一新紀元を作るものにして露國革命は實に右世界革命運動の先驅たるなり。西歐諸國の革命を誘致し且社會の民主化を計るには露國革命をして成功せしむるを要す。故に「プロレタリア」は「ツインメルワルド」會議に於ける決議を基礎とし團結せざるべからず。

四、合同「インターナショナリスト」の見解(「トロツキー」「ルナチヤルスキー」「バザーロフ」)

露國革命は世界革命の先驅なり。國家的革命として成功したる露國革命は更に進歩發展して西歐諸國の社會革命及社會主義の勝利を齎らすべきなり。

「プロレタリア」の目的は「ツインメルワルド」の決議を基礎とし獨立せる階級的政黨を組織し革命の遂行の爲各國の「プロレタリア」革命を支持するにあり。

五、「ボリシエヴイキ」の見解(「レーニン」「ジノヴイエフ」「カーメネフ」「コロンタイ」(女))

一九一七年三月の政治的革命は「ツアール」より「ブルジユア」に政權を移したることによりてその使命を完ふせり。今や露國は社會主義實現の楷梯たる社會革命の域にあるなり。依て勞働階級は須く「ブルジユア」より政權を奪ひ、資本主義の戰爭を終熄せしめ勞働民衆の爲土地を沒收し、銀行及總ての生産機關を國有とし「プロレタリア」の獨裁權を樹立し以て共産主義を實現すべきなり。

第十七、基督敎無政府黨の主張は人性は元來完全なるに人類の有害無益なる發明卽ち國家、裁判、軍隊、現在產業等所謂物質的文明は神的人性を破壞し人類の不幸を釀せり。自然に親しみ惡を助長することなく道德を涵養し平和と正義に達するは人類の最大幸福なり。仍て政府事業に關係せず。租稅は自ら進んで納付せず。軍隊に入るを避く。强制に基く國家は不必要有害なるのみならず、道德に反すと云ふにあり。

文豪「トルストイ」の敎化は多數の憧憬者を出しその有力者として「チエルトコフ」「トレグーボフ」「ビリユコフ」及「ニコラエフ」等あり。一九一七年三月革命後公然活動を開始するに至れり。

第十八、無政府黨の主張は人類の幸福は個人が强制及偏見を脫することによりて得らる。不必要有害なる政府を有する國家を破壞し國境を撤廢し强制的法律、裁判所、監獄、軍隊、民警を廢止し所有權貨幣を認めざることは無主合同主義に基く四海同胞的新社會を生むものなり。有產階級及國家に對し間接直接に反對行動をとり、陰謀煽動を行ひ、暴動を起し且勞働者兵士の「ストライキ」を奬勵し、土地、森林、工場、住宅を國民の有とし社會革命を誘致すべしと云ふにあり。

無政府主義者中「サンヂカリスト」派は黨派的色彩なき勞働者及農民團を組織し來るべき革命の準備をなさんとし「コンムニスト」派は專ら行動による宣傳を行はんとす。

三月革命は一見內政上の改革を斷行し、聯合國と一致協同して戰爭を繼續せんことを主張せる「デユーマ」を中心とする有產階級の力によりて行はれたるが如きも、其の實主として社會黨各派の平和と「パン」及自由と土地なる標語により宣傳せられ、革命卽平和なりと期待せる兵卒、勞働者及農民によりて行はれたるものなるを以て此等三者の代表者會議卽「ソビエツト」(「ペトログラード」に於ては三月十二日組織せられ漸次地方及軍隊に及べり)が遠からず發言權を要求し、「デユーマ」を中心とする有產階級によりて組織せられたる臨時政府との間に衝突を來すべきやは容易に想像し得たる處なりしが「ソビエツト」は三月二十七日旣に無併合無賠償民族自決權を基礎とする一般平和を提唱したるに不拘臨時政府は之を容るゝに敏ならざりし爲、五月遂に兩者の衝突を來し閣員中最も熱心なる戰爭繼續論者たりし二大臣「ミリュコフ」及「グチコフ」の辭職を見るに至れり。此の政治的危機は社會黨員の入閣を以て一先づ解決したりしが、その後「ソヴィエト」部內社會民主黨「ボリシエヴィキ」は單獨に政權を乘取るべしとの計畫をなすに至りたる爲、七月臨時政府は更に危機に際會せり。「ソヴィエト」は社會革命黨右派、社會民主黨護國主義者の多數を以て此の計畫を排斥し、依然聯立內閣を組織し內外の敵に對し革命を擁護すべきことを決議し、之に「ソヴィエト」指定の社會黨員を入閣せしめ、且「ケレンスキー」を總理とし「ソヴィエト」側要求を全部容れしめ危機は去りたれども、其後の形勢溫和社會黨に不利にして即時平和を主張し露國革命を楷梯として世界革命に移らんことを說く「ボリシエヴィキ」及社會革命黨左派の勢力漸次「ソヴィエト」內に偏く、六月の第一回全露「ソヴィエト」大會に於ては出席者千九十名の內「ボリシエヴィキ」及之を支持するもの併せて百五十名を出でざりしも、十一月召集の第二回全露「ソヴィエト」大會に於ては出席者總數六百七十六名の內大多數は「ボリシエヴィキ」及之を支持せる社會革命黨左派に屬し、玆に臨時政府は「ソヴィエト」の支持を失ふことゝなれり。社會民主黨「ボリシエヴィキ」「インターナショナリスト」及社會革命黨左派は機乘ずべしとなし十一月七日遂に臨時政府を顚覆して政權を自己の掌中に收めたり。

「ボリシエヴィキ」は露國の政權を掌握するや最も大膽にその政綱を實行したり。即ち兵卒の爲には平和を締結し農民の爲には土地を與へ、勞働者の爲には工場を與へたり。

之と同時に自己に反對し又は妨害せんとするものあれば寸毫も假借するところなく、之を反革命黨と爲し汎ゆる迫害を加へ、且その言論を抑壓せり。右の結果三月革命後盛に起りたる政黨政派も何等公的活動をなすこと能はず、其の領袖は海外に亡命するか或は國內に潛伏するの止むなきに至れり。斯くの如く「ソ」聯邦內には現在「ボリシエヴィキ」以外の黨派存在せず。

第三章　「ソビエット」聯邦共產黨（「ボリシエヴイキ」）

第一節　主義並綱領

第一款　緒論

今一九一七年三月莫斯科に於て開催せられたる黨第八回に於て決定せる新綱領を見るに左の如し。

露國の十月革命（一九一七年十月二十五日卽ち新曆十一月七日）は極貧農民卽ち半「プロレタリアト」の支援の下に共產主義的社會の基礎を創建し始めたる「プロレタリアト」の獨裁制度を實現せり。獨逸及墺洪國に於ける革命の發展、先進諸國に於ける「プロレタリアト」革命運動の擴大、此等運動が「ソヴイエト」の形式――「プロレタリアト」の獨裁制度實現を直接の目的とする――の普及等は總て世界的「プロレタリアト」共產主義的革命の時代到來せるを示すものなり。

此の革命は文明國多數を支配する資本主義の發達の必然的結果にして若し社會民主黨なる不正確なる名稱を除くときは我黨舊綱領は資本主義及「ブルジュア」的社會の本質を正確に云ひ表はせり。卽ち左の如し。

「ブルジュア」社會の重要なる特徵は資本主義的生產關係に基く商品的生產にあり。資本主義的生產關係にありては商品の生產及分配機能の最も重要にして顯著なる部分は少數なる階級に屬し、人民の大部分は「プロレタリアト」及半「プロレタリアト」より成り、彼等は其の經濟的立場上常時又定期に自己の勞力を賣却するの餘儀なき立場にあり。卽ち資本家に雇傭せられ其の勞力を以て社會の上層階級の收益を創造するの已むなき立場にあり。

技術の進步に伴ひ資本主義的生產關係は大企業家の經濟上の意義を增大して其の支配圈を擴張し、小獨立生產者を壓迫し、其の一部を「プロレタリア」化し其の他のものゝ社會的經濟的生活の意義を狹隘ならしめ時には彼等をして資本に對し従屬關係に立たしむ。

技術の進歩は更に企業家に對し商品の生産及分配の過程に於て益々婦人及小兒の勞力を使用せしむるものなり。然れ共他面技術の進歩は企業家をして人間の勞力に對する需要を比較的少からしむるものなるを以て、勞力に對する需要は必ず其の供給より少きことゝなり共の結果雇傭勞働の資本に對する從屬關係增大し資本によりて搾取せらるゝ程度に昂騰す。

「ブルジユア」諸國內に於ける斯くの如き事態と日に激甚となる世界市場に於ける彼等相互の競爭とは、日に生産の量を增す商品の販賣を一層困難ならしむ。比較的長期に亘る產業的停滯期を伴ふ產業恐慌時代に現はるゝ生產過多は「ブルジユア」的社會に於ける生產能力發達の必然的結果なり。而して此の恐慌及產業的停滯期は却て小生產業者を破壞せしめ雇傭勞働の資本に對する從屬關係を一層深刻ならしめ、勞働階級の地位を惡化せしむるものなり。

斯くの如く生產能力の增大と社會富力の增進を意味する技術の進步發達は、「ブルジユア」的社會にありては社會の不平等を增大し、有產階級と無產階級の距離を大ならしめ、且勞働民衆多數に對し生存を不安ならしめ失業其他各種の缺陷を增す結果となるなり。

「ブルジユア」的社會に特有なる此等矛盾が增大するに從ひ勞働者及被搾取民衆の現存制度に對する不滿も增大し、「プロレタリア」の數增加すると共に其の團結も鞏固となり、搾取階級との鬪爭は深刻となるものなり。之と同時に技術の進步は生產及分配の手段を集中し資本主義的企業に於ける勞働の過程を集團的ならしむる結果、資本主義的生產關係に更ふるに共產的生產關係を以てすることを不可能ならしむべし。卽ち階級運動の代表者たる世界の共產黨が終生の目的とする社會革命を可能ならしむるものなり。

「プロレタリア」の社會革命は生產及分配の手段に對する私有制度を廢して之を共產化し、社會各員の慶福及其の各方面の發達を保障せむが爲め社會的生產を計畫的に行ふものなるを以て、社會の階級別は根絕せられ、被壓迫人類は解放せらるべし。蓋し是れ社會の一部が他の一部を搾取する事態終了すべければなり。

而して社會革命に必要なる條件は「プロレタリアート」の獨裁制度なり。卽ち「プロレタリァト」が搾取階級の一切の抵抗を壓伏し得可き政治上の權力を獲得するにあり。世界の共產黨は「プロレタリア」をして其の歷史的使命を完ふせしむることを目的とするものにして、「プロレタリア」をして獨立せる政黨を組織せしめ、以て「ブルジュア」政黨に對抗せしめ「プロレタリア」の階級鬪爭を指導し、搾取者と被搾取者の利益の背反することを說き、「プロレタリア」の歷史的意義と社會革命の必要條件とを明にすべし。之と同時に世界の共產黨は勞働者及被搾取民衆に對し資本主義的社會に於ける彼等の地位の絕望的なること、竝彼等が資本の壓迫より解放するが爲には社會主義革命の必要なることを說示すべきものなり。勞働階級の政黨たる共產黨は勞働民衆及被搾取民衆にして苟も「プロレタリアート」の見解に共鳴するものは共黨列に參加することを奬むべし。

資本の集中は自由競爭を廢して二十世紀の初葉に於て、經濟生活の全般に於て決定的意義を獲得せる資本家の有力なる獨占的聯合卽ち「シンデケート」「カルテル」「トラスト」を創設せしめ、又銀行資本と集中せる產業資本とを結合せしめ又他國に對する資本投下を盛ならしめたり。「トラスト」は資本主義の幾多の集團を結合して富裕なる列國が領土的に分割せる世界を經濟的に分割し初むるに至れり。此の財政資本的時代は資本主義國間の爭鬪を激烈ならしむるものにして是れ取りも直さず帝國主義的時代なり。

斯くの如き事態は必ず帝國主義的戰爭、販路の爭奪戰、資本投下の爭奪戰、原料又は勞働力の爭奪戰、換言すれば世界に對する覇權の爭奪戰又は弱小國民に對する支配權の爭奪戰を生むものなり。一九一四―一八年の帝國主義的大戰爭は卽ち是なり。

總じて世界の資本主義が異常なる發達を遂げたること、國家獨占的資本主義が自由競爭に交替したること、銀行及資本家の聯合が生産及分配の社會的調節機關を準備せること、資本主義的獨占制度の發達に伴ひ物價騰貴し勞働階級に對する「シンデケート」の壓迫增大したること、帝國主義的國家が勞働階級を奴隷化したること、「プロレタリアト」の經濟的、政治的爭鬪を著しく困難としたると帝國主義的戰爭に基く慘憺、不幸、頽廢は一團となりて資本主義の破滅を必然的ならしめ、更に發達せる社會經濟への轉換を必然的ならしめたり。

帝國主義的戰爭は啻に正義に基く平和を以て終結し得ざりしのみならず、比較的「ブルジユア」政府間に於ける恒久性ある平和を以て終ること能はざりしなり。帝國主義的戰爭には資本主義現在の發達の程度に於ては「プロレタリアト」を頭とする被搾取勞働民衆の反「ブルジユア」的內亂に變化せざるを得ざりき。

他面「プロレタリアト」の攻擊强大となり、個々の國家に於て勞利を占むるに至るや、搾取階級は抵抗を增し、資本家の國際的提携の新形式(國際聯盟)を創造す。資本家は地球上に於ける一切の民族に對する組織的搾取を世界的に行はんとし、差當り共の努力を直接各國「プロレタリアト」の革命運動抑壓に向け居れり。

斯くの如き事態は個々の國家に於ける內亂と防禦的立場にある「プロレタリア」諸國並被壓迫民族の帝國主義的國家に對する革命戰とを連結するものなり。

斯くの如き事態に於て平和主義と云ひ資本主義時代に於ける軍縮運動と云ひ將又仲裁々判と云ひ啻に反動的「ユートピヤ」たるに止まらず、「プロレタリアト」を油斷せしめ搾取階級の武裝解除問題より「プロレタリヤ」の注意を轉換せしめんとする虛僞なり。

是れ「プロレタリアト」的、共產主義的革命のみが人類をして帝國主義及帝國主義的戰爭によりて醸成せられたる困難より救出し得る所以なり。革命が如何に困難なりとも又一時如何に不成功なりとも將又反革命の波動が如何に大なるものにせよ「プロレタリアト」は終局に於て勝利を得べし。

此の「プロレタリアト」の世界革命が勝利を得る爲には先進諸國に於ける勞働階級の完全なる相互信頼、密接なる同胞的結合並に其の革命運動の統一あるを要す。以上の條件は公認社會民主黨又は社會黨の幹部がかぶれたる社會主義の「ブルジュア」的奇形分子と主義的に斷然關係を斷ち之と假借なき鬪爭を爲すに非ざれば實現し得ざるものなり。

而して斯くの如き奇形として一方に臨機應變主義及社會的「ショヴィニスム」の潮流あり。此等は言論上に於ける社會主義、實際に於ける「ショヴィニスム」にして總じて祖國の防禦なる僞りの標語を以て自國「ブルジュア」階級の略奪的利益の擁護を彌縫せんとする手段なり。一九一四―一八年の帝國主義的戰爭に於て然りき。此種潮流の由つて來れる所以は資本主義的先進諸國が殖民地及弱小民族を奪略し、此奪略に依つて獲たる剩餘利益を以て其の「ブルジュア」階級に特權的位置を保障し、以て之によりて「プロレタリアト」の上層分子を買收せしめたるによるものなり。臨機應變主義及社會主義的「ショヴィニスム」の徒は「ブルジュア」の走狗なるを以て「プロレタリアト」の階級的仇敵たり。殊に彼等が資本家と提携して武力を用ひて自國及他國の革命運動を抑壓せんとする今日に於て愈々然るなり。

他面社會主義の「ブルジュア」的變形に前者と同様各資本主義國に認めらるゝ「中央主義」の潮流あり。右は社會主義的「ショヴィニスム」と共產主義の中間を步むものにして前者と結合して破產せる第二「インターナショナル」を復興せむとするものなり。此の如く「プロレタリアト」の解放戰に於ける指導者は新に成立せる第三「インターナショナル」あるのみなり。露西亜共產黨は實に其一部隊たり。此の第三「インターナショナル」は各國殊に獨逸に於ける舊社會黨の眞に「プロレタリヤ」的なる分子より成立せる共產黨の組織によりて事實上創設せられたるものなるが、形式上一九一九年莫斯科に於ける其の第一大會に於て創設せられたるものなり。共產黨「インターナショナル」は逐次各國「プロレタリアト」大衆の同情を收めつゝありて、啻に其の名稱に於て「マルクス」主義に歸れるのみならず、其の理想的政治的內容に於て又其の總ての行動に於て各種の「ブルジュア」的、臨機應變主義的誤飾を脫せる「マルクス」の革命的敎義を實行しつゝあり。

露西亞共產黨は小「ブルジュア」的分子が數に於て優先的地位を占むることを主なる特徵とす。露西亞に付き「プロレタリアト」獨裁の目的を具體的に述ぶること次の如し。

第二款　一般政治的問題

(一)「ブルジュア」共和國は如何なる形式を採るも土地及其他の生產用具の私有制度存在せし爲め事實上「ブルジュア」の獨裁制度換言すれば一部少數の資本家が多數勤勞階級を搾取し壓迫する爲の機械となれり。之に反し「プロレタリヤ」的又は「ソヴィエト」的民主々義は資本主義の桎梏の下に惱める階級卽ち「プロレタリアト」及半「プロレタリアト」たる極貧農民――卽ち國民の大部分を占むる階級の團體的組織を以て、地方たると中央たると下級たると上級たるとに論なく全國家機關の永久唯一の基礎たらしめたり。斯くの如くして「ソヴィエト」國家は曾て共の例を見ざる程廣汎なる形式に於て且つ地方自治を實現し之に何等上級官憲を參加せしめず。

黨の使命は實に此の民主々義を完全に實施するに在り。尤も之が機能の正確なる運用の爲には一般民衆の文化、組織力及獨立心を絕えず向上せしむることを要す。

(二)「ブルジュア」的民主々義が其の國家の階級的性質を隱蔽するに反し「ソヴィエト」政權は社會が階級に分れ國家權力の存在する限り國家が階級的色彩を帶ぶるは止むを得ざる所なりと認む。而して「ソヴィエト」國家は其の本質に於て搾取階級の抵抗を鎭壓せんとするものにして、「ソヴィエト」憲法は自由にして勞働を資本の桎梏より解放することに反對するに於ては是れ一片の虛疑に過ぎずとなすものにして、是れ搾取階級より政治上の權利を剝奪することを躊躇せざりし所以なり。「プロレタリア」黨は一面絕えず搾取階級の抵抗を鎭壓し「ブルジュア」的權利及自由を以て絕對的なりとなす先入主的觀念を排除すると共に他面政治的權力の剝奪又は自由に對する何等かの制限が特權を擁護し又は回復せむとする搾取階級の試を壓する一時的手段に過ぎざることを釋明すべし。人々を搾取することの可能性が消失するに從ひ此等の一時的手段も不必要となるべく、黨は之が適用の制限及其の完全なる撤廢に向つて突進すべし。

(三)「ブルジュア」的民主々義は政治的權利及自由卽ち集會、結社、出版の自由を各市民に對し平等に認めたるも是れ單に表面上のことに屬し「ブルジュア」的民主々義に於ける政治の實際及主として勞働民衆の經濟的奴隸の境遇は勞働者をして前記の權利及自由を利用することを不可能ならしめたり。

之に反し「プロレタリアト」的民主々義は權利及自由の形式的宣言に代ふるに先づ第一資本主義によりて虐げられたる階級卽ち「プロレタリアト」及農民に對し此等權利及自由を事實上に附與せり卽ち「ソヴィエト」政府は此の目的の爲「ブルジュア」の家屋、印刷所、紙類、倉庫等を沒收して之を勞働民衆及其の機關の完全なる處分に委せり。

露西亞共產黨の使命は益々多數の勞働民衆をして民主的權利と自由を享有せしむると共に之が享有の物質的可能性を擴大するに在り。

(四)「ブルジュア」的民主々義は數世紀に亘り性、宗敎、人種又は民族の如何を問はず一般人類の平等なることを高唱せるも資本主義は之が實現を許さざりしのみか、其の帝國主義的過程に於ては人種的又は民族的壓迫を過酷ならしめたり。「ソヴィエト」政府が人類生活の汎ゆる方面に於て有史以來初めて此の平等を徹底せしめ（結婚及一般家庭に於ける婦人の不平等的地位を完全に滅却せり）得たるは是れ「ソ」政府が勞働民衆の權力なるが爲なり。黨は「プロレタリアト」及農民特に其の發達遲れたる分子に對し從來の不平等又は誤りたる思想の痕跡を完全に破壞することに向つて主として思想的、敎育的活動を爲さざるべからず。

黨は尙婦人の形式的平等に滿足せずして舊來の家庭的經濟を共同家屋、共同食堂、中央洗濯所、託兒所等を以て代へ以て其の物質的煩勞を消失せしめんとす。

(五)勞働民衆に對し勞働者及農民が最も容易なる方法を以て議員を選擧し又は其の選擧を取消すことを得しむる爲、「ブルジュア」的民主々義又は議會制度に於ける場合より遙に大なる機會を保障したる「ソ」政府は、同時に議會制度の否定的方面特に立法權及行政權の分立竝政府機關と民衆との隔離とを廢止すべし。

「ソヴィエト」國家は選擧單位として領土的區劃を以てせず生產單位(工場等)を以てし以て一層國家機關と民衆とを接近せしめたり。

黨は此の方針を以て進むと共に勞働民衆と官廳との接近を計るため、更に民主々義の一層嚴格にして完全なる實現を期し殊に職に立つものゝ責任を明にすべし。

(六)「ブルジュア」的民主々義はその聲明ずる所に反して軍隊を民衆より分離し、之を民衆に對抗せしめ又兵士が政治的權利を行使するの機會を滅却し、又は制限して軍隊を有產階級の武器たらしめたるに反し、「ソヴィエト」國家は勞働者及兵士をその機關たる「ソヴィエト」に於て融合せしめ、兩者の權利を完全に平等とし且其利害を一致せしめたり。黨は「ソヴィエト」に於ける勞働者及兵士の協同一致を發達せしめ軍隊と「プロレタリアト」及半「プロレタリアト」機關との關係を密接にすべし。

(七)都市に於ける工業「プロレタリヤ」は革命全期間を通じて團體的に最も統一あり、經驗に富み練磨せられたる勞働民衆の一部として「ソヴィエト」の出現にも將又勞働民衆の政權組織に付ても指導的位置を占めたり。「ソヴィエト」憲法中村落に於ける小「ブルジュア」的民衆に比し工業「プロレタリアト」に對し或種の優越的地步を認めたるは其の反映なり。

露西亞共產黨は此等優越的地步が村落を社會主義的に組織する上に存在する歷史的困難に關聯するものにして、一時的性質のものに過ぎざることを明にし、工業「プロレタリアト」の地步を絕えず組織的に利用し以て資本主義が勞働者の間に培養せる狭隘なる職業的利益を排除し前衛たる勞働者と後續部隊たる村落「プロレタリアート」即ち半「プロレタリアート」及中農との聯絡を密接ならしむべし。

（八）「プロレタリアート」の革命が舊來の「ブルジュア」的、官僚的、國家機關及裁判所を根底より破壞し得たるは是れ全く國家を「ソヴイエト」制度となしたるが爲なり。尤も多數民衆が文化の低きと、民衆によりて責任の地位に擁立せられたる勞働者が必要なる政治上の經驗を有せざりしと、事態困難なりし爲舊時代の專門家を應急的に使用する必要ありしと、都市勞働者中の最も進歩せる分子を兵役に服せしむる必要ありし爲「ソヴイエト」制度の內部にも官僚主義部分的に復活せり。

露西亞共產黨は官僚主義排除の爲左記方策を實行すべし。

（イ）「ソヴイエト」各議員をして必ず一定の國家行政事務を履行せしむること。

（ロ）各般の行政事務に通曉せしむる爲右事務を順次更代せしむること。

（ハ）漸次全勞働民衆をして國家行政事務に參與せしむること。

此等方策の完全なる實施は嘗て巴里「コンムーン」の辿れる道程の繼續にして勞働民衆の文化向上し行政事務簡素となると共に延て國家權力の消滅に到達するものなり。

第三款　民族問題

（九）露西亞共產黨は民族問題に關し左の諸點を遵守す。

(1)地主及「ブルジュア」を覆滅することを目的とする共同の革命運動の爲各民族の「プロレタリアート」及半「プロレタリアート」を接近せしむべし。

(2)壓迫國の「プロレタリアート」に對して被壓迫國の勞働民衆が有する不信を除去するが爲如何なる民族にも何等の特權

を有せしむ可からず。尙殖民地及不平等的地位に立つ民族に對し完全なる平等待遇を爲し之に國家的分離を認むるを要す。

(3)前述と同一の目的を以て黨は完全なる統一に至る過渡的形式の一として「ソヴイエト」制度を採る國家の聯邦的合同を提唱す。

(4)何人が分離獨立に關する當該民族の意志を代表すべきやの問題に付ては黨は歷史的、階級的見解を持するものにして此の問題は當該民族が歷史的に如何なる過程に在りや、即ち中世紀的封建制度より「ブルジュア」的民主々義への過渡期にありや若くは「ブルジュア」的民主々義より「ソヴイエト」又は「プロレタリアート」的民主々義への轉換期にありや等を考慮して決定すべきものなり。如何なる場合に於ても壓迫民族の「プロレタリアート」は被壓迫民族又は完全なる權利を有せざる國家の勞働民衆に存在する國民的感情の遺物に對しては特に細心の注意を拂はざるべからず。「ソヴイエト」露西亞が其の周圍に幾多民族の「ソヴイエト」共和國を聯合したる經驗の示すが如く世界「プロレタリアート」の數多き民族的分子をして自由意志に基く眞に鞏固なる合同をなすの條件を與へ得るは此の政策なり。

第四款　軍事問題

(一〇)黨は軍事問題に關し左の如き重要なる目的を有す。

(イ)帝國主義の崩壞時代及内亂蜂起時代にありては舊軍隊を維持することも階級を超越せる一般國民的基礎の下に新軍隊を創建することも不可能なり。「プロレタリアート」獨裁制度の武器としての赤軍は明かに階級的色彩を有せざるべからず。即ち「プロレタリアート」及之に近き農民中の半「プロレタリアート」分子を以てのみ之を組織せざるべからず。此の階級軍隊は階級の根絶する場合に於てのみ一般國民的社會主義的民營に變じ得可し。

(ロ)「プロレタリアート」及半「プロレタリアート」に對し最も廣汎なる軍事敎育を授くるを要し同時に學校にも之が敎課を

設く可し。

(ハ)赤軍の教練及敎育は階級一致の精神及社會主義的教育を基礎として行ふ可し。即ち軍の指揮官と並んで信用あり犧牲的精神に富む黨員より成る政治部員を置くと共に各部隊に共産黨細胞を設け以て軍隊內部の思想的統一及自覺的規律を作る可し。

(ニ)舊時の軍隊と異り純然たる兵營敎練年限期間を成る可く短縮し兵營を軍事的政治學校に近からしめ、軍隊と工場、職業組合又は村落に於ける貧農の團體とを成る可く接近せしむべし。

(ホ)日尙淺き赤軍が必要なる組織を得る爲には自覺ある勞働者及農民出身の指揮官(最初は下級なりとも)の努力に俟つこと大なり。故に最も才能あり精力ありて社會主義の爲に一切を棄てゝ顧みざる兵士中より指揮官を養成するは軍隊創設上最も重大なる使命の一とす。

(ヘ)這般の世界大戰に於ける戰略上及技術上の經驗を最も廣く利用すること必要なり。從て舊陸軍學校出身の軍事專門家を廣く軍隊の組織及その敎育に携はらしむること必要なり。之と同時に軍隊の政治的指導及指揮官に對する周到なる監督は之を勞働階級の手に集中すること肝要なり。

(ト)指揮官を以て兵士並兵士を通じて勞働民衆を服從せしむる道具として撰擇し敎育し來りたる「ブルジュア」的軍隊に於て重大なる主義上の意義を有せる指揮官選拔の要求は勞働者及農民の赤軍に於ては全然その主義上の意義を有せざるものなり。革命的階級的軍隊に於ては選拔制と任命制とを並用するや否やの問題は實際的考量によりて決せらる。

第五款　裁　判

(一一)總ての權力をその掌中に收め「ブルジュア」的機關——從來の裁判所を含む——を根底より覆へしたる「プロレタリアト」的民主義は「ブルジュア」的民主々義の「裁判官民選」なる標語に代ふるに「勞働民衆のみによる勞働民衆出身の

裁判官選擧」なる階級的標語を樹立し、之を裁判組織の一切の方面に實施し同時に裁判官の選出及裁判官の職務履行に付き男女兩性の位置を均等ならしめたり。

「プロレタリアト」及貧農の最大多數をして裁判事務に携はらしむる目的を以て、常に交替する一時的裁判官即ち陪審官の制度を設け、且陪審官名簿の作成に當り勞働者の機關又は職業同盟等を參加せしめたり。

「ソヴィエト」政府は從來の複雜なる裁判に代ふるに單一人民裁判所を創設して裁判所の構成を簡捷にし一般民衆の利用を便にし事件審理上繁文縟禮を芟除せり。

「ソヴィエト」政府は顚覆せる諸政府の法律を廢棄したるを以て「ソヴィエト」の選出せる裁判官に對し其の決定を適用して「プロレタリア」の意志を行ふこと、若し適用すべき決定なきか又は不完全なるときは社會主義的正義の觀念に從ひて「プロレタリアト」の意志を實行すべきことを委任せり。

新裁判は刑罰の性質に根本的變更を來し執行猶豫の如き裁判官の自由裁量の餘地を廣汎ならしめ刑罰の一種として社會的制裁を認め、自由の剝奪に更ふるに自由を有する强制勞働を以てし監獄をして教育機關とし且同胞的裁判の實際を適用する機會を附與せり。

露西亞共產黨は前述の過程を以て進まんとするものにして總ての勞働民衆が裁判に參與する樣又刑罰をして全然教育的性質のものと化する樣努力すべし。

第六款　教　育

(一二)露西亞共產黨は一九一七年十月革命以來着手せる事業即ち「ブルジュア」階級支配權の武器たりし學校の階級を根絕し、社會を共產主義的に改造するの武器に變更するの事業を完成せむとするものなり。「プロレタリアト」獨裁制度時代即ち共產主義の完全なる實現を不可能ならしむる條件の準備時代に於て學校は獨り一般共產主義の傳導者たるのみならず、勞働民衆中の半「プロレタリアト」及非「プロレタリアト」分子に對する「プロレタリア」の理想的、組織的、教育的影響の導管たらざるべからず。是れ共産主義を完全に樹立するに有能なる國民を教育するが爲なり。而して之が急務は「ソヴィエト」政府が既に實施しつゝある左記基礎條件を今後益々發達せしむるにあり。

(イ)十七才未滿の少年少女に對し無料にて義務教育（普通並生産の主なる部門の理論及實際に關する工藝教育）を授くること。

(ロ)社會教育の改造及婦人解放の爲託兒所、幼稚園等學齡前兒童の教育機關網を創設すること。

(ハ)母語を以てする共學制の單一勞働學校制度を完全に實現すること右學校は宗教的影響の外に立ち教育と一般生産的勞働との連繫を密接にし共産主義的社會に適應する分子を養成すべきものなり。

(ニ)學童の必要とする食糧、被服及學用品を國庫より支給すること。

(ホ)共産主義的思想に造詣深き教育家の養成。

(ヘ)勞働民衆をして積極的に教育事業に參與（「國民教育會議」の發達等）せしむること。

(ト)勞働者及農民の獨學に對し國家より各般の援助を與ふること（例之圖書館、成年者學校、人民館、人民大學、講習會、講演會、活動寫眞、演劇等校外教育機關網を創設すること）。

(チ)十七才以上の者に對し職業教育を發達せしむること。

(リ)修學志望者殊に勞働者に對し高等學府入學の機會を擴張すること。高等學府に於て教授し得る能力あるものは之を動員すること。新進學者と講座との間に存する一切の人爲的障壁を打破すること。「プロレタリアト」及農民をして實際高等學府に入學し得る可能を與ふる爲學生に物質的保障を與ふること。

(ヌ)勞働階級の搾取に依りて創造せられ從來搾取階級の排他的利用に供せられし藝術の至寶を一般勞働民衆の爲解放す

ること。

(ヲ)共産主義の理想を廣く宣傳し之が爲國家の機關及資力を使用すること。

第七款　宗教問題

(一三)露西亞共産黨は既に公布せられたる政教分離、教會と學校の分離に關する法律を以て滿足するものに非ず。露西亞共産黨は民衆が社會的經濟的行爲に於て自覺的に計畫的に行動するに至れば初めて宗教的僻見を完全に脫し得るものと確信す。此の信念に基き搾取階級と宗教宣傳機關との聯絡を完全に破壞せむが爲、勞働民衆を宗教的僻見より解放すること及科學教育と反宗教宣傳を行ふことに努力すべし。但し此の場合信仰者の感情を害し却て其の宗教的狂信を根强からしむるが如きことを愼しむ可し。

第八款　經濟問題

(一)既に着手せられ且其の主要なる部分に於て完了せる「ブルジュア」退治並生産分配手段の國有(卽ち勞働民衆の共有とすること)を最後迄繼續すべし。

(二)「ソヴィエト」政府の全經濟政策の根本は生産力を增大するにあり。國家の嘗めつゝある破壞の大なるに鑑み第一の急務は人民に必要なる製品の生産を增加するにあり。此實際的目的の爲には何事も犧牲に供せざるべからず。而して國民經濟に關係を有する「ソヴィエト」機關が果して好成績を擧げたるや否やは此方面に於ける實際上の結果によりて判斷すべきなり。

(三)崩壞せる帝國主義的産業は最初「ソヴィエト」政府に對し生産及管理の上に或程度の混沌狀態を遺せり。故に國家の經濟全般を一の全國家的計畫により最大限度に統一すること最大急務の一なり。卽ち個々の經濟部門の特定の種別に付産業を統一し又生産を最も優良なる生産單一に集中し經濟的使命を急速に履行し得る樣最大限度に生産の集中化を行ひ全生産機關を合同し國內の物質的資源を合理的經濟的に利用すること是なり。旣に「ソヴィエト」化したる民族と單一的經濟計畫を設定することに務むると共に他の國民との經濟的提携及政治的連鎖の發達を計る可きものなり。

(四)小規模又は家內工業者に對しては之に國家的註文を發するの方法に依りて廣く之を利用すること必要なり。右工業は之を原料及燃料供給の一般計畫に包含せしめ個々の家內工業家、其の同業組合、產業組合及小企業が更に大規模の生產又は產業單位に統一する場合は之に財政的支援を與へ前記合同に對しては經濟的特權を與へて之を奬勵し由つて以て家內工業が小規模企業家に變ずるを防止し、以て退步せる生產の形式より何等の困難なく一層發達せる機械工業に導くを要す。

(五)共有化せられたる產業の組織的機關は主として職業同盟に依據すべきものなり。職業同盟は益々徒弟關係の狹少なる觀念を離れて大多數を包容する一大產業的合同體に進み漸次關係勞働者全部を合同するを要す。職業同盟は「ソヴィエト」共和國の法律及現行慣例により地方中央の產業管理機關に參與するものにして全國民經濟の管理權を其の掌中に集中せざる可からず。職業同盟は斯くの如くにして國民經濟管理の中央國家機關と勞働民衆との不分の關係を確立し勞働者の多數をして直接產業の管理に關係せしむべきなり。職業同盟が產業管理に參與し之に大多數の民衆を參加せしむることとなれば延いて「ソヴィエト」政府の經濟機關に於ける官僚主義を驅逐し、生產に對し實際的國民的監督を設定し得ることゝなるべし。

(六)國民經濟を計畫的に發達せしむる爲には國家現有の勞働力を最大限度に利用すること必要にして地方別又は產業別により之を適當に分配することは「ソヴィエト」政府の經濟政策上緊急問題にして此の經濟政策は職業同盟との密接なる協調によりてのみ實現可能なり。國家事業履行上「ソヴィエト」政府は從來以上に職業同盟の支援の下に勞働に堪ふる人民を動員すべきなり。
(七)資本主義的勞働の組織倒壞せる今日の事態に於ては勞働民衆の規律、獨立獨行、責任觀念並生產能力に對する勞働者相互の嚴格なる監視を基礎としてのみ國家生產力の復舊發達を見るべく又生產の社會主義的方法を確立し得可し。此の目的を達成する爲には民衆を敎育すること必要なり。幸ひ民衆は今や如實に資本家、地主、商人の頽廢を目擊し自己の經驗により彼等の慶福が一に彼等自身の勞働を如何に規律化するにあるかを知るに至れり。此の社會主義的規律の創造に付最も重大なる使命を有するは職業同盟なり。
(八)資本主義が吾人に遺したる科學及技術の專門家はその人生觀又は習慣に於て「ブルジュア」的空氣に染み居ることは否定し難き事實なるも、生產力を發達せしむる爲には之を利用せざるべからず。黨は克く職業同盟團體と提携して此等「ブルジュア」分子に政治上の讓步を敢てすることなく、彼等の反革命的行爲は之を容赦なく制裁すると共に他面「ブルジュア」的專問家に學ぶことなくして自ら資本主義乃至「ブルジュア」制度に打勝ち得可しとの誤りたる勞働者の觀念を打破せざるべからず。
「ソヴィエト」政府は各種勞働に對する報酬の均等及完全なる共產主義に邁進するものなりと雖も、資本主義より共產主義への過渡期に於て此の均等主義を卽時に實施すること困難なり。此等專門家が從前以上に能率を擧ぐる樣當分其報酬を普通勞働者の賃銀より高くし成績優良なる勞働に對しては特別賞與制度を維持すべし。之と同時に「ブルジュア」的專門家をして自覺ある共產黨員の指導の下にある勞働民衆と協調する樣誘導し、以て資本主義の爲相隔絕せられたる筋肉及精神勞働の接近を助長すべきなり。
(九)「ソヴィエト」政府は科學の發達並科學と生產の接近を助長すべき各種の方策を採用せり。例へば科學硏究所、試驗所、實驗所、新案技術、改良、發明の試驗設備の設置、科學力若は資源の調査組織等なり。露西亞共產黨は今度益々此の方針を以て進むと共に國家生産力を振興する爲の學術上の事業を容易にする條件を備ふることに務むべし。

第九款　農　業

(一〇)「ソヴイエト」政府は土地に對する私有制度を完全に廢止したる後、大規模の社會主義的農業の組織に着手せり。而して右の爲採用せる措置の主なるものは左の如し。

(イ)「ソヴイエト」農業即大規模なる社會主義的經濟組織。
(ロ)土地の共同耕作を目的とする組合の支持。
(ハ)未播種地（何人に屬するを問はず）を國家に於て播種すること。
(ニ)農産物の品質改善の爲農事專門家を國家的に動員すること。
(ホ)農村「コンムーナ」(大規模の公共農業經營を目的とする農家の自發的組合)の支持。

露西亞共産黨は前記の措置を以て農業勞働の生産力を增進せしむる唯一の方途なりと思考するものにして之を最大限度に實施すべし。尙黨は特に左記諸點に努力すべし。

(一)農産品の精製に從事する農業「コオペラチーヴ」に對しあらゆる國家的支持を與ふること。
(二)廣汎なる改良を行ふこと。
(三)農具貸付所をして貧農及中農に對し廣く農具を供給せしむること。

露西亞共産黨は小規模の農家經濟が尙暫く存在すべきを考量し農家經濟の生産力增進に關する種々の方法の實施に力むべし。即ち

(イ)農民の耕地整理を行ひ
(ロ)農民に改良種子及人工肥料を供給し

(ハ)農家々畜の改良を行ひ
(ニ)農事知識を普及し
(ホ)農事學問上の援助を與へ
(ヘ)「ソヴイエト」工場に於て農民の農具を修理し
(ト)農具賃貸所、農事試驗所、模範農場を設立し
(チ)土地の改良を行ふべし

(一一)都市と農村の背反は農村が經濟的文化的に退歩し居る原因の一にして、殊に現在の如き深刻なる恐慌時代にありては此の背反は都市及農村を驅つて滅亡の危險に導くものなるに鑑み、露西亞共産黨は共産主義的社會創造の爲此の背反關係の根絶を急務となすものなり。

(一二)露西亞共産黨は農村に對する方針として從來通り農村の「プロレタリアト」的及半「プロレタリアト」的分子を土臺とするものにして、先づ此等の分子を獨立の勢力と爲す爲農村に黨の細胞又は貧農の團體を設け、農村「プロレタリアト」及半「プロレタリアト」を特種の職業同盟に結合し、以て彼等を都市の「プロレタリアト」と接近せしめ、且つ農村「ブルジュア」の影響を脫せしむるを期す。農村「ブルジュア」たる「クラーク」(大農階級)に對する露西亞共産黨の政策は其の搾取的行爲を抑壓し其の「ソヴイエト」政策に對する對抗を壓伏するにあり。又「スレドニヤク」(中農階級)に對しては黨は之を漸次社會主義的建設事業に誘引するの政策を採るべし。尙黨は中農を「クラーク」より離隔する爲其の要求に對しては細心の注意を拂ひ、之を勞働階級の與黨たらしむべし。「スレドニヤク」に對しては抑壓的手段を避け彼等の實質的利害を感ずる問題に付ては社會主義的改造實施の方法も彼等と妥協して決定すべし。

第十款　分配問題

(一三)分配問題に關する「ソヴィエト」政府現在の急務は商業に代ふるに國家的「スケール」に於て統一せられたる生產品の計畫的分配を以てするに在り。卽ち全國民をして統一せる消費組合網を組織せしめ最大限度の速度と最少限度の勞力とを以て汎ゆる必要生產品を分配せしむべし。

露西亞共產黨は「コオペラチヴ」機關を共產主義的に發達せしむることを以て主義上唯一の正路なりと思考し、その政策を組織的に繼續すべし。黨員亦「コオペラチヴ」にありて活動し之を共產主義的精神によりて指導すべし。

第十一款　貨幣及銀行問題

(一四)露西亞「ソヴィエト」政府は巴里「コンミューン」の過失を避け先づ國立銀行をその掌中に收め續いて私立商業銀行を國有とし國有化せられたる銀行、貯金局國庫とを國立銀行に合同せり。卽ち「ソヴィエト」共和國の單一國民銀行の骨格を形成すると共に財政的資本の經濟的覇權の根據にして搾取階級の政治的覇權の武器たる銀行をして勞働者政權の武器、經濟革命の根據地たる銀行たらしめたり。露西亞共產黨は右目的を達する爲左の措置をとるものなり。

(イ)一切の銀行業務を「ソヴィエト」國家の手に獨占すること。

(ロ)銀行機關をして「ソヴィエト」共和國の單一的勘定機關、統合的簿記機關たらしめ以て銀行業務を合理的に變更し簡略にすること。計畫的公共經濟の組織成るに伴ひ銀行は消滅し共產主義的社會の中央簿記機關たるに至るべし

(一五)資本主義より共產主義への過渡期に於て共產主義的生產及共產主義的分配が完全に組織せられざる間は貨幣を廢止することと不可能なり。斯る事態に於ては人民中の「ブルジュア」分子は個人の所有に殘れる貨幣を「スペキュレーション」搾取勞働者壓迫の目的に利用することを止めざるべし。黨は銀行の國有化によりて貨幣によらざる勘定の範圍を廣め貨幣廢止の準備たるべき各種の手段を講ずべし。

第十二款　財政問題

（一六）資本家より沒收せる生產機關を公共化する時期に於て國家權力は既に生產過程に橫はる寄生蟲的機關に非ずして直接國家經濟を管理する機關なるなり。是に於て國家豫算は國民經濟全般の豫算に變ず。

斯くの如き條件に於て國家的生產及分配を計畫的に組織する場合に於てのみ歲入歲出の均衡を保つことを得べし。過渡的時代に於ける直接國費の財源に關しては黨は社會革命の初期に於て歷史的に必要にして且合法的なりし資本家よりの取立金によりて支出する制度を止め、累進的所得稅並財產稅を採用することゝすべし。有產階級より盛に沒收したる結果右稅は事實上皆無となれば國費は各種國營企業の收入の一部を以て之に充つべし。

第十三款　住宅問題

（一七）戰時中甚しかりし住宅問題解決の爲「ソヴィエト」政府は資本家的家主の家屋を完全に沒收し之を都市の「ソヴィエト」に移管し、又場末に居住する勞働者を「ブルジュア」家屋に移轉せしめ右家屋中の優良なるものは之を勞働機關に交付し、右家屋の維持費を國庫負擔とせるのみならず、勞働者の家族に對し家具其他の供給を行へり。

黨は前記方針により非資本主義的家屋主の利益を侵害することなく有らゆる手段を盡して勞働民衆の住宅改善に努力し且つ從來の密集、非衞生的條件を廢し使用に堪へざる家屋は之を破壞し舊家屋を改築し新建築を起し又勞働者の合理的分散制度に努力すべし。

第十四款　勞働保護及社會救濟

「プロレタリアト」の獨裁制度の樹立と同時に始めて勞働保護問題に關する社會黨の最少限度の綱領を完全に實施し得るの氣運に到達せり。

「ソヴィエト」政府は左記各般の制度規定を立法的手段を以て實施し之を「勞働法典」中に確認せり。卽ち勞働時間の最大限として一切の勞働者に對し八時間勞働制を設け十八歲未滿のもの又は特に有害なる生產に從事するものの勞働時間は六時間を超ゆるを許さず。一般勞働者に對し一週に一度引續き四十二時間の休暇を與ふることゝし、原則として課外勞働を禁止し十六歳未滿の小兒及年少者の勞働を禁止し婦人及十八歳未滿の男子に對し夜業、有害勞働及課外勞働を禁止し尚婦人勞働者に對してはその産前産後各八週間の休暇を與へ右期間中の賃銀を全給し且つ無料醫療を爲し又母たる勞働者に對しては每三時間每に少く共三十分哺乳時間を給し又追加的加給を爲すことを定めたり。又右の外職業同盟の選定する勞働檢査及衛生檢査制度を設けたり。

「ソヴィエト」政府は他人の勞力を使用せざる一切の勞働者に對し一切の勞働力喪失（世界最初の試みたる失業を含む）に對し雇傭者及國庫の費用を以てする完全なる社會救濟の制度を立法的に確立せり。

「ソヴィエト」政府は若干の場合に於て最少限度の綱領を超へ前記勞働法典を以て雇傭、解雇に關する問題の決定に勞働機關の參加方を規定し又一年以上勤續せる勞働者に對しては賃銀を給して一ケ月の休暇を與ふること、職業同盟の作成せる定率に基き國家に於て賃銀を調節すること、失業者に勞働を提供すべき特別機關卽ち「ソヴィエト」又は職業同盟內「勞働調査課」を設置することを規定せり。

只戰爭に基因する極端なる荒廢と世界資本主義の壓迫との爲め「ソヴィエト」政府は左記の如き退步をなすの止むなき立場にあり。卽ち

一、非常の場合課外勞働を許可すること但一ケ年五十日を超ゆることを得ず。

二、十四歳乃至十六歳の年少勞働を許可すること但其の勞働時間を一日四時間以內とす。

三、一ケ月休暇を當分二週間とすること。

四、夜間就業を七時間迄延長すること。

黨は勞働の保護に關する一切の手段實施に付勞働者自身の參加を必要とするものにして之が爲には左記條件の實行を必要

とす。

（イ）勞働檢査の組織及擴張の爲勞働階級中より之に要する職員を選拔養成し且つ此の勞働檢査を小規模工業乃至家內工業にも及ぼすことに努力すること。

（ロ）勞働保護を勞働の各方面（建築勞働者、運輸關係勞働者、農業勞働者、家庭使用人等）に及ぼすこと。

（ハ）幼年勞働者の勞働を禁じ未成年勞働者の勞働時間を一層短縮すること。

右の外黨は左の諸點を急務とす。

（イ）將來勞働の生產能率增進したる場合は、勞銀を減少することなく、勞働時間を六時間とす。尤も勞働者は特別の報償を受くることなく、以上の六時間以外に二時間を割き技藝、生產の理論、國家行政に關する實務練習及軍事知識を修得すべきものとす。

（ロ）勞働能率の增進に對し獎勵的賞與制度を設くること。

社會救濟に關し黨は啻に戰爭又は天災の犧牲者に對してのみならず、不自然なる社會關係の犧牲者に對しても廣く國家的救濟を組織す。

第十五款　保健問題

國民保健の根本として黨は先づ疾患の發達を防止する目的を有する體育的衞生手段を廣く實施すべし。「プロレタリアト」の獨裁制度は「ブルジュア」的社會の實施し得ざる各種の體育的療養的施設を實行するの可能を與へたり。即ち藥局私立病院、鑛泉浴場の國有化、醫療關係者に對する勞働義務の施行等是なり。尙黨は此の外左記各項を以て最近の目的となすものなり。

（一）勞働者の爲廣汎なる衞生設備をなすこと、例へば（イ）住宅地の衞生（土地、水、空氣の保護）（ロ）衞生科學の原則に依る一般調理の普及　(ハ)傳染病の流行を防止すべき措置の統一　(ニ)衛生協會の設立等を斷行すること。

(二)社會病（結核、性病、酒精中毒等）の撲滅。

(三)容易に無料にて一般人の利用し得可き施療及藥劑給與をなすこと。

第二節　黨成立の由來及現狀

露國に於て初めて「マルクス」及「エンゲルス」の提唱せる社會主義を唱へたるは「プレハーノフ」にして同人は一八八三年瑞西に於て「ヴェーラ・ザスーリチ」(女)、「アクセルロード」及「デイチ」等と「勞働解放」なる結社を組織せり。爾來露國に於て「マルクス」主義に心醉するもの漸く多く「ペテルスブルグ」(今の「レーニングラード」)、「モスコー」、「キエフ」、「エカテリノスラフ」等の諸市に勞働階級の解放運動を目的とする結社續出せり。前記の結社並「キエフ」市發行新聞「ラボーチヤヤ・ガゼータ」、編輯同人及猶太人勞働結社「ブンド」(一八九七年創立)の代表者九名一八九八年「ミンクス」市に於て私に會合し露西亞社會民主勞働黨の名稱の下に此等諸團體の合同を決議し宣言書を發表せり。稱して黨第一回大會と云ふ。

大會後間もなく關係者の主なるもの逮捕せられたる等警察の取締嚴重となりたる爲、第二回大會は之を「ブラッセル」及倫敦に開催せり。一九〇三年の第二回大會は第一黨の「プログラム」を採決せり。右「プログラム」は勞働階級運動終局の目的を認めたる大「プログラム」と勞働階級刻下の要求(例へば獨裁帝權の顚覆、民主々義共和國の樹立の如し)を認めたる小「プログラム」より成れり。然るに同大會は黨規則の審議に際し端なくも「マルトフ」を主とする一派(「メンシエヴィキ」)と「レーニン」を主する一派(「ボリシエヴィキ」)との間に大議論を生じ、「マルトフ」派は黨員の資格として單に黨の「プログラム」を認め、黨に對し物質的支持を與へ黨機關の指導の下に定時援助を與ふることを條件としたるに對し、「レーニン」派は黨員の資格を斯の如く容易にする時は黨の使命を充分自覺せざる不純分子多く入黨する恐あるを以て黨員たるには「プログラム」を認め黨に物質的支持を與ふるのみならず何等か黨機關に屬し同機關の事業に從事すること必要條件となさざるべからずと主張せり。右の外自由主義の「ブルジュア」に對する黨の態度につきても兩者の間に議論分れ「メンシエヴィキ」は露國の現存制度顚覆の爲自由主義の「ブルジュア」と妥協すべしと主張せるに反し、「ボリシエヴィキ」は妥協を排斥せり。尙兩者は其他二三の問題につきても意見を異にし茲に兩者の協同不可能となれり。其の後一九〇六年「ストックホルム」に開催せられたる第四回大會に於て兩派の合同試みられたるも、一九〇七年倫敦に開催せられたる第五回大會に於て更に兩者の關係惡化し一九一二年初以來兩派は各獨立せる組織を有することゝなり「ボリシエヴィキ」は露西亞社會民主勞働黨（「ボリシエヴィキ」）と稱せり。

「ボリシエヴィキ」は一九一二年「バーゼル」に開催せられたる萬國社會主義大會の採決せる決議を奉じ、一九一四年世界大戰起るや帝國主義の戰爭を變じて階級戰となさざるべからずとなし、帝制露國の敗北は悲しむべきことにあらず、勞働者及農民が政權を握る第一歩なりとの宣言を發し、一九一五年は「ツインメルヲルド」に一九一六年は「キンタル」に世界各國の社會主義者を召集し、此の「プラットホーム」の下に交戰國の社會主義者を糾合せんことを畫策したりしが、兩會議參加者の多數は孰れも祖國の防禦を先にし直に階級戰に邁進することを躊躇せり。一九一七年三月露國帝制顚覆するや當時瑞西にありし「レーニン」は一味を率いて歸國し「トロッキー」「ルナチャールスキー」等の「インターナショナリスト」合同派と提携し卽時平和を唱へ連戰連敗戰爭に困憊せる露國人民の民心を收め一九一七年十一月七日武力を以て政權を掌握せり。爾來十年內憂外患相踵いで起りしが巧に難關を切拔け克く政權を維持せり。

一九一七年十月革命直前「レーニン」は貴族地主が僅々一萬二千の少數を以て多年露國を支配し居たる以上二萬の黨員を有する「ボリシエヴィキ」亦露國を支配し得ざることなからんと豪語したる趣なるが果して當時僅々二萬の黨員を以て

克く目的を達成せり。

「ボリシエヴィキ」は一九一八年三月名稱を露西亞共產黨（「ボリシエヴィキ」）と改め一九二五年十二月更に「ソ」聯邦共產黨（「ボリシエヴィキ」）と改稱し在野當時の「プログラム」も新時代の要求に應ずる爲一九一九年之を變更せり。

政權掌握後共產黨は年を追ふて黨勢を伸張し、一九二一年に至りては黨員七十三萬を超え、其の後不純分子の淘汰を行ひ一九二二年には四十八萬五千九百人に減じたりしが、一九二七年九月黨統計部調査によれば一九二七年一月十日現在黨員七十七萬三千二百二十名（內女八萬一千四百二名）黨員候補三十七萬八百三十三名（內女五萬六千七百十三名）合計百十四萬四千五十三名（內女十三萬八千百十五名）なり。而して其の五十五・七「パーセント」は勞働者、十九「パーセント」は農民、二十二・六「パーセント」は官公吏なり。

尙人種別による黨員（候補を含む）の數を擧ぐれば左の如し。

人種別	數	黨員總數に對する比率
露西亞人	七四三、一六七	六五・パーセント
ウクライナ人	一三四、〇三〇	一一・七二
猶太人	四九、五一一	四・三三
白露西亞人	三六、四二〇	三・一九
アルメニヤ人	一九、〇一九	一・六六
ジオージヤ人	一六、九八五	一・四九
ダッタン人	一五、六四六	一・三七
ウズベキ人	一三、五八五	一・一九

テウルクメン人	二、九九八	〇・二六
其他の人種	一二二、六七二	九・八九

共産黨は全國到る所に三名以上の黨員より成る細胞網を張り黨員の三十八・五「パーセント」は官衙公署に十八・八「パーセント」に工業に十一・五「パーセント」は農業に八・三「パーセント」は交通機關に八・二「パーセント」は軍隊に配屬し夫々樞要の地位を占め眞に「ソ」聯邦を獨裁するものなり。

共産黨は中央集權主義を以て黨組織の根本原則となすものにして黨員は黨機關の命令には絶對服從する義務あり。黨の最高機關は黨聯邦大會（二年に少くとも一回召集）にして其の選任にかゝる中央委員會は黨大會より大會に至る期間の執行機關たり。尤も中央委員會は更に九名の「ポリトビューロー」（政務委員會）十三名の「オルグビューロー」（組織委員會）五名の書記局を互選し黨務指導の任に當らしむ。尙黨員の黨規勵行を監督する爲黨大會は中央監督委員會を選任す。

而して現在共産黨の實權を握るは「スターリン」にして同人は前記「ポリトビューロー」及「オルグビューロー」に委員たる外黨書記長の職にあり所謂黨內訌なるものは「レーニン」の生前にもありしことなるが其の顯著となりたるは同人の死後にして、之を要するに同人の後を引き受けたる同僚間の個人的勢力爭ひと見るを至當とすべく、「レーニン」の死後第一に起りたるは名聲隆々たりし「トロッキー」排斥の運動にして「カーメネフ」「ジノーヴイエフ」等主となり「トロッキー」を排斥したるが間もなく「スターリン」漁夫の利を占め勢力を得るに至るや昨日の敵「カーメネフ」「ジノーヴイエフ」「トロツキー」は合同して「スターリン」派に當ることゝなり、事毎に其の政策を攻擊するに至りしが「スターリン」は之に對し「ルイコフ」「ブハーリン」等と結び克く勢力を維持し、一九二七年十二月の第十五回黨大會に於て前記「トロッキー」「カーメネフ」「ジノーヴイエフ」を始め反對派に屬する黨員九十八名を除名せり。

第三節　領袖株の人物畧歴

第一、「レーニン」本名「ウリヤノフ」　露西亞人

父は「シムビルスク」縣の勅任官吏なり。一八七〇年四月十日を以て「シムビルスク」に生れたり。正教的教育の下に幼時を過せる彼は一八八七年中學を終へ「カザン」大學に入れるが同時に父を喪へり。彼の兄「アレクサンドル・イリチ・ウリヤノフ」は歴山路三世に對する陰謀に與したるため四人の與黨と共に「シュリセルブルグ」要塞内にて絞首せられたり。「レーニン」の學生時代は模範生の一語に盡き「ケレンスキー」の父なる中學校長より優等證を受けたり。當時の彼は孤獨を愛し何人をも信頼せざりき。兄の死刑は彼に甚大なる影響を與へ此の時より熱心に革命運動に從事するに至れり。彼は「ソシアル・マルキシスト」に入黨せしもその該博なる知識と特色ある雄辯は忽ち儕輩を抜くに至れり彼の雄辯たるや情味に於て缺くる處あるも論理的なる點に力あり。

一八九一年「ペテルスブルグ」大學に入り一八九五年「ゼネバ」に赴き間もなく首都に歸り革命文學に筆を執れり。後西伯利亞流刑三ケ年宣告せられその間を「イルクーツク」「クラスノヤルスク」に過し一九〇〇年に露國を去れり。倫敦に於ける露國社會民主黨總會の時彼の急進的理想は黨與を得ること少かりき。社會民主黨は此の時より多數派及「マルキシスト」を意味する「ボリシエヴイキ」と少數派を意味する「メンシエヴイキ」に二分するに至れり。

一九〇五年「レーニン」は露國革命に參加し社會民主黨中の「ボリシエヴイキ」派を率ゐしが形勢の不利なるを見るや先づ芬蘭に赴き次で國外に走り歐洲諸國首府の大半を遍歴せり。當時に於ける彼は微々たる一新聞記者として雌伏せしもその間猛烈なる勢を以て讀書に耽れり。歐洲大戰の初まるや彼は居を「ゼネバ」に移せしが此の時以來資本主義と鬪ふべき時の到來せることを說き露帝國の潰滅を豫言し此の目的の爲に全力を盡せり。

「ツインメルワルト」の會議に於ける彼、露國革命中の彼の活動は周く知らるゝ處なるが、露國革命の勃發するや彼は獨逸官憲の許可を得封鎖車に乘じて歸國し溫和なりし「ソヴィエト」を漸次過激派化し一九一七年十一月七日遂に臨時政府を顚覆して政權を握れり。

智的方面に於てもその私的生活の淸廉なる點に於ても彼に匹敵するものなく彼は實に「ボリシエヴィキ」の頭腦にしてその人望の偉なるも道理なり。彼は事業を遂げざれば已まざる體の鞏固なる意志の所有者にしてその該博なる知識を基礎とし以て常にあるが儘の現實を凝視しつゝその目的到達の爲には如何なる迂路も犧牲も彼は意に介せざりき。一九二四年一月二十一日享年五十四歲にて死す。

第二、「ブハーリン・エヌ・イ」露西亞人（黨「ポリトビューロー」員）

一八八八年中學教師の家に生る。中學卒業後莫斯科及維納大學に於て法律を學ぶ。一九〇六年共産黨に入り爾來革命運動に沒頭す。一九〇八年莫斯科黨委員會に選ばる。一九一〇年捕へられ一年在獄す。後西伯利亞に流されたるも外國に逃れ一九一七年迄外國に留まれり。「レーニン」と相知りその信任を得外國に於て「ボリシエヴィキ」の宣傳に從事す。一九一七年初頭歸國し莫斯科「プロレタリア」の間に革命を宣傳す。同年第六回「ボリシエヴィキ」大會に於て中央委員會に選ばれ爾來黨の機關紙「プラウダ」紙主筆となり、黨中有數の理論家にして著書多し。第三「インターナショナル」に「ソ」聯邦共産黨を代表す。

第三、「ウオロシーロフ・ケ・エ」露西亞人（黨「ポリトビューロー」員）

一八八一年「エカテリノスラフ」縣の小作農家に生る。六歲の時より鑛山に勤め二年間小學校に學ぶ。一八九六年工場に於て革命的行動を爲せる爲數回搜索を受け遂に捕縛せらる。一九〇四年「露西亞社會民主黨「ボリシエヴィキ」中央委員會に選ばれ、一九〇五年「ストライキ」を起せる廉により牢獄に投ぜらる。翌年「ストックホルム」大會に黨員を代表して出席す。一九〇七年七月「キエフ」に開催せられたる南露地方黨大會の後再び捕へられ、「アルハンゲルスク」縣に三年間流されたるも、「バクー」に逃る。一九一二―一七年革命運動の爲め數回逮捕投獄せらる。一九一七年の二月革命には勳功を建て一九一八―一九年「ウクライナ」共和國內務人民委員、「ハリコフ」軍團司令官、第十四軍團長、「ウクライナ」艦隊司令官となり同時に黨中央委員會員たり。一九一九年七月より「ウクライナ」共産黨政務部員となり同地に於て「グリゴリー」の反革命一派を掃蕩す。一九一九年十一月第一騎兵隊軍事革命委員會員、一九二一年五月北高架索軍團長、一九二四年四月莫斯科軍團長となる。一九二一年「クロンシタット」暴動鎭壓後引續き黨中央委員會員、全露中央執行委員會員、「ソヴイエト」聯邦中央執行委員會員たり。軍功により赤旗勳章二個授けらる。一九二四年初革命軍事會議幹部會員となり。一九二五年十一月「フルンゼ」の死後「ソ」聯邦陸海軍人民委員及革命軍事會議々長となり今日に至る。

第四、「ジノーヴイエフ・ゲ・エ」本名「アツプフエルバウム」猶太人（前黨「ポリトビユーロー」員）

一八八三年「エリザベトグラード」（現在「ジノーヴイエフ」）に生る。社會民主黨に入り第二回大會以後「ボルシエヴイキ」（「レーニン」派）に屬す。一九〇五年迄瑞西の「ベルン」大學に學ぶ。一九〇五年の革命前「レーニングラード」に來り同市「ワシレオストロフスキー」區に於て勞働者となり、大に宣傳的及組織的手腕を發揮し、間もなく「レーニングラード」黨委員會員に選出さる。捕縛されし爲彼の革命事業は中絕せるも數ケ月在獄後、外國に逃亡す。一九〇七年黨の倫敦大會に參加し中央委員會員に選ばる。一九〇八年短期間歸國するや直に捕へられ警官監視の下に「エリザベトグラード」に送らる。間もなく外國に赴き一九〇九年には社會民主黨中央機關紙主筆の一人に擧げらる。「レーニン」と共に大に反對黨を膺懲し、一九一六年「レーニン」と共に中央委員會代表として瑞西「キンタル」會議に出席す。一九一七年二月革命後歸國し十月革命より一九二五年十二月迄引續き「レーニングラード」「ソヴイエト」議長たり。內亂中第七軍革命軍事委員會員、國防委員會議長となり聯邦中央執行委員會員、「ポリトビユーロー」員、第三「インターナショナル」議長の要職にありしも一九二五年以來「トロツキー」「カーメネフ」等と共に黨幹部反對派に立ち漸次其の勢力を失ひ一九二七年十二月の黨大會に於て除名を確認さる。

第五、「カリーニン・エム・イ」露西亞人（黨「ポリトビユーロー」員）

一八七五年「ツベルスカヤ」縣「ウエルフニヤヤ・トロイツア」村に生る。隣家の地主の費用にて初等農學校に入り、首席にて卒業したる後、同家の書生となる。十六歳の時「プチロフスキー」工場に入り職工となる。初めて主義者と相知り革命文學を研究す。一八九八年社會民主黨に入る。一九〇四年初西伯利亞に流されたるも日露戰役の爲め「ヴオロネジ」縣に移さる。一九〇五年の革命の際釋放せらる。一九〇六―〇八年金屬組合に働く。「ストックホルム」黨大會に代表として赴く。一九〇九年莫斯科に來り、一九一〇年捕へられ、追放せらる。一九一一年「レーニングラード」に赴き、一九一六年迄「アイバズ」工場に働く。一九一六年十一月七日捕へられ、一九一七年二月革命に至る迄入獄す。同年十月革命には大に活動し一九一九年共産黨中央委員會員に選ばる。一九一九年「スウエルドロフ」の死後引續き全露中央執行委員會議長、「ソ」聯邦中央執行委員會議長に選ばれ以て今日に及べり。

第六、「カーメネフ・エル・ベ」本名「ローゼンフエルド」猶太人（前黨「ポリトビユーロー」員）

一八八三年莫斯科に生る。技師の子なり。中學卒業後工藝專問學校に入れるも僅か二年にして退學す。一九〇一年入黨す。翌年「モスコー」市「ツヴエルスキー・ブリワール」に於ける學生示威運動に參加して逮捕せられ、一九〇四年莫斯科「ボリシエヴイキ」機關の事業に關係し、憲兵の捜索を受く。第三回及第四回黨大會に出席す。第一革命時代「レーニングラード」に於て活動し、一九〇八年捕へらる。釋放後外國に赴き巴里會議に參加す。「レーニン」「ジノーヴイエフ」等と共に「プロレタリア」「社會民主黨」等の諸新聞を主幹し、中央委員會の決定に基き維納に於て「トロツキー」

の發行せる「プラウダ」の主筆となる。一九一四年十一月西伯利亞極地に送らる一九一七年二月革命後「レーニン」に先つこと數週間「レーニングラード」に歸還す。一九一七年四月の黨會議に於て中央執行委員會員に選ばれ、引續きその委員となり、第二回「ソヴィエト」大會に於て全露中央執行委員會議長に選ばれたるも、「ブレスト」平和會議代表として赴ける爲め「スウエルドロフ」之に代る。中央委員會書記局の常任委員なり。此の外莫斯科「ソヴィエト」議長、「ソ」聯邦人民委員會議副議長、勞働國防會議長たりしも一九二五年「ジノーヴィエフ」と共に幹部反對派として排斥せられ一九二七年十二月黨大會の決定により除名さる。

第七、「クーイブイシエフ・ヴ・ヴ」猶太人（黨「ポリトビューロー」員）

一八八八年生、一九〇四年以來の黨員なり。一九〇六年「オムスク」の「ボリシエヴイキ」委員會員たらんとし捕へられ「トムスク」縣に流さる。流刑中「ペテロパウロフスク」に逃る。一九〇九年再び捕へられ「ナルイム」に送らる。一九一四年「レーニングラード」委員會員となる。一九一五年「イルクーツク」縣に流されたるも、「サマラ」に逃れ、同地に於て「ボリシエヴイキ」の「ヴオルガ」會議に出席す。煽動の廉により捕へられ、「ツールーハンスキー」地方に送らるゝ途中、一九一七年二月革命勃發す。一九二一—二二年最高國民經濟會議幹部會員一九二二—二三年共産黨中央委員會書記、一九二三年より黨中央監督委員會議長、「ソ」聯邦勞農檢査人民委員となる。一九二六年七月「デルデンスキー」の死後「ソ」聯邦最高經濟會議長に擧げらる。

第八、「モーロトフ・ヴ・エム」露西亞人（共産黨「ポリトビューロー」及「オルグビューロー」員、書記局員）

一八九〇年莫斯科市に生れ父は番頭なり。實業學校卒業後商科大學に入學したるも三年生の時退學を命ぜらる。一九〇六年以來の共産黨員なり。一九一七年二月革命後「レーニングラード」市「ボリシエヴイキ」派「ソヴィエト」議長たり。同年十月革命後は北方「コムムーナ」人民經濟會議長（一九一八年）、「ヴオルガ」沿岸地方に於ける全露中央執行委員會及黨中央委員會代表として、同地方の「ソヴィエト」及黨機關を指揮し、(一九一九年)一九二〇年には「ニジニーノヴゴロド」縣「ソヴィエト」執行委員會長及縣黨委員會員たり。後「ドネツキー」地方黨委員會書記、「ウクライナ」共產黨中央委員會書記、全露共產黨中央委員會書記を經て現在の要職に達せり。「スターリン」と共に黨の重鎭なり。

第九、「ルイコフ・ア・イ」露西亞人(黨「ポリトビューロー」員)

一八八一年「サラトフ」縣の農家に生る。中學上級生時代より政治運動に熱中す。其の結果遂に外國に亡命するの止むなきに至る。「ジエネーブ」に於て「レーニン」の家に寄寓し親しく其の教を受く。程なく「レーニン」の委任を受けて露西亞に入り「ヤロスラウリ」「コストロマ」「ルイビンスク」「ソルモフ」等の勞働者の間に活動す。一九〇四年莫斯科に赴き「ソコリニク」附近の勞働者に宣傳す。一九〇五年黨の第三回大會に出席黨中央委員會委員に選ばる。大會後「レーニングラード」に於て逮捕せらる。一九〇五年の革命に依り釋放せられ「レーニングラード・ソヴイエト」に過激派代表として參加したるが、「ソヴイエト」委員の逮捕事件の後逃れて莫斯科に來り、十二月暴動に參加す。一九〇六年莫斯科に於て捕縛せられたるも逃亡す。一九〇七年更に捕へられて「サマラ」縣に流され同地より「レーニン」の指揮を受くる爲、一旦外國に赴き歸來「レーニングラード」にて逮捕せられ「アルハンゲリスク」縣に三年の流刑に處せらる。一九一〇年十二月同地より海外(巴里)に亡命し、同地に於て黨の中央委員會委員として活動せり。一九一一年夏、黨大會召集に關する露西亞側在外組織委員となり、召集に關する露西亞委員會組織の爲露西亞に歸りたるが密告するものあり、捕へられ一九一三年迄在監し、同年十月「ナルイムスキー」地方に四年の流刑に處せられ一九一四年同地より「サマラ」に逃れたるも一ケ月の後捕へられ再び「ナルイムスキー」地方に送られ、茲に一九一七年二月革命迄滯留す。同年十月革命の際は「レーニングラード」にて同志と共に臨時政府を顚覆す。後最高經濟會議々長、軍需品補充の特別委員たり。「レーニン」の死後其の後を襲ひ「ソヴイエト」聯邦人民委員會議々長となる。

第十、「ルズタク・ヤ・エ」「ラトヴィヤ」人　（黨「ポリトビューロー」員）

一八八八年「クルリヤンディヤ」縣の農奴の家に生る。十歳の時より十五歳迄牧場に勤め十八歳迄小作農に從事し、後「リガ」市の樂器製作場に勤む。同地にて革命家と相知り、露西亞社會民主黨（「ボリシエヴィキ」）里賀機關に入る。一九〇六年倫敦大會の代表に選ばれその後專ら里賀機關に於て宣傳に從事す。一九〇七年捕へられ「ウィンダヴァ」「ミタウア」及里賀監獄に在監せしが、更に臨時軍法會議にて十年の刑に處せられ、里賀監獄に投ぜられしも、後莫斯科監獄に移され、一九一七年の二月革命に至る。一九一七年十月革命後全露纖維工業勞働組合書記及莫斯科縣職業組合、全露中央職業組合幹部會員に選ばれしも其後經濟方面に力を注ぎ莫斯科經濟會議々長、最高經濟會議幹部會員となる。後方向を轉じて中央運輸勞働組合長及共產黨中央委員會亞細亞部長に任ぜらる。

第十二回共產黨大會に於て中央委員會書記に選ばれ後交通人民委員及「ポリトビューロー」員候補たりしが「カーメネフ」の失脚後その後を襲ふて「ソ」聯邦人民委員會議々長代理に任ぜられ以て今日に及ぶ。

第十一、「スターリン・イ・ヴ」本名「ジュガシウィリ」「ジオルジヤ」人

（黨「ポリトビューロー」及「オルグビューロー」員同書記局長）

一八七九年「チフリス」縣の農家に生る。父は靴の內職を營む。一八九二年十七歳にして神學校に入り、同校の學生團長たり。一八九八年不穩に亘る行爲ありし廉を以て退學を命ぜらる。同年夏「チフリス」の社會民主黨に入る。一九〇一年「バツーム」に移轉し同地に於て「カンデラク」と共に第一回「マルクス」秘密團體を創立せるも、翌年同地出身の一味と共に逮捕せられ、同年末より一九〇三年末迄在監す。一九〇三年末極東西伯利亞に三年間追放せらる。一九〇八年「バクー」委員會事件の爲め再び逮捕せられ「ヴオログダ」縣に三年の流刑に處せらる。翌年「バクー」に逃走し革命運動に從事し再び逮捕せられ六年間「ソリヴィテエゴードスク」に流されたるも、一年の後「レーニングラード」

に走り數ケ月にして黨中央委員會事件に關聯し投獄せらるゝこと數ケ月、更に「ヴォログダ」縣に三年流刑せらる。一九一一年十二月脫獄せるも翌年四月「ナルムスキー」地方に流さる。同年九月再び「レーニングラード」に現はれ一九一三年三月再び捕へられたる後、「ツールハンスキー」地方、「クーレイカ」村及北極地方に流刑され一九一七年二月革命に至る。二月革命後「プラウダ」「勞働者及兵士」「勞働者の道」「勞働者」諸新聞の主筆たり。

一九一九―二〇年勞農檢査人民委員、共和國革命軍事會議員たり。軍事上の功勞により赤旗勳章を授けらる。「トロツキー」「カーメネフ」「ジノーヴィエフ」等の巨頭と爭ひ美事之に勝ち今や共產黨は全く「スターリン」の一擧手一投足によりて動く有樣なり。

第十二、「トムスキー・エム・ペ」猶太人（黨「ポリトビューロー」員）

一八八〇年十月十八日「レーニングラード」市に生れ小學校卒業後十三歲にして箱製作場に勤め、後石版印刷場に於て指を負傷し解雇せらる。二十一歲の時石版印刷術を修得し、各種の着色石版印刷工場に働く。一九〇五年「レヴアール」市の「ズヴエズダ」工場に入り革命運動に從事し「レヴアール」市の勞働會議を指導す一九〇六年一月勞働會議委員として逮捕せられ、無期懲役に處せらる。服役四ケ月後西伯利亞「ナルイム」地方に流されたるも二ケ月後同地を脫走し「トムスク」市に來りてより匿名「トムスキー」を用ふ。同年再び「レーニングラード」市に來り同地の委員會員となり、「ミハイル・ワシレオストロフスキー」又は「ミハイル・トムスキー」の名にて運動に從事す。一九〇七年春第五回黨大會に於て「レーニングラード」機關より選出せられて、倫敦に赴き同年歸國後間もなく「レーニングラード」委員會々議に於て捕へられ、一ケ年間在監す。一九〇九年五月巴里に開かれたる「プロレタリア」社總會に出席す、同地より中央委員會議長として莫斯科に派遣さる。莫斯科に於ては莫斯科州委員會及「オークルグ」委員會員として活動す。莫斯科委員會の秘密機關紙「勞働者の旗」事件に關聯し「レーニングラード」驛にて捕へられ、一九一一年十一月迄猶夙に監禁さる。其後莫斯科委員會事件のため裁判に附せられ五年の懲役に處せらる。一九一六年四月西伯利亞「レナ」「キレンスク」等へ終身流刑に處せらる。一九一七年四月莫斯科に歸りしも八年間入獄又は流刑に處せられ、黨務に離れし爲め直に黨務に從事することを得ずして「レーニングラード」に赴き「レーニン」と共に勝利を得たる後「ボホロフスキー」及「レーニングラード」委員會に勤む。「レーニングラード」委員會より職業組合の第三回會議に派遣せられ五月機關を設立す。後莫斯科に來り金屬組合に入り雜誌「金屬勞働者」主筆となる。後金屬組合より莫斯科職業組合會議に派遣せられその組合長に選ばる。一九一八年第四回職業組合會議に於て全露中央職業同盟本部幹部會員に選ばれ「職業組合通信」の主筆及莫斯科縣職業組合長となる第二第三回職業組合大會に於て全露中央職業組合長に選ばれ第八回黨大會以來黨中央委員會員となる。

第十三、「トロツキー・レフ・ダウイドヴイチ」本名「ブロンシテイン」猶太人（前黨「ボリトビユーロー」員）
一八七九年農家に生る。九歲迄田舍に育ち後「オデッサ」市の實業學校に入學す。七學年に昇級の時「ニコラエフスク」市に轉じ此時より革命思想を抱く。實業學校卒業後勞働者と氣脈を通じ「南露勞働者同盟」に加入し遂に同志と共に捕縛され「ニコラエフスク」、「ヘルソン」、「オデッサ」、莫斯科、「イルクーツク」、「アレクサンドロフスク」市の獄舍を轉々して後「イルクーツク」縣の「ウスチ・クート」村に流さる。一九〇二年海外に逃れ「ウインナ」市に於は「ウイクトル・アドレル」及其の子「フランツ」と知る。後倫敦に渡り一九〇二年より一九〇五年迄「レーニン」の後を襲ふて「イスクラ」新聞に執筆し且歐洲各都市の露大學生及勞働者間に遊說す。一九〇五年の革命當時「レーニングラード」市「ソヴイエト」議長に選ばる。十二月三日「レーニングラード」市「ソヴイエト」議員と共に流刑に處せられ、一九〇七年二月流刑の途次「ベレゾフ」市より倫敦へ逃亡し、同年夏の共產黨大會に出席し、後墺國に移り「プラウダ」紙を發刊し屢々「レーニン」及其の主義を攻擊す。一九一六年二月末佛國より西班牙へ同國より亞米利加へ追放さる。一九一七年二月革命後歸國の途次加奈陀港にて一ヶ月間抑留せられしも「レーニングラード」市「ソヴイエト」の要求により釋放せらる。「ケレンスキー」臨時政府當時は全く「ボリシエヴイキ」派に傾き「レーニン」と行動を共にして秘密運動に携はる。一九一七年九月「レーニングラード」市「ソヴイエト」議長に選ばれ、同年十月革命には革命の指揮者として絕大なる才能を發揮し、且つ「レーニングラード」軍事革命委員會長として兵力を以て臨時政府を顚覆せり。後外務人民委員として對獨平和會議の衝に當りしも妥協に至らずして引揚げたる爲獨軍再び進入し來れり。彼は其後外務人民委員を辭し陸海軍人民委員及革命軍事會議々長となる。第六回共產黨大會以來引續き黨中央委員會員及「ポリトビユーロー」員たりしも一九二四年以後「スターリン」を頭とする幹部派と確執し、一九二七年十二月の共產黨大會に於て黨除名確認せられたり。

第四節　外交に關する政見及主張

「ソ」聯邦共產黨は獨り自國のみならず世界を擧げて所謂社會主義に化せんとするものにして、一九一七年十一月自國の「ブルジュア」政府を顚覆して政權を掌握するや、直に內社會主義的諸般の施設を實行すると共に、外世界の資本主義に對する攻擊の第一矢として露國帝制政府が諸外國と締結せる條約及公債を無效とし、外國人の財產を沒收し、且帝國主義的世界戰爭を轉じて勞資の階級戰に變ぜんとせり。只同黨は國民に對し卽時平和を約して政權を掌握したる關係上、又事實問題としても過去三年連戰連敗戰爭に厭きたる「ソ」聯邦人民を率ひて資本主義殊に內地深く侵入し來れる獨墺軍と戰ふこと不可能なるを見、先つ獨墺側と平和を締結せり。是れ如何なる高價を拂ふも世界の「プロレタリア」が奮起し社會革命を支持するに至る迄社會主義的「ソ」聯邦を保持せざるべからずとの見解に出發せるものなり。卽「レーニン」の所謂「中休」の平和にして黨は時によりて緩急あるも爾來其の仇敵たる資本主義を顚覆し世界革命を達成する爲手段と方法を選ばず努力を續け、一九一九年莫斯科に第三「インターナショナル」、一九二一年職業同盟「インターナショナル」、一九二三年農民「インターナショナル」等を起し資本主義の充分發達せる文明國（主として西歐諸國）に對しては世界大戰により誘發せられたる勞資の反目を利用し、此等諸國の共産黨を援助して「プロレタリア」の革命運動を起さしめ、社會革命に向つて邁進せしめんとし、又强力なる資本主義國によりて搾取せらるゝ殖民地若は半殖民地に對してはその革命運動が假令「ブルジュア」革命に過ぎずして共産運動と相離るゝこと遠しとするも、同運動が共産主義の敵たる資本主義又は帝國主義に反抗するものなるを以て、社會主義を奉ずる世界唯一の國家たる「ソ」聯邦に對する資本主義國の侵犯を制肘するものなりとの見解の下に之を極力援助せり。

斯かる政策は忽ち聯合諸國の武力干涉を誘致し、「ソ」聯邦は一時所謂沙漠に於ける「オアシス」の如く封鎖孤立の立場に陷ると共に外多大の望を囑せし世界の革命運動は案外擧らず、西歐に於ては一九一九年獨逸及洪國に於て一時共産運動成功したるも間もなく失敗し、世界大戰の結了と共に西歐一般に資本主義の安定を見るに至り、東方に於ける國民運動亦大なる發展を見ざるのみならず、內種々經濟上の困難續出するに至り、共産黨は國內に於て新經濟政策を採用して現實に讓步すると共に對外的にも徒らに挑戰的態度をとりて孤立封鎖の立場に陷ることを恐れ、資本主義國と平和關係を維持し國內經濟復興の爲外資の流入を計らざるべからざることゝなり、債務問題につきても信用を與ふる場合は戰前債務の一部を拂ふことに同意し、資本主義、社會主義相反する兩制度の併存を認め國交を恢復することゝなり、所謂第二の「中休」的平和に入れるものにして、共産黨の外交政策は歐洲の「プロレタリア」が革命を起すか殖民地に革命起るか又は資本主義諸國相互に戰爭を始むる迄此の「中休」的平和を延長せんとするものにして、之が爲には資本主義國間の利害相反するを利用し戰爭を回避すると共に、一時資本主義に對し或る程度の讓步をなし、之と平和關係を維持し經濟關係を發達せしめ以て自國の社會主義産業の發達に資せんとするものなるも、世界革命の策源地として組織せる第三「インターナショナル」共他の國際團體を支持して、「プロレタリア」革命を起さんとする本來の計畫を遂行することを斷念したるものにあらず。

第五節　主要機關紙

「ソ」聯邦共產黨は自ら「プロレタリア」獨裁權の權化を以て任じ、同黨以外の黨派を認めざると共に同黨に反對なる言論を許さざるものなり。從て「ソ」聯邦に於ける新聞紙、雜誌は現在の處、直接間接同黨の機關紙にして共產主義の宣傳機關なり。此等の新聞紙は指導的新聞、勞働者向新聞、農民的新聞、青年向新聞等に分れ、黨中央委員會新聞部は（一）都會勞働者を目的とする新聞の爲（二）農民を讀者とする新聞の爲（三）民族新聞の爲（四）青年共產黨新聞の爲等都合五種の册子を定期に發行し、此等新聞に材料を供給する外、主筆等新聞の幹部には黨員を配し全國の新聞紙を「コントロール」し居れり。今黨の主要機關紙を擧ぐれば左の如し。

（一）「モスコー」市

「プラーヴダ」
　「ソ」聯邦共產黨中央委員會機關紙　日刊　發刊第十三年　主筆「ブハーリン」

「ラボーチヤヤ・ガゼータ」（勞働者用）
　「ソ」聯邦共產黨中央委員會機關紙　日刊　發刊第六年　主筆「マーリツェフ」

「クレスチヤンスカヤ・ガゼータ」（農民用）
　「ソ」聯邦共產黨中央委員會機關紙　日刊　發刊第四年　主筆「ヤーコヴレフ」

「ベドノター」（農民用）

「ソ」聯邦共產黨中央委員會機關紙　日刊　發刊第十年　主筆「ヤーコヴレフ」
「コムソモーリスカヤ・プラーヴダ」（青年川）
青年共產黨中央委員會機關紙　日刊　發刊第四年　主筆「コストロフ」
（二）「レーニングラード」市
「レーニングラードスカヤ・プラーヴダ」
共產黨西北州支部機關紙　日刊　發刊第十六年　主筆「ペトロフスキー」
「スメーナ」
青年共產黨西北州支部機關紙　日刊　發刊第四年　主筆「リホフ」
（三）「ハリコフ」市
「コンムニスト」
「ウクライナ」共產黨中央委員會機關紙　日刊
（四）「ミンスク」市
「ベロルースカヤ・ヴェスナ」（白露語）
白露共產黨中央委員會機關紙　一週二回
「デル・ヴェケル」（猶太語）
白露共產黨中央委員會機關紙　日刊
「ズヴェズダ」　露語）
白露共產黨中央委員會機關紙　日刊

（五）「チフリス」市

「コンムニスト」（「ジオーヤ」語）

「ジオージヤ」共産黨中央委員會機關紙　日刊

第四章　共産主義的國際諸團體

左記の諸團體は表面國際團體にして「ソ」聯邦固有のものにあらざるもその實權は「ソ」聯邦共産黨の掌中にありて一に同黨の指揮監督の下に行動するものなるを以て左に概説すべし。

第一節　共産又は第三「インターナショナル」（略稱「コミインテルン」）

世界各國の共産黨より成る國際團體にして、世界各國に於ける「ブルジュア」政權の顚覆、「プロレタリア」政權の樹立を目的とし世界の革命運動を支持す。其の最高機關は一年一回召集せらるゝ（尤も最近は毎年は召集せられず）世界各國の共産黨大會なり。

大會より大會に至る期間の最高機關は執行委員にして四ケ月毎に總會を開催す。現執行委員會は幹部會員二十五名、同候補者十名より成る。執行委員會は幹部會を互選す。幹部會には青年共産「インターナショナル」及職業組合「インターナショナル」代表者發言權を有して列席す。幹部會は更に政務部を互選す。

一九一九年三月露西亞共産黨の發議によりて莫斯科に發會式を擧げ、爾來大會を開催すること五回現在加盟共産黨員三百萬人に達すと云ふ。

支那共産黨も亦之に加盟し居り、支那の國民運動は之より積極的援助を受くと云ふ。

幹部左の如し（一九二六年十二月改選）

幹部會員（二十五名）

「ブハーリン」（「ソ」聯邦共産黨「ポリトビューロー」員支那問題の權威者なり）「ハラヘル」（英）「ガーケン」「デウンカン」 片山潛（日本）「クレメ」「コラロフ」（勃）「クーシネン」（芬蘭）「ロゾフスキー」（「ソ」聯邦共産黨有力家なり）「マヌイルスキー」（同上）「メルフイ」（英）「ブルフニヤク」（波蘭）「レンメレ」（獨）「ローイ」（印度）「ルーテンベルグ」（米）「セマル」（佛）「セマウン」（インドネシヤ）「シーレン」「スターリン」（「ソ」聯邦共産黨「ポリトビューロー」員にして現時「ソ」聯邦の實權を握る）譚平山（支）「テルマン」（獨）「クラーラ●ツエトキン」（女）「シヤツキン」「シメラル」（チエツコ）「エルコーリ」（伊）

同候補者（十名）

「ボグツキー」（波蘭）「ゲシケ」（獨）「コドヴイラ」「クン」「マツチ」（伊）「モーロトフ」（「ソ」聯邦共産黨「ポリトビユーロー」員）「ピヤトニツキー」（「ソ」聯邦共産黨「ポリトビユーロー」員）「トレン」（佛）「シユツレル」「エムベル、ドロ」

政務部員（九名）

「ブハーリン」「クレメ」「クーシネン」「マヌイルスキー」「ピヤトニツキー」「レムメレ」「ローイ」「シメラル」「エルコーリ」

同候補者（四名）「ロゾフスキー」「モーロトフ」「メルフイ」「エムベル●ドロ」

尙「コミインテルン」は西歐革命の望絶ゆるや、東方諸國殊に支那に對し特別の注意を拂ふことゝなり、東方部を設けたり。十月革命常初波斯方面に活躍せる「ラコーリニコフ」之が部長なりと云ふ。

第二節　青年共產「インターナショナル」（略稱「キム」）

世界各國靑年共產黨の聯合なり。共產「インターナショナル」と目的組織を同うす。

一九一九年伯林に於て發會式を擧ぐ。爾來大會は莫斯科に於て開催することゝせり、現に三百萬の會員を有すと云ふ。

幹部左の如し

書記局「ヴイオヴイチ」「シュレツル」「ギプトネル」

執行委員會

「ゲッセン」「ミルチヤコフ」「ムルタザエフ」「カタルイノフ」「チヤプリン」（以上「ソ」聯邦）「ブレンクレ」（獨）「シヤセン」（佛）「ギルシル」（チエッコ）「ベルチ」（伊）「ブレトリング」（瑞典）「ウイリヤムソン」（米）「ヤング」（英）「パーソネン」（芬蘭）「ロベルト」（勃）「ゴルチッチ」（ユーゴスラヴ）「ル」（支）

第三節　赤色職業同盟「インターナショナル」（略稱「プロフインテルン」）

目的は「プロレタリア」の政權を樹立する爲世界各國の勞働者を糾合するにあり。

最高機關は各國職業同盟代表者より成る大會とす。大會は一年一回以上召集さるべく、大會より大會に至る期間の最高機關は大會の選擧に係る同盟本部なり。本部は年二回召集さる。常務は執行委員會に於て之を行ふ。

一九二二年六月莫斯科に第一回大會を召集せり。現在會員千七百萬人あり會員二十三百萬を有する「アムステルダム」系「インターナショナル」を切崩して各國の勞働者を自派に引き入れんとす。支那職業同盟の一部は二年前より之に加入し居れり。

幹部左の如し

總務局　「ロゾフスキー」

執行委員會

「ブラウデル」（米）　ツヴイケル（獨）　「モレンカムプ」（和蘭）　「アンセルミ」（伊）　「ドガドフ」（「ソ」聯邦）　「レプセ」（同上）支那に旅行したることあり　「ロゾフスキー」（同上）同　「メリニチヤンスキー」（同上）同　「デロベル」（佛）　「シヴアルツ」（チエツコ）　「サムアン」（ジヤワ）

尙「プロフインテルン」も亦特に東方諸國殊に支那に留意するもの丶如く東方部の設けあり。「ヘツレル」之が部長たり。

第四節　農民「インターナショナル」（略稱「クレスチインテルン」）

世界各國に於ける農民の經濟、政治、「コオペラチヴ」團體を提携せしめ、地主及資本家と鬪ふことを目的とす。一九二三年十月莫斯科に組織せらる。

幹部左の如し

總務局　「スミルノフ」「ドムバル」「オルロフ」

幹部會員

「スミルノフ」（「ソ」聯邦）露西亞共和國副總理兼農務人民委員）「ドムバル」（波蘭）「ビュールギ」（獨）「ヴァゼイ」（佛）「ルイドロ」（チェッコ）「ゴロフ」（勃）「ゲロ」（スカンデナヴイヤ）「グリン」（米）「カルヴアン」（メキシコ）林健（日本）「アイ・クワク」（インドネシヤ）

「クレスチインテルン」には特に東方諸國及殖民地部の設置あり「ヴオズネセンスキー」其の部長なり。

附録

「ソヴイエト」聯邦共産黨規則

（一九二七年十二月第十五回大會修正濟）

「ソ」聯邦共產黨規則

第一編　黨　員

第一條　黨ノ綱領ヲ承認シ黨機關ノ一ニ勤務シ黨ノ決定ニ服從シ且黨費ヲ納ムル者ヲ黨員トス

第二條　新黨員ハ政治讀本ヲ習得シ且規定ノ候補年限ヲ經過シタル候補者中ヨリ之ヲ採用ス

候補者ヲ黨員ニ採用スル手續左ノ如シ

一、之ヲ三種ニ分ツ

イ、勞働者竝勞働者及農民出身ノ赤兵

ロ、農民（赤兵ヲ除ク）及他人ノ勞力ニ依ラサル手工業者

ハ、其他（官吏其他）

イ、ヲ更ニ二種ニ分ツ、其ノ一ハ絕エス肉體勞働ヲナス工業勞働者及雜役勞働者ニシテ其ノ二ハ工業以外ノ勞働者竝勞働者及農民「バトラク」（雇傭農業勞働者）出身ノ赤兵トス

二、第一種ノ一、ニ該當スル者ハ一年間黨員タル經歷ヲ有スル黨員二名、二、ニ該當スル者ハ二年間黨員タル經歷ヲ有スル黨員二名、第二種ニ該當スル者ハ二年間黨員タル經歷ヲ有スル黨員三名、第三種ニ該當スル者ハ五年間黨員タル經歷ヲ有スル黨員五名ノ推薦ヲ俟ツテ入黨ヲ許可ス

備考、青年共產黨員ニシテ第一、第二種ニ該當スル者入黨ノ場合靑年共產黨本部ノ推薦ハ黨員一名ノ推薦ニ同ジ

三、他黨ヨリ入黨セントスル者ハ特別ノ場合ニ限リ五年間黨員タル經歷ヲ有スル黨員五名ノ推薦ヲ俟ツテ許可ス右ノ

場合ハ社會的地位ノ如何ヲ問ハス必ス生産細胞《ヤチエーカ》ヲ經由シ中央委員會ノ確認ヲ要ス

備考、中央委員會ハ個々ノ地方黨委員會及民族中央委員會ニ對シ他黨ヨリノ入黨希望者ニ對シ決定的許可ヲ與フルノ權利ヲ許與スルコトヲ得

四、推薦狀ノ審査ハ入黨前之ヲ行ヒ地方委員會之ヲ爲スモノトス

五、入黨問題ハ先ツ細胞之ヲ審査シ黨機關ノ總會ニ於テ之ヲ決定シ黨委員會（第一種ニ對シテハ郡及區委員會《ライオンヌイ》、第二第三種ニ對シテハ地方委員會《オークルグ》及縣委員會）ノ決定ニヨリ效力ヲ生ス

市內區機關ニ於ケル入黨問題ハ黨員總會ニ於テ決定ス千人以上ノ黨員及候補者ヲ有スル區ニ於テハ區委員總會ニ於テ入黨ノ決定ヲナシ別ニ總會ノ認可ヲ要セス

六、他黨ヨリ入黨セントスルモノハソノ社會的地位ノ如何ヲ問ハス五年間黨員タル經歷ヲ有スル黨員五名ノ推薦ヲ要シ必ス縣委員會ノ確認ヲ必要トス

七、二十歲迄（二十歲ヲ含ム）青年（赤兵ヲ除ク）ハ青年共産黨ヲ經テノミ入黨スルコトヲ得

第三條　推薦者ハ被推薦者ニ對シテ責任ヲ負ヒ且何等カ根據ナキ推薦ヲナシタル時ハ脫黨ニ至ル迄ノ黨ノ制裁ヲ受クルモノトス

第四條　候補者ヨリ入黨スル者ノ黨員年限ハ當該細胞總會ニ於テ入黨許可ノ決定ヲナセル日ヨリ之ヲ計算ス

第五條　一ノ機關ノ黨員ニシテ他ノ機關ノ活動地方ニ移住スル時ハ後者ノ黨員タルモノトス

備考、黨員ノ縣內移住ハ縣委員會ノ同意ヲ要シ他縣ヘノ移住ハ黨中央委員會ノ定メタル規則ニヨル

第六條　黨員除名問題ハ同人ノ屬スル機關ノ總會ニ於テ決定シ縣監督委員會之ヲ確認スルカ又ハ縣監督委員會直接之ヲ決定ス而シテ右決定ハ當該縣委員會ノ確認アル場合ノミ效力ヲ有ス而シテ總會若ハ縣監督委員會ノ除名セル日ヨリ被除黨

員ハ黨務ニ從事スルヲ免セラル黨員ノ除名ニ關シテハソノ理由ヲ黨機關紙ニ公表ス

第二編　黨員候補者

第七條　入黨希望者ハ總テ候補者タル經歷ヲ有スルモノニ限ル右候補期間中黨ノ綱領及方針ヲ知ラシメ且同人ノ性質ヲ試驗スルモノトス

第八條　候補者採用手續（種別、被推薦者ノ性質及ソノ檢證、候補者採用ニ關スル機關ノ決定及黨委員會ノ確認）ハ入黨ノ場合ト全ク同シ

第九條　候補者タル期間ハ勞働者竝勞働者及農民出身ノ赤兵ニ對シテハ六ケ月以上、農民及手工業者ニ對シテハ一年其他ニ對シテハ二年ト定ム

備考、他黨ヨリ入黨セントスル者ハソノ社會的地位ニ拘ハラス二年間候補者タルコトヲ要ス

第十條　候補者ハソノ所屬機關ノ公開及秘密集會ニ出席スルヲ得但總會又ハ黨委員會ノ特別決定ニヨリ正黨員以外ノ出席ヲ禁セサル場合ニ限ル黨ノ集會ニ出席スル候補者ハ發言權ヲ有スルモ表決權ヲ有セス

第十一條　候補者ハ通常黨費ヲ地方黨機關會計ニ納付スヘシ

第三編　黨ノ組織

第十二條　黨ノ組織ハ民主的中央集權主義ヲ以テ根本原則トス

第十三條　黨ハ民主的中央集權主義ニ基キ地方別ニ組織セラレ或ル一地方全體トシテノ機關ハ同地方ニ於ケル總ユル部分的機關ニ對シ最高トス

第十四條　總テノ黨機關ハ自治的地方問題ヲ解決ス

第十五條　各機關ノ最高機關ハ總會（「オブシチエ・ソブラーニエ」）會議（「コンフエレンツイヤ」）又ハ大會（「スエズド」）トス

第十六條　總會、會議又ハ大會ハ地方機關ノ執行機關ニシテ其ノ常務ヲ掌理スル委員會ヲ選擧ス

第十七條　黨機關ノ組織左ノ如シ

一、「ソヴイエト」聯邦ニアリテハ聯邦大會、中央委員會

二、州、共和國、縣ニアリテハ州（地方《クライ》）會議、民族共産黨大會、縣會議、州委員會（地方《クライ》委員會）、民族共産黨中央委員會、縣委員會

三、地方《オークルグ》郡ニアリテハ「オークルグ」、郡會議、「オークルグ」郡委員會

四、村（區）ニアリテハ村（「區《ライオン》」）會議、村（「區《ライオン》」）委員會

五、企業、里、赤軍部隊、官衙ニアリテハ細胞總會、細胞本部

第十八條　總テノ黨決定ニ對スル服從、責任、實行及討議ノ順序（上級ヨリ下級ニ）左ノ如シ

聯邦大會、中央委員會、州（地方《クライ》）會議、州（地方《クライ》）委員會、民族共産黨會議、民族共産黨中央委員會、縣會議等

第十九條　黨ノ特務ヲ掌ル爲特別支部ヲ設ク該支部ハ委員會ニ直屬ス該支部組織手續ハ中央委員會ノ特別訓令ヲ以テ之ヲ定ム

第二十條　最終確認ヲ經タル後各機關ハ機關新聞ヲ有スルコトヲ得但當該高級機關ノ認可ヲ要ス

第四編　中央機關

第二十一條　黨ノ最高機關ハ大會トス通常大會ハ少クトモ二年ニ一回、臨時大會ハ中央委員會ノ發議ニ基キ又ハ最終黨大會代表者タル黨員三分ノ一以上ノ要求ニ基キ中央委員會之ヲ召集ス大會ノ召集及其ノ日程ハ大會ノ一ケ月半前ニ之ヲ公布ス臨時大會ハ二ケ月ノ期間內ニ召集ス大會ハ次ノ通常大會代表者タリシ黨員半數以上ノ出席アル場合ニ有效トス

黨大會ニ選擧セラルヘキ代表者ノ割合ハ中央委員會之ヲ定ム

第二十二條　中央委員會ニ於テ前條規定ノ期間內ニ特別大會ヲ召集セサル場合右召集ヲ要求セル機關ハ中央委員會ニ代リテ大會召集ノ權利ヲ行使シ得ヘキ組織委員會ヲ設置スルノ權利ヲ有ス

第二十三條　大會ハ

一、中央委員會、中央監督委員會、中央檢査委員會及其他ノ中央機關ノ報告ヲ聽取シ之ヲ決定ス、

二、黨則及黨ノ綱領ヲ審議シ之ヲ變更ス

三、時事問題ニ關スル黨ノ一般方針ヲ決定ス

四、中央委員會、中央監督委員會、中央檢査委員會ヲ選擧ス

第二十四條　中央委員會ハ大會ノ決定セル人員ヲ以テ選擧セラル

中央委員會員缺員トナリタル場合大會ノ決定セル手續ニ基キ大會ノ定メタル候補者中ヨリ之ヲ補充ス

第二十五條　中央委員會ハ他黨及機關トノ關係ニ於テ黨ヲ代表シ黨ノ各種機關ヲ設立シソノ行動ヲ監督シ其ノ指導ノ下ニアル機關新聞モ筆ヲ任命シ一般社會的性質ヲ有スル企業ヲ營ミ且ツ之ヲ指導シ黨員及資金ノ割當、中央金庫ノ監理ヲ爲ス

中央委員會ハ黨機關ヲ經テ中央「ソヴィエト」及一般社會事業ヲ指導ス

中央委員會ハ三ケ月ニ一回以上ノ會議ヲ開催ス中央委員會員候補者ハ中央委員會議總會ニ出席シ發言權ヲ有ス

第二十六條　中央委員會ハ左ノ機關ヲ設置ス
政治事務ヲ司ル爲——政務委員會《ポリトビューロー》
組織的事務指導ノ爲——組織委員會《オルグビューロー》
組織及執行ニ關スル常務ノ爲——書記部《セクレタリアト》
第二十七條　中央委員會ハ黨大會ヨリ黨大會ニ至ル期間ニ於テ年一回地方黨機關代表者ヨリ成ル聯邦共産黨全國會議（「コンフエレンツイヤ」）ヲ召集ス
第二十八條　中央委員會ハソノ事業經過ヲ定期的ニ黨機關ニ報告ス
第二十九條　中央監督委員會ハ黨大會ノ決定スル所ニヨリ選擧セラル
第三十條　中央檢査委員會ハ十ケ年以上黨員タルノ經歴ヲ有スル三名ノ委員ヨリ成ル
中央檢査委員會ハ左ノ事項ヲ檢査ス
一、黨中央機關事業ノ急速且正確ニ進捗シ居ルヤ否ヤ、共産黨中央委員會書記局ノ整頓シ居ルヤ否ヤ
二、共産黨中央委員會ノ會計及企業

第五編　「オーブラスチ」州（地方《クライ》）機關

第三十一條　黨機關ハ共産黨中央委員會ノ許可ヲ得テ州（地方）團體ニ合同スルヲ得州（地方）ノ境界ハ州（地方）會議之ヲ決定シ中央委員會之ヲ確認ス
第三十二條　「ソヴイエト」聯邦及露西亞社會主義聯邦「ソヴイエト」共和國ヲ組織スル民族共和國ノ黨機關ハ黨ノ州（又ハ縣）機關ト同樣共産黨中央委員會ニ直屬ス

第三十三條　州（地方）委員會（若ハ中央民族共產黨委員會）ハ州（地方）會議（若ハ民族中央委員會大會）ニ於テ之ヲ選擧ス

備考、地方及之ト同等ノ委員會ノ幹部會若ハ本部ハ中央委員會之ヲ確認ス

第三十四條　州經濟機關（經濟會議其他）ノ所在地及中央ヨリ非常ノ遠隔ノ地方ニハ中央委員會ノ特別決定ニ基キ中央委員會州支部ヲ設ク該規定ハ中央委員會ニテ其ノ都度之ヲ定ム

中央委員會州支部ハ中央委員會ニ對シテノミ責任ヲ負フ

第三十五條　州（地方）通常會議（若ハ民族黨大會）ハ年一回州（地方）委員會（民族中央委員會）之ヲ召集ス其ノ臨時會議ハ州（地方）委員會若ハ同州（地方）內黨員半數ノ許可ヲ得テ之ヲ召集スルコトヲ得

州（地方）會議（民族大會）ニ對スル代表率ハ州（地方）委員會（民族中央委員會）之ヲ定ム

州（地方）會議（民族大會）ハ州（地方）委員會（民族中央委員會）監督委員會、檢査委員會其他ノ州（地方）機關ノ報告ヲ聽取シ之ヲ決定シ州（地方）又ハ共和國ニ於ケル黨「ソヴィエト」經濟職業組合問題ヲ審議シ州（地方）委員會、州（地方）監督委員會、檢査委員會ヲ選任ス

第三十六條　州（地方）委員會ハ常務ヲ掌理スル爲五人以上ヨリ成ル幹部會ヲ置ク

州（地方）委員會（民族中央委員會）ハ同州（地方）內各種機關ヲ設置シソノ監督ノ下ニアル機關新聞主筆ヲ任命シ全州的意義ヲ有スル企業ノ組成及經營ヲナシ同州（地方）內黨員ノ配置及資金ノ分配、州（地方）會計ノ監督ヲナス、州（地方）委員會（民族中央委員會）ハ黨各機關ヲ經テ「ソヴィエト」機關、職業同盟、消費組合其他ノ組合ノ行動ヲ支配シ且直接青年共產黨機關ノ事業ヲ行ヒ及中央委員會ノ定メタル一定期限內ニ一定形式ニ從ヒソノ事業ヲ詳細ニ中央委員會ニ報告ス

州（地方）委員會（民族中央委員會）ハ二ケ月ニ一回會合ス

第六編　「グベールニヤ」縣機關

第三十七條　縣通常會議ハ年一回以上縣委員會之ヲ召集シ其ノ臨時會議ハ縣委員會若ハ同縣內黨員三分ノ一ノ決定ニヨリ之ヲ召集ス縣會議ハ縣委員會、縣監督委員會、檢査委員會ソノ他ノ縣機關ノ報告ヲ聽取決定シ當該縣ノ黨「ソヴィエト」經濟及職業組合ノ事業ヲ審議シ縣委員會、縣監督委員會及「ソヴィエト」大會代表者ヲ選任ス

第三十八條　縣委員會ハ縣會議之ヲ選任シ而シテ該委員會委員ニハ縣勞働機關及其他ノ縣內勞働機關ノ勞働者ヲ必ス選任スルモノトス

縣委員會ハ常務ヲ掌理スル爲メ五名以上ヨリ成ル幹部會ヲ設ク幹部會員中三名以上ハ專ラ黨務ニノミ從事スルモノトス

縣委員會書記タルニハ七年間ノ黨員タル經歷ヲ有シ上級黨機關ノ承認ヲ經タル者ニ限ル（但シ上級黨機關ノ承認ヲ得タル場合ニ於テハ黨員タル經歷期間ノ例外ヲ認ム）

第三十九條　縣委員會ハ州（地方《クライ》）委員會又ハ中央委員會ノ許可ヲ得テ郡及區《ライオン》機關ヲ確認シ同縣內各種機關ノ設立及之カ指導、ソノ監督ノ下ニアル機關新聞主筆ノ任命、縣的意義ヲ有スル組合ノ組織、黨員ノ配置、資金ノ分配及縣會計ノ監督ヲナス

縣委員會ハ黨各種機關ヲ經テ職業組合、消費組合ノ行動及直接青年共產黨ノ行動ヲ指揮ス縣委員會ハ中央委員會ノ決定セル期限內及形式ニ從ヒソノ事業ヲ詳細ニ中央委員會ニ報告スルヲ要ス自治州委員會ハ縣委員會ニ等シ

第四十條　縣委員會ハ會議閉會中總會又ハ市機關ノ會議ニ對シ定期ニ報告ヲ爲スノ外直接ソノ支配スル郡及地方委員會代表者ヨリ成ル混合會議及縣會議ヲ召集ス

第四十一條　必要ニ應シテ縣內都市ニ地方機關ヲ設ク右機關ハ直接縣委員會ノ支配ヲ受クル郡ノ機關ニ準ス

第七編　「オークルグ」機關

第四十二條　「オークルグ」會議ハ一年一回以上「オークルグ」委員會之ヲ召集シ其臨時會議ハ「オークルグ」委員會若ハ「オークルグ」內黨員三分ノ一ノ決定ニ基キ之ヲ召集ス

「オークルグ」會議ハ「オークルグ」委員會、監督委員會、檢査委員會又ハ其他ノ「オークルグ」機關ノ報告ヲ聽取決定シ「オークルグ」委員會、監督委員會、檢査委員會又ハ黨聯邦大會代表者ヲ選任ス

第四十三條　會議ノ選任セル「オークルグ」委員會委員ニハ「オークルグ」勞働組合及其他組合勞働者ヲ選任スルヲ要ス

第四十四條　「オークルグ」委員會ハ一ケ月一回以上會合ス「オークルグ」委員會ハ常務ヲ掌理スル爲該委員會員五名以上ヨリ成ル幹部會ヲ設ク

該幹部會中三名以上ハ黨務ニノミ從事スルモノトス

「オークルグ」委員會書記タルニハ五ケ年間黨員タル經歷ヲ有シ上級機關ノ確認ヲ得タル者ニ限ル（上級機關ノ許可アリタル場合ハソノ經歷年限ニ例外ヲ認ム）

第四十五條　「オークルグ」委員會ハ「オークルグ」機關及黨細胞《ヤチエーカ》（地方機關）ヲ確認シ更ニ之カ確認ヲ得ル爲州（地方）委員會（若ハ民族中央委員會）ニ具申シ同「オークルグ」內黨機關ノ設置其ノ監督及其ノ監督下ニアル機關新聞主筆ノ任命、各種企業ノ組織同「オークルグ」內黨員ノ配置及資金ノ分配「オークルグ」會計ノ監督ヲナス「オークルグ」委員會ハ黨ノ各機關ヲ經テ「ソヴィエト」職業組合、消費組合其他ノ組合ノ行動ヲ指揮シ且直接青年共產黨ノ事業ヲ統轄ス「オークルグ」委員會ニ中央委員會ノ確認セル一定期限內ニ一定形式ヲ以テソノ事業ヲ州《クライ》（地方）委員會（又ハ民族

中央委員會）ニ報告ス
第四十六條　「オークルグ」委員會ハ「オークルグ」會議閉會中總會若ハ市會議又ハ區《ライオン》機關ニ對シ定期ニ報告ヲナスノ外「オークルグ」委員會及黨細胞《ヤチエーカ》（直接其支配ヲ受クル）ノ代表者ヨリ成ル混合委員會若ハ「オークルグ」會議ヲ召集ス
第四十七條　「オークルグ」内ノ大都市ニハ上級黨機關ノ許可ヲ得テ縣都市「ライオン」委員會同格ノ「ライオン」機關ヲ設置スルコトヲ得

第八編　「ウエズト」郡機關

第四十八條　郡會議ハ郡委員會、監督委員會、檢査委員會ノ報告ヲ聽取決定シ同郡内黨、「ソヴィエト」經濟、職業組合ノ事業ヲ審査シ委員會、檢査委員會及縣會議代表者ヲ選任ス
會議ハ六ケ月ニ一回之ヲ召集ス
第四十九條　郡委員會ハ郡會議之ヲ選任ス郡委員會ハ五名乃至七名ヨリ成ル幹部會ヲ設ク該幹部會員中三名以上ハ黨務以外總ユル業務ニ從事スルヲ免除セラル
郡委員會書記タルニハ三年間黨員タル經歷ヲ有シ且上級機關ノ確認ヲ要ス但ソノ許可ヲ得タル場合ハ黨員タル經歷期間ニ例外ヲ認ム
第五十條　郡委員會ハ縣委員會ノ許可ヲ得テ村區機關及黨細胞ヲ認可シ各種黨機關ノ設立及之カ監督ヲナシ且郡的意義ヲ有スル各種企業ヲ設立シ村細胞代表者ヨリ成ル會議ヲ開催シ黨會計ヲ監督ス
備考、郡内黨ノ機關新聞及印刷物發刊權ハ黨委員會ニノミ屬ス（但縣委員會ノ認可ヲ要ス）
第五十一條　郡委員會ハ黨機關ヲ經テ郡執行委員會、職業組合其他ヲ指導シ且直接青年共産黨ヲ管轄ス

第九編　「ヴオーロスチ」村（區）機關

第五十二條　村ノ最高機關ハ黨員總會トス
第五十三條　村（區）總會ハ一ケ月一回以上召集セラル右總會ハ
一、黨員加入及除名問題ノ決定
但上級機關ノ確認ヲ經ル爲右決定書ヲ提出スルヲ要ス
二、村（區）委員會ノ報告ヲ審議決定
三、村（區）委員會ノ選任
四、郡其他ノ會議代表者ノ選擧
五、村（區）執行委員會ニ於ケル黨機關ノ報告ヲ聽取決定ス
備考、總會ヲ召集スルコト困難ナル大村（區）ニアリテハ村（區）會議ヲ以テ總會ニ代ユルコトヲ得
右會議ハ三ケ月ニ一回召集ス
第五十四條　村（區）委員會ハ村（區）黨員集會若ハ會議ニ於テ之ヲ選任ス但シ任期ハ六ケ月トス
村委員會書記タルニハ一年間黨員タル經歷ヲ要ス
備考、三以下ノ里細胞ヲ有スル村ニハ村委員會ヲ設ケス郡委員會ハ村ノ中心細胞ヲシテ各村機關ノ黨務ヲ委任ス
第五十五條　村（區）委員會ハ一週一回以上會合ス
第五十六條　村（區）委員會ハ該村（區）內ノ各種機關ノ事業ヲ監督シ黨員ノ登記、出版物ノ配布、會合、講演等ヲ行ヒ新細胞ノ組織及ソノ認可ヲ得ル爲郡委員會ニ具申シ村（區）黨會計ヲ監督シ一ケ月一回ソノ事業ヲ郡委員會ニ報告シ黨

機關ヲ經テ村（區）執行委員會ノ業務ヲ監督ス

第十編　黨　細　胞

第五十七條　黨細胞ヲ以テ黨ノ基本機關トス細胞ハ「オークルグ」郡及區《ライオン》委員會之ヲ確認シ三名以上ノ黨員ヨリ成ル

第五十八條　多數勞働者ヲ有スル大企業ニアリテハ全企業ヲ包含スル全工場細胞內ニ「オークルグ」（郡）委員會若ハ區（郡會內）委員會ノ許可ヲ得テ勞働者ノ職業別ニヨル細胞ヲ設クルコトヲ得

第五十九條　細胞ハ黨ノ指導機關ト同地ノ勞働者及農民ノ連絡機關トス

細胞ノ任務左ノ如シ

一、黨ノ各種決定及決議ノ施行

二、新黨員ノ勸誘及訓練

三、組織宣傳ニ關シ地方委員會ヲ援助スルコト

四、黨機關トシテ露國ノ經濟上政治上ノ問題ニ付積極的ニ干與スルコト

第六十條　常務ヲ司ル爲細胞內ニ幹部會ヲ設ク但任期ハ六ケ月トス細胞ノ書記タルニハ一年以上黨員タル經歷ヲ必要トス但區（郡）若ハ地方（都市內）委員會ノ認可アル場合ハ例外ヲ認ム

第十一編　監　督　委　員　會

第六十一條　黨ノ團結及權威ノ保持、善良ナル勞働者ノ入黨、黨綱領及黨則違反者ノ取締各種「ソヴィエト」機關ニ對スル黨綱領ノ適用、「ソヴィエト」及經濟機關ノ改善及發達ノ爲メ全國大會、州、地方、縣「オークルグ」會議ニ於テ監督

委員會ヲ選任ス該委員會ハ之ヲ選任セル當該機關ニ對シ責任ヲ負フ

備考、「オークルグ」監督委員會ハ共產黨中央委員會又ハ中央監督委員會ノ許可ヲ得テ之ヲ設クルコトヲ得

第六十二條　監督委員會ノ決定ハ當該黨委員會ニ於テ之カ變更ヲナスヲ得ス但當該委員會ノ承認ヲ得タル場合ニ於テノミ有效ニシテ其ノ施行ハ當該委員會之ニ當ル

委員會ノ承認ナキ場合ハ之ヲ協同會議ニ附議ス若シ委員會トノ間ニ協定成立セサルトキハ該問題ハ之ヲ當該黨會議若ハ上級監督委員會又ハ黨大會ノ決定ニ移ス

第一章　中央監督委員會

第六十三條　中央監督委員會ハ主トシテ黨「ソヴィエト」經濟又ハ生產事業上ノ實地經驗ヲ有スル勞働者及農民中ヨリ黨大會之ヲ選任ス直接中央監督委員會若ハ勞農檢査ノ事務ニ從事スル爲任命サレタル中央監督委員會委員ハ少ク共十年間黨員タル經歷ヲ有スルヲ要シ地方機關ニ働ク中央監督委員會委員ハ七年以上ノ黨員タル經歷ヲ有シ現ニ勞働者タルコト農民ナル場合ハ五年間ノ黨員タル經歷ヲ有スルヲ要ス

第六十四條　中央監督委員會委員ハ同時ニ中央委員會委員タルヲ得ス且行政上、經濟上ノ職務ニ就クヲ得ス

備考、共產黨中央委員會及中央監督委員會幹部會ノ特別許可アル場合ハ例外ヲ認ム

第六十五條　中央監督委員會ハ大會ヨリ大會ニ至ル期間三ケ月ニ一回通常總會ヲ開催ス總會ヨリ總會ニ至ル期間ニ於ケル中央監督委員會機關ノ常務ヲ掌理スル爲メ二十一名ノ委員及九名ノ候補者ヨリ成ル幹部會ヲ、幹部會ノ執行機關トシテ書記局、共產黨ノ紀律黨則、黨綱領違反事件審議ノ爲メ「コレーギヤ」ヲ設ク

第六十六條　中央監督委員會委員ハ聯邦、民族、地方、州、縣「オークルグ」郡其他ノ黨大會及會議並其他ノ總會、集會、會議ニハ發言權ヲ有シテ出席ス黨中央委員會總會ニハ中央監督委員會委員及候補者ノミ參加ス

中央委員會及中央監督委員會協議會ヲ召集スル場合ハ中央監督委員會委員ハ表決權ヲ有シテ出席ス
中央監督委員會幹部會ハ中央委員會政務委員會參加ノ爲四名ノ幹部會員及四名ノ候補及中央委員會組織委員會及書記局會議參加ノ爲五名ノ幹部會員及五名ノ候補ヲ任命ス但右委員ハ發言權ヲ有スルノミ

第六十七條　中央監督委員會ハソノ權限ノ範圍內ニ於テ總テノ黨員及黨機關ニ對シ命令スル權利ヲ有ス

第二章　民族、地方、州、縣及（オークルグ）監督委員會

第六十八條　民族、地方、州、縣「オークルグ」監督委員會委員及同候補數ハ機關ノ勢力、地方ノ經濟狀況其他ノ特徵ニ從ヒ中央監督委員會之ヲ決定ス監督委員會委員及同候補ハ主トシテ黨務ニ忠實ナル勞働者及農民ヨリ之ヲ選任シ民族、地方及州監督委員會ニアリテハ七ケ年以上共他ノ監督委員會ニアリテハ五ケ年以上黨員タル經歷ヲ有スル者ナルコトヲ要シ且當該黨「ソヴイエト」職業組合ノ事務ニ熟練シ黨及「ソヴイエト」ノ監督ヲナスニ足ルヘキ實力ヲ有スル者ナルコトヲ要ス

備考、但中央監督委員會及中央委員會ノ許可アル場合ハ例外ヲ認ム

第六十九條　監督委員會委員ハ同時ニ黨委員會委員タルヲ得ス且責任アル行政上ノ職務ニ就クヲ得ス

備考、但中央監督委員會ノ許可アル場合ハ此ノ限ニ非ス

第七十條　監督委員會總會ハ幹部會及黨「コレーギヤ」ヲ選任シ且勞農檢査「コレーギヤ」員ヲ指命ス

第七十一條　監督委員會委員及同候補ハ當該黨委員總會、黨會議及會合ニ發言權ヲ有シテ出席ス監督委員會幹部會ハソノ委員ノ一部ヲシテ當該黨支部會議ニ發言權ヲ有シテ參加セシム

第七十二條　監督委員會議ノ決定ト黨委員會トノ決定カ一致セサル時ハ協議會ヲ開催ス

第七十三條　監督委員會ハソノ權限內ニ於テ黨員及黨機關ニ命令スルコトヲ得

第三章　監督委員會代表

第七十四條　監督委員會機關ト下級黨機關及多數勞農民衆トノ關係ヲ密接ナラシムル爲メ「オークルグ」及郡ノ黨機關內ニ監督委員會代表機關ヲ設ク

第七十五條　監督委員會代表者ハ黨務ニ熱心ニシテ五年以上黨員タル經歷ヲ有スル勞働者及農民中ヨリ「オークルグ」及郡機關之ヲ選任ス但當該監督委員會ノ確認ヲ要ス

備考、監督委員會委員中ヨリ代表ヲ選任スルヲ可トス

第七十六條　地方ノ政治經濟上最モ深キ關係ヲ有スル監督委員會代表ハ黨務以外ノ總ユル業務ニ從事スルヲ免除セラル

第七十七條　監督委員會代表ハ當該黨委員會、黨會議、集會、集合ニ發言權ヲ有シテ參加ス

第十二編　陸海軍內ノ黨機關

第七十八條　陸軍及海軍內ノ黨務ハ陸海軍政治部之ヲ掌理ス陸海軍政治部ハ其ノ任命スル政治支部（方面軍、軍管區、艦隊、軍、師團）軍事委員會及當該軍會議ヲ經テ黨務ヲ掌理ス

陸軍及海軍內細胞及黨員團ハ中央委員會ノ確認セル特別訓令ニ基キ行動ス

第七十九條　軍管區、艦隊、軍ノ政治部長タルニハ七年間黨員タル經歷ヲ要シ師團旅團ノ政治部長タルニハ三年間黨員タル經歷ヲ必要トス

第八十條　黨委員會ハ黨員及候補者ノ加入、除名問題ヲ審議シ黨綱領及黨則違反ノ取締ヲナス委員會委員タルニハ三年間黨員タル經歷ヲ必要トス

第八十一條　陸海軍內ニ於ケル黨員及候補者ノ任命移動ノ權利ハ當該黨機關ニ屬ス

赤軍內ノ黨務指導者（司令官及政治部員）ノ移動ニ關スル黨機關トノ協定手續ハ中央委員會ノ訓令ニヨリテ之ヲ定ム

第八十二條　政治機關ハ地方黨委員會ト密接ノ關係ヲ保ツヲ要ス候補採用、候補ノ黨員昇格、黨則違反取締ニ付キテハ地方委員會及監督委員會ハ絕エス師團及軍管區黨委員會ヨリ報告ヲ徵シ且之ニ訓令ヲ發シテ監督ヲナス

第十三編　紀　律

第八十三條　全黨員及全黨機關ノ第一ニ守ルヘキ義務ハ黨紀ノ嚴正ナリ黨本部ノ決定ハ急速且正確ニ遵守スルヲ要ス右決定迄ハ黨內部ノ總ユル紛爭問題ニ關スル議論ハ完全ニ自由トス

第八十四條　黨ノ輿論ニヨリ犯罪ト認メラルル黨上級機關ノ決定不履行及其他ノ過失アルトキハ國體ノ場合ハ譴責、臨時委員會ノ設立、登記變更（機關ノ解散）トナリ黨員ノ場合ハ黨ノ譴責公然ノ譴責、責任アル黨務及「ソヴイエト」勤務ノ免除、黨員除名（行政司法官憲ニ對シ如何ナル過失ニヨリ除名シタルヤヲ通知スル場合アリ）黨ノ懲戒手段トシテ再ヒ候補者トナスコトナシ

第八十五條　懲罰事項ハ裁判規定ニ基キ一般手續ニ從ヒ總會又ハ監督委員會之ヲ審議ス

第十四編　資　金

第八十六條　黨資金ハ黨員ノ納金、黨最高機關補助金及其他ノ收入ヨリ成ル

第八十七條　黨員及候補者ヨリ徵收スル納金ハ勞銀ノ五厘以上トス納金ハ收入ニ應シテ之ヲ四種ニ分ツ第一種ハ五厘、第二種ハ一分、第三種ハ二分、第四種ハ三分トス

第八十八條　農民ノ如キ收入ノ一定セサル黨員ノ納金ハ地方縣委員會之ヲ定ム

第八十九條　失業者及社會的保護ヲ受クル者（廢兵、老齡者）ハ全然黨員納金ヲ免除セラル

第九十條　入黨金ハ候補者採用ノ際勞銀ノ三分ヲ課シ何人ト雖モ免除セラルルコトナシ

第九十一條　充分ノ理由ナク三ケ月ニ亘リ納金ヲ支拂ハサル黨員及候補者ハ之ヲ除黨者ト認メ此旨總會ニ報告ス

第九十二條　黨員ノ納金支拂及免稅手續ハ特別訓令ヲ以テ之ヲ定ム

第十五編　共産黨以外ノ團體內ニ於ケル黨員團《フラークツア》

第九十三條　三名以上ノ黨員ヲ有スル總ユル大會、會議及選擧機關（「ソヴィエト」職業組合、「コオペラチーヴ」等）ニ黨員團ヲ設クソノ目的ハ各方面ニ對スル黨勢ノ擴張、黨外ニ對スル黨政策ノ施行、前掲企業及機關事業ノ監督ニアリ

常務ヲ處理スルタメ黨員團ハ幹部會ヲ選任スルコトヲ得

第九十四條　黨委員會ニ於テ或ル機關內ノ黨員團ニ關スル問題審議ノ場合ニハ黨員團ハ當該委員會議ニ發言權ヲ有スル代表者ヲ出席セシムルモノトス

第九十五條　黨員團ハ總テ當該黨機關ニ服從ス總ユル問題ニ關スル當該黨機關ノ決定ハ黨員團ニ於テ嚴正ニ遵奉スルヲ要ス委員會ハ黨員團ノ團員ヲ移動スル權利ヲ有ス但右ノ理由ニ關シ黨員團ニ通告スルヲ要ス而シテ右團員ノ移動ハ黨則及黨員團ノ從事スル黨外機關ノ規定ニ從ヒテ之ヲ行フモノトス

黨員團ノ內部及常務ハ自治トス

黨委員會ト黨員團トノ間ニ黨員團ノ權限ニ屬スル何等問題ニ付意見ノ相違ヲ生シタル場合ニハ委員會ハ本問題ニ付黨員團代表者ト更ニ審議シテ最終ノ決定ヲナシ黨員團ハ右決定ヲ急速ニ實行スルモノトス

第九十六條　黨員團ノ從事スル機關ニ於ケル最モ重要ナル職務ノ候補者ニ付黨員團ハ當該黨機關ト共同シテ指名ス

轉職ノ場合モ同一手續ニ依ル
第九十七條　政治的意義ヲ有シ且黨員團ノ審議ヲ要スル問題ハ總テ委員會代表者ノ參加ヲ待ツテ審議スルヲ要ス
第九十八條　黨員團ノ從事スル黨以外ノ機關ノ決定ヲ要スル主義上ノ問題竝共產黨員ノ共同動作ヲ必要トスル問題ハ黨員團ノ總會又ハ幹部會ニ於テ豫メ審議スルヲ要ス
第九十九條　或ル黨以外ノ機關ノ黨員團ニ於テ決定セラレタル問題ニ關シテハ黨員團ハ當該機關ノ總會ニ於テ一致投票スルヲ要ス之ニ反シタルトキハ黨則ノ一般手續ニ基キ懲罰ニ付ス
第百條　黨以外ノ機關ニ於ケル黨員團ハ其ノ下級機關ニ於ケル黨員團ト直接通信セス黨員團ニ於テ黨ノ方針ニ基ク自己ノ決定ヲ實施セントスル場合ハ當該黨委員會ヲ經テ之ヲ爲ス（委員會書記及黨員團幹部會員之ヲ署名ス）

洪牙利國の政黨（一九二七年十月調査）

緒言

洪牙利は由來立憲王國にして、其の立法府は兩院制度なりしが、大戰の末期革命の亂あり、一九一八年十一月十六日、「カーロイ」伯(Károly Mihály Grof)を大統領とする洪牙利國民共和國成立するや、右の制度を廢して單院の臨時國民議《ネムゼティジュレー》會《シュ》(Nemzeti Gyülés)を以て之に代へ、以て「クン。ベーラ」(Kun Béla)一味の共產黨革命あり、一九一九年三月二十二日を以て無產黨の獨裁政治宣布せられ、右國民議會も解散せられたり。然るに洪牙利國民は其の恐怖政治を惡み、反動政府を樹て以て同黨を驅逐し、同年八月七日國民議會を復活し、更に一九二〇年一月及二月に亘り、普通選擧に依る改選を行ひたる結果、右翼合同の勝利に歸し、二月二十八日の法律を以て、同議會自から立法府たることを確認し、三月一日には一九一八年及一九一九年の革命は、事實上の一故障にして、法律上洪國が君主國（空位の儘君主國）たるの性質を害するものに非ずと宣言し、同時に海軍大將「ホルティー。ミクローシュ」(Horthy Miklós)を攝政（Kormányzo、獨譯Reichsverweser）に選立し、多少制限の下に王權の行使を委任し、又全「ハップスブルグ」家の王位繼承權なきこと、及新權法の制定には國民議會自から之に當ることを定めたり。後一九二二年の改選を經、一九二六年に至り、政府は上院復活案を同議會に提出したる處、十一月十一日之が協讃を得たる爲、洪國の立法府は玆に初めて舊態に復し、上下院より成る國會《オルサーグジュレーシュ》と（Országgyülés）なりたり。

現在の洪國下院は、一九二六年十二月の總選擧に依り成立し、議會總數二百四十五名を算し、左記諸黨の代表者を網羅す。

一、基督小地主農民及市民黨（統一黨又は「べートレン」黨）

二、基督社會經濟黨（基督社會黨）

三、社會民主黨

四、國家民主黨

五、洪牙利國民獨立黨（種族保護黨）

六、洪牙利農民黨

七、四十八年獨立黨（「ゴッシウト」黨）

八、無所屬

右の內、一及二は政府黨にして、合して總議員の三分の二以上を占め、大體穩健保守黨主義を奉じ、極左黨及極右黨の過激なる行動を排斥す。

洪國の政黨としては、右の外國王問題を政治問題の首位に置き、「ハップスブルグ」家の復辟を强調する「アンドラッシィ」（Andrassy）黨等あれども、國際關係の現狀、及大同團結、政權確立の必要に鑑み、國王問題を政治上の現實問題と認めざる主義を執りたる現「べートレン」內閣の激烈なる選擧干涉の結果、這般の總選擧に於て、其の候補者は殆皆落選したり。

現在の洪國上院は前述の如く一九二六年十一月十一日の法律を以て設置せられ、翌二七年春初めて開院せられたるものなるが、議員總數二百三十五名にして、左の諸要素を以て構成せらる。

一、世襲議員（四大公）

二、官職又は榮位に因る議員（顯官及宗敎代表者）
三、選擧に因る議員（華族間互選議員、自治體選出議員及各種團體選出議員）
四、勅選議員（終身議員及醫師會代表者）
此の中、政府黨員を以て目せられたる者、凡そ九割以上を占む。

敍上の如く、政府黨は現在上下兩院を通じ、絕對多數を占め、其の爲さんと欲する所にして能はざるものなき有樣なり。是れ現「ベートレン」政府の、選擧干涉及懷柔政策もさることながら、主として左翼革命政府治下の不安に懲りたる洪國民の、右傾思想の發露と目すべきものなるべし。

第一章　洪國政黨の名稱及綱領

第一節　政府黨

一　基督小地主農民及市民黨（統一黨）

本黨は其の名の示す如く、數箇の黨派を合同統一したるものなる爲統一黨の別命あり、又黨首の名に依り「ベートレン」（Bethlen）黨と呼ばるることあり。

本黨は穩健なる保守主義を持し、基督敎的世界觀に立脚し、國家思想と自由主義との調和を圖り、階級的差別の存在を認めず、土地制度を改革し、小地主及農民を保護し、社會政策の實行に依り、有識中產階級の地位を改善し、以て眞に國家社會の中堅たらしめ、之と地主及農民等との協力を奬め、且通商及交通に關する制限の撤廢、國民負擔の輕減及產業振興策の確立を主張す。

二　基督社會經濟黨（基督社會黨）

加特力敎的世界觀に基き、國民の個人的、社會的及政治的生活を善導せんとす。黨員は總て加特力敎徒なるが故に、國王問題に付ては、正統派に屬するものと認めらる。近來「プロテスタント」とは多少諒解を得るに至りしも、猶太敎徒に對しては依然排斥の態度を取る。其の他に付ては、大體前記統一黨の主義に步調を合せ居れり。

第二節　左翼反對黨

一　社會民主黨

故「ワージョニ・ウルモシュ」の『國家民主々義』に基き、陽に國家思想の涵養を主張するも、實は「マルクス」の思想を信奉し、共和政治乃至階級鬪爭、國際主義及世界革命を理想とするものと認めらる。從て共產黨の設立を許さざる洪國に於ては、共產主義者は、本黨內に避難し居るものと推せらる。

本黨は政府の極左黨驅逐の苦肉策たる、地方記名投票制度の全廢を主張し、出版及言論の自由に對する保障を要求し、又資本の社會化を標語とす。

二　國家民主黨

黨首「ラッシァイ・カーロイ」（Rassay Károlyi）の名に依り「ラッシァイ」黨と呼はるゝことあり。急進的民主自由主義にして、經濟政策としては放任主義を高唱し、又社會民主黨と同じく、一般無記名投票制度の採用を要求す。

第三節　右翼反對黨

一　洪牙利國民獨立黨（種族保護黨）

極端なる「マジアール」(Mag yar)國粹主義にして、大いに猶太人を排斥し、猶太人は洪牙利に移住し來れる異人種にして、國家觀念を危殆ならしむる國際主義者なり、其の現有する社會的及經濟的優越を除去し、之を洪牙利人《マヂアール》に返還せしめ、眞に洪國をして洪人の國家たらしめんと主張す。

二　洪牙利農民黨

國家の中堅たるべきものは中產地主たる洪牙利人なる爲、特に此の階級の社會的及經濟的利益を擁護すべしと主張す。

三　四十八年獨立黨

一九四八年「コッシウト」(Kossuth Lajos)の創立する所にして、其の强烈なる獨立的精神を繼承し、洪牙利の完全なる獨立、及「ハップスブルグ」王統の徹底的排斥を目的とす。本黨は「コッシウト」黨の別稱あり。

第四節　無所屬

一　「アッポーニイ」伯

「アッポーニイ」伯は「コッシウト」と騈び、洪牙利獨立運動史を飾れる志士なる爲、目下元勳(“Grand old man”)とし同國議會に於ても特別の敬意を表せらる。「カトリック」敎的世界觀に立ち、自由主義を唱ふ。

二　黨外團

前首相「ステフアン・フリードリッヒ」、前外相「ゲラーツ・グスターヴ」等總數九人あり、一人一黨主義を標榜するも、其の中四人は政府派を以て目せらる。

第二章　各政黨の成立の由來及勢力

第一節　政府黨

一　基督小地主農民及市民黨（統一黨）

基督小地主農民及市民黨は往時の基督國民黨、小地主黨、農民黨、市民黨及「コッシウト」殘黨等、諸黨派の合同黨にして、現首相「ベートレン」(Bethlen)伯の手に依り、完成統一せられたるものなり、故に之を通常統一黨と稱し、又「ベートレン」黨と呼ぶことあり。

初め「ベートレン」伯、一九二一年四月「テレキー」(Teleki)伯の後を承け內閣を組織するや、政局の安定と、權力の確立の爲、絕對多數黨の必要を痛感し、一九一九年春共產黨革命に對する、反動的勢力として勃興したる小地主、及農民等の勢力を利用し、有識中產階級に依り、之を善導せしめんと欲し、國王問題を現實の政治問題と認めざることを「モットー」とし、大同團結を圖り、一九二二年六月の選擧に露骨なる干渉を試み大勝を博し、黨內の實權を自己腹心の手中に收め、黨の結束を堅くしたり。爾來選擧每に益々優勢と爲る傾向を示し、一九二六年十二月の選擧には壓倒的勝利を占め、下院議員二百四十五名中百七十一名を獲、別に三十四名を贏たる基督社會經濟黨と共に「ベートレン」政府を支持することゝ爲れり。

統一黨の主なる根據は有識中產階級、地主及農民等に在れども、黨の成立の由來叙上の如くなるが故、其の要素も實は劃一ならず、大地主あり小地主あり、大農あり小農あり、貴族あり商人あり、資本家あり企業家あり、工業家あり官吏あり學者あり、保守主義者あり自由思想家あり、新教徒あり舊教徒あり。國王問題に付ては黨としては之を云々せざるも、黨員個人の意見としては復辟論あり、國王自由選擧論あり、復辟派中にも急進正統派あり溫和正統派あり。各々其の利害思想及感情を異にし相爭へども、極左黨及極右黨の過激なる思想及行動を嫌惡排斥し、穩健なる手段に依り、國力恢復を希求する念に至りては、一致するのみならず、黨首「ベートレン」の手腕及聲望共に甚だ勝れたるものある爲、致命的事件突發せざる限り、近き將來に於て遽かに崩壊するが如きことなかるべし。

二　基督社會經濟黨

一九二〇年設立に係り、前文部大臣「ヂチ・ヤーノシュ」(Zichy Yános) の統制に服す。目下黨員三十四名を擁し、洪國下院に於て第二黨の地位を占め、統一黨と共に現「ベートレン」內閣を構成し、社會大臣「ワシュ・ヨーゼフ」(Vass Yósef) を共の代表者とし內閣に列せしむ。黨員は總て加特力敎徒にして反猶太主義者なり、敎員、官吏、下級僧侶、會社員等下級中流階級を根據とす。

第二節　左翼反對黨

一　社會民主黨

一八六七年 (Tancsics Michael) なる者、初めて獨逸より社會主義を輸入し、宣傳大いに努めたる結果、一八六九年三月及八月の二回に亘り、「プレスブルグ」及「ブグペスト」に社會主義者大會を開催し社會の耳目を聳動するに至り、爾來政府の壓迫に惱まされつゝ機關新聞を發行し、獨逸方面より入手せる宣傳記事を掲ぐる等、不斷の努力を續け來れるも、洪國が元來農民國たると、政府の干渉激烈なりし爲、比較的共の勢力を扶植すること能はざりき。二十世紀初頭に至りては、世界の風潮に促かされ稍政黨の形態を具ふるに至りしも、制限選擧制に妨げられ來りし議會に代表者を出だす能はず、大戰中普通選擧及反軍國主義を唱へ當局を攻撃し居りしが、遂に疲弊困憊の極に達したる多數洪國民の要求に合致し、戰爭の末期に及び社會主義は事實上一大勢力と爲り、一九一八年には親佛派の頭目「カーロイ」(Károlyi Grof) 伯を援け、君主制を轉覆し共和國を建てたるも同伯失脚し「クン・ベーラ」(Kun Béla) 共產黨革命を起すや、同人と提携して極端なる恐怖政治を敢行したる爲、「フリードリッヒ」(Friedrich István) の反動政府成立後、社會主義者は無産黨員と共に、新國民軍に掃蕩せられ、全然政界に影を沒したる觀ありたり。

其の後國民の社會主義者に對する反感も漸次緩和せられ、且選擧法改正せられ普通選擧制布かれ、大都市に於ては無記名投票主義採用せられたる爲、同主義者は再び活動を盛にし、社會民主黨を組織し、一九二二年六月の總選擧に依り初めて議會に其の姿を現はすことゝ爲り、而かも一躍二十五名の議員を選出し得たり、爾後益々其の實勢力增加の傾向ありたるも、這般の總選擧に於ては政府の猛烈なる干渉を受け、漸く十四名の議員を選出したり。

社會民主黨は勞働組合に加入せる工業勞働者の殆ど全部と、首府に於ける知識階級猶太人等を其の根據とす。

第三節　右翼反對黨

一　國家民主黨

國家民主黨は「ラッシアイ・カーロイ」(Rassay Károlyi) の糾合したる獨立小農黨、基督社會經濟黨及社會民主農民黨の三派所屬議員の合同團體にして現在十名の議員を有す。

本黨は中流猶太人、中小商人等の小「ブルジュア」階級及農業勞働者を地盤とす。

二　洪牙利國民獨立黨(種族保護黨)

猶太人の跋扈、洪牙利人の不遇に痛憤せる「ギュムボュシュ・ジュラ」(Gömbös Gyula) の奔走に因り、一九二〇年成立したる反猶太主義國粹黨にして、猶太人を壓迫する爲には暴力に用ふるを辭せず、又「トリアノン」平和條約の廢棄を主張する爲、同條約に隣接諸國に編入せられたる、舊洪國避難民「マジアール」人、殊に知識階級の失業者間に熱心なる支持者あり、一時は共産黨革命に反感を有したる國民の人氣に投じたりしも、「ベートレン」政府の壓迫に因り漸次減少し、現在に於ては唯一名の議員を有するに過ぎず。

三　洪牙利農民黨

前下院議長「ガール・ガストン」（Gaál Gaszton）之を設立す、現在黨員三名、中産地主階級を地盤とす。

四　四十八年獨立黨

一八四八年「コッシウト・ラヨシュ」（Kossuth Lajos）に依り組織せられ、一八六七年「イラーニ・ダニエル」（Irány Daniel）に依り改造せられたる政黨にして、洪國の完全なる獨立及「ハップスブルグ」王統の排斥を標語とし、其の主義は一時洪國々民思想の基調を爲し、洪國憲政史上に光彩を放てる「コッシウト・フエレンツ」（Kossuth Ferenc（「コッシウト・ラヨシュ」の子）の英才內閣（一九〇六―一九一〇）を出したることありしも、今日に於ては洪國は既に完全なる獨立を回復し、「ハップスブルグ」家は顚覆し、黨の目的達せられたるに依り、黨員の多くは「ベートレン」の統一黨に入り、議員として殘存せるは唯「メゾュトウーリ・クーン・ベーラ」Mezötuli Kun Béla（共產黨革命の巨魁「クン・ベーラ」とは別人なり）一人のみ、一部小地主間に勢力あり。

第四節　無所屬

一　アッポーニイ伯

「アッポーニイ」伯（Apponyi Albert Grof）は名門の出（父は墺洪帝國宰相）にして、志士「コッシウト」と共に、洪國獨立運動に奮鬪したる元勳なるを以て、議會に在りても特別榮譽ある地位に置かる。同伯は憲法の連續性說に基き、「ハップスブルグ」嫡流の當然洪國王たるべきことを主張し、「オットー」（墺洪帝國最後の皇帝「カール」の長子一九一二年生）が成年に達するを待ち、合法的手段に依り洪國王に迎立せんとする所謂溫和正統派の最有力者の一にして、其の說の信奉者各黨に散在す。

二　黨　外　團

一人一黨主義なる爲、各問題に付或は政府を支持し或は之に反對す。

第三章　各政黨現領袖株の人物

一　基督小地主農民及市民黨（統一黨）

「ベートレン・イシュトヴァン」伯（Bethlen István Grof）

「ベートレン」伯は統一黨總裁にして現に首相たり。本年（一九二七年）五十三歲、Siebenbürgen 州貴族の出なり、一九〇一年初めて下院議員と爲り、故「テイッサ」伯の自由黨に加入したるが、後「アッポーニイ」伯に從ひ同黨を脫し、一時「コッシウト」の創立したる四十八年獨立黨に參加したることあり、大戰中再び「テイッサ」伯（Tisza I. Grof 1918十月暗殺さる）と握手し其の武斷的政策を援助し、「クン・ベーラ」の勞農政府時代には維納に避難したり、歸國後國民議會の議員に再選せられ、一九二一年四月「テレキー」伯の後を繼ぎ內閣を組織し、統一黨を完成し今猶確實に政權を維持し居れり。

同伯の政治的閱歷は迂餘曲折に富み、殆各黨派を渡り步きたるの觀あれども、其の主張は大體一貫し、基督敎主義と自由思想とを調和し、知識階級を中心とする强力なる政府を建設するに存したり、依て其の方便として、革命の亂後過激なる施設を嫌忌し、穩健なる統治と安寧とを欲求する國民の右傾的思想を利用し、洪國の政界を攪亂したる國王問題を姑く現實の問題とせざることを標語とし、右翼諸派の大合同を策し、選擧毎に辛辣なる干涉を加へ、以て反對諸黨を壓迫し、遂に尨大なる現在の統一黨を組成統率し、今や洪國政界に於ける事實上の獨裁たる地位を獲たり、其の遺口は故「テイッサ」伯に酷似し、同伯の政治的相續人と稱せらる。

二　基督社會經濟黨

（一）「ヂチ・ヤーノシュ」伯（Zichy Yános）

基督社會經濟黨總裁、前文部大臣

（二）「ワシュ・ヨーゼフ」（Vasz Yósef）

基督社會經濟黨を代表して、現「ベートレン」內閣に列し社會大臣に任ず、加特力僧侶にして資性冷靜。勤勉深く社會政策を研究し有能の評あり、現在內閣に於て副總理の地位に在り、「ベートレン」伯にして萬一遽かに其の位置を去らざるべからざるが如きことあらんか、之に代り首相たるべきものは「ワシュ」なるべしと噂せらる。

（三）「ハレル・イシュトヴァン」（Haller István）

嘗て「フザール」及「テレキー」の兩內閣に文部大臣たりしことあり、又一黨を作りて其の黨首たりしことあり、「アンドラッシイ」伯と同じく强硬なる復辟論者にして、極端なる反猶太主義を高唱し、本黨隨一の闘將と稱せらる。

三　社會民主黨

「パイエル・カーロイ」（Peyer Károly）

社會民主黨總裁、初め「メタル」職工なりしが、勞働者中の青年派代表として夙に政治的活動を開始し、一九二〇年在「ブダペスト」英國委員 Sir Elerk の斡旋に因り、「フザール」內閣の社會大臣と爲りしが、反動派の壓迫に遭ひ數週間にして辭職し國外に避難し、一九二二年に始めて歸國したり。多年鑛山勞働の結束に盡力したる爲、鑛山勞働組合會長に推され、次で有力なる社會主義者亡命の後を承け、社會民主黨の黨首と爲り今日に及べり。

四　國家民主黨

「ラッシァイ・カーロイ」(Russay Károlyi)

國家民主黨總理、司法官出身にして「クン・ベーラ」の勞農政府轉覆後一時司法大臣たりしことあり、著名なる法律家にして猶太人と特別なる關係あり、常に極右國家主義者より注意され居る人物なり。

五　洪利國民獨立黨(種族保護黨)

「ギュムボュシュ・ジュラ」(Gómbós Gyula)

種族保護黨々首、豫備陸軍大尉にして「ベ」內閣新聞課長たりしことあり。資性單純果敢典型的洪牙利人として國民に愛敬せられ、徹底的猶太人排斥家及極端なる國粹主義者として有名なり、種族保護黨は議會に於ける政黨としては有力ならざるも、「ギュムボュシュ」は社會運動の方面に成功し、其の設立せる洪牙利國防協會の如きは、全國に多數の會員を有し彼の理想を實現し居れり。

六　洪牙利農民黨

「ガール・ガストン」(Gaál Gaszton)

洪牙利農民黨首領、前下院議長、健筆雄辯を以て名あり。

七　四十八年獨立黨

「メゾユトウーリ・クン・ベーラ」(Mezötuli Kun Béla)

議會に於ける唯一人の四十八年黨(「コッシウト」黨)員なり、氣骨を以て鳴り社會的には相當勢力あり。

八　アッポーニイ伯

「アルベルト・アッポーニイ」伯（Apponyi Allbert Grof）

洪國政界の元老にして議會に於ても『政黨を超越せる「アッポーニイ」伯』と稱して尊敬せらる、熱心なる加特力信者にして同時に民主思想家なり、名門の出にして父は墺洪帝國宰相として洪國自由戰爭の際「コッシウト」以下の志士を迫害したることありたるも、同伯は洪國獨立運動に共鳴し、夙に「コッシウト」と行動を共にしたり、大戰前は四十八年黨に屬し、「ハップスブルグ」家を戴く墺洪君合國を條件とし、洪牙利の完全なる獨立を高唱し、終始「テイッサ」伯と抗爭したり。

第一革命以後、一時政界を遠ざかり居たるが「フザール」內閣の懇望に因り、講和會議洪國全權として巴里に使し、「トリアノン」條約を締結したり、又「アンドラッシイ」伯が復辟運動に坐して獄に繋がるゝや、其の率ゐる基督國民黨の總裁に推戴せられたることあり、本年は國際聯盟總會に於ける洪國代表に任命せられたり。

九　黨外團

「フリードリッヒ、イシュトヴァン」（Friedrich István）一九一九年「クン・ベーラ」の勞農政府倒壞者として有名なり、技師出身にして初め「カーロイ」伯の革命政府に陸軍大臣たりしも、同伯が共產黨に政權を讓らんとするや之に反對して辭職し、「クン・ベーラ」一派より死刑の宣告を受けたり、然れども巧に脫走し反革命軍を募り、同年八月右勞農政府を覆へし、其の主謀者を驅逐したり、依て「ヨゼフ」大公を攝政に推戴し、其の命に因り自から內閣を組織し、共產派に對し復讐的强壓を加へたり、然るに同內閣は畢竟「ハップスブルグ」家復辟の伏線を爲すものと認められたる爲、小協商及聯合側の反對あり、「ヨゼフ」大公も攝政の地位を辭退するに至り同人も其の內閣を投出せり。

一九二一年墺洪國間國境劃定問題に付、洪國人心の激昂せる際「スタイナマンガー」に於て一揆團の結束に盡力し、次で「カール」帝の第二回復辟騷動の節黑幕の一員として「アンドラッシイ」伯と共に一時獄に投ぜられたり。

議會に於ても常に復辟派の闘將と爲り、政治問題としては最も重要なる國王問題を、現實問題に非ずとし一時を彌縫せんとする「ベートレン」内閣及其の與黨に對する峻烈なる攻撃の急先鋒なり。

二、「グラーツ・グスターヴ」(Gratz Gustáv)

前外務大臣、有能の名あり、猶春秋に富み將來を囑目せらる。

最近「ベートレン」伯の間に諒解成立したるやに噂せらる。

三、「シュトラウス・イシュトヴァン」(Strausz István)

前會計檢査院長。

第四章　現在議會の黨派別

第一節　下院に於ける政黨分野

現在洪國下院に於ける黨派を分類すれば左の如し

(一) 政府黨 (總計二〇九名)

基督小地主農民及市民黨(統一黨) 一七一

基督社會經濟黨(基督社會黨) 三四

無所屬 四

(二) 非政府黨(總計三七名)

左翼反對黨……計二七名

社會民主黨 一四

國家民主黨　一〇
無所屬　三
（三）右翼反對黨……計一〇名
洪牙利國民獨立黨（種族保護黨）　二
洪牙利農民黨　三
四十八年獨立黨（「コツシウト」黨）　一
無所屬　四

右に依り明かなるが如く、下院議員總數二百四十五名中政府反對黨は、左翼二十六名、右翼十名、總計三十六名に過ぎず、之に反し政府黨は、首相「ベートレン」伯の統率する統一黨のみを以てするも、百七十一名の絶對多數を擁し、之に加ふるに第二黨たる基督社會黨三十四名及無所屬四名あり、總計二百九名を算し、政府黨全盛の時代と稱せらる。

第二節　洪國上院の構成と政黨的色彩

洪國上院は現「ベートレン」政府の手に依り、復活したるものなるを以て其の議員の多數が、現政府を援助する樣構成せられたるは想像するに難からず。今同院の構成を通觀すれば左の如し。

（一）世襲議員（四名）
大公　四
（二）官職又は榮位に因る議員（四十一名）
イ　顯官

旗將　四
兩侍從長（但し目下國王は空位の儘なるが故に兩侍從長は缺員）　二
大審院長及副院長　二
行政裁判所長及副所長　二
「ブダペスト」法院長　一
檢事總長　一
洪國陸軍總司令官　一
洪國々立銀行總裁　一

ロ　宗派代表者

加特力教高僧　一六
「プロテスタント」高僧　一一
「イスラエル」教高僧　二

（三）　選擧に因る議員（任期十年）

華族間互選議員　三八
自治體（縣市）選出議員　七六
商工農業會議所辯護士會大學等各種團體選出議員　三八

（四）　勅選議員

勅選終身議員（四十八を超ゆるを得ず）　三七

醫師會代表者（醫師會選出候補者中より勅選す）　一

以上各要素を點檢するに、猶太教代表者の全部、華族議員、自治體代表者、商業會議所等各種團體代表者中の僅少者を除き、一般議員は盡く現政府を支援するものと認むべく、其の數議員總數の九割以上を占む。

右述ぶるが如く洪國議會に於ては、上下兩院共に政府黨絶對多數を占め、其の爲す所に對し抑制を加ふるの力ある政黨皆無なり、故に洪國に於ては實際上、首相「ベートレン」伯の獨裁政治行はると評するも過言に非ず、議會政治の本旨に照らし健全なる狀態と目するを得ず。

第五章　各政黨と地方自治體との關係

首府「ブダペスト」及其の他の商工都市は、社會民主黨及國家民主黨の如き左傾黨派の地盤にして、各市會に於ても大體優勢を維持し居れり、地方農村の間には目下殆ど左黨の影を見ざるも、後日選擧法改正せられ、一般無記名投票制度採用せらるゝに至らば、其の勢力は增大すべきは豫想するに難からず。

地方小都市及農村に對しては、記名投票制度の適用ある關係と、政府の選擧干涉甚だしく政府黨全盛の觀を呈し居れり、政府黨中の左派たる基督社會黨は、昨年（一九二六年）末の總選擧に於て、政府の援護に因り、「ブダペスト」附近の都市に於て、反對左黨の地盤を侵蝕し相當の勝利を博したり。

反政府右翼諸黨の如きは、其の支持者諸方に散在し、地方的に分類すること困難なり。

第六章　外交に關する各政黨の態度

洪國に於ける外交關係諸問題としては、「トリアノン」平和條約改正問題、國王問題、國際聯盟、舊聯合國、獨墺、小協商及「ソビエット」聯邦との關係等あり、是等に對する各政黨の態度は、硬軟多少の差異あるも、其の根本的感情乃至傾向に至りては大體一致せりと謂ふを得べし。

右諸問題に就き、各政黨及黨員の態度及感情を検討すれば左の如し。

第一節　「トリアノン」平和條約改訂問題

今日洪國民全體に取り、憎惡の的と爲れるものは「トリアノン」平和條約なり、洪國は同條約に依り、其の本來の領土の約七割三分（二三二、六九九平方基米）人口の約六割二分（一三、二八七、〇〇〇人）を、隣接新興諸國の爲に奪取せられたり、之を回復せんことは洪國民全體の一致せる希望なり、其の希望の一表現とし、同條約に抗議するを目的とする社會協會同盟、其の他の所謂「イレデンタ」(Irredenta) 協會あり。

〔註〕洪國には「トリアノン」平和條約に抗議し、舊洪牙利領土及人民を回復せんことを目的とする諸種の社會的團體あり、之を「イルレデンタ」協會と謂ふ、其の中社會協會同盟は最有名にして、相當知名の政治家は黨派の如何を論ぜず、皆之に加盟し、Jósef Ferenc 公を總裁に、Perenye Zsigmond 男を會長に推し、輿論の一致を助け居れり。其の他洪牙利國防協會、Levente 協會及大學及高等學校學生協會等皆同樣の協會なり。

從て『如何なる手段に依り「トリアノン」の國境を打破すべきか』は、各政黨の共に考究すべき重大問題にして、之に對する解決策としては二種の手段を考案するを得べし、其の一は關係各國の諒解を得、國際聯盟の力に頼り平和條約の改訂を求め、平和的に洪國の當然有すべかりしものを恢復すること、其の二は平時國民を軍事的に訓練し置き、他日世界何れかの地に勢力の均衡破れ、國際關係に動搖を來すべき機に乘じ、自己の實力を以て右條約を廢棄し、其の奪はれたる領土人民とを回收せんとすること是なり、前者は政府黨、其の他多數諸黨の採る所にして、後者は卽ち洪牙利國民獨立黨、其の他極右黨の執る所なり。「フラン」僞造事件の如きは、後者の機運促進の爲になしたる非常手段の一にして、洪牙利國防協會の設立の如きは、共の平和的準備手段の一例なり。〔註〕

〔註〕　洪牙利國防協會は前顯「イレデンタ」の一にして、洪牙利國民獨立黨（種族保護黨）首領 Gömbös Gyula の設立する所なり、「トリアノン」平和條約の規定する、三萬五千の傭兵のみを以てしては、一國の安寧を維持すること能はざるは、這般の共産革命に依り實證せられたるを以て、此の國防力の不足を補はんが爲、國民各自は何時にても軍人として活動し得る樣、精神、肉體兩樣の訓練を爲さざるべからずと主張し、且之を實行す、全國に亘り多數の會員を有す。

第二節　國王問題

國王選定の問題は、洪國政界に於ける一大暗礁にして、同時に解決困難なる涉外問題なり。

工業勞働者を背景とする社會民主黨及猶太人の共濟組合等は、共和制の採用を欲するも是は、勢力少き少數者の聲にして、一般國民は建國以來連綿絶えざる君主國なるべきを確信し、一九一八―九年「カーロイ」伯の共和革命及「クン・ベーラ」の共産革命は、事實上の一故障に過ぎずして、國體が王國たる法律上の性質には、何等の動搖を來したるものに非ずと爲す。而して「カール」帝退位の後は、全く國王を缺き、便宜の措置として共産革命の鎭定に功ありし、海軍提督「ホルテイー」を攝政に推し、國王の權限を代行せしむることゝしたるも、何人を以て王位を繼承せしむべきやに關しては國民の意見一致せず、或は「カール」帝の子「オットー」（未成年一九一二年十一月二十日生）を卽時擁立し、「トリアノン」平和條約を破棄し、國權を回復すべしと爲し（急進正統派＝加特力敎徒に多し）或は國際關係の現狀に鑑み、「オットー」の成年に達するを待ち、王位に卽かしむべしと爲し（溫和正統派＝加特力敎徒の一部）又或は「カール」帝が「ハップスブルグ」正統の洪國王たるを拋棄したる今日に於ては、最早や「オットー」は王位繼承の權なきものと云ふべく、殊に過去の虐政に顧み、同正統の君臨は望ましからざるもなる爲、國王は他に之を求むべく、例へば洪國大公又は英、伊、日等外國の皇族の中より新たに選立すべしと爲す（國王自由選擧派＝「プロテスタント」）。

然れども「ハップスブルグ」家の復辟は、舊聯合國及小協商等關係諸國の承認せざる所なるを以て、遽かに之を實行し難く、洪國民中の一人を君王に推戴するが如きは、其の國民性の宥さざる所、外國の王族を迎へんとするも國民一致の候補者を得ること困難なり、玆に於て王位繼承の問題は議論紛糾し、各政黨內にも意見岐れ、政界の混亂を來し民心歸一する所を知らざる狀態となれり。

依て「ベートレン」伯は列强の壓迫を去り、國民自身の意思に基き國王を選定するを得るに至る迄、國王問題を政治上現實の問題と認めざる主義を樹て同志を糾合し、遂に勁敵急進正統派の首領「アンドラッシイ」伯以下の反對派を倒し、漸く政局の安定を得たり、故に現在に於ては國王問題の解決は無期延期の形と爲り、各黨員はともかく政黨としては、殆皆之を論議せざることゝなりたり。

第三節　國際聯盟と各政黨

國際聯盟は洪國民、洪國各政黨及黨員の間に一般に不評にして、其の極端なるものに至りては洪國の脫退を主張す、其の理由は、國際聯盟が小數民族問題、羅馬尼政府の洪人虐待事件及洪人の土地沒收問題等、苟くも洪國民の愬へに對し、曾て正當滿足なる解決を與へたることなし、唯强ひて其の功を擧ぐれば、往年洪國に對し、二億四千萬金冠《クローネ》の復興借款を許與したる一事のみと謂ふに在り。

第四節　舊聯合國に對する態度

洪牙利國民が「トリアノン」平和條約を强制したる舊聯合諸國に對し反感を抱くは、固より據る處あるも、仔細に點檢すれば、其の各國家に對する感情の間に甚だしき逕庭あるを發見すべし。

今日洪國民憎惡の焦點は佛國に在り。蓋し佛國は「トリアノン」平和條件の提出及强制の張本人にして、其の獨墺隔離及獨逸圍繞の政策の爲、强硬に小協商を「バック」し、洪國民をして現在の苦楚を嘗めしめたりとの感情、全洪國民を支配せるが故なり、依て佛國は洪國民の憤りを解かん爲、種々運動を爲し、其の得意の文化宣傳を試みる等、巨萬の資を投じつゝあるも、其の效果未だ見るべきものなし、但し一部の自由主義者の間には、佛國に賴り洪國將來の光明を求めんとするものなきに非ず。

英國は大戰終了後、間もなく着手したる舊敵國との親善政策の一端とし、漸次佛國及小協商を抑へ、洪國民の不平に耳を傾くる態度を示し來り、英國々會議員の間には「トリアノン」條約改正調査會設置せられ、「デーリーメール」社主「ローザ。ミーア」卿を始め、民間具眼者の間に、强烈なる「トリアノン」條約改訂論起るに至れるのみならず、伊國と共に、洪國復興借款及其の他の借款の成功に盡力し、且應募したり。故に洪國民は一般に英國に對し、聯合國に對する舊怨を捨て、統一黨を始め各政黨も之と親善友好の關係を增進し、其の力に賴り洪國民の熱望を達せしめんと欲するに至れり。

洪國民は由來伊國民に對し、舊墺國皇帝の覊絆を脫せんとする共通の欲求を有したる爲、伊太利獨立戰爭の際、「コッシウト」以下の志士が、命を賭し以て赴き援けたる等の歷史を有するのみならず、現在に於ても「ユーゴースラヴ」に對する關係に付、共通の利害を感じ、伊國政府は西部洪牙利問題に對し、親洪的態度を持し、又洪國間に親伊的感情を助長する樣、種々なる宣傳を試み、英國政府と共に、洪國の復興借款の爲盡力したり、之が爲統一黨以下、洪國政黨の親伊的態度鮮明强烈なるものあり、最近に於ける洪伊通商條約、及「フイウメ」港利用に關する協定の成立は其の一證左と認むるを得べし。

米國も亦洪國民の不遇なる境遇に同情し、殊に各都市借款、土地擔保貸付協會借款、中央信用組合借款及「ブダペスト」市借款等各種の借款に應じ、巨額の資金を投じ、洪國民の窮狀を救ふに努めたる爲、洪國各政黨の對米感情は、槪して不良ならずと謂ふを得べし。

第五節　小協商に對る態度

小協商存在の主要なる理由は、洪牙利國民の興隆を防遏するに在る爲、洪國各政黨一致以て之に對し、强硬なる反對の態度を持するは自明の理なり、殊に「チェック」及羅馬尼に對しては、之を卑劣なる裏切者とし輕侮し、洪國の四肢を奪取せる者として憎惡するのみならず、「チェック」は其の取得したる七十五萬人の洪牙利人が、洪國民と策應し「チェック」の獨立を脅かさんことを怖れ、小協商の盟主となり洪國を抑壓するに汲々たるものあり。又羅國は共產黨革命の際、其の軍隊を擅に洪國に侵入せしめ國都を占領し、掠奪橫暴を極め、又「トリアノン」條約に依り、洪國舊領土と共に取得したる洪牙利人の所有地を、殆ど無償にて沒收したるを以て、洪國民及洪國各政黨の兩國に對する反感、愈深刻を加ふる傾向あり。

唯「ユーゴスラヴ」に對しては、土耳古に對する共同防禦の歷史を回顧し、大戰中同國民の勇武を推賞する念、及海港への通路を見出す必要上より、近來「ユ」國との接近を主張する者多く、「ユ」國側に於ても對勃、對伊關係上洪國との提携を希望するの風を生じ來たりたる爲、兩國間の親善關係は一縷の望を有するものと謂ふべく、小協商の如きも或は此の方面より崩壞し行くに非ずやと觀測せらる。

第六節　獨墺との關係

洪國の各政黨は一般に獨、墺兩國に對し好感を有し居れり。蓋し相率ゐ以て舊聯合國と戰ひ、相共に戰敗國たる運命に惱まされ、佛國側及小協商諸國の壓迫を蒙る點に於て、共同の利害及感情を有すること、墺、獨共に共和國となり、「ハップスブルグ」家の脅威全く去りたること、及洪牙利に深き根底を有する獨逸文化の影響を受くる等、其の主たる理由なり。殊に各政黨員中、正統派に屬する人士は、獨逸と結ばんとする念最も强し、唯大戰中獨逸が洪牙利人を厚遇せざりし事實、及汎獨主義者が時に民族的觀念より、洪國民の感情を害するが如き言動を爲せる事實は、獨逸に對する好感を、又墺國の「ブルゲンランド」領有は、墺國に對する好感を多少阻害し、英、伊等に接近せんとする一動機となりたるものと見るを得べし。

第七節　「ソヴィエット」聯邦に對する態度

洪國々民は一九一九年の共產黨革命に懲り、爾來共產主義を嫌忌すること甚だしく、歷代の政府は之が撲滅に努力し來れり。現「ベートレン」內閣、及其の與黨も亦、共產黨の勦滅を政綱の一とし、「ソビエット」聯邦を承認せざるは勿論、洪國內に共產主義的政治結社組織を嚴禁す。共產派の避難所を以て目せらるゝも共產黨員は、目下少くも表面上國內に共の影を絕ちたる觀あり、但し社會民主黨のみは「ソ」聯邦と握手せんと欲する傾向あり。

第八節　日本に對する感情

「ウラルアルタイ」族の一種たる洪牙利人は、歐洲の中央部に民族的孤島を形成し、白人諸國より久しく凌辱を受けたる爲、民族的血緣關係を有する日本人に對し、深き親しみを感じ、帝國民の發展を喜び、帝國を模範的國家とし敬慕し來れり、殊に大戰中西比利亞に於ける洪牙利人俘虜にして、帝國官憲より受けたる優遇に對する記憶は、洪國民上下の親日的感情を助長すること大なりき。

社會的運動としては(イ)日洪協會を設立し、民族的血緣關係の意識を强め、兩國學生を交換し、互に兩國間の文化を紹介し、經濟關係を促進せんことを企劃し、(ロ)「トゥーラン」協會を設け、同源民族の文化的及經濟的研究を開始し、又(ハ)「ブダペスト」大學に日本語講座を設くる等、漸次本邦に對する理解、及之との親交を增進せんとする傾向顯著なるものあり。

然れども現下、日洪兩國間の政治的及經濟的接觸極めて稀薄なるを以て、洪國の政黨としては一般に未だ積極的對日態度を表明するに至らず、唯種族保護黨、其の他の保守的政治家は、多く「トウーラニスト」Turaniet【註】にして「日本國民の友」と稱せらる。

〔註〕日本、洪牙利、土耳古、芬蘭等 Turân (Pamir と Caspian See との間の平原)に發生したる、同源民族の和親聯合を完成し、白人の壓迫を除去せんとする運動あり、之を Turanism と謂ひ其の主義者を Turanist と呼ぶ。

第七章　各政黨主要機關紙

第一節　政府黨機關紙

一　御用新聞

(一)「ブダペスト」新聞 Budapesti Hirlap (朝刊)

統一黨の機關紙にして穩健保守主義及基督教主義を標榜し、保守的舊家、地主、一部官吏を讀者とし、現在週日一萬六千、日曜二萬部を發行す。一八八一年の創刊にして名宰相の名ある「テイッサ・カールマン」及「テイッサ・イシュトヴアン」父子伯の機關紙たりし爲有名なり、一兩年前、前主筆「ラーコーシ・エーノュ」（現在「ペスティ・ヒルラプ」紙主筆）去りし以來、購讀者頓に減少し、財政狀態危殆なりと謂ふ。現主筆は「チャイタイ・フェレンツ」なり。

（二）八時新報 8 Orai Ujság（夕刊）

同じく統一黨の機關紙なるも、特に主義を明かにせず、五萬の發行部數を有す。一九一五年の創刊にして主筆は「ナダーニイ・エミル」なり。

（三）國民新報 Nemzeti Ujság（朝刊）

基督社會經濟黨首領「ヂチ・ヤーノシュ」伯の機關紙にして、加特力的保守主義を奉じ、極端なる反猶太主義を唱へ、現政府の政策を謳歌す、加教僧侶及回教徒の間に讀者を有し、週日二萬、日曜三萬五千を發行す。一九一九年の創刊なり。

（四）新時代 Új Nemzedék（午刊）

現文相 Klebersberg（統一黨）の機關紙にして、加特力的保守主義及反猶太主義にして、加敎僧侶及一般基督敎徒の間に讀者を有し、二萬三千部を發行す。一九一九年の創刊にして主筆は「カヴァリエル・ヨーゼフ」なり。

本紙は前記「ネムゼティ・ウイシアーグ」と同じく、宗教的色彩濃厚にして加敎に關する記事を滿載す、共に加敎の印刷所たる中央通信事業會社にて發行す。

二　假面反對新聞

（一）ペスト日報 Pesti Napló（朝刊）

現內閣員の論文は殆ど總て本紙上に現はる、發行部數週日八萬、日曜十五萬に及び、猶太人及基督敎徒中の自由主義者を讀者とす。一八五〇年の創刊。

（二）每夕 Az Est（午刊）

發行部數十二萬、中流階級中の自由主義者、及在外洪人を讀者とす。一九一〇年の創刊、主筆は「ミクローシュ・アンドール」。

（三）　マジァールの國 Magyarország（夕刊）

辻賣を主とする新聞にして發行部數四萬、一八九四年の創刊、主筆は「マジァール・エレク」。

以上三種は猶太人の經營する同一會社に屬し、自由民主々義を主張し、陽に政府反對を標榜すれども、政府より印刷物の註文を受くる等の方法に依り買收せられ居るものゝ如く、曾て徹底的に政府を攻擊したることなし、故に世人之を呼んで「假面反對新聞」又は八百長新聞と稱す。

第二節　反對黨機關紙

一　極左反對新聞

（一）　民の聲 Népszava（朝刊）

社會民主黨の機關紙にして、最有力なる政府反對新聞の一なり、社會民主々義を高唱し、共和制を要求す、其の記者は殆皆前科者なりと謂ふ、急進的自由主義者、工業勞働者及猶太人の間に多數の讀者を有す、主筆は「ヴァンツァーク・ヤーノシュ」なり。

（二）　夕報 Esti Kurier（夕刊）

國家民主黨の機關紙にして、急進自由民主々義を稱へ、一般無記名投票制度、及放任的經濟政策の採用を力說す、左傾過激の猶太人間に讀者を有し、三萬六千部を發行す。一九二三年の創立にして國家民主黨首領「ラッシァイ・カーロイ」自から主筆となり、「ボロシ・ラスロー」を編輯長とす。

(三) マジアール新聞 Magyar Hirlap（朝刊）

猶太人の經營にして、共濟組合の機關紙なり、國際主義にして中流階級の猶太人を讀者とし、約二萬部を發行す、一九二五年發行を禁止せられたる「ウイラーグ」の後身なり、主筆は「フェレキ・ゲーザ」なり。

二 極右反對新聞

(一) マジァール國粹 Magyarság（朝刊）

急進正統派の元老たる「アンドラッシイ」伯直屬の機關紙にして、現政府の最大勁敵を以て目せらる、一九二〇年主として「ハップスブルグ」家に緣故ある大貴族等の創立に係り、保守的國家主義にして、猶太人を排斥し、洪牙利の國粹を發揚すべきを主張し、國王問題に付「ハップスブルグ」正系「オットー」の卽時繼承論を高唱し、又親獨政策を慫慂す、基督敎徒の上流及知識階級を讀者とし、週日四萬三千、日曜六萬を發行す、主筆は「ミロタイ・イシュトヴァン」なり。

(二) 新報 Ujság（朝刊）

猶太人の經營する政府反對新聞にして、主として猶太人の上流及知識階級に讀者を有し、週日四萬五千、日曜八萬部を發行す、本紙の猶太人間に於ける地位は、恰も前記「マジァールシァーグ」の基督敎徒間に於ける地位に當る、同じく正統派に屬し立憲民主々義を持す。一九〇三年「ティッサ」伯の創立したる「アズ・ウイシアーグ」一九二五年發行禁止せられたる後現在の如く改稱せるものなり、主筆は「アーガイ・ベーラ」なり。

第三節 中立新聞

(一) ペスト新聞 Pesti Hirlap（朝刊）

洪國に於ける最大最古の新聞にして、獨立の經濟的基礎を有し、何れの政黨にも屬せず、何れの宗派にも捉はれず、從て猶太人をも排斥せず、終始進歩的國家主義を持す。中流階級、商人階級、知識階級を始めとし最も廣き範圍に亘りて讀者を有す。一八七八年洪國自由戰爭の志士 Kosuth Lajos の機關紙として創立せられたるものなり、現在の主筆は洪國第一の評論家「ラーコーシ・エーノユ」（前Budapesti Hirlap 主筆）なり。

（二） Pester Lloyd（朝刊）

獨逸語を以て發行する猶太系の新聞にして中立を標榜す、但し多少政府の補助を受くるものゝ如く、政府を攻擊すること稀なり、自由貿易主義にして、國王問題に付ては正統派を支持す。洪國の政治家、大中商人、工業家等を讀者とするのみならず、洪國の代表的新聞として、諸外國民間にも購讀せらる。一八五四年の創刊と稱せらる、現主筆は「ヴェーシ・ヨーゼフ」なり。

第八章　各政黨の黨費調達の方法

政黨は一般各種協會と同じく、內務大臣の定むる協會設立規則に依り、會員より公然會費を徵收し、又寄附を受くることを得、但し之が爲每年內務大臣に對し、事業報告と共に會計報告を爲すを要す。會員に二種あり、每年十「ペンゲユ」（一「ペンゲユ」は約三十八錢）を納むる者を正會員とし、夫以上の額を醵出する者を贊助會員とす、黨員は右正會員又は贊助會員として、各黨費の一部を負擔せざるべからず。

然れども各政黨とも、右會費のみを以てしては莫大なる黨費を支ふるに足らざるは勿論なり、玆に於て「不可解の謎」と稱せらるゝ內密の收入を必要とす。

有力なる各政黨に於ける會費外の收入を探査するに凡そ左の如し。

（一） 政府與黨（統一黨及基督社會黨）

一、爵位、稱號、官名、尊稱等を受けたる者より謝禮的寄附金。
二、官選上院議員の寄附。
三、官營事業の特許又は免許を受けたる者、官廳の請負業者、御用商人及銀行の寄附。
四、特に選擧の際有力なる商工業會社、及富裕猶太商人等より寄附を爲すを常とす。

(二) 社會民主黨

一、勞働組合員より必要なる費用を强制徵收す。
二、勞働組合の所有する家屋、工場、其の他の組合財產よりの收入、例へば家賃、印刷所の純益等。
三、勞働組合の經營する貯蓄銀行、及保險會社の收益。
四、「ソビエツト」聯邦側より、宣傳費として相當金額を送付し來れるものゝ如し。

(三) 國家民主黨

一、猶太系富豪連の「カルタ・クラブ」よりの寄附金。
二、選擧費用の不足額は各猶太敎區に割當つ。

昭和三年五月十日印刷
昭和三年五月十四日發行

各國の政黨（追錄）

非賣品

編纂　外務省歐米局
東京市麴町區八重洲町一ノ一

發行人　奥山清治
東京市芝區金杉川口町二〇

印刷人　中島久
東京市芝區金杉川口町二〇

印刷所　甲子社印刷所

東京市麴町區八重洲町一ノ一
發兌　社團法人　國際聯盟協會
振替東京五五一八三番
電話丸ノ内(23)四六六四番

各國の政黨〔第二分冊〕・各國の政黨　追録

日本立法資料全集　別巻 1148

平成29年３月20日　　復刻版第１刷発行

編纂者　外務省歐米局

発行者　今井貴
　　　　渡辺左近

発行所　信山社出版

〒113-0033　東京都文京区本郷６-２-９-102
モンテベルデ第２東大正門前
電　話　03（3818）1019
ＦＡＸ　03（3818）0344
郵便振替　00140-2-367777（信山社販売）

Printed in Japan.

制作／(株)信山社，印刷・製本／松澤印刷・日進堂

ISBN 978-4-7972-7257-4 C3332

別巻　巻数順一覧【950 ～ 981 巻】

巻数	書　名	編・著者	ISBN	本体価格
950	実地応用町村制質疑録	野田藤吉郎、國吉拓郎	ISBN978-4-7972-6656-6	22,000 円
951	市町村議員必携	川瀬周次、田中迪三	ISBN978-4-7972-6657-3	40,000 円
952	増補 町村制執務備考 全	増澤鐵、飯島篤雄	ISBN978-4-7972-6658-0	46,000 円
953	郡区町村編制法 府県会規則 地方税規則 三法綱論	小笠原美治	ISBN978-4-7972-6659-7	28,000 円
954	郡区町村編制 府県会規則 地方税規則 新法例纂 追加地方諸要則	柳澤武運三	ISBN978-4-7972-6660-3	21,000 円
955	地方革新講話	西内天行	ISBN978-4-7972-6921-5	40,000 円
956	市町村名辞典	杉野耕三郎	ISBN978-4-7972-6922-2	38,000 円
957	市町村吏員提要〔第三版〕	田邊好一	ISBN978-4-7972-6923-9	60,000 円
958	帝国市町村便覧	大西林五郎	ISBN978-4-7972-6924-6	57,000 円
959	最近検定 市町村名鑑 附 官国幣社 及 諸学校所在地一覧	藤澤衛彦、伊東順彦、増田穆、関惣右衛門	ISBN978-4-7972-6925-3	64,000 円
960	鼇頭対照 市町村制解釈 附 理由書 及 参考諸布達	伊藤寿	ISBN978-4-7972-6926-0	40,000 円
961	市町村制釈義 完　附 市町村制理由	水越成章	ISBN978-4-7972-6927-7	36,000 円
962	府県郡市町村 模範治績　附 耕地整理法 産業組合法 附属法令	荻野千之助	ISBN978-4-7972-6928-4	74,000 円
963	市町村大字読方名彙〔大正十四年度版〕	小川琢治	ISBN978-4-7972-6929-1	60,000 円
964	町村会議員選挙要覧	津田東璋	ISBN978-4-7972-6930-7	34,000 円
965	市制町村制 及 府県制　附 普通選挙法	法律研究会	ISBN978-4-7972-6931-4	30,000 円
966	市制町村制註釈 完　附 市制町村制理由〔明治21年初版〕	角田真平、山田正賢	ISBN978-4-7972-6932-1	46,000 円
967	市町村制詳解 全　附 市町村制理由	元田肇、加藤政之助、日鼻豊作	ISBN978-4-7972-6933-8	47,000 円
968	区町村会議要覧 全	阪田辨之助	ISBN978-4-7972-6934-5	28,000 円
969	実用 町村制市制事務提要	河邨貞山、島村文耕	ISBN978-4-7972-6935-2	46,000 円
970	新旧対照 市制町村制正文〔第三版〕	自治館編輯局	ISBN978-4-7972-6936-9	28,000 円
971	細密調査 市町村便覧(三府 四十三県 北海道 樺太 台湾 朝鮮 関東州)　附 分類官公衙公私学校銀行所在地一覧表	白山榮一郎、森田公美	ISBN978-4-7972-6937-6	88,000 円
972	正文 市制町村制 並 附属法規	法曹閣	ISBN978-4-7972-6938-3	21,000 円
973	台湾朝鮮関東州 全国市町村便覧 各学校所在地〔第一分冊〕	長谷川好太郎	ISBN978-4-7972-6939-0	58,000 円
974	台湾朝鮮関東州 全国市町村便覧 各学校所在地〔第二分冊〕	長谷川好太郎	ISBN978-4-7972-6940-6	58,000 円
975	合巻 佛蘭西邑法・和蘭邑法・皇国郡区町村編成法	箕作麟祥、大井憲太郎、神田孝平	ISBN978-4-7972-6941-3	28,000 円
976	自治之模範	江木翼	ISBN978-4-7972-6942-0	60,000 円
977	地方制度実例総覧〔明治36年初版〕	金田謙	ISBN978-4-7972-6943-7	48,000 円
978	市町村民 自治読本	武藤榮治郎	ISBN978-4-7972-6944-4	22,000 円
979	町村制詳解　附 市制及町村制理由	相澤富蔵	ISBN978-4-7972-6945-1	28,000 円
980	改正 市町村制 並 附属法規	楠綾雄	ISBN978-4-7972-6946-8	28,000 円
981	改正 市制 及 町村制〔訂正10版〕	山野金蔵	ISBN978-4-7972-6947-5	28,000 円

別巻　巻数順一覧【915～949巻】

巻数	書　名	編・著者	ISBN	本体価格
915	改正 新旧対照市町村一覧	鍾美堂	ISBN978-4-7972-6621-4	78,000円
916	東京市会先例彙輯	後藤新平、桐島像一、八田五三	ISBN978-4-7972-6622-1	65,000円
917	改正 地方制度解説〔第六版〕	狭間茂	ISBN978-4-7972-6623-8	67,000円
918	改正 地方制度通義	荒川五郎	ISBN978-4-7972-6624-5	75,000円
919	町村制市制全書 完	中嶋廣蔵	ISBN978-4-7972-6625-2	80,000円
920	自治新制 市町村会法要談 全	田中重策	ISBN978-4-7972-6626-9	22,000円
921	郡市町村吏員 収税実務要書	荻野千之助	ISBN978-4-7972-6627-6	21,000円
922	町村至宝	桂虎次郎	ISBN978-4-7972-6628-3	36,000円
923	地方制度通 全	上山満之進	ISBN978-4-7972-6629-0	60,000円
924	帝国議会府県会郡会市町村会議員必携 附関係法規 第1分冊	太田峯三郎、林田亀太郎、小原新三	ISBN978-4-7972-6630-6	46,000円
925	帝国議会府県会郡会市町村会議員必携 附関係法規 第2分冊	太田峯三郎、林田亀太郎、小原新三	ISBN978-4-7972-6631-3	62,000円
926	市町村是	野田千太郎	ISBN978-4-7972-6632-0	21,000円
927	市町村執務要覧 全 第1分冊	大成館編輯局	ISBN978-4-7972-6633-7	60,000円
928	市町村執務要覧 全 第2分冊	大成館編輯局	ISBN978-4-7972-6634-4	58,000円
929	府県会規則大全　附 裁定録	朝倉達三、若林友之	ISBN978-4-7972-6635-1	28,000円
930	地方自治の手引	前田宇治郎	ISBN978-4-7972-6636-8	28,000円
931	改正 市制町村制と衆議院議員選挙法	服部喜太郎	ISBN978-4-7972-6637-5	28,000円
932	市町村国税事務取扱手続	広島財務研究会	ISBN978-4-7972-6638-2	34,000円
933	地方自治制要義 全	末松偕一郎	ISBN978-4-7972-6639-9	57,000円
934	市町村特別税之栞	三邊長治、水谷平吉	ISBN978-4-7972-6640-5	24,000円
935	英国地方制度 及 税法	良保両氏、水野遵	ISBN978-4-7972-6641-2	34,000円
936	英国地方制度 及 税法	髙橋達	ISBN978-4-7972-6642-9	20,000円
937	日本法典全書 第一編 府県制郡制註釈	上條慎蔵、坪谷善四郎	ISBN978-4-7972-6643-6	58,000円
938	判例挿入 自治法規全集 全	池田繁太郎	ISBN978-4-7972-6644-3	82,000円
939	比較研究 自治之精髄	水野錬太郎	ISBN978-4-7972-6645-0	22,000円
940	傍訓註釈 市制町村制 並ニ 理由書〔第三版〕	筒井時治	ISBN978-4-7972-6646-7	46,000円
941	以呂波引町村便覧	田山宗堯	ISBN978-4-7972-6647-4	37,000円
942	町村制執務要録 全	鷹巣清二郎	ISBN978-4-7972-6648-1	46,000円
943	地方自治 及 振興策	床次竹二郎	ISBN978-4-7972-6649-8	30,000円
944	地方自治講話	田中四郎左衛門	ISBN978-4-7972-6650-4	36,000円
945	地方施設改良 訓諭演説集〔第六版〕	鹽川玉江	ISBN978-4-7972-6651-1	40,000円
946	帝国地方自治団体発達史〔第三版〕	佐藤亀齢	ISBN978-4-7972-6652-8	48,000円
947	農村自治	小橋一太	ISBN978-4-7972-6653-5	34,000円
948	国税 地方税 市町村税 滞納処分法問答	竹尾高堅	ISBN978-4-7972-6654-2	28,000円
949	市町村役場実用 完	福井淳	ISBN978-4-7972-6655-9	40,000円

巻数	書　名	編・著者	ISBN	本体価格
878	明治史第六編 政黨史	博文館編輯局	ISBN978-4-7972-7180-5	42,000 円
879	日本政黨發達史 全〔第一分冊〕	上野熊藏	ISBN978-4-7972-7181-2	50,000 円
880	日本政黨發達史 全〔第二分冊〕	上野熊藏	ISBN978-4-7972-7182-9	50,000 円
881	政党論	梶原保人	ISBN978-4-7972-7184-3	30,000 円
882	獨逸新民法商法正文	古川五郎、山口弘一	ISBN978-4-7972-7185-0	90,000 円
883	日本民法鼇頭對比獨逸民法	荒波正隆	ISBN978-4-7972-7186-7	40,000 円
884	泰西立憲國政治攬要	荒井泰治	ISBN978-4-7972-7187-4	30,000 円
885	改正衆議院議員選擧法釋義 全	福岡伯、横田左仲	ISBN978-4-7972-7188-1	42,000 円
886	改正衆議院議員選擧法釋義 附 改正貴族院令,治安維持法	犀川長作、犀川久平	ISBN978-4-7972-7189-8	33,000 円
887	公民必携 選擧法規ト判決例	大浦兼武、平沼騏一郎、木下友三郎、清水澄、三浦數平	ISBN978-4-7972-7190-4	96,000 円
888	衆議院議員選擧法輯覽	司法省刑事局	ISBN978-4-7972-7191-1	53,000 円
889	行政司法選擧判例總覽―行政救濟と其手續―	澤田竹治郎・川崎秀男	ISBN978-4-7972-7192-8	72,000 円
890	日本親族相續法義解 全	髙橋捨六・堀田馬三	ISBN978-4-7972-7193-5	45,000 円
891	普通選擧文書集成	山中秀男・岩本溫良	ISBN978-4-7972-7194-2	85,000 円
892	普選の勝者 代議士月旦	大石末吉	ISBN978-4-7972-7195-9	60,000 円
893	刑法註釋 卷一～卷四(上卷)	村田保	ISBN978-4-7972-7196-6	58,000 円
894	刑法註釋 卷五～卷八(下卷)	村田保	ISBN978-4-7972-7197-3	50,000 円
895	治罪法註釋 卷一～卷四(上卷)	村田保	ISBN978-4-7972-7198-0	50,000 円
896	治罪法註釋 卷五～卷八(下卷)	村田保	ISBN978-4-7972-7198-0	50,000 円
897	議會選擧法	カール・ブラウニアス、國政研究科會	ISBN978-4-7972-7201-7	42,000 円
901	鼇頭註釈 町村制　附 理由 全	八乙女盛次、片野続	ISBN978-4-7972-6607-8	28,000 円
902	改正 市制町村制　附 改正要義	田山宗堯	ISBN978-4-7972-6608-5	28,000 円
903	増補訂正 町村制詳解〔第十五版〕	長峰安三郎、三浦通太、野田千太郎	ISBN978-4-7972-6609-2	52,000 円
904	市制町村制 並 理由書　附 直接間接税類別及実施手続	高崎修助	ISBN978-4-7972-6610-8	20,000 円
905	町村制要義	河野正義	ISBN978-4-7972-6611-5	28,000 円
906	改正 市制町村制義解〔帝國地方行政学会〕	川村芳次	ISBN978-4-7972-6612-2	60,000 円
907	市制町村制 及 関係法令〔第三版〕	野田千太郎	ISBN978-4-7972-6613-9	35,000 円
908	市町村新旧対照一覧	中村芳松	ISBN978-4-7972-6614-6	38,000 円
909	改正 府県郡制問答講義	木内英雄	ISBN978-4-7972-6615-3	28,000 円
910	地方自治提要 全　附 諸届願書式 日用規則抄録	木村時義、吉武則久	ISBN978-4-7972-6616-0	56,000 円
911	訂正増補 市町村制問答詳解　附 理由及追輯	福井淳	ISBN978-4-7972-6617-7	70,000 円
912	改正 府県制郡制註釈〔第三版〕	福井淳	ISBN978-4-7972-6618-4	34,000 円
913	地方制度実例総覧〔第七版〕	自治館編輯局	ISBN978-4-7972-6619-1	78,000 円
914	英国地方政治論	ジョージ・チャールズ・ブロドリック、久米金彌	ISBN978-4-7972-6620-7	30,000 円

別巻　巻数順一覧【843 ～ 877 巻】

巻数	書　名	編・著者	ISBN	本体価格
843	法律汎論	熊谷直太	ISBN978-4-7972-7141-6	40,000 円
844	英國國會選擧訴願判決例 全	オマリー、ハードカッスル、サンタース	ISBN978-4-7972-7142-3	80,000 円
845	衆議院議員選擧法改正理由書 完	内務省	ISBN978-4-7972-7143-0	40,000 円
846	犢齋法律論文集	森作太郎	ISBN978-4-7972-7144-7	45,000 円
847	雨山遺稾	渡邉輝之助	ISBN978-4-7972-7145-4	70,000 円
848	法曹紙屑籠	鷺城逸史	ISBN978-4-7972-7146-1	54,000 円
849	法例彙纂 民法之部 第一篇	史官	ISBN978-4-7972-7147-8	66,000 円
850	法例彙纂 民法之部 第二篇〔第一分冊〕	史官	ISBN978-4-7972-7148-5	55,000 円
851	法例彙纂 民法之部 第二篇〔第二分冊〕	史官	ISBN978-4-7972-7149-2	75,000 円
852	法例彙纂 商法之部〔第一分冊〕	史官	ISBN978-4-7972-7150-8	70,000 円
853	法例彙纂 商法之部〔第二分冊〕	史官	ISBN978-4-7972-7151-5	75,000 円
854	法例彙纂 訴訟法之部〔第一分冊〕	史官	ISBN978-4-7972-7152-2	60,000 円
855	法例彙纂 訴訟法之部〔第二分冊〕	史官	ISBN978-4-7972-7153-9	48,000 円
856	法例彙纂 懲罰則之部	史官	ISBN978-4-7972-7154-6	58,000 円
857	法例彙纂 第二版 民法之部〔第一分冊〕	史官	ISBN978-4-7972-7155-3	70,000 円
858	法例彙纂 第二版 民法之部〔第二分冊〕	史官	ISBN978-4-7972-7156-0	70,000 円
859	法例彙纂 第二版 商法之部・訴訟法之部〔第一分冊〕	太政官記録掛	ISBN978-4-7972-7157-7	72,000 円
860	法例彙纂 第二版 商法之部・訴訟法之部〔第二分冊〕	太政官記録掛	ISBN978-4-7972-7158-4	40,000 円
861	法令彙纂 第三版 民法之部〔第一分冊〕	太政官記録掛	ISBN978-4-7972-7159-1	54,000 円
862	法令彙纂 第三版 民法之部〔第ニ分冊〕	太政官記録掛	ISBN978-4-7972-7160-7	54,000 円
863	現行法律規則全書（上）	小笠原美治、井田鐘次郎	ISBN978-4-7972-7162-1	50,000 円
864	現行法律規則全書（下）	小笠原美治、井田鐘次郎	ISBN978-4-7972-7163-8	53,000 円
865	國民法制通論 上巻・下巻	仁保龜松	ISBN978-4-7972-7165-2	56,000 円
866	刑法註釋	磯部四郎、小笠原美治	ISBN978-4-7972-7166-9	85,000 円
867	治罪法註釋	磯部四郎、小笠原美治	ISBN978-4-7972-7167-6	70,000 円
868	政法哲學 前編	ハーバート・スペンサー、濱野定四郎、渡邊治	ISBN978-4-7972-7168-3	45,000 円
869	政法哲學 後編	ハーバート・スペンサー、濱野定四郎、渡邊治	ISBN978-4-7972-7169-0	45,000 円
870	佛國商法復説 第壹篇自第壹巻至第七巻	リウヒエール、商法編纂局	ISBN978-4-7972-7171-3	75,000 円
871	佛國商法復説 第壹篇第八巻	リウヒエール、商法編纂局	ISBN978-4-7972-7172-0	45,000 円
872	佛國商法復説 自第二篇至第四篇	リウヒエール、商法編纂局	ISBN978-4-7972-7173-7	70,000 円
873	佛國商法復説 書式之部	リウヒエール、商法編纂局	ISBN978-4-7972-7174-4	40,000 円
874	代言試驗問題擬判録 全 附録明治法律學校民刑問題及答案	熊野敏三、宮城浩蔵 河野和三郎、岡義男	ISBN978-4-7972-7176-8	35,000 円
875	各國官吏試驗法類集 上・下	内閣	ISBN978-4-7972-7177-5	54,000 円
876	商業規篇	矢野亨	ISBN978-4-7972-7178-2	53,000 円
877	民法実用法典 全	福田一覺	ISBN978-4-7972-7179-9	45,000 円

巻数	書　名	編・著者	ISBN	本体価格
810	訓點法國律例 民律 上卷	鄭永寧	ISBN978-4-7972-7105-8	50,000円
811	訓點法國律例 民律 中卷	鄭永寧	ISBN978-4-7972-7106-5	50,000円
812	訓點法國律例 民律 下卷	鄭永寧	ISBN978-4-7972-7107-2	60,000円
813	訓點法國律例 民律指掌	鄭永寧	ISBN978-4-7972-7108-9	58,000円
814	訓點法國律例 貿易定律・園林則律	鄭永寧	ISBN978-4-7972-7109-6	60,000円
815	民事訴訟法 完	本多康直	ISBN978-4-7972-7111-9	65,000円
816	物権法(第一部)完	西川一男	ISBN978-4-7972-7112-6	45,000円
817	物権法(第二部)完	馬場愿治	ISBN978-4-7972-7113-3	35,000円
818	商法五十課 全	アーサー・B・クラーク、本多孫四郎	ISBN978-4-7972-7115-7	38,000円
819	英米商法律原論 契約之部及流通券之部	岡山兼吉、淺井勝	ISBN978-4-7972-7116-4	38,000円
820	英國組合法 完	サー・フレデリック・ポロック、榊原幾久若	ISBN978-4-7972-7117-1	30,000円
821	自治論 一名人民ノ自由 巻之上・巻之下	リーバー、林董	ISBN978-4-7972-7118-8	55,000円
822	自治論纂 全一册	獨逸學協會	ISBN978-4-7972-7119-5	50,000円
823	憲法彙纂	古屋宗作、鹿島秀麿	ISBN978-4-7972-7120-1	35,000円
824	國會汎論	ブルンチュリー、石津可輔、讃井逸三	ISBN978-4-7972-7121-8	30,000円
825	威氏法學通論	エスクバック、渡邊輝之助、神山亨太郎	ISBN978-4-7972-7122-5	35,000円
826	萬國憲法 全	高田早苗、坪谷善四郎	ISBN978-4-7972-7123-2	50,000円
827	綱目代議政體	J・S・ミル、上田充	ISBN978-4-7972-7124-9	40,000円
828	法學通論	山田喜之助	ISBN978-4-7972-7125-6	30,000円
829	法學通論 完	島田俊雄、溝上與三郎	ISBN978-4-7972-7126-3	35,000円
830	自由之權利 一名自由之理 全	J・S・ミル、高橋正次郎	ISBN978-4-7972-7127-0	38,000円
831	歐洲代議政體起原史 第一册・第二册／代議政體原論 完	ギゾー、漆間眞學、藤田四郎、アンドリー、山口松五郎	ISBN978-4-7972-7128-7	100,000円
832	代議政體 全	J・S・ミル、前橋孝義	ISBN978-4-7972-7129-4	55,000円
833	民約論	J・J・ルソー、田中弘義、服部徳	ISBN978-4-7972-7130-0	40,000円
834	歐米政黨沿革史總論	藤田四郎	ISBN978-4-7972-7131-7	30,000円
835	内外政黨事情・日本政黨事情 完	中村義三、大久保常吉	ISBN978-4-7972-7132-4	35,000円
836	議會及政黨論	菊池學而	ISBN978-4-7972-7133-1	35,000円
837	各國之政黨 全〔第1分册〕	外務省政務局	ISBN978-4-7972-7134-8	70,000円
838	各國之政黨 全〔第2分册〕	外務省政務局	ISBN978-4-7972-7135-5	60,000円
839	大日本政黨史 全	若林清、尾崎行雄、箕浦勝人、加藤恒忠	ISBN978-4-7972-7137-9	63,000円
840	民約論	ルソー、藤田浪人	ISBN978-4-7972-7138-6	30,000円
841	人權宣告辯妄・政治眞論一名主權辯妄	ベンサム、草野宣隆、藤田四郎	ISBN978-4-7972-7139-3	40,000円
842	法制講義 全	赤司鷹一郎	ISBN978-4-7972-7140-9	30,000円

別巻　巻数順一覧【776～809巻】

巻数	書　名	編・著者	ISBN	本体価格
776	改正 府県制郡制釈義〔第三版〕	坪谷善四郎	ISBN978-4-7972-6602-3	35,000円
777	新旧対照 市制町村制 及 理由〔第九版〕	荒川五郎	ISBN978-4-7972-6603-0	28,000円
778	改正 市町村制講義	法典研究会	ISBN978-4-7972-6604-7	38,000円
779	改正 市制町村制講義 附 施行諸規則 及 市町村事務摘要	樋山廣業	ISBN978-4-7972-6605-4	58,000円
780	改正 市制町村制義解	行政法研究会、藤田謙堂	ISBN978-4-7972-6606-1	60,000円
781	今時獨逸帝國要典 前篇	C・モレイン、今村有隣	ISBN978-4-7972-6425-8	45,000円
782	各國上院紀要	元老院	ISBN978-4-7972-6426-5	35,000円
783	泰西國法論	シモン・ヒッセリング、津田真一郎	ISBN978-4-7972-6427-2	40,000円
784	律例權衡便覽 自第一冊至第五冊	村田保	ISBN978-4-7972-6428-9	100,000円
785	檢察事務要件彙纂	平松照忠	ISBN978-4-7972-6429-6	45,000円
786	治罪法比鑑 完	福鎌芳隆	ISBN978-4-7972-6430-2	65,000円
787	治罪法註解	立野胤政	ISBN978-4-7972-6431-9	56,000円
788	佛國民法契約篇講義 全	玉乃世履、磯部四郎	ISBN978-4-7972-6432-6	40,000円
789	民法疏義 物權之部	鶴丈一郎、手塚太郎	ISBN978-4-7972-6433-3	90,000円
790	民法疏義 人權之部	鶴丈一郎	ISBN978-4-7972-6434-0	100,000円
791	民法疏義 取得篇	鶴丈一郎	ISBN978-4-7972-6435-7	80,000円
792	民法疏義 擔保篇	鶴丈一郎	ISBN978-4-7972-6436-4	90,000円
793	民法疏義 證據篇	鶴丈一郎	ISBN978-4-7972-6437-1	50,000円
794	法學通論	奥田義人	ISBN978-4-7972-6439-5	100,000円
795	法律ト宗教トノ關係	名尾玄乘	ISBN978-4-7972-6440-1	55,000円
796	英國國會政治	アルフユース・トッド、スペンサー・ヲルポール、林田龜太郎、岸清一	ISBN978-4-7972-6441-8	65,000円
797	比較國會論	齊藤隆夫	ISBN978-4-7972-6442-5	30,000円
798	改正衆議院議員選擧法論	島田俊雄	ISBN978-4-7972-6443-2	30,000円
799	改正衆議院議員選擧法釋義	林田龜太郎	ISBN978-4-7972-6444-9	50,000円
800	改正衆議院議員選擧法正解	武田貞之助、井上密	ISBN978-4-7972-6445-6	30,000円
801	佛國法律提要 全	箕作麟祥、大井憲太郎	ISBN978-4-7972-6446-3	100,000円
802	佛國政典	ドラクルチー、大井憲太郎、箕作麟祥	ISBN978-4-7972-6447-0	120,000円
803	社會行政法論 全	H・リョースレル、江木衷	ISBN978-4-7972-6448-7	100,000円
804	英國財産法講義	三宅恒徳	ISBN978-4-7972-6449-4	60,000円
805	國家論 全	ブルンチュリー、平田東助、平塚定二郎	ISBN978-4-7972-7100-3	50,000円
806	日本議會現法 完	増尾種時	ISBN978-4-7972-7101-0	45,000円
807	法學通論 一名法學初歩 全	P・ナミュール、河地金代、河村善益、薩埵正邦	ISBN978-4-7972-7102-7	53,000円
808	訓點法國律例 刑名定範 卷一卷二 完	鄭永寧	ISBN978-4-7972-7103-4	40,000円
809	訓點法國律例 刑律從卷 一至卷四 完	鄭永寧	ISBN978-4-7972-7104-1	30,000円

巻数	書　名	編・著者	ISBN	本体価格
741	改正 市町村制詳解	相馬昌三、菊池武夫	ISBN978-4-7972-6491-3	38,000 円
742	註釈の市制と町村制　附 普通選挙法	法律研究会	ISBN978-4-7972-6492-0	60,000 円
743	新旧対照 市制町村制 並 附属法規〔改訂二十七版〕	良書普及会	ISBN978-4-7972-6493-7	36,000 円
744	改訂増補 市制町村制実例総覧 第 1 分冊	田中廣太郎、良書普及会	ISBN978-4-7972-6494-4	60,000 円
745	改訂増補 市制町村制実例総覧 第 2 分冊	田中廣太郎、良書普及会	ISBN978-4-7972-6495-1	68,000 円
746	実例判例 市制町村制釈義〔昭和十年改正版〕	梶康郎	ISBN978-4-7972-6496-8	57,000 円
747	市制町村制義解　附 理由〔第五版〕	櫻井一久	ISBN978-4-7972-6497-5	47,000 円
748	実地応用町村制問答〔第二版〕	市町村雑誌社	ISBN978-4-7972-6498-2	46,000 円
749	傍訓註釈 日本市制町村制 及 理由書	柳澤武運三	ISBN978-4-7972-6575-0	28,000 円
750	鼇頭註釈 市町村制俗解　附 理由書〔増補第五版〕	清水亮三	ISBN978-4-7972-6576-7	28,000 円
751	市町村制質問録	片貝正晉	ISBN978-4-7972-6577-4	28,000 円
752	実用詳解町村制 全	夏目洗藏	ISBN978-4-7972-6578-1	28,000 円
753	新旧対照 改正 市制町村制新釈　附 施行細則及執務條規	佐藤貞雄	ISBN978-4-7972-6579-8	42,000 円
754	市制町村制講義	樋山廣業	ISBN978-4-7972-6580-4	46,000 円
755	改正 市制町村制講義〔第十版〕	秋野沆	ISBN978-4-7972-6581-1	42,000 円
756	註釈の市制と町村制 市制町村制施行令他関連法収録〔昭和4年4月版〕	法律研究会	ISBN978-4-7972-6582-8	58,000 円
757	実例判例 市制町村制釈義〔第四版〕	梶康郎	ISBN978-4-7972-6583-5	48,000 円
758	改正 市制町村制解説	狭間茂、土谷覺太郎	ISBN978-4-7972-6584-2	59,000 円
759	市町村制註解 完	若林市太郎	ISBN978-4-7972-6585-9	22,000 円
760	町村制実用 完	新田貞橘、鶴田嘉内	ISBN978-4-7972-6586-6	56,000 円
761	町村制精解 完　附 理由 及 問答録	中目孝太郎、磯谷郡爾、高田早苗、両角彦六、高木守三郎	ISBN978-4-7972-6587-3	35,000 円
762	改正 町村制詳解〔第十三版〕	長峰安三郎、三浦通太、野田千太郎	ISBN978-4-7972-6588-0	54,000 円
763	加除自在 参照条文　附 市制町村制　附 関係法規	矢島和三郎	ISBN978-4-7972-6589-7	60,000 円
764	改正版 市制町村制並ニ府県制及ビ重要関係法令	法制堂出版	ISBN978-4-7972-6590-3	39,000 円
765	改正版 註釈の市制と町村制 最近の改正を含む	法制堂出版	ISBN978-4-7972-6591-0	58,000 円
766	鼇頭註釈 市町村制俗解　附 理由書〔第二版〕	清水亮三	ISBN978-4-7972-6592-7	25,000 円
767	理由挿入 市町村制俗解〔第三版増補訂正〕	上村秀昇	ISBN978-4-7972-6593-4	28,000 円
768	府県制郡制註釈	田島彦四郎	ISBN978-4-7972-6594-1	40,000 円
769	市制町村制傍訓 完　附 市制町村制理由〔第四版〕	内山正如	ISBN978-4-7972-6595-8	18,000 円
770	市制町村制釈義	壁谷可六、上野太一郎	ISBN978-4-7972-6596-5	38,000 円
771	市制町村制詳解 全　附 理由書	杉谷庸	ISBN978-4-7972-6597-2	21,000 円
772	鼇頭傍訓 市制町村制註釈 及 理由書	山内正利	ISBN978-4-7972-6598-9	28,000 円
773	町村制要覧 全	浅井元、古谷省三郎	ISBN978-4-7972-6599-6	38,000 円
774	府県制郡制釈義 全〔第三版〕	栗本勇之助、森惣之祐	ISBN978-4-7972-6600-9	35,000 円
775	市制町村制釈義	坪谷善四郎	ISBN978-4-7972-6601-6	39,000 円